한국의 청년대중음악 문화

한국의 청년대중음악 문화

김영주 著

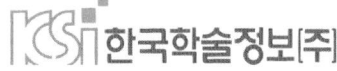한국학술정보㈜

책머리에

　만약 음악이 없었다면 인생은 얼마나 무미건조하고 척박했을 것인가!
만약 우리의 인생에서 대중음악이 없었다면 우리의 생활은 그 얼마나 밋밋
하고 단조로웠을 것인가! 대중음악이 있음에 우리는 사람살이의 희로애락
을 노래에 실어 달래고 그 느낌을 서로 나눌 수 있지 않은가?

　우리는 대중음악을 통하여 동 시대의 집단적인 감성과 추억을 주조한다.
대중음악에는 같은 시대를 호흡하는 사람들의 생활과 의식이 묻어 있다.
그런 점에서 대중음악은 한 시대의 모습을, 그리고 그 시대를 수놓는 우리
들의 모습을 비추어주는 매체이다.

　이러한 특성 때문에 대중음악은 한 사회의 주요한 문화적 산물이자 사
회학적 연구의 대상이 된다고 할 수 있다. 대중의 집단적인 감성과 욕망과
꿈을 머금고 계속 샘솟아나는 대중음악은 우리 사회의 모습을, 이 속에서
살아가는 사람들의 삶의 모습을 읽어내는 유용한 매개체가 될 수 있는 것
이다.

　현대 자본주의 사회에서 대중음악은 대중의 욕망과 감성을 직접적으로
투영하는 소박한 방식으로 결코 창출되지 않는다. 이윤 창출을 위한 문화
상품으로서 철저하게 기획되고 판매하기 위한 시스템을 통하여 만들어지고
소통된다. 또한 문화 상품으로서의 대중음악의 생산과 소통을 가능하게 하
는 그 시스템과 문화 환경은 날이 갈수록 급격하게 바뀌고 있다.

　대중음악의 생산은 디지털화된 장비와 기술에 힘입어 음악을 만들어내는
방식을 상당히 변화시켰고 새로운 장르의 탄생에도 영향을 끼쳤다. 또한 대
중음악의 수용방식에 있어서도 음반의 판매나 텔레비전의 시청, 공연장의
관람 등과 같은 고전적인 방식을 넘어 인터넷을 통한 음악파일의 다운로드,

휴대폰 벨소리 스트리밍 등과 같은 새로운 소비 방식을 확산시켰다.

첨단 디지털 기술이 우리의 일상을 더욱 테크놀로지에 민감하도록 만들고, 테크놀로지 뉴 미디어 매체와 더욱 공고하게 결합하게 만드는 과정 속에서, 대중음악의 소비도 여가 생활의 틀을 넘어 일상화되는 것으로 보인다.

특히 이러한 현상은 청년 세대라 할 수 있는 젊은 연령층의 집단에서 두드러지게 나타난다. 예로부터 청년 세대는 유행의 흐름을 주도해 온 중심 집단으로 여겨졌다. 구미에서는 2차 세계대전 이후 베이비붐 세대의 성장과 함께 이러한 경향이 더욱 두드러졌다. 청년 세대는 문화 소비의 주요 대상이자 유행을 선도하는 집단으로 부각되었다. 마찬가지로 대중음악의 영역에서도 청년 세대는 대중음악 역사의 주역으로 주목 받는다. 청년 세대가 없었다면 과연 대중음악의 역사는 새로운 장르와 스타일의 연속이라는 역동성을 얼마나 획득할 수 있었을까? 대중음악의 무대에서 명멸해간 수많은 스타들을 얼마나 탄생시킬 수 있었을까?

이처럼 청년 세대는 대중음악이라는 사회적 산물과 대중음악을 둘러싼 사회적 현상을 만들어내는 데 있어 일등공신의 역할을 해왔다. 한국사회에서는 청년 세대가 집단적으로 가시화되기 시작한 것이 1970년대부터였으며, 이때부터 대중음악도 청년 세대의 삶과 더욱 밀접하게 연관되었다. 대중음악 소비의 주요 대상으로서, 대중음악의 세계가 청년 세대의 생활, 의식, 가치에 보다 가까워진 것이다.

이 연구는 바로 대중음악에서의 청년 세대의 모습에 주목한다. 청년 세대가 대중음악의 생산과 소비에서 어떻게 자리매김해왔는지, 대중음악에서 청년 세대의 삶과 의식이 어떻게 나타나고, 또 시대적으로 변화했는지가 주된 관심사이다. 또한 청년 세대의 세대적 특성이 대중음악의 생산과 소비를 통하여 어떻게 시대에 따라 상이한 모습을 만들어냈는지도 관심사이다.

또한 이 연구는 한 시대의 여러 사회적인 요인들이 청년 세대를 어떻게 주조하였으며, 그러한 청년 세대는 어떠한 대중음악문화를 창출하였는지, 그리고 청년 세대의 대중음악을 통하여 당대 청년 세대들의 삶과 의식, 가치들을 어떠하였는지를 고찰하는 것을 목적으로 한다.

청년 세대는 대중음악 역사의 전개에 있어서 주요한 원동력이다. 따라서 대중음악에 관한 사회학적 연구에 있어 이처럼 끈끈한 관계에 놓여 있는 청년세대와 대중음악에 관한 연구는 앞으로도 보다 많은 관심을 가지고 이루어야 할 작업이라고 생각한다.

이 지면을 빌어 나의 학문적 성취를 이끌어주신 김선건 교수님, 그리고 이 연구에 많은 도움과 조언을 해주신 노동은 교수님과 김필동 교수님께 감사를 드린다. 또한 이 연구의 결과물을 출판하기로 결정해 준 한국학술정보에 감사드린다.

목 차

제1장 서 론

제1절 문제제기

우리에게 대중음악은 늘 친근한 대상이며, 많은 사람들이 대중음악을 듣거나 부르기를 좋아한다. 대중음악은 말 그대로 대중들이 향유하는 음악이고, 이를 위해 생산되는 음악을 지칭한다.[1] 현대사회에서 이러한 대중음악은 하나의 문화적 상품으로서 생산되고 소비된다. 한 곡의 대중음악이 만들어져서 최종적으로 우리에게 들려지기까지는 많은 인력, 자본, 자원, 조직 체계 등과 같은 경제적, 법적, 제도적, 기술적 요인들이 개입해 있다. 다시 말하면, 대중음악의 생산과 수용에는 누가 어떻게 대중음악을 만들고 어떻게 전달되는가, 그리고 그것들을 어떤 사람들이 어떻게 수용하는가의 문제가 내재해 있다. 따라서 대중음악은 단순히 음악적인 차원만이 아닌 하나의 '사회적' 현상이며, 사회학적 연구의 대상이 되는 것이다.

---

1) 일반적으로 우리 사회에서는 대중음악(popular music)을 지칭하는 다른 말로 '대중가요(popular song)'라는 개념이 더 많이 사용되고 있다. 그러나 '가요'라는 개념은 노래에 주안점을 둠으로써, 악기 위주의 연주, 다양한 시·공간 내에서의 실연(performance) 등과 같은 다양한 음악적·표현적 요소를 배제시킬 우려가 있다. 물론 대중음악의 대부분은 노래의 형식을 띠고 있지만, 모든 음악적·비음악적 요소들이 어우러져 하나의 '문화'를 형성하고, 본 연구가 그러한 문화의 양상을 고찰한다는 점에서 '대중음악'이라는 용어가 보다 더 적합하다고 생각되어 이 개념을 쓰기로 한다.

한국 사회에서 대중음악의 역사는 1920년대 중반부터 시작되어 현재 거의 80여 년에 이른다.[2] 그러나 그동안 대중음악에 대한 접근은 상당 부분이 상업성과 저질성을 질타하는 도덕적 측면에서 이루어지거나, 아니면 유행가와 가수들에 관한 흥밋거리 이야기의 수준에서 이루어짐으로써 학문적으로 진지한 관심의 대상이 되지 못해 왔던 것이 사실이다. 최근 들어 대중음악에 관한 연구가 점차 늘어나고 있다는 점에서 대중음악 담론에 관한 지평과 폭이 한층 넓어졌다고 볼 수 있지만, 아직까지 대중음악의 '사회적' 성격에 관하여 총체적으로 그리고 충분히 다루어지지는 못했다고 할 수 있다. 전반적으로 볼 때 많은 연구나 글들이 대중음악의 양식적 변천을 표면적으로 서술하거나 가사와 주제를 시대적인 배경과 추상적으로 연결짓는 데 치중하고 있는 반면, 대중음악에 대한 사회학적 연구는 빈약한 실정이다.

아마도 이러한 현상은 크게 보면 두 가지 이유에서 비롯된다고 생각된다. 첫 번째는 대중음악의 음악적 특성을 사회적인 것과는 무관한 '순수한' 창작물로 생각하거나 대중음악의 수용을 정서적 경험으로만 간주하여 심리적인 측면에서 바라보는 것이고, 두 번째는 음악적 특성의 사회적 성격을 고찰하는 데 따르는 방법론적인 어려움과 복잡함에 기인한다.

이렇듯 대중음악의 음악적 특성을 논외로 하고 비음악적 특성만을 분리시켜서 그것만을 '사회적'인 성격과 연관지어 고찰하는 경우, 대중음악을 전체적으로 이해하는 데는 한계가 있다. 따라서 대중음악을 보다 완전하게 이해하기 위해서는 그것의 사회적 의미가 어떻게 구성되느냐의 관점을 필요로 한다. 다시 말하면, 대중음악의 사회적 의미는 대중음악이 어떻게 생산되고 수용되는가에 따라 다르게 구성되는 것이다. 이것은 대중음악이라

---

2) 우리나라에서 '유행가'라는 이름으로 최초로 알려지게 된 노래는 1925년에 발매된 음반에 수록된 〈압록강 절〉, 〈시들은 방초〉, 〈장한몽가〉, 〈이 풍진 세상을〉로서, 모두 일본에서 유행한 노래의 번안가요이다. 이러한 번안가요의 유행과 1926년 윤심덕의 〈사의 찬미〉의 대유행으로 식민지 조선의 시장성을 확인한 일본의 음악 상사들은 1927~1928년에 걸쳐 콜럼비아·포리도루·빅타 등의 외국 레코드 회사의 자회사를 자국에 설립하고, 이 자회사가 다시 조선에 진출함으로써 한국의 음반산업이 시작되었다(박찬호, 1987).

고 하는 구체적인 문화적 산물을 그것이 생산되고 수용되는 과정과 사회적 맥락들을 함께 고려하여 전체적으로 조망해야 함을 뜻한다.

이러한 문제의식에서 출발하여 본 연구는 '대중음악 문화'라는 차원에서 대중음악의 사회적 특성을 연구하고자 한다. 대중음악이 문화적 산물인 동시에 하나의 문화적 현상이라고 할 때, '대중음악 문화'를 통해서 다양한 생산과 수용의 맥락에서 변화무쌍하게 나타나는 대중음악의 사회적 의미가 보다 구체적으로 파악될 수 있으리라 생각된다.

한국사회의 대중음악은 새로운 양식의 노래들이 부침(浮沈)하는 가운데, 외면적으로 많은 변화가 있었다. 이러한 변화의 이면에는 대중음악 산업의 규모 및 구조라든가 수용 주체의 변화와 같은 요인들이 내재해 있다고 말할 수 있다. 대중음악은 이제 단순히 오락이나 유흥의 수단을 넘어, 세대의 정체성 형성과 세대문화를 형성하는 데 많은 역할을 하고 있다. 이것은 대중음악이 한국사회의 전체 문화 지형과 그 변화를 파악하는 데 있어 중요한 고리가 될 수 있음을 보여주는 것이다.

이와 같이 대중음악의 변화가 한 사회의 문화적 지형의 변화와 맞물려 있다는 것은, 대중음악이 단순히 구체적인 산물인 노래들의 집합체만을 의미하는 것이 아니라, 서로 모순적이면서도 다양한 생산, 해독, 수용이 이루어지는 매개체가 되고 있음을 의미한다. 아주 단순하게 말해서 대중음악이 대중을 위해 만들어지고 대중이 듣는 음악이라고 하지만, 여기서 '대중'은 동일한 사람들의 집합체가 아니다. 대중은 각 개인이 처한 물적 기반에 따라 생활양식과 사회적 관계가 다르고 그에 따라 문화적 취향과 실천방식도 서로 다르게 되는 다양한 집단들의 집합체이다. 각 집단들의 이해관계는 문화적 산물을 해독하고 수용하는 데 중대한 영향을 끼치고, 이것은 역으로 각 집단들의 문화적 취향과 가치를 반영하는 대중음악이 생산되게끔 하는 요인이 된다. 따라서 대중음악이 생산되고 수용되는 대중음악문화는 계급, 세대, 성별, 민족, 지역 등과 같은 범주들로 분화되어 이들 간의 중첩적인 관계로 짜여져 있으며, 대중음악문화의 특성 역시 그러한 다층적 관계의 결과로서 나타나게 됨을 인식해야 할 것이다.

　그런데 일반적으로 대중음악은 '청년'의 범주와 매우 밀접한 관계에 놓여 있다. 한국사회를 비롯하여 많은 나라들에서 대중음악 시장은 청년 집단이 주축을 이루고 있다. 이들에게 있어 대중음악은 자신의 정체성을 표현하고 힘을 부여해 주는 대상이며, 스스로를 다른 집단들과 구분짓게 하는 중요한 수단이 된다. 즉, 청년 집단은 다른 자원에 비해 상대적으로 우위를 보이는 대중문화 자원에 대한 소유와 전유를 통하여 다른 세대나 집단들에 대해 구별짓고 차별화하려 하는데, 대중음악이 바로 그와 같은 문화 정치를 수행하는 중요한 수단이 되는 것이다.

　특히 한국사회에서는 전통적인 산업화의 과정을 거친 서구 사회와는 달리 계급 문화적 분화가 그다지 확고하지 않는 대신, 대중문화가 전 계급에 걸쳐 보편적으로 향유되는 가운데 상대적으로 세대 간의 문화적 차이가 크게 나타난다고 할 수 있다. 즉, 대중문화는 세대 차이와 세대 갈등이 빚어지는 주요한 공간이 된다고 볼 수 있는 것이다. 이와 같이 청년 집단에 대해 갖는 대중음악의 사회적 기능과 한국사회의 특수한 사회·문화적 특성을 고려해 볼 때, 대중음악문화는 청년 세대의 특성을 담고 있는 주요한 장이라고 볼 수 있다.

　청년 세대의 특성은 사회·문화적인 조건에 따라 다르게 형성되는데 이러한 특성은 결국 대중음악문화에도 반영이 된다고 할 수 있다. 청년 대중음악문화는 역사적으로 다르게 형성된 청년 집단들의 문화적 실천과 그 문화를 구축하는 데 관여하는 여러 사회적 조건들이 얽혀져서 만들어진다. 따라서 청년 대중음악문화를 통하여 역사적으로 달리 형성된 청년 세대의 특성을 알 수 있으며, 더 나아가 한국사회의 문화 지형의 변화를 가늠해볼 수 있을 것으로 생각된다.

　특히 대중음악은 우리의 생활공간에서 보편적으로 접촉하게 되는 문화 산물이라는 점에서 매우 '일상적'이며, 다른 문화 산물보다도 많은 수의 생산이 이루어지기 때문에 생산과 수용에 있어 세대적 특성이 비교적 잘 드러난다고 볼 수 있다. 그런데 이러한 특성들은 장기간의 시계열적 변화를 통하여 파악될 수 있을 것으로 생각된다. 개별적 생산과 수용이라는 문화적 실천들이 축적되어 어떤 경향성을 띠게 될 때, 바로 그 문화적 실천에 내재된 특성들이 추출될 수 있다고 본다. 그런 점에서 본 연구에서는 대중음악에 대한 고찰을 중심으로 하여 청년 대중음악문화의 전개 과정과 그 과정 속에서 나타나는 특성들을 살펴보고자 한다.

제2절 기존연구의 검토

1. 국외의 연구

가. 이론적 논의

대중음악에 관한 연구에서 '청년' 또는 '청년문화'는 중심 주제가 되어왔다. 특히 서구사회에서 이와 같은 논의의 기폭제가 된 것은 전후(戰後) 베이비 붐 세대의 성장과 함께 출현한 로큰롤이었다. 1950년대 중반에 등장한 로큰롤은 문화적으로 세대를 가르는 하나의 기준이 되었을 뿐 아니라, 이후 대중음악 산업과 시장에서 '10대(teenager)'나 '청년(youth)' 집단이 중심을 차지하게 된 하나의 계기가 되었다. 대중음악은 이제 청년 집단의 일상생활과 문화로서 '젊음'을 표출하는 도구이자 때로는 '젊음' 그 자체를 상징하는 것이 되었다.

이런 맥락에서 청년과 그들의 문화를 대중음악과 연관지어 검토한 논의들이 다양한 시각에서 이루어져 왔다. 이러한 논의들은 크게 보면 세 가지로 나누어 볼 수 있는데, 첫째는 청년 문화가 동질적 특성을 지니고 있다는 전제하에, 대중음악이 청년 집단에게 끼치는 영향에 주로 초점을 맞추어 대중음악의 부정적 속성을 강조한 논의들이고, 둘째는 대중음악을 이용하는 청년 집단들의 다양한 실천방식과 의미 생산 과정을 부각시킴으로써 대중음악의 생산적이고 창조적인 기능을 강조한 논의들이다. 그리고 셋째는 대중음악의 수용과 관련된 문화적 실천들이 지닌 저항성을 과도하게 강조하는 것을 경계하고, 청년 하위문화의 특성을 인종, 성별과 같은 다양한 범주와 관련지어 평가해야 한다고 주장하는 입장이다.

여기서 첫 번째에 해당되는 논의들은 다시 아도르노를 위시한 프랑크푸르트학파의 대중문화 비판론과 보수적 또는 종교적 관점에서 대중음악의 병리적 기능을 비판하는 논의들로 나누어 볼 수 있다.

아도르노는 비록 청년에만 한정하지 않은, 전체 대중을 전제로 한 대중음악의 이데올로기적 기능에 관해 피력했지만, 그의 논지는 현재에도 지속되고 있는 청년 대중음악에 관한 부정적 관점의 이론적 모태를 이룬다는 점에서 매우 중요하다. 아도르노에 따르면, 현대 자본주의 사회에서 이윤추구적인 문화산업에 의해 대량생산되는 대중음악은 표준화와 유사개성화(pseudo-individualization)를 특징으로 하며, 이것은 대중의 수동적 청취를 조장하고 결국 기존의 질서에 대한 순응을 유도하는 '사회적 접착체'(social cement)의 기능을 한다고 본다. 이러한 소비는 규격화된 부분만을 단편적으로 받아들이는 '퇴행적 청취'로서 현실에 대한 비판적 의식을 마비시키고, 현실도피적인 일시적 쾌락으로 이끈다는 것이다. 즉, 아도르노에게 있어 청년이라는 범주는 동질적인 집단으로서 대중문화(mass culture)의 주요 소비자일 뿐이며, 이들의 대중음악 수용도 전적으로 수동적인 것에 머물러 있다고 비판한다(Adorno, 1938; 1941).

한편 보수적 관점이나 종교적 관점에서는 대중음악이 '청소년(adolescent)'에게 정서적 해악을 끼치며, 반종교 이념이나 범죄를 확산시키는 데 공헌함으로써 결과적으로 사회의 질서를 해치는 부정적 기능을 수행한다고 주장한다.

대중음악의 부정적인 사회적 기능에 관한 보수주의적인 논의들은 특히 청소년들의 정서에 미치는 영향력을 중심으로 개진되어 왔는데, 최근에는 '학부모 음악자원 센터'(Parents Music Resource Center)에서 주장하는 논의들이 대표적이라 할 수 있다.[3] PMRC는 록음악과 랩음악이 외설, 폭력, 약물과 알코올의 남용을 조장함으로써 결과적으로 청소년들의 정서에 악영향을 끼치는 한편, 청소년 범죄를 증가시키는 데 일조한다고 주장한다.

이와 같은 논의들은 젊은 세대가 무능력하고 미숙하며, 불완전하다는 전제하에 대중음악을 수동적으로 받아들이고 전적으로 이것에 영향을 받는 존재로서 기술한다. 그러나 많은 연구자들은 청년들이 다양한 방식으로 대중음악을 활용하며, 이것을 통하여 다양한 성격의 대중음악문화를 형성할 수 있는 창조적 주체로 간주한다.

이러한 관점은 대중음악을 이용하는 청년 집단들의 문화를 하나의 하위문화(subculture)로 보고, 이들의 다양한 대중음악 수용방식에서 나타나는 창조성과 저항성을 강조하는 것이다(Riseman, 1950; Hall and Whannell, 1964; Frith, 1983; Hebdige, 1979; Willis, 1990; Chambers, 1985; Bennett, 2000). 이러한 시각에서 대중음악을 청년(문화)과 관련지어 고찰한 선구적인 논의로는 리즈만의 연구와 홀 및 화넬의 연구가 있다. Riesman(1950)은 전후(戰後)의 대중음악이 부상하는 청년 세대를 겨냥하여 대량생산되는 문화적 상품이라는 점과 청년들이 그것을 수동적으로 소비하는 것임에는 틀림없지만, 한편으로는 능동적으로 소비하는 소수의 집단이 존재하며, 이들의 능동적 소비가 대중음악의 혁신과 변화를 이끌어 가는 것이라고 본다.

Frith(1983)는 모든 청소년들이 또래 집단의 시기를 거쳐가며, 이들은

---

3) PMRC는 1984년 미국의 상·하원 의원들의 부인들이 주축이 되어 결성된 보수적인 조직이다. 이들은 음반회사로 하여금 청소년들에게 부적절한 음악을 만들지 못하도록 자체 검열을 강화하게 하고, 매체와 언론에 대해 그러한 대중음악의 전파를 막도록 캠페인을 벌이고 있다. 또한 음반회사로 하여금 그러한 음악을 담은 앨범의 표지에 경고 스티커를 부착하도록 종용하였다.

그리고 PMRC는 연구 보고서에서, 록음악이 지난 30여 년 동안 16~24세 청소년들의 자살률을 7% 증가시키고 성폭력 비율은 300%나 증가시키는 데 앞장섰다고 주장하였다. 또한 이들은 록음악과 청소년 자살 사이의 명백한 관련의 증거로서, 오지 오스본(Ozzie Osbourne)의 '자살 해결'과 블루 오이스터 컬트(Blue Oyster Cult)의 '죽음의 신을 두려워 하지마' 등이 바로 10대의 자살을 부추기는 것으로서 제시한다(Schouten, 1997).

모두 음악을 상징과 배경으로, 즉 감정을 확인하고 표현하는 수단으로 사용하며 이런 관점에서 청년 문화는 계급이 없다고 말한다. 젊은이들 간에 서로 물질적 차이가 있다고 하더라도 그들은 같은 계급과 성을 가진 성인들보다 더 많은 공통된 문제를 가지고 있으며, 그러한 특성이 청년 세대의 고유한 문화를 형성하는 것이라고 본다(1983: 274).

이러한 논의들은 물론 연구자의 강조점에 따라 대중음악을 수용하는 청년 집단들의 저항성과 창조성의 정도를 서로 다르게 규정하고 있다. 하지만 다른 한편 대중음악이 다양한 세력들 간의 경합이 벌어지는 장소이며, 더 나아가 청년이라는 범주도 동질적인 집단이 아니라 계급, 인종, 성별 등과 같은 사회적 기반에 따라 서로 다른 범주로 구성되고, 그에 따라 다양한 하위문화의 생성과 실천들이 이루어진다는 것을 강조하기도 한다(Brake, 1985; Grossberg, 1992; Lipsitz, 1994).

이러한 연구는 특히 영국의 '문화연구(Cultural Studies)' 전통에 있는 일군의 학자들에 의해 지속적으로 진행되어 왔는데, 그중에서도 Hebdige(1979)의 연구들이 청년 문화와 대중음악, 그리고 하위문화 연구에 가장 큰 영향을 끼쳤다고 볼 수 있다. 헵디지는 상징적 표현으로서의 청년 하위문화 스타일이 지닌 의미를 탐색했는데, 영국의 모드족, 펑크족과 같은 백인 청년 하위문화와 흑인 청년 하위문화('rude boys') 집단이 독특한 스타일과 정체성을 확립하는 데 있어 대중음악을 어떻게 전유하는지를 보여주었다. 흑인 청년 집단의 경우, 이들이 선호한 레게(reggae), 스카(ska), 덥(dub)과 같은 음악은 자메이카에 뿌리를 둔 것으로서, 백인 서구 사회로부터의 해방을 주장하는 민족 종교 이념인 '라스타파리즘(Rastafarism)'을 접합시켜 영국 사회 내에서의 흑인 청년 집단이 처한 인종적, 계급적 종속성에 대한 상징적 저항이라고 본다.

또 Willis(1990)는 청년들의 대중음악 소비가 다양한 차원에서 이루어지고, 그 방식들이 매우 창조적이고 생산적이라고 주장한다. 청년들은 대중음악의 구매에 그치지 않고, 주의 깊게 청취하고 해석하며, 자체 제작(home taping), 편집과 연주, 춤 등의 다양한 실천들을 행한다는 것이다(1990: 59-83).

Chambers(1985) 역시 대중음악의 다양성과 다의성 및 능동적인 수용자 상을 강조한다. 그는 대중음악을 일상생활의 규범과 강요된 관례들에 도전하고 벗어날 수 있게 하는 중요한 '반대의 공간(counter-space)'으로 특징지우고(1985: 209), 대중음악의 의미는 텍스트, 기술, 음악 언론, 수용자의 다층적 개입에 의해 생성된다고 보았다.

세 번째 시각은 문화연구 전통의 하위문화 이론가들이 하위문화의 상징적 저항성을 과도하게 강조하고, 남성 노동자 계급의 청년 문화에 경도되어 상대적으로 다른 청년 집단의 하위문화적 실천을 간과하였다고 비판한다. 그러므로 이러한 입장에 있는 일부 학자들은 남성 혹은 백인 청년 집단과는 다른 소녀들과 흑인들의 대중음악 수용과 하위문화에 초점을 맞추거나 대중음악문화의 남성 지배적 특성을 정체성, 여성성, 젠더의 문제와 연관지어 고찰하고 있다(Garofalo, 1983; Best and Kellner, 1999; Kellner, 1996; Cohen, 1997; Rose, 1994; Frith and McRobbie, 1978; McRobbie and Garber, 1975; McRobbie, 1993; 1994).

Rose(1994), Best & Kellner(1999)는 힙합 문화가 1980년대 미국사회에서 흑인들의 '게토화(ghettonization)'라는 배경에서 출현했으며, 힙합 문화의 한 부분을 이루는 랩음악은 흑인(특히 청년)들이 처한 독특한 사회적 상황 및 문제들과 분리할 수 없다는 점에서 이들은 랩음악이 흑인 청년들로 하여금 흑인다움, 육체적 힘의 찬양, 흑인문화에 대한 자긍심의 표출과 같이 긍정적인 인종적 정체성을 형성하는 데 많은 영향을 끼친다고 주장한다. 또한 흑인 청년들이 랩음악을 통하여 백인 지배의 사회에 대한 분노와 저항의 표현으로서 하나의 대항문화를 구성한다는 점과 흑인 청년들에 대한 랩음악의 역할과 정치학에 주목한다.

그러나 한편으로는 베스트와 켈너와 같은 이들은 일부 랩에서 나타나는 여성혐오와 폭력적인 성향을 고려해 볼 때, 랩음악이 매우 복잡하면서도 모순적인 효과를 지니고 있다고 주장한다. 즉 랩음악이 인종 차별의 현실에 대해 비판적이고 저항적인 관념을 확산시키지만, 다른 한편으로는 기존의 남성 우월적이고 성차별적 관념을 재생산하고 유포시키기도 한다는 것이다.

프리스와 맥로비, 그리고 코헨 역시 록음악이 생산과 통제의 측면에서 여성을 배제시키는 남성의 음악이자, 남성성의 표출과 성적 표현의 형태이며, 성적 통제의 형태로서 작동한다고 주장한다. 남성성에 대한 우월적 현시는 여성을 성적 대상화하고 비하하는 가사에서뿐만 아니라 록음악 가수들의 몸짓, 연주 관행, 실연 등에서도 드러난다는 것이다. 코헨의 경우 레코딩 스튜디오에 대한 민속지학적 사례 연구를 통하여 이 안에서의 록음악 가수, 프로듀서, 엔지니어, 음반사 직원들 간의 사회적 네트워크가 성차별적인 음악적 산물들과 대중음악 씬(scene)을 형성하고 지속시키며, 여성을 끊임없이 주변화시킴으로써 록 문화를 남성적인 형태로서 재생산하고 있음을 밝혀내었다.

전반적으로 볼 때, 서구사회에서 전개된 대중음악과 청년에 관한 연구들은 부모세대 및 부모문화와 구분되는 '세대'로서의 청년과 청년 문화에 주목하면서 여기서 중심을 차지하는 대중음악에 초점을 맞추어 고찰해왔다. 청년 세대가 대중음악에 대한 문화적 실천을 통하여 세대적 특성을 발현하는 과정과 그 의미에 대하여 관심을 가져온 것이다. 더 나아가 최근에는 청년 세대 내부에서도 계급, 성별, 인종, 지역 등에 따라 이질적으로 구성된 각 집단들이 벌이는 대중음악 실천들과 그것이 생성하는 사회적 의미를 탐색하는 방향으로 확대되어 왔다. 이처럼 연구의 범주와 초점은 조금씩 달리 하고 있지만, 이 연구들을 관통하고 있는 것은 '청년 문화'가 어떤 독자적 특성을 갖는다는 것과, 이것이 다름 아닌 청년들의 문화적 전유 능력에 바탕을 두고 있다는 인식이다. 따라서 이 연구들은 크게 본다면 청년들의 대중음악 실천들이 행해지는 과정과 결과에 관심을 두면서 그것이 지닌 문화정치적 의미를 고찰하는 것으로 집약할 수 있다.

나. 대중음악에 관한 분석적 논의

대중음악에 관한 분석적 논의들은 실제 대중음악의 악곡, 가사, 뮤직 비디오 등과 같은 텍스트 분석을 통하여 이론적 논의들을 뒷받침하고 있는 것으로 볼 수 있다. 이 중에서 청년과 관련된 대중음악 텍스트들에 대한 연구들은 청년들이 주로 생산에 참여하고 수용하는 장르의 음악들을 청년 하위문화의 형성과 연관지어 어떤 의미를 창출하는지를 고찰한 것들과 뮤직비디오 분석을 통하여 청년들의 텍스트 이용 방식과 그 의미들을 연구한 것들이 해당된다(Berry, 1994; Kotarba, 1994). 그러나 텍스트 연구의 주된 흐름은 특히 가사의 내용과 주제에 관한 내용분석이나 담론분석이라 할 수 있다(Christenson & Roberts, 1998; Friesen & Helfrich, 1998; Laing, 1985).

Laing(1985)은 펑크록과 인기 상위 50곡의 내용분석을 통하여 주제에서 어떤 차이가 있는지를 검토하였다. 그 결과 펑크 음악은 상대적으로 낭만적이고 성적인 관계에 대한 내용이 주류 팝보다 적고, 사회적·정치적인 내용의 주제가 더 많다는 것을 밝혀내었다(1985; Longhirst, 1995; 168-169에서 재인용함).

Frisen & Helfrich(1998)는 캐나다의 주요 청년 음악 중의 하나인 헤비메탈의 가사를 분석하여 노래 주제와 가사의 성차별성에 대하여 검토하였다. 가사의 주제에서는 사회적 정의나 철학적 내용보다도 성적 관계에 대한 비율이 높았으며, 전통적인 성역할을 지지하는 비율이 60%가 넘었는데, 특히 여성 가수의 노래보다도 남성 가수들의 경우에 전통적인 성적 관계나 성역할을 지지하는 비율이 압도적으로 높게 나타났다는 것이다.

이외에도 대중음악 텍스트에 대한 직접적인 분석은 아니더라도 청년들의 대중음악 선호도에 관한 경험적 조사와 수용자 문화를 고찰한 연구들 또한 상당 부분 이루어져왔다.[4] 선호도에 관한 연구들은 청년들의 대중음악 취향을 연령, 성별, 계급, 학년 등의 변수에 따른 대중음악 장르별 선호

---

4) 수용자 문화에 대한 연구는 특히 민속지학적 연구 방법이 널리 이용되는데, 이것은 연구자가 특정 집단 내에서 그 집단의 문화와 구성원들의 행위의 의미를 이해하기 위해 수행하는 현장 연구(field work) 방법으로서 대개 인류학에서부터 비롯되었다. 그리고 이 연구 방법에는 참여관찰, 사례연구, 생활사 연구, 면담 및 인터뷰 등이 포괄된다(O'Sullivan, T. et al, 1994; 109-110).

의 차이와 관련지어 조사한 것들이 다수를 차지한다(Frith, 1983; Murdock & Phelps, 1973; Robinson & Hirsch, 1972; Tenner, 1981; Trondman, 1990; Roe, 1983; 1993, Wells, 1998).5)

먼저 대중음악 선호도에 관한 연구에서, Murdock & Phelps(1973), Robinson & Hirsch, (1972)는 각각 영국과 미국 청소년들의 대중음악 취향이 사회 계급에 따라 구분된다고 밝히고 있다. 즉 노동자 계급 청소년들은 주로 인기곡 위주의 주류 팝을 선호하는 반면에, 중간 계급 청소년들은 프로그레시브 록과 같은 비주류 장르의 음악을 선호한다는 것이다.

Tenner(1981)는 캐나다의 청소년을, 그리고 Roe(1983)와 Trondman(1990)은 스웨덴의 청소년을 대상으로 하여 학업 성취도와 음악 취향과의 상관관계를 밝혔는데, 학교에서 낮은 성취도를 보이는 학생들이 주로 헤비메탈과 같은 사회적으로 인정받지 못하는 비주류 장르를 선호하며, 이때 이 음악들은 '학교로부터의 소외'를 상징적으로 표현하는 것이고, 학교생활에서 지배적인 가치들을 거부하고 자신들만의 집합적 연대성을 고양시켜 주는 하위문화적인 해결 방식을 제공하는 기능을 한다고 본다.

다음으로 수용자 문화의 연구에는 청년 혹은 청소년들의 대중음악 수용의 방식, 경로, 동기 등이 매우 다양하다는 것을 여러 사례들을 통하여 고찰한 연구들(Christenson & Roberts, 1998)과 특정 대중음악 장르가 통용되고 확장되는 공간인 대중음악 씬(scene)의 형성과 클럽문화 등을 위시하여 청년들의 음악 실천들이 그러한 공간의 창출에 어떻게 기여하고, 그 속에서 청년들의 정체성과 욕구들이 어떻게 구현되는지를 고찰한 연구들이 포함된다(Bennett, 2000; Thoronton, 1995). 이와 같이 청년 대중음악에 관한 분석적 논의들은 악곡, 가사, 뮤직 비디오와 같은 '사운드'와 '이미지'의 분석과 장르 선호도 조사와 같은 경험적 조사들로 진행되어 왔다고 볼 수 있다. 그러나 텍스트 분석에 있어 가사분석이 주를 이루며, 악곡 분석이 이

---

5) 이 중에서 머독 & 펠프스(1973), 로빈슨 & 허쉬(1972), 텐너(1981)의 연구에 관한 검토는 Shuker(1994; 228-235)의 저서를 참조하여 그 일부를 재인용하였음을 밝혀둔다.

루어지는 경우라 할지라도 특정 가수(혹은 그룹)의 음악이나 몇 개의 음악에 한정하여 분석함으로써, 시대적으로 달라지는 청년 대중음악의 경향과 그 의미들을 전체적으로 탐색하고 있지는 않다.

2. 국내의 연구

국내의 연구 경향도 국외와 비슷한 방향으로 전개되어 왔다고 볼 수 있다. 다만 국외의 경우 연구 분야와 분량이 방대하고 그로 인하여 연구 성과와 결과물이 상당 정도 축적되어 있는 반면, 국내의 경우 비교적 최근에 와서야 대중음악에 관한 학문적 논의와 연구가 이루어지고 있다고 할 수 있다.

크게 보면, 국내의 연구는 대중음악이 청소년들의 정서에 끼치는 영향이라는 관점에서 첫째, 대중가요의 청취나 선호도에 관한 연구들과 둘째, 대중음악 가사에 대한 분석, 셋째, 대중음악 수용에 관한 연구들이 대다수를 차지하고 있다. 첫 번째에 해당되는 연구들은 주로 교육학적 관점에서 학생들의 대중음악 선호 경향에 대한 조사와 함께 음악교육에의 접목 가능성을 타진한 연구들(김정란, 2000; 전현, 1997; 정진회, 1996)과 청소년들의 대중음악 선호 경향을 심리적 특성이나 선호 동기 및 접촉 양태와 연관지어 고찰한 연구들이다(김인경·곽금주, 1998; 김승월, 1989; 조명한 외, 1993).

대체로 교육학과 심리학적 관점에 입각한 연구들은 대중음악을 가장 많이 선호하고, 음악적 활동에 가장 많이 참여하는 청소년들이 자아존중감이 높고, 스트레스와 욕구 불만 등에 적응하는 심리적 특성을 보이며, 따라서 대중음악의 음악교육적 효과가 기대되므로 이것을 학교 교육에 도입할 것을 역설하고 있다.

이 중에서 김인경·곽금주, 조명한 등은 청소년들의 대중음악에 대한 선호도와 대중음악에 대한 청소년들의 행동 및 태도를 고찰하고 있다. 이들의 연구에 따르면, 청소년들은 대부분 대중음악을 선호하며, 그중에서도 댄스, 발라드의 선호도가 가장 높은데, 이러한 경향은 저연령층과 여학생의 경우에 더 많이 나타난다는 것이다.

두 번째로, 국내 연구에서 대중음악 텍스트의 분석은 청소년들이 선호하는 대중음악의 가사를 검토한 연구들이 주를 이루고 있다(김인경·곽금주, 1998; 김태용, 1997; 이호경, 1995). 이 연구들에서는 청소년이 선호하는 대중음악 가사가 직설적인 성적 표현의 증가, 무의미한 내용이 증가하는 경향을 보이고 있으며, 사랑이나 친밀감 유지와 관련된 내용이 주를 이루는 가운데 표현방식에 있어서 자기중심적인 성향을 보이고 있다는 것을 밝히고 있다.

세 번째로, 대중음악의 수용에 관한 연구로는 하위문화적 실천과 관련하여 대중음악 실천의 양상과 의미를 탐색한 것과(김창남, 1995; 김형곤, 1992; 한소희, 2000), 매체 이용 방식과 그 양태를 대중음악의 수용 행태와 연관지어 고찰한 연구(남수, 1998)가 있으며, 대중음악 팬클럽을 사례로 하여 청소년들의 수용을 연구한 것들이 있다(양재영, 1994; 현지영, 1999; 황완덕, 2000).

이 중에서 김창남은 집단토론방식의 인터뷰를 통하여 육체적 욕구의 해소, 상상적 공간으로의 도피, 또래집단의 정체성 등 청소년의 대중음악 실천의 특성을 밝혀내면서, 이들의 대중음악 실천이 매우 능동적이고 저항적임을 주장한다. 즉 한국 청소년들의 대중음악 하위문화는 부모세대와 학교생활로 대표되는 일상의 억압적 삶의 장치들과 문화적 가치에 대한 저항의 의미를 담고 있으며, 그 실천은 상징적인 수준에서 이루어지고 있다는 것이다(1995: 126-127). 한소희도 이와 비슷한 논의를 개진하고 있는데, 청소년들은 대중음악 소비를 통해 동질적으로 보이는 스타일 속에서 자신들만의 스타일을 결정하고 의미를 부여하면서 일정한 차이를 만들어낸다고 보았다(2000: 98).

그 외에 대중음악 팬클럽에 관한 연구들은 팬 문화가 문화산업과 스타 시스템의 논리가 구체화되는 공간이지만, 한편으로는 청소년들의 자발적인 상호작용이 이루어지는 공간이며 자기정체성을 형성하는 하위문화적 공간임을 강조하고 있다(현지영, 1999: 125).

3. 기존 연구의 한계와 연구의 방향

서구 사회에 청년 대중음악에 관한 연구들은 그 분야와 규모에 있어서 양적·질적으로 아주 방대하고 광범위하게 이루어져왔다. 그러나 이 연구들의 상당수가 특정 청년 집단이나 록과 같은 특정 장르의 음악에 주로 초점을 맞춤으로써 전체 청년 집단의 대중음악 실천과 그들의 음악에 관하여 전반적으로 다루지 않는다는 한계를 지니고 있다. 즉, 청년 대중음악의 생산과 그것을 청년들이 수용하는 대중음악문화에 대한 전체적인 얼개를 그리고 있는 연구들은 거의 없다고 할 수 있다.

또한 서구 사회의 기존 연구들은 한국사회의 현실에 비추어 볼 때 조심스럽게 접근할 필요가 있다. 물론 사회적으로 청년 세대가 겪는 공통의 경험들은 각 사회의 청년 문화들이 기본적으로 비슷한 특성을 공유하게끔 만든다. 그러나 각 사회마다, 또 같은 사회 내에서도 역사적인 조건과 사회적 기반에 따라 청년 세대가 겪는 경험은 서로 다를 수밖에 없으며, 이러한 요인들은 청년 문화를 완전히 동질적인 것으로 만들지 않게 한다.

그러므로 서구사회의 연구를 비판적 고려 없이 그대로 적용하기에는 무리가 따른다. 특히 다양한 지역적 대중음악 사운드와 씬이 형성되어 있고, 이 속에서 어느 정도 자발적이라 할 수 있는 하위문화들이 존재하고 있는 서구사회와는 상이한 현실을 보여주고 있는 한국사회의 특수성과 차이점들을 고려하여 살펴보아야 할 것이다.

다음으로 국내의 연구에서는 청소년의 대중음악 선호 경향에 관한 조사 연구나 대중음악 수용과 관련한 연구들이 주종을 이루고 있다. 그러나 선호도에 대한 조사들이 대부분 실태조사에만 그치거나 심리적 특성과 관련지어 청소년들의 행태를 고찰하는 경향을 띠고 있다. 또 대중음악의 수용적 측면에서는, 기존 연구들이 질적 연구를 통하여 청소년들이 대중음악에 대해 자신의 욕구를 투사하고 억압적인 상황에 대한 상징적 저항의 수단으로서 기능하고 있음을 보여주었다. 그러나 청년들의 대중음악 수용과 그 변화를 보다 완전하게 파악하기 위해서는 대중음악 수용의 측면에 있어서 소비 방식, 수용 매체의 변화 등과 같은 객관적인 지표들 또한 필요한데, 기존의 연구들에서는 이 부분을 거의 다루고 있지 않고 있다.

특히 대중음악 자체에 대한 연구는 빈약한 실정이며, 기존의 연구들 또한 가사분석에 편중되어 있다. 대중음악이 악곡과 가사의 유기적 통일체로서 사회적 의미를 갖는 문화 산물임을 생각할 때, 악곡과 가사가 좀 더 균형 있게 다루어져야 할 것이다.

본 연구는 청년 대중음악의 변화를 사회적으로 이해하고자 하는 의도에서 출발하였다. 이것은 우선 청년 대중음악의 음악적 변화를 탐색함을 필요로 한다. 그러한 맥락에서 본 연구는 기존 연구에서 상대적으로 소홀히 여겼던 악곡 부분을 가사과 함께 분석하여 그 음악적 변화를 고찰할 것이다. 또한 청년 대중음악의 '사회적' 변화를 이해하기 위해서는 그러한 음악적 변화를 일으키게 하는 여러 맥락들에 대한 고찰을 함께 필요로 한다. 즉, 청년 대중음악의 변화에는 대중음악 생산 환경의 변화와 아울러 청년들의 집합적 경험들이 녹아 있다고 할 수 있다. 그리고 생산 환경과 수용자인 청년들의 집합적 경험은 상당 부분 사회·문화적 조건들에 의해 규정을 받는다.

따라서 청년 대중음악의 사회적 변화를 파악하기 위해서는 음악 분석과 사회적 맥락의 분석을 전체적으로 조망해야 한다. 이러한 관점에서 본 연구에서는 다음과 같은 방향으로 연구를 진행할 것이다.

첫째, 청년 대중음악문화를 구성하고 있으면서 대중음악의 변화에 영향을 주고 있는 배경 요소들에 대한 고찰을 통하여 대중음악 변화의 단서를 포착하고자 한다.

둘째, 대중음악 텍스트의 변화가 악곡과 가사에서 어떻게 나타나고 있는지를 사회적 맥락과 유기적으로 관련지어 고찰할 것이다.

셋째, 청년 대중음악이 전개되면서 청년 집단의 동질적 특성뿐만 아니라 역사적으로 청년 수용자들의 대중음악 실천과 문화의 형성이 이질적 특성들을 함께 키워나갔으며, 그것이 텍스트상에 어떻게 나타나는지를 살펴볼 것이다.

넷째, 이러한 변화들이 청년 대중음악문화를 어떻게 분화시켜 왔으며, 전체적으로 청년 대중음악문화의 전개가 나타내고 있는 사회적 의미를 탐색하고자 한다.

제3절 이론적 배경과 분석틀

1. 이론적 배경

하나의 문화적 산물은 생산과 수용의 과정을 거치면서 사회 속에서 소통된다. 여기서 생산은 생산자 개인의 독립적인 창작의 결과로만 이루어지는 것이 아니라 조직, 체계(system), 제도 등과 같은 환경적 맥락 속에서 이루어진다. 이러한 환경적 맥락은 일정 정도 구조화되고 제도적으로 관행화되어, 창작 활동의 범위와 내용을 규정짓는다.

특히 현대 자본주의 사회에서 대중문화 텍스트는 기업 조직의 체계 속에서 '상품'으로 창출되어 수용자에게 공급되는 성격을 갖고 있다. 그러므로 대중문화 텍스트의 생산에는 이윤 획득과 추구라는 경제적 논리가 항상 관통하고 있다. 현대 사회에서 대중들의 문화적 욕구의 충족과 향유가 대부분 상품화된 문화 텍스트에 대한 소비를 통하여 이루어지기 때문에, 텍스트 생산의 경제적 맥락이 수용자인 소비자에게 미치는 영향력은 막강하다고 할 수 있다.

따라서 대중문화 텍스트를 다루기 위해서는 생산자들이 어떠한 제도적 환경 속에 위치해 있으며, 생산이 어떻게 이루어지고 있는지를 검토해야 한다. 이것은 생산 그 자체의 실제 특성과 생산의 경제적, 제도적 맥락을 검토함을 의미한다(Longhurst, 1995: 22).

　그러나 생산물인 텍스트와 수용자에게 가해지는 생산 부문의 힘이 아무리 강대하다고 할지라도, 수용자가 주어진 생산물의 내용을 모두 동일하게, 그리고 일방적으로 흡수하는 것은 아니다. 수용자가 제도적, 환경적 맥락의 영향과 규정을 받는 사회적 존재임은 틀림없으나 비인격적인 대상이 아니라 자발적이고(voluntary), 선택적인 행위를 행사하는 존재이다. 따라서 생산의 영향력을 과도하게 강조할 경우, 다양한 수용자들이 일상 속에서 펼치는 변용의 현실과 가능성을 간과해버리는 우를 범하게 되는 것이다.

　이러한 수용자들의 변용 행위들은 소비의 맥락에서 이루어진다. 선택과 변용이라는 수용 행위는 수용자들의 문화 텍스트 소비에 의해 존립의 근거를 마련하는 생산 부문에게도 영향을 끼치지 않을 수 없다. 즉, 생산자들로 하여금 새로운 내용의 창작을 향한 동기 부여와 방향을 제시해줄 수도 있는 것이다. 그리고 이러한 영향의 작용은 결과적으로 새로운 스타일의 대중문화 텍스트의 출현을 낳기도 한다.

　그러므로 대중음악과 같은 문화적 텍스트는 생산과 수용의 상호작용이라는 테두리 안에서 고찰할 때, 그 성격과 의미가 보다 분명하게 드러난다고 할 수 있다. 대중음악문화는 바로 대중음악 텍스트와 생산, 수용의 상호 관련 체계라 할 수 있다. 이러한 상호관련 체계로서의 대중음악문화는 일정한 구조를 이루면서도 그 상호작용의 성격에 따라 변화한다. 결국 대중음악문화는 생산, 수용, 대중음악 텍스트의 상호작용의 맥락에서 검토되어야 한다.

　한편, 생산과 수용의 과정에 참여하는 사람들, 제도, 시스템 역시 사회적, 역사적 산물이다. 그런 점에서 생산자와 수용자의 행위와 제도적 관행, 시스템의 성격이 항상 동일한 것이 아니라 늘 변화의 가능성을 내포하고 있다. 그 변화는 역사적 상황과 대중음악의 실천에 참여하는 사람들의 성격과 관계에 따라 다르게 이루어진다.

　그런데, 대중음악 실천에 참여하는 주체들의 성격과 관계는 항상 서로 우호적이고 이해의 일치를 이루는 것이 아니라, 사회적 기반과 이해관계에 따라 보이지 않는 갈등과 알력이 내재해 있다. 이러한 갈등 관계는 자신들의 이해관계를 보다 더 실현시키기 위한 헤게모니 투쟁으로 연결된다.

원래 그람시의 헤게모니 개념은 강제적 통치와 지적·도덕적 리더쉽을 통한 동의가 결합된 진정한 지배의 상황을 의미하는 것이다(Gramsci, 1975: 57-58, 80). 사회적 이해관계에서 서로 갈등하고 있는 집단들은 다른 집단들에 대한 동의와 순응을 이끌어 내면서 지배적 상황을 구축하고 이를 정당화하려 하는데, 바로 그러한 지배가 헤게모니적 지배가 이루어진 상태이다. 그람시의 헤게모니 개념은 대중음악의 생산과 수용이 이루어지는 대중음악문화를 보다 역동적으로 파악할 수 있게 해준다.

이렇게 볼 때, 생산과 수용에 참여하는 실천 주체들의 관계는 기본적으로 헤게모니 투쟁의 성격을 지니고 있으며, 그러한 성격은 대중음악 텍스트의 창출과 새로운 변화를 가져오는 하나의 힘으로 작용한다고 볼 수 있다.

또한 이 헤게모니 개념은 대중음악 생산과 수용의 상호작용성을 파악하는데도 적합하다고 생각된다. 즉, 대중음악 텍스트가 문화산업의 지배적 힘에 의해 일방적으로 결정되지는 않으며, 또한 수용자들의 실천이 항상 창조적이고 자발적이지는 않는다는 것이다. 이렇게 본다면 대중음악문화는 지배적 힘과 저항적 힘이 서로 상충한 결과 형성되는 산물이며, 이 힘들이 서로 복잡하게 얽혀 있으면서 다채로운 성격을 드러내고 있다고 볼 수 있다.

따라서 대중음악문화를 연구함에 있어 수용자들이 텍스트를 능동적으로 해석함으로써 역으로 텍스트의 성격과 스타일의 변화에 영향을 줄 수 있다는 것을 인식해야 한다. 최근 이러한 관점에서 문화산업의 지배적 힘에 대하여 수용자들의 창조적 힘을 대중문화가 지니는 역동성의 원동력으로 파악하는 이론들이 많이 제기되고 있다. 특히 윌리스, 피스크, 드 세르토와 같은 학자들은 대중들이 대중문화의 향유 과정에서 보이고 있는 일상적 저항을 보다 적극적으로 평가하고 의미를 부여한다(de Certeau, 1984: Fiske, 1987: Wills, 1990). 이들은 모두 대중문화의 소비가 저항의 원천이 될 수 있음을 강조한다. 대중들은 아주 다양한 방식으로 대중문화의 산물을 소비하며, 그 과정에서 다양한 전략과 전술을 구사한다는 것이다.(de Certeau: 485).

그러나 대중들의 소비에서 나타나는 표면적인 현상에 매몰될 경우 그 소비의 내용과 방식을 근본적으로 규정하고 있는 생산의 영향력을 간과하고 결과적으로 대중문화의 참모습을 보지 못하는 한계를 지니게 된다. 이런 점에서 Kellner(1995)가 지배적인 것과 저항적인 것의 균형을 맞추고자 했던 초기의 문화 연구 전통을 회복할 것을 주장한 것에 귀 기울일 필요가 있다고 본다. 켈너에 따르면, 수용자들이 창출하는 즐거움이 반드시 저항적인 것은 아니며, 표면적으로는 저항적인 것으로 보이는 것들이 기존의 권력 구조에 실질적으로 도전하지 않고, 오히려 기존 사회의 보수적 측면과 결합할 가능성도 있다는 것이다(Kellner, 1995: 74-88).

따라서 대중문화에서 지배와 저항의 관계는 일면적이 아니라 매우 다층적이며 복잡하게 구성되어 있다는 것을 인식해야 하며, 이러한 다면적인 관계와 조건들 속에서 나타나는 다양한 양상들이 어떠한가를 탐색해야 할 것이다. 그리고 대중문화의 복잡하고 역동적인 성격을 파악하기 위해서는 수용자의 수용을 규정하는 생산의 힘과 생산의 성격과 방향에 영향을 끼치는 수용자의 힘을 균형 있게 다루어야 하며, 대중문화의 텍스트 자체에 대한 고찰을 통해서 그러한 상호작용의 관계가 어떻게 내포되어 있는지를 탐색해야 할 것이다.

대중음악문화 역시 대중음악이라는 문화적 산물을 중심으로 다양한 사람들이 생산과 수용에 참여하면서 전개된다. 여기에는 음악자본의 이윤 논리, 생산자들의 음악적 지향, 수용자들의 음악 실천들이 복잡하게 개입되어 있다. 이것들은 생산되는 대중음악들 속에 반영되어 시대에 따라 음악적 경향을 만들어낸다. 대중음악문화의 전개에 참여하는 대중들은 계급, 성별, 세대, 인종 등과 같은 다양한 범주들로 구성되어 있다. 그리고 대중음악의 영역에는 이 집단들의 특성들이 어떤 형태로든지 베어 있다고 볼 수 있다.

그러나 무엇보다도 한국사회에서는 세대의 범주를 둘러싼 문화적 생산과 실천이 가장 가시적인 형태로 나타난다고 말할 수 있다. 사회·문화적으로 급격한 변동을 거쳐 온 한국사회의 특성상 역사적으로 각 세대가 성장해온 사회·문화적 환경의 차이가 상당히 존재하며, 이것은 세대 간의 괴리와 갈등을 그만큼 심화시키고 결과적으로 세대문화의 간격이 심화되는 형태로 나타나기 때문이다.

그러므로 일상적 향유의 대상인 대중음악이 생산되고 수용되는 대중음악문화는 기성세대와 새로운 세대의 특성과 차이가 문화적으로 드러나는 곳이다. 특히 새로운 세대인 청년들은 대중음악을 통하여 다른 세대와는 구분되는 새로운 스타일을 형성해나간다. 이렇게 볼 때 청년 대중음악문화는 청년들이 정체성을 표출하고 세대 정치를 벌여나가는 영역으로 생각할 수 있다. 그러나 이러한 청년 대중음악문화가 전적으로 청년들의 자발적이고 창조적인 실천의 산물인 것으로 단정지어서는 안 된다. 새로운 스타일의 음악이 주로 청년 세대를 중심으로 생산되고 수용된다는 점에서 '청년성'이 두드러지게 나타나기는 하지만, 이것들은 팔릴만한 새로운 상품으로서 문화산업에 의해 의도적으로 창출되기도 한다.

따라서 청년 대중음악문화에는 한편으로는 자본의 논리가 개입되어 청년들을 소비 주체로 편입하거나 이들의 문화적 실천의 결과물들이 왜곡되기도 하지만, 다른 한편으로는 창조적 변형의 과정들이 서로 모순적으로 얽혀 있다고 볼 수 있다. 결과적으로 이러한 과정들은 청년 대중음악문화의 성격을 매우 유동적인 것으로 만든다.

이렇게 볼 때, 청년 대중음악문화의 전개에 있어 음악자본은 자신의 이윤을 확보할 수 있는 음악들을 안정적으로 재생산하려는 반면에, 음악 생산에 직접 참여하는 청년 생산자들이나 자신들의 경험과 현실에 기반하여 그 음악들을 수용하는 청년 수용자들의 음악적 실천들은 기존의 음악적 경향의 변화에 영향을 미치며, 더 나아가 청년 대중음악문화의 특성을 변화시키는데도 영향을 미친다고 볼 수 있다.

그러므로 매우 유동적으로 전개되는 청년 대중음악문화의 특성을 파악하기 위해서는 대중음악문화 내에서 대중음악의 생산과 수용을 중심으로 벌이는 각 세력들 간의 역학관계가 역사적 맥락에 따라 어떻게 전개되고 있는지를 탐색할 필요가 있다.

대중음악문화는 지배와 저항이 교차하는 혼합적 산물이다. 그러나 문제는 이 지배와 저항이 고정적으로 특정 주체에게 부여되어 있는 것이 아니라 역사적 국면에 따라, 그리고 대중음악문화의 형성에 관여하는 제 세력들 간의 역학관계에 따라 다르게 나타날 수 있다는 것이다. 즉 청년 집단과 그들의 문화가 기성세대 및 음악 생산을 규정하는 자본의 힘과 어떠한 관련을 맺고 있는가에 따라 달라지며, 청년 집단이 자신들의 힘을 문화적으로 발휘할 수 있게 하는 사회적 조건들에 따라 달라진다.

이러한 조건 속에서 청년 대중음악문화는 독자적인 특성을 지닌 세대문화로서 형성되어 전개되며, 그 전개 과정과 특성은 시기에 따라 달라지게된다. 그리고 그 변화는 구체적으로 대중음악 텍스트를 통하여 드러난다. 이와 같은 맥락에서 본 연구에서는 청년 대중음악문화를 역사적으로 고찰함으로써 한국사회에서 청년 세대의 특성이 문화적으로 어떻게 표출되어왔으며, 그 과정에서 나타나는 변화들의 의미가 무엇인지를 고찰하고자 한다. 그리고 그 방법에 있어 대중음악 텍스트에 대한 분석과 대중음악문화의 형성과 변화에 지배적인 영향을 끼치는 여러 요소들에 대한 탐색을 병행하여 청년 대중음악문화의 전체적인 전개 과정과 그 특성을 조명하고자하는 것이다.

2. 분석틀

청년 대중음악문화의 전개를 알기 위해서는 우선 청년 대중음악이 어떻게 만들어지며, 그 형성에 관여하는 부분들과 그것들의 영향 관계를 파악해야 한다. 청년 대중음악문화는 청년 대중음악이 생산되고 소통됨으로써형성된다. 청년 대중음악의 생산과 소통은 크게 두 가지 요소에 의해 규정받는데, 그것은 다름 아닌 사회적 조건과 대중음악의 제도적 환경이다.

대중음악의 생산자가 생산물을 만들고 그것을 수용하는 수용자들의 행위는 직접적으로 대중음악의 제도적 환경에 의해 영향을 받는다. 대중음악의 제도적 환경은 대중음악의 생산과 전파를 이루어지게 하는 음악산업 시스템과 매체 환경, 대중음악 정책 등의 요소로 짜여져 있다. 대중음악의 제도적 환경은 구조화되어 대중음악의 생산, 전파, 수용의 형태를 규정하는 틀로 작용한다. 그러나 이 대중음악의 제도적 환경은 근본적으로 사회적 조건에 의해 규정받고 있다. 대중음악의 제도적 환경은 사회적 조건에 의해 새로운 구조적 틀을 형성하게 한다.

그리고 사회적 조건은 생산자와 수용자가 어떤 특성을 갖게 하는 데 있어 외재적인 조건으로서 작용한다. 생산자의 경우 개개 생산자가 모두 사회적 조건의 규정을 받는 사회적 존재이지만, 무엇보다도 대중음악의 생산은 다양한 생산자들이 연계되어 복합적인 체계 속에서 이루어진다. 이 생산 체계의 유형과 그 특성 역시 사회적 조건에 의해 규정된다. 청년 대중음악의 수용자도 청년이라는 집단적 특성을 갖는데, 청년 집단의 세대적, 연령적 특성은 사회적 상황의 변화와 밀접하게 연관된다.

이와 같이 청년 대중음악이 형성되는 데 관여하는 요소들과 그것들 간의 관계를 도식으로 나타내보면 [그림 1]과 같다.

따라서 청년 대중음악문화의 전개 과정은 우선 생산자와 수용자 집단이라는 행위 주체가 사회적 조건과 대중음악의 제도적 환경의 영향 속에서 청년 대중음악을 어떻게 생산하고 수용해왔는지를 검토해야 한다. 그리고 생산자와 수용자의 특성이 청년 대중음악에 어떻게 나타나있는지를 검토해야 할 것이다. 그 다음 사회적 조건과 대중음악의 제도적 환경의 변화가 청년 대중음악의 변화에 어떻게 영향을 끼치고 있는지를 고찰해야 할 것이다. 이러한 청년 대중음악의 변화는 곡, 가사, 장르와 같은 음악적 형식을 통해 나타난다. 이러한 분석 과정을 통하여 청년 대중음악문화가 전개되는 과정의 윤곽이 보다 선명하게 드러날 수 있을 것이다.

이렇게 구성되어 있는 청년 대중음악문화는 독자적인 특성을 지니는 문화로서 형성되어 전개된다. 그러나 독자적 특성을 지니는 청년 대중음악문화가 항상 단일한 특성 속에서 전개되는 것은 아니다. 청년 대중음악문화는 청년 문화로서의 독자성을 유지하면서도 내부적으로 하위 음악문화를 형성하며 전개된다. 즉, '청년'이라는 동질적인 특성을 공유하고 있으면서도 생산자와 수용자의 특성에 따라 서로 다른 음악적 지향을 표출함으로써 서로 상이한 음악문화를 형성하게 되는 것이다. 결과적으로 청년 대중음악문화는 새로운 하위 음악문화들이 형성, 분화되고, 그것들 간의 역학관계가 변화해감으로써 역사적으로 다른 특성을 지니는 음악문화로서 전개된다.

[그림 1] 청년 대중음악 형성의 구조

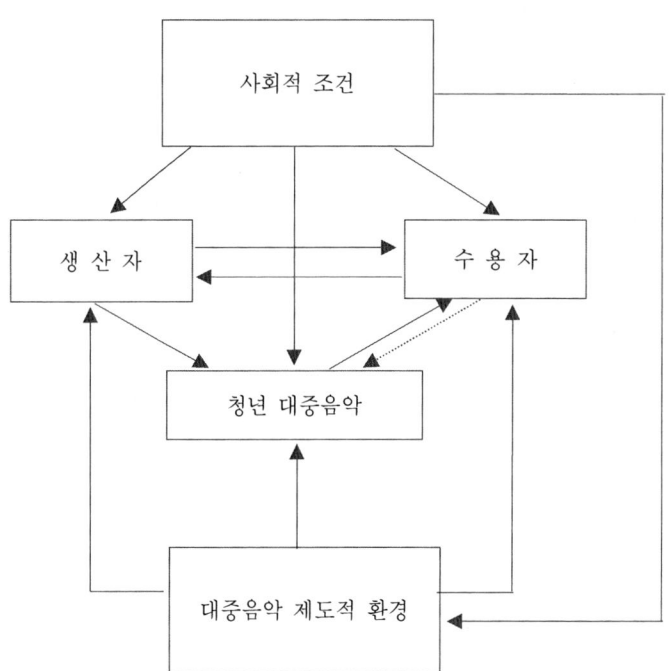

그런데, 청년 대중음악문화의 변화는 대중음악을 통하여 가시적으로 나타난다. 청년 대중음악의 변화에는 역사적으로 상이한 사회적 조건과 환경 속에서 서로 다른 특성을 지니게 되는 청년 대중음악 주체들의 특성과 음악적 실천이 집약되어 있다. 그러므로 대중음악은 사회적 구성물이자 청년 대중음악문화의 변화를 파악하기 위해서 우선적으로 분석을 필요로 하는 문화 생산물이다.

[그림 2] 청년 대중음악문화의 분화

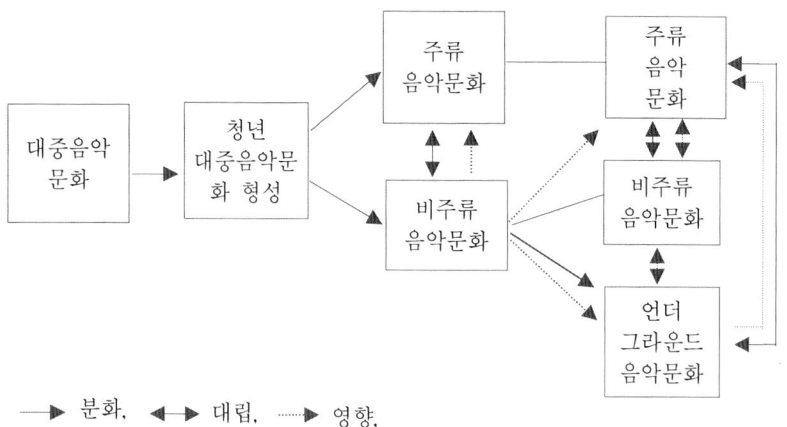

━━▶ 분화. ◀━━▶ 대립. ┄┄┄▶ 영향.

그리고 대중음악의 의미는 음악의 형식에 내재해 있는 것이 아니라 사회적으로 형성된다. 음악적 형식은 소리(sound)로 재현됨으로써 음악이 된다. 그러나 소리가 어떻게 재현이 되고, 재현된 소리들을 어떻게 받아들이느냐에 따라 음악의 의미가 서로 다르게 형성될 수 있다. 특히 대중음악의 경우 특정한 내용을 담은 가사와 그것을 표현하는 가창과 실연(perform-ance)과 같이 소리로 재현되는 데 있어 많은 과정들이 매개된다. 또 여러 재현의 과정들의 복합체로서의 소리들은 특정한 사회적 맥락 내에 있는 사람들의 청취 행위를 통하여 음악으로서 받아들여진다. 결국 대중음악은 음악적 소리(sound)의 차원만이 아니라 그 소리를 음악으로서 표현하는 데 관여하는 요소들과 수용 행위들이 함께 어우러져 구성된다.

이와 같은 맥락에서 본 연구에서는 대중음악을 구성하고 있는 요소들을 분석하여 청년 대중음악의 음악적 변화를 고찰하고자 한다.

[그림 3] 노래의 구성 요소

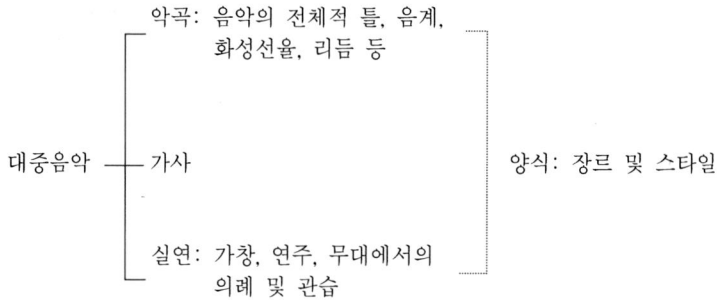

제4절 연구 대상과 연구 방법

1. 연구 대상

가. 연구 대상과 개념 정의

본 연구에서 중심적으로 다루고 있는 대상은 청년들의 대중음악문화이다. 그런데 '청년'(youth)이라고 하는 사회적 범주가 과연 어떤 연령을 포괄하는지를 명확하게 경계 짓기는 어렵다.6) 현재 청년과 비슷하게 쓰이는 개념으로는 '청소년'(adolescent)이 있는데, 청소년은 통상적으로 아동과 성인 사이의 과도기적 단계의 연령 집단을 지칭한다.7) 그리고 우리가 '청소

---

6) 슈커는 '청년'을 대체로 13세-24세의 연령 코호트에 해당되는 집단으로 보고 있으며(Shuker, 1994: 226), 국제청년회의소와 같은 조직에서는 청년을 20세-39세로 폭넓게 규정하기도 한다.

7) 현재 우리나라는 1991년에 제정된 〈청소년 기본법〉에서 청소년을 9세-24세로 규정하고 있으며, 1997년 제정된 〈청소년 보호법〉에서는 19세 미만으로 규정

년 문화'라고 말할 때, 청소년은 특히 '10대'를 의미하는 개념으로 쓰이기도 한다. 그러나 현재 한국사회에서 통용되는 청소년의 범주에는 아동기 (childhood)에 해당되는 연령도 포함되고, 개념상으로도 미성숙한 보호의 대상이라는 의미가 어느 정도 내포되어 있다고 볼 수 있다. 그러한 점에서 '청소년'이라는 개념보다는 사회적 범주로서의 '청년'이라는 개념을 사용하도록 하겠다.

'청년'의 범주는 연령 면에서 정확하게 규정짓기는 어려우며, 그만큼 애매하고 불분명하며 중심이 없는 개념이다(Grossberg, 1992: 175). 그러나 사회·문화적으로 청년은 부모 세대와 물질적·정서적으로 완전히 분리되어 있다고 보기는 어렵지만, 독립적인 개체로서의 정체성을 지니고 있으며 현실의 사회 경제적 체계에 어느 정도 편입이 되어 있다. 즉 양육과 보호의 대상인 아동을 단계를 넘어섰지만, 기성세대와 같이 현재의 지배적인 사회 체계에 완전히 자리 잡지는 않고, 그 과정에 있는 범주라고 하겠다. 그러므로 청년은 청소년에서 소년에 해당되는 아동은 포함되지 않으며, 그렇다고 전적으로 '10대'만을 지칭하는 개념도 아닌 사회·문화적으로 구성되는 개념이다. 이와 같은 관점에서 굳이 연령의 측면에서 청년을 정의해본다면, 우리나라의 경우 대략 중학교 1학년에 해당하는 13세에서 대학 졸업 연령인 26, 27세쯤까지, 혹은 더 광의로 정의해본다면 20대인 29세까지로 볼 수 있겠다.

청년 대중음악문화는 청년 대중음악을 생산하고 수용하는 주체들이 생산물인 음악을 둘러싸고 서로 관계를 맺으면서 형성되고 전개된다. 생산자, 수용자, 그리고 생산물인 대중음악은 사회적 환경과 음악적 환경에 의하여 영향을 받는다. 사회적 환경은 청년 대중음악의 생산과 수용의 환경인 음악적 환경에 직접 영향을 끼치는 동시에 생산자와 수용자의 집단적 특성을 규정짓는 데 영향을 끼친다.

그러므로 청년 대중음악은 청년 대중음악문화 내에서 생산자 집단과 수

하고 있다. 한편, 유엔의 〈아동의 권리에 관한 국제 협약〉에서는 아동을 18세 미만으로 규정하고 있다.

용자 집단의 성격에 의해 규정된다고 할 수 있다. 먼저, 청년 대중음악의 수용자들은 대체로 연령에 일치한다. 즉, 청년기에 해당하는 사람들이 청년 대중음악의 수용자 집단을 이룬다. 그리고 생산자집단은 다양한 부분이 결합된 복합된 체계(system)를 이룬다. 그러나 생산자 집단의 경우 반드시 연령과 일치한다고 보기는 어렵다. 대중음악의 생산은 가수, 작사, 작곡, 편곡, 기획, 연출, 연주 분야의 다양한 사람들이 서로 결합하여 산업적 체계 속에서 이루어진다. 따라서 연령의 요소 외에도 청년 대중음악은 생산 부문의 결합 체계가 갖는 성격이 어떠한가에 따라 규정된다. 이 생산 체계는 어떤 음악적 목표를 위해서 결합된 체계이다. 그리고 그 목표는 수용자를 전제로 설정된다. 즉, 수용자를 염두에 두고 생산이 이루어진다. 따라서 생산 체계가 청년 수용자 집단을 목표로 하는 음악적 지향을 분명히 드러내는 음악들은 청년 대중음악으로 보아야 할 것이다.

이렇게 볼 때, 청년 대중음악은 청소년 및 청년기에 해당되는 사람들이 주로 선호하고, 생산 체계가 그러한 선호에 부합하는 음악적 지향을 나타내며 생산한 음악을 뜻한다.

그 다음으로 살펴 볼 개념들은 본 연구의 연구 대상인 청년 대중음악문화를 구성하고 있는 음악적 범주들이다. 청년 대중음악은 크게 주류음악, 비주류음악, 언더그라운드음악으로 구성되어 있다. 대중음악문화 내에서의 헤게모니적 갈등은 지속적인 변화를 추동해내는 과정을 창출하는데, 그러한 과정의 진행은 표면적으로 음악적 '주류'와 '비주류' 간의 대립과 갈등으로 표출된다. 주류음악(mainstream)은 특정 시점에 있어 가장 많이 생산되고 소통되는, 그럼으로써 대중적으로 유행되고 익숙한 스타일의 대중음악이다. 이러한 음악들은 주로 음악산업과 매체산업의 복합적인 연결 고리를 매개로 하여 이른바 '유행가'의 원천이 되며, 표준화와 상품화를 특징으로 한다.

언더그라운드음악은 크게 보면 주류음악에 반대되는 음악들이며, 그러한 음악들이 만들어지고 소통되는 공간을 뜻한다. 주류음악이 비교적 비슷한 스타일의 음악이나 장르로 이루어져 있다면, 언더그라운드음악은 주류가

아닌 비주류음악들로써 여기에는 다양한 음악들이 포함된다. 언더그라운드
음악은 주류음악의 생산과 소통의 근원적 힘이라 할 수 있는 음악산업과
매체산업의 지배적 체계에 전적으로 편입되지 않은, 그리고 그로부터 벗어
나려고 하는 시도로부터 형성된다. 원래 언더그라운드 뮤지션은 텔레비전
이나 라디오 같은 지상파 방송에 나가지 않음은 물론이고, 음반 발매도 하
지 않고 라이브로만 연주하는 이들을 지칭한다. 그러나 음악의 산업화가
진행된 요즘의 상황에서 현대적 의미의 언더그라운드는 대규모 음악산업이
지배하는 네트워크로부터 어느 정도 '독립적인' 네트워크를 가리킨다(김종
휘 외, 2000: 14-15).

언더그라운드음악은 주류음악의 지배적 체제와 그로부터 빚어지는 상업
성에 대한 대안을 지향한다는 특성을 갖고 있다. 그러나 내부적으로는 서
로 이질적이면서도 다양한 형태의 음악이나 그러한 음악들을 시도하는 활
동들이 이루어지는 공간이기도 하다. 그러므로 언더그라운드음악은 다음과
같은 형태의 음악들을 포괄한다고 볼 수 있다. 첫째, 생산, 유통, 공연 등
모든 면에서 주류음악의 영향력과 그 시스템을 의도적으로 거부하고 대안
적인 방향을 지향하는 음악이다. 여기에는 '독립음악'이나 비제도권 음악들
이 해당된다.[8] 둘째, 첫 번째와는 달리 약간 느슨한 형태이기는 하지만 주
류음악에 대한 대안을 추구하는 음악이다. 텔레비전 방송 출연을 거부하고
공연 위주의 활동을 하는 음악가들과 그들의 음악이 여기에 해당된다고 볼
수 있다. 본 연구에서 '비주류음악'의 범주에 해당되는 것이 이 두 번째 형
태이다.

주류음악과 언더그라운드음악의 영역은 고정된 경계를 지니고 있지 않
으며, 또한 서로 완전히 분리되어 독자적으로 움직이는 영역도 아니다. 이
두 영역은 서로 갈등과 대립을 하는 가운데 부단히 교류를 한다. 언더그라

---

8) 독립음악은 보통 '인디음악'으로 쓰이기도 한다. 주류음악의 생산과 유통의 주
축을 이루고 있는 음악산업(major label)의 이윤추구적 논리에서 벗어나 자
율적이고 실험적인 음악을 추구하기 위해 주로 소규모의 독립음반사(indepe-
ndent label)를 설립하고, 이것을 기반으로 활동한다.

운드음악이 주류음악에 대한 반대라고 하는 자기 정체성을 지니고 있는 반면에, 비주류음악은 주류음악화 되지 않았지만, 그렇다고 해서 주류음악에 대한 대안을 추구하지도 않는 음악, 즉 주류음악과 언더그라운드음악의 중간 성격에 해당되는 음악이라 할 수 있다.

이 세 범주들은 음악적 정체성, 전문성, 대중성이라는 측면에서 어느 정도 구분된다. 특정 가수와 그의 음악이 어떤 범주에 속해 있는가는 음악적 정체성과 전문성에 따라 달라진다. 음악적 정체성과 전문성이라는 요소는 결국 음악적 결과물과 음악 활동 방식에 영향을 끼치기 때문이다. 이렇게 볼 때, 언더그라운드 영역은 주류음악에 대한 분명한 반대의 정체성을 갖고 있으며, 전문성에서는 비교적 자발성이 강한 아마추어적 성격이 강한 집단이라고 할 수 있다.

다음으로 비주류음악은 주류음악과는 반대되는 정체성을 지니고 있지만, 언더그라운드의 아마추어적 성격과는 달리 음악적 전문성을 갖추고 있는 사람들의 음악이다. 이들은 자신들의 전문성을 주류음악과는 구분되는 '예술적' 특성으로 특화시킨다.

또한 대중성에서는 일반적으로 주류음악은 가장 대중적이고, 비주류음악→언더그라운드 음악의 순으로 대중성이 떨어진다고 할 수 있다. 대중성은 음악의 전파와 관련되는 것인데, 주류음악의 경우 각종 홍보를 적극적으로 활용하고, 가장 수용의 효과가 높은 텔레비전 매체를 중심 활동 대상으로 한다. 반면에, 비주류음악→언더그라운드 음악으로 갈수록 상대적으로 대중적 인지도는 낮다고 볼 수 있다.

이렇게 청년 대중음악은 이 세 범주들로 구분되어 있으며, 이 세 범주들의 관계 양상에 따라 대중음악문화의 기본적 성격이 특징지워진다. 본 연구에서는 바로 그 관계의 변화가 갖는 사회적 의미를 살펴보는 것이다.

나. 연구 시기

본 연구에서 다루고자 하는 시기는 1970년대 이후부터이다. 한국사회에서 1970년대는 '베이비 붐' 세대가 청년기에 접어들어, 사회적으로는 청년이 하나의 세력이자 집단으로 가시화되었고 문화적으로는 '청년문화'가 형성되어 기성세대의 문화와는 구분되는 새로운 문화로서 부상했던 시기였다. 실제로 청년 대중음악문화의 형성은 청년이 사회적 집단으로서 인식되고, 청년 문화가 형성되었던 사회적 맥락 속에서 이루어진 것이라고 볼 수 있다. 이러한 점을 고려하여 연구 시기는 1970년대 이후로 설정하였다.

다음으로, 본 연구에서 고찰할 대중음악문화의 전개 과정은 1970년대 이후부터 현재까지 30여 년의 기간이다. 그런데, 이 기간동안 한국사회의 대중음악문화가 단순히 연속적으로 조금씩 모습을 바꾸면서 전개되어 왔다기보다는 사회적 조건들과 역사적 계기에 따라 불연속적으로 전개되어왔다고할 수 있다. 결국 특정한 사회적 맥락들이 대중음악문화의 전개와 밀접하게 관련이 있을 것으로 생각되며, 그런 점에서 역사적 국면으로 나누어 고찰할 때 대중음악문화의 전개 과정상에서의 특성을 보다 잘 파악할 수 있을 것이라 보고, 시기를 다음과 같이 구분하여 고찰하려고 한다.9)

① 1970~1980년대 중반
② 1980년대 중반 이후~1990년대 초반
③ 1990년대 초반 이후~현재

시기 구분은 크게 두 가지 차원을 고려하여 설정하였다. 하나는 사회·정치·문화적 변동이고, 다른 하나는 청년 대중음악의 변동이다. 사회·정치·문화적 변동은 청년 대중음악의 변화에 영향을 끼치는 배경적 요소로서 작용한다. 청년 대중음악의 변동은 사회적 배경이 녹아들어 음악적으로 표면화되어 나타난다. 특정한 사회적 상황의 계기나 일련의 변화들이 축적되어 시기적으로 서로 구분되는 선을 형성하는 것이다.

---

9) 본 연구에서 시기 구분과 관련하여 청년 대중음악 텍스트 분석에 사용한 자료들은 다음과 같이 경계를 설정하였다.
① 1시기: 1970~1984년 ② 2시기: 1985~1993 ③ 3시기: 1994~2001. 4월

먼저, 첫 번째 시기는 1970~1980년대 중반까지이다. 이 시기는 군사 정권의 통치가 계속된 시기로 반공 이데올로기를 전면에 내세우면서 사회 전반적으로 억압적이고 통제적인 분위기가 지배했었던 시기이다. 또한 산업화와 도시화가 급속도로 진행되면서 도시적 생활양식과 문화가 완전히 자리 잡았다.

한편, 문화적으로 군사정권은 민족문화, 전통문화↔서구적 퇴폐문화의 대립구도 속에서 퇴폐문화의 청산을 위한다는 명분으로 국민들의 일상생활에까지 개입하여 이념적 통일성과 정권의 정당성을 확보하려고 하였다. 이러한 배경에서 이 시기의 청년 대중음악은 건전함과 참신함으로 기성세대와는 구분되는 독자적인 의미를 갖는 음악으로서 자리 잡게 된다.

두 번째 시기는 1980년대 중반 이후부터 1990년대 초반까지이다. 1980년대 중반은 한국사회에서 정치·사회적으로 주요 전환기였다고 할 수 있다. 정치적으로 군사정권이 공식적으로 막을 내리고 그에 따라 민주화에의 요구와 여러 분야의 사회·정치적 움직임들이 분출되었던 시점이었다. 따라서 이전 시기보다는 억압적 제도와 정책들이 조금씩 완화되기 시작하였다. 또한 1980년대 중반은 경제 성장의 결과 중산층이 형성되면서, 이들을 중심으로 문화적 욕구 또한 증대되기 시작하였으며 사회 전반적으로 여가 문화가 점차 확산되기 시작한 시점이다.

이러한 변화는 청년 대중음악에도 영향을 미쳐 비교적 동질적인 스타일의 음악이 일정 시기 동안 청년 대중음악을 이루는 것이 아니라 동시기에 다양한 성격의 음악들이 나타나게 하는 배경으로 작용하였다.

세 번째 시기는 1990년대 초반 이후에서 현재까지이다. 1990년대 초반은 사회주의권이 몰락하면서 세계가 자본주의가 주도하는 질서로 재편되기 시작한 시점이다. 이 과정에서 자본주의적 세계화가 확대되는 한편 부분적으로는 다원화 현상도 나타났다. 국내의 정치적 상황에서도 보수↔진보의 이념적 대립과 갈등 구도가 상당히 약화되었던 시점이다.

또한 이 시기는 한국사회의 문화적 환경에서 심대한 변화들이 발생하였던 시점이기도 하다. 문화의 세계화 역시 가속화되는 가운데, 우리 주위의 문화적 환경과 구조들이 재편되고 새로운 문화 부문들이 창출되었다. 컴퓨터, 대중매체의 확산은 문화 소통의 속도와 양을 대폭 증가시켰다. 특히 새로운 문화적 소비의 주체로서 신세대가 부상하는 가운데 신세대가 주도하는 문화의 개성 추구 현상이 확산되었다. 이처럼 문화적 환경의 질적 변화와 새로운 소비 주체인 신세대의 등장은 청년 대중음악문화의 전개에 있어 주요한 동력이자 전환점이 되었다고 볼 수 있다.

　이러한 문화적, 사회적 변화들은 청년 대중음악에 있어서도 새로운 스타일과 장르를 창출하는 데 크게 영향을 끼쳤다. 이것은 한국의 청년 대중음악이 외국 청년 대중음악의 동향들을 더욱 빠르게 접할 수 있게 하였으며, 그것들의 수용과 접목이 즉시 이루어지게 하였다고 볼 수 있다.

2. 연구 방법과 연구 자료

가. 연구 방법

1) 노래의 분석

　대중음악이 거의 노래의 형식을 띠고 있다는 점에서 본 연구의 분석 대상 역시 노래가 된다. 대중음악을 구성하고 있는 요소들 중에서 가장 중심이 되는 것은 악곡과 가사이다. 따라서 본 연구에서는 악곡과 가사를 중심으로 분석을 실시하고자 한다. 노래의 악곡은 선율의 특성, 화성, 악곡의 구조의 틀인 악곡 형식을 중심으로 분석할 것이다. 악곡 분석의 경우 시기별로 대표적인 노래 5~10곡을 선곡하여 분석할 것이다. 가사는 소재, 언어의 사용, 가치관, 세대 간의 갈등에 관한 내용들에 대하여 내용분석(content analysis)을 할 것이다. 이외에도 표현방식이나 의미상의 특성을 고찰하기 위해 시기별로 10~15곡을 선곡하여 그 사례들을 활용하여 분석할 것이다.

　실연은 가창을 비롯하여 연주, 춤, 의상, 무대에서의 관습적 또는 의례적 행위 등과 같이 언어적, 비언어적인 방식으로 이루어지는 노래의 재현 방식들이다. 이러한 실연은 공연장, 방송국, 페스티벌, 클럽 등과 같은 다양한 장소에서 이루어진다. 실연의 분석과 관련하여 지금 이 시점에서 이전에 있었던 공연 현장과 실연들을 파악하기는 매우 어렵다. 따라서 본 연구에서는 실연을 가창과 연주 방식이라는 음악적 사운드의 측면에 초점을 맞추어 분석 하고자 한다. 그리고 음악적 실연과 관련한 비평 기사와 각종 문헌 자료들을 보조적으로 활용할 것이다.

장르는 대중음악의 악곡, 가사, 실연의 요소가 서로 결합되어 하나의 독특한 양식을 이루는 것이다. 따라서 장르의 변화는 청년 대중음악의 변화를 표면적으로 나타내고 있다고 볼 수 있다. 그런 점에서 본 연구에서는 청년 대중음악에 대한 구체적인 분석에 앞서 장르 분석을 통하여 청년 대중음악문화의 전체적인 지형의 변화를 살펴보고자 한다.

2) 생산자와 수용자의 연구

본 연구에서 일차적인 분석 대상은 청년 대중음악이지만, 그 음악적 변화를 야기하는 데 실질적으로 영향을 끼치고 있는 대중음악 주체들에 대한 고찰이 병행되어야 음악적 변화의 사회적 의미를 파악할 수 있을 것이다. 따라서 본 연구에서는 생산자에 관한 연구는 대중음악 생산 체계를 이루고 있는 여러 생산자들의 역할과 그것의 분화, 생산자 성격의 변화를 포함하며, 생산자들의 결합 형태가 어떻게 청년 대중음악의 변화와 연관되는지를 고찰하고자 한다. 그리고 수용자에 관한 연구는 수용자 집단의 규모 및 특성과 수용방식 및 수용행위들이 포함된다. 이것들에 관하여서는 관련 문헌 자료들을 검토하여 살펴볼 것이다.

나. 연구 자료

1) 노래 분석의 선정과 자료

본 연구에서는 텍스트 분석을 위한 자료로서 일차적으로 악보집을 대상으로 하였고, 이차적으로 음반을 대상으로 하였다. 대중음악 악보집은 대중적이고 널리 수용되고 있는 노래들의 악보와 가사를 수록한 것이다. 악보집은 1970년부터 현재까지 모든 곡을 담고 있는 것은 아니지만, 당대에 널리 수용되었던 대중음악들을 축적한 자료이다. 따라서 이 악보집에 수록된 곡들은 특정 시기에 생산된 노래를 대표하는 성격을 지니며, 그런 점에서 여기에 실린 노래들은 당대의 음악적 경향을 대표한다고 볼 수 있는 것이다.

이러한 악보집 자체의 분량은 매우 방대하다. 그러나 특정 장르나 특정 시기에 편중된 악보집들은 본 연구의 성격상 선곡의 모(母) 자료로서 적합하지 않다고 생각되어 제외하였다. 따라서 1970년에서 현재까지 30여 년간의 기간 동안 장르와 시기에 있어 비교적 종합적으로 악보를 담고 있는 악보집을 우선적으로 분석 자료로 선정하였다. 그 결과 이러한 성격을 비교적 충실하게 띠고 있는 총 19권의 악보집을 분석을 위한 자료로 삼았다.[10]

다음으로 이 악보집에 수록된 모든 곡들에서 각 시기별로 청년 대중음악에 속하는 곡들을 선별하였다. 선별 기준은 첫째, 1970년 이전의 노래, 둘째, 트로트의 형식을 취하는 노래, 셋째, 트로트는 아니지만 기성세대가 주로 수용한다고 여겨지는 노래는 제외하였다. 트로트 형식의 노래는 기성세대를 염두에 두고 생산된 노래이며, 주 수용층 또한 기성세대라는 점에서 일차적으로 제외시켰다. 그리고 트로트 장르가 아니더라도 범세대적으로 수용된다고 여겨지는 노래의 경우 청년 대중음악으로서의 고유한 특성이 희석되어 있다고 판단되어 선별에서 제외하였다.

여기서 악보집에 수록된 모든 곡수 중에서 서로 중복된 것을 빼고 각 시기와 영역별로 먼저 가사의 주제 분석을 위하여 총 1205곡을 선정하였다.

〈표 1-1〉 악보집 출판 연도

연도 권수	1990	1991	1992	1993	1997	1998	1999	2000	2001
총 19권	1	1	3	2	1	1	3	5	2

10) 분석에 활용한 19권의 악보집 목록은 참고문헌에 제시하였다.

48

<표 1-2> 악보집 수록 총 곡수

	청 년	비청년
Ⅰ시기	1069	1744
Ⅱ시기	2218	688
Ⅲ시기	2778	285
합 계 (8782)	6065	2717

* 비청년의 경우 Ⅰ시기는 1970년 이전의 곡도 포함된 것임.

① 1시기(1970~1984년): 총 246곡

　주류 음악: 220곡

　비주류음악: 26곡

② 2시기(1985~1993년): 총 412곡

　주류 음악: 401곡

　비주류음악: 11곡

③ 3시기(1994~2001. 5): 총 547곡

　주류 음악: 532곡

　비주류음악: 15곡

　언더그라운드: 0곡

　그러나 악보집이 대중성을 토대로 노래들을 수록한 관계로 비주류음악과 언더그라운드음악은 거의 실리지 않는 단점을 지니고 있다. 분석 대상으로 삼은 악보집 중에서 주류에 해당되지 않는다고 판단되는 노래는 26곡에 지나지 않았다. 이것 자체로는 분석에 유의미한 수가 못되기 때문에 부득이 이차 자료로서 음반에 수록된 곡들을 추가로 선정하였다.[11]

---

11) 주류, 비주류, 언더그라운드라는 영역이 고정되어 있지 않고 그 경계 또한 확실하지 않기 때문에 분류에 있어 자의적이고 주관적이라는 한계를 전혀 배제할 수는 없을 것이다. 특히 비주류라는 영역의 성격은 더욱 그러하다고 볼 수 있다. 현실적으로 '비주류'가 공식적인 용어가 아니며, 이 영역을 규정하는 명

　따라서 최종적으로 악보집과 음반을 대상으로 하여 분석 대상으로 삼은 청년 대중음악의 곡수는 총 1687곡으로 선별하였으며, 이를 시기와 영역별로 분류해 보면 다음과 같다.

　① 1시기(1970~1984년)
　총 246곡(주류 음악 220곡＋비주류음악 26곡)
　② 2시기(1985~1993년)
　총 537곡(주류 음악 401곡＋비주류음악 136곡)

　비주류음악은 포크음악 계열, 록음악 계열, 민중가요 출신 가수 등 총 15종의 앨범에 수록된 곡을 대상으로 하였다.

　③ 3시기(1994~현재)
　총 881곡(주류 음악 532곡＋비주류음악 159곡＋언더그라운드 음악 213곡)
　비주류음악은 포크음악 계열, 록음악 계열 등 총 18종의 앨범에 수록된 곡을 대상으로 하였다. 언더그라운드음악은 대학가 클럽에서 주로 활동하는 자발적 그룹의 음악을 중심으로 클럽이나 인디 레이블에서 발매한 16종의 앨범에 수록된 곡과 독립음악 및 언더그라운드 영역을 주로 소개하고 이 중에서 많이 수용되고 있는 100곡의 순위를 소개한 인터넷 사이트를 참조하여 총 213곡을 선별하였다.[12]

확한 기준도 부재하기 때문이다. 현재 한국 대중음악의 현실에서 텔레비전 방송매체와 기획사의 연합 시스템이 주류음악의 기반으로 작용하고 있음을 고려해 볼 때, 텔레비전 방송매체의 출연 여부가 하나의 기준이 될 수도 있지만, 이것이 아주 설득력 있는 기준이라고 보기는 어렵다. 또 그동안의 모든 방송매체에 누가 얼마만큼 출연을 했고, 하지 않았는지를 알아내는 것도 불가능하다. 그러므로 한국 대중음악사와 관련된 글과 자료들, 특히 대중음악 비평가, 관련 전문 종사자들에 의해 쓰여진 앨범 비평, 가수 및 그룹의 음악에 대한 평가 등이 서술된 문헌들을 검토하여, 여기에서 상업적 기획 체제와 스타 시스템과는 거리가 있는, 즉 '비주류'로서 대체로 인정을 받는 사람들의 노래들을 선별하였음을 밝혀둔다.
12) 본 연구에서 참조한 인터넷 사이트는 http://www.stoneradio.com이다.

다음으로, 악곡 분석에 예시된 악보들은 분석 자료인 악보집에 수록된 곡들 중에서 중복 횟수가 많고(최소 3회 이상), 분석 내용과 관련하여 가장 대표적이면서도 전형적이라고 할 수 있는 곡들을 대상으로 하였다.

단, 비주류와 언더그라운드음악의 경우 수록된 곡수 자체가 매우 적기 때문에 중복 횟수를 주류음악과 같이 일률적으로 적용하기는 어렵다. 악보집에 수록된 곡들이 이 영역에 속하는 노래 중에서 널리 알려진 것이고, 대표적인 것이라 여길 수 있으므로, 여기에 수록된 곡들을 일차적으로 예시하였다.

2) 생산 및 수용에 관한 연구 자료

노래와 생산 및 수용에 관한 분석을 위해서는 먼저 관련 자료들이 확보되어야 한다. 그러나 음악차트의 경우만 보더라도 신빙성 있는 집계 자료가 비교적 최근에 이루어지고 있으며, 그 밖의 관련 자료들 또한 상당히 부족한 실정이다. 대중음악 선호도 조사와 같은 기초적인 조사조차도 체계적이고 지속적으로 이루어지지 않은 상태이다.

따라서 연감, 백서, 세미나 자료, 대중음악 잡지 및 신문기사, 기타 통계 자료 등과 같은 자료들과 대중음악의 수용이나 선호와 관련한 기존의 연구들에서 이루어진 부분적인 조사 결과들과 같은 간접적 자료들을 최대한 활용할 것이다.[13)]

---

13) 여기서 생산과 관련하여 본 연구에서 주로 활용한 자료들은 『문화산업 백서』(문화관광부, 1997, 2000), 『문화산업 실태 조사연구』(문화관광부, 199), 『한국음반·비디오 연감』(한국영상음반협회, 1995, 1998), 『문예연감』(1976~1982) 등이다. 그리고 수용과 관련하여 주로 활용한 자료들은 『국민 음악감상 지수조사』(한국방송공사·한국갤럽조사연구소, 1989, 1991), 『문화향수 실태조사』(1991, 1997), 『청소년 백서』(문화방송, 1991, 2000), 『통계로 본 광복 이후 한국인의 문화생활 변천』(통계청, 1995) 등과 청소년의 대중음악 선호에 대한 학위논문들을 참고하였다. 이 자료들은 대중음악 선호에 대한 조사와 수용방식 및 행태와 관련된 정보를 제공하고 있다. 자세한 목록은 뒤에 참고문헌에 제시하였다.

제2장 청년 대중음악문화 형성의 배경

이 장에서는 청년대중음악문화가 형성되는 데 많은 영향을 끼치는 배경적 요인들을 검토할 것이다. 먼저, 청년 집단이 사회적 의미를 지닌 존재로서 등장하고, 이들에 의해 청년 대중음악문화가 형성될 수 있었던 사회적 배경을 살펴볼 것이다. 다음으로 청년 대중음악문화의 형성에 보다 직접적으로 영향을 끼치는 음악산업, 외국 대중음악문화, 대중음악 정책, 대중음악 기술의 요인들을 살펴보고자 한다.

제1절 사회적 배경

한국 사회에서 청년 대중음악문화가 형성될 수 있었던 것은 청년 집단이 사회적으로 성장하여 집단적 존재로 부상하게 되면서 이들이 사회적, 공간적으로 결집될 수 있었기 때문이다. 대체로 청년 집단이 1970년대에 들어 사회적으로 무시할 수 없는 존재로 등장하게 된 것은 실제 그 이전부터 나타나기 시작했던 여러 사회적 요인들의 결과들이 축적되면서이고, 이것들이 청년 대중음악문화를 형성할 수 있게 한 배경으로 작용한 것이다. 그 사회적 배경으로는 크게 5가지 요인들을 들 수 있다.

첫째, 청년 집단의 인구학적 변화이다. 한국사회에서 베이비 붐 세대를 이루는 1955~1960년 출생자들이 청년기에 돌입하는 시기가 1970년대로서 청년 인구의 규모가 전체 인구에서 차지하는 비중이 커졌다.

청년 인구는 1970년과 1975년도에 35.9%와 39.4%를 차지하면서 1960년 대에 비하여 그 비중이 한층 커졌다. 청년 인구의 수적 증가는 이들의 문화적 취향과 정서를 반영하는 문화적 산물을 증대시키고, 청년이 중심이 되어 전파되고 수용되는 청년 문화 출현의 기반이 된다. 청년 대중음악문화는 바로 이러한 청년 문화의 성장 속에서 형성된 것이다.

둘째, 교육의 증대이다. 해방 이후 미국식 근대 교육 체제로 바뀌고 전체적으로 교육 수준이 높아져왔는데, 청년 집단은 근대 교육의 혜택을 입었던 중심층이었다. 교육의 증대는 고학력 청년 인구를 증가시켰을 뿐 아니라 청년 인구의 성격을 변화시켰다. 청년 집단이 고학력자의 중심을 이루면서 대학생을 중심으로 한 청년 인구의 사회적 발언권이 높아졌으며, 이들의 사회적 영향력 또한 증대하였다.

⟨표 2-1⟩ 청년 인구 규모와 구성비의 변화

단위: 명, %

	1960	1970	1975	1980	1985	1990	1995	2000
총인구	24,989,241	26,261,326	29,540,549	37,406,815	40,419,652	43,390,374	44,553,710	47,274,543
청년 인구	9,414,953	11,628,691	13,069,218	14,526,491	14,526,491	14,731,646	13,952,000	13,261,904
구성비	30.8	35.9	39.4	34.9	35.9	40.0	31.3	28.1

자료: 통계청, 『인구주택 총조사 보고서』, 해당연도; 통계청, 『장래인구추계』.
* 2000년도는 추계인구임 ** 청년인구는 13세~29세의 인구임.

그리고 교육 체제만이 아니라 실제 교육을 통하여 서구의 가치와 문화가 청년 집단에게 광범위하게 수용될 수 있었으며, 이는 청년 집단이 구미의 청년 문화나 문화적 산물들을 보다 쉽게 받아들일 수 있는 기반으로 작용하였다.

〈표 2-2〉 학교급별 취학률

단위: %

	유치원	초등학교	중학교	고등학교	대학교 (전문대포함)
1970	1.3	100.7	51.2	28.1	8.4
1975	1.7	105.0	71.9	41.0	9.3
1980	4.1	102.9	95.1	63.5	15.9
1985	18.9	99.9	100.1	79.5	35.1
1990	31.6	101.7	98.2	88.0	37.7
1995	39.9	100.1	101.6	91.8	55.1
2000	38.1	97.6	98.8	95.8	77.8

자료: 통계청, 2000, 『통계로 보는 한국의 모습』.
* 취학률＝학교급별 재학생수 / 학교급별 취학 적령인구×100

〈표 2-3〉 대학생 수의 변화

단위: 명

	합 계	대 학 교	전문대학	교육대학
1965	134,722	105,643	23,159	5,920
1970	192,087	146,414	33,483	12,190
1975	280,356	208,986	62,866	8,504
1980	577,455	402,979	165,051	9,425
1985	1,192,175	931,884	242,117	18,174
1990	1,379,951	1,040,166	323,825	15,960
1995	1,777,205	1,187,735	569,820	19,650
1997	2,114,150	1,368,461	724,741	20,948

자료: 교육부·한국교육개발원, 1997, 『통계로 본 한국교육의 발자취』.

　셋째, 산업화로 인한 도시 청년 노동자들의 증가이다. 1960년대부터 한국사회는 본격적으로 산업화가 진행되었는데, 이 과정에서 많은 수의 농촌 청년들이 도시로 이주하여 산업 노동자가 되었다. 도시를 중심으로 많은 공단들이 조성되었으며, 이들은 주로 공단 주변에 밀집하여 일터와 거주지에서 공간적으로 결집된 형태로 나타나게 되었다.

〈표 2-4〉 청년 취업자 수의 변화(비농업)

단위: 1,000명

	총 수	15~19세	20~24세	25~29세
1963	2,800	298	319	405
1965	3,370	402	371	454
1970	4,771	648	537	620
1975	6,353	772	826	947
1977	7,470	925	1,051	1,053
1980	9,029	806	1,393	1,399

자료: 통계청, 1994, 『지난 30년간 고용사정의 변화』.

　이처럼 청년 집단의 공간적 밀집은 그들의 일상생활과 여가에서 공통의 문화를 형성하고 향유할 수 있게 하며, 또 그 문화가 보다 쉽게 확산될 수 있는 조건이 된다.

　넷째, 대중매체의 확산을 들 수 있다. 1960년대에는 음악방송 위주인 FM 방송이 시작되었고, 1960년대 후반에 이르러 라디오와 텔레비전 방송국이 전국 네트워크를 형성하였다. 이처럼 대중문화 산물의 전파를 담당하는 대중매체가 전국 네트워크를 형성하게 되면서 문화적 산물의 전파가 한정된 지역에 머무르지 않고, 비교적 빠른 시간에 전국적으로 확산되게 하는 촉매 역할을 하였다. 따라서 대중매체의 확산은 청년 대중음악문화가 형성되어 하나의 문화적 현상으로 확산되게 하는 데 기폭제가 되었다.

　다섯째, 구미 청년 문화의 영향 또한 청년 대중음악문화의 형성에 영향을 끼쳤다. 구미의 청년 문화는 1960년대에 반전·반핵 운동, 민권 운동 등 다양한 사회 운동과 결합되어 확산되었으며, 그 과정에서 청년 집단은 기성 사회에 대한 비판적 세력으로 부상하였다. 구미의 청년 문화는 기성세대의 권위와 가치를 부정하고 새로운 질서를 지향하는 히피문화와 같은 문화 운동으로까지 발전하였으며, 사회운동과 이념적 차원뿐만 아니라 음악, 패션 등에서 하위문화를 형성하기도 하였다.

　이와 같이 구미 청년 문화는 한국사회의 청년 집단으로 하여금 기성의 사회 질서에 대한 비판적 시각을 갖게 하고, 그러한 시각을 바탕으로 청년 세대의 의식과 정서를 표출하는 대중음악문화가 형성되는 데 영향을 미쳤다.

이처럼 청년 대중음악문화는 한국사회에서 청년 집단의 성장과 전면적인 등장을 계기로 형성될 수 있었으며, 1970년대에 처음 형성된 청년 대중음악문화는 이후에도 지속적으로 새로운 청년 집단의 등장을 기반으로 성장해왔다.

1980년대의 청년 집단은 인구학적 규모에서 볼 때 1970년대보다는 작지만, 사회문화적 영향력의 측면에서는 인구학적 규모의 축소를 상쇄할 만큼 적지 않았다고 볼 수 있다. 〈표 2-1〉을 보면 1980년대의 청년 인구는 1980년의 34.9%, 1985년의 35.9%로서 1970년대보다는 그 비중이 줄어들었음을 보여주고 있다. 그럼에도 불구하고 여전히 사회적으로 중요한 집단으로서 부각될 수 있었던 것은 그들의 성격이 달라졌기 때문이다.

먼저, 1980년대의 청년 집단은 근로 청년의 수가 줄어들고 학생 인구가 크게 증가하는 구성을 보이게 된다. 전반적으로 교육년수가 증가하는 가운데, 특히 대학 진학률이 급상승하여 1975년도에는 9.3%에서 1980년도의 15.9%, 그리고 1985년도에는 35.1%로 크게 증가하였다(〈표 2-2〉 참조). 청년 집단에서 고학력자 비중의 증가는 전체 사회에서 이들의 영향력을 증대시키는 요인으로 작용하기도 하지만, 무엇보다도 1980년대에 대학생이 수행하였던 사회적 역할은 청년 집단의 사회적 영향력을 증가시킨 배경으로 작용하였다.

한국 사회에서 시민 사회의 발달이 미약했던 관계로 1990년대 이전까지 사회, 정치 운동의 주축을 이루었던 것은 대학생 집단이었다. 그러므로 1980년대에 이들은 기성 사회의 모순과 문제들을 비판하는 주요 견제 세력으로 부각되었다. 다음으로 급격한 산업화와 경제 성장은 1980년대에 들어 국민 소득 수준의 향상을 가져왔고, 특히 1980년대 중반 이후 중산층을 증가시키게끔 하였다. 중산층의 증가는 가계 전체의 소비 수준을 증가시켰으며, 이들의 자녀인 청년 집단의 실질적인 구매력 또한 증가시켰다.

이러한 요인들은 1980년대에도 청년 집단이 사회적, 문화적으로 영향력을 행사할 수 있는 사회 집단으로 존속하면서 청년 대중음악문화를 형성하고 성장시킬 수 있었던 배경이 되었다고 볼 수 있다.

1990년대 이후의 청년 집단은 사회 정치적 측면에서의 영향력은 퇴색하고 문화적 영향력이 한층 증대된 집단으로서 부상하게 된다. 먼저, 전체 인구 구성에서 청년 인구는 베이비 붐 2세대에 해당되는 1990년을 정점으로 40.0%까지 높아졌다가 그 이후부터는 급격하게 떨어진다(〈표 2-1〉 참조). 이러한 청년 인구의 감소는 출산율의 급격한 저하에서 비롯된 것이다.

하지만 그럼에도 불구하고 1990년대 이후 청년 집단 또한 사회적인 영향력을 발휘하는 존재로서 등장했는데, 이것은 주로 한국사회에서 문화의 성격과 의미가 변화한 것과 관련된다. 즉, 1990년대 이후부터 한국사회는 소비문화가 확산되고, 대중의 일상생활이 더욱 상품화된 문화의 소비에 연계되는 양상을 보이는데, 이 과정에서 1990년대 이후의 청년 집단은 그 이전과 마찬가지로 풍부한 구매력을 갖춘 소비자로서 문화적 유행을 주도하고 확산시키는 중심 주체로 등장하게 된다. 이러한 변화는 1990년대의 청년 대중음악문화가 전체 대중음악문화의 중심을 이루며 음악적 유행을 주도하게끔 만드는 배경으로 작용하였다.

따라서 1970년대 이후 청년 집단은 지속적으로 한국사회에서 사회적·문화적으로 영향력을 행사하는 주요 세력중의 하나로 등장하였고, 이들의 그러한 사회적 위치가 청년 대중음악문화를 형성하고 발전시킬 수 있는 원동력이 되었다고 볼 수 있다.

그러나 청년 집단을 대중음악문화를 형성하고 존속시키는 수용자의 측면에서 볼 때, 그 중심 주체는 역사적으로 조금씩 달라져왔다. 이것은 당시 청년 집단이 어떤 사회적 위치에 주로 포진해 있었는가와 관련이 있는데, 1970년대에는 대학생과 도시 청년 노동자가 그 중심 주체였다. 이 당시 대학생의 규모는 전체 청년 집단에서 차지하는 비중이 적었지만, 실제 청년 대중음악의 생산에도 참여했기 때문에, 이들의 감수성이 강하게 반영된 음악문화가 형성되었다고 말할 수 있다.

당시 도시 청년 노동자는 대부분 이농민 출신이었으며, 고등교육기관인 대학교에 진학할 수 있었던 대학생들은 대부분 중산층 출신이라고 볼 수 있다. 즉, 1970년대에는 도시 청년 노동자와 대학생이라는 계층적으로 이질적인 두 집단이 청년 대중음악문화를 수용하는 중심 주체였다.

1980년대 중반 이후부터는 대학생뿐만 아니라, 특히 중·고등학생이 새로운 중심 주체로 등장하였다. 청년 노동자의 수가 줄어들고 상대적으로 학생 인구가 증가하게 되는데, 학생 인구는 사회 경제 활동에 참가하지 않고 주로 부모에 경제적으로 의존하는 집단이었다. 이들이 청년 대중음악문화의 중심 수용층으로 부상할 수 있었던 것은 바로 그들이 의존하고 있는 부모들의 상당수가 중산층에 진입할 수 있었기 때문이다.

이렇게 볼 때, 청년 대중음악문화 수용의 중심축이 연령과 계층의 측면에서 달라졌다고 할 수 있는데, 연령의 측면에서는 앞선 시기보다 저연령층을 포함하게 되었으며, 계층의 측면에서는 보다 동질적인 특성을 지니게 되었다고 볼 수 있다.

1990년대 초반 이후에는 청년 대중음악문화의 수용은 중·고등학생을 중심으로 하는 학생층이 전적으로 중심을 이루었다. 이들은 '신세대', 'X세대'로 지칭되면서 물질적으로 풍요로움을 누리며, 자신들의 세대 정체성을 주로 문화 산물의 소비를 통해서 표출하게 된다. 이들은 1980년대와 마찬가지로 중산층이라는 계층적 특성을 띤다. 그러나 연령에서는 10대인 청소년층이 중심을 이루게 되면서 중심 수용층의 연령이 더욱 낮아졌다.

제2절 대중음악시장과 음악산업

1. 음반산업의 구조와 대중음악문화

가. 음반산업의 성장과 구조 변화

1) 대중음악시장과 음반산업의 규모

한국사회에서 근대적인 음반산업은 1960년대에 형성되기 시작하였다고 볼 수 있다.[1] 외적인 면에서 음반산업은 계속적으로 성장해왔다. 전반적으로 대중음악 시장의 규모가 커져왔으며, 대중음악의 생산을 담당하는 음반회사의 수도 마찬가지로 급증해왔다.

음반회사의 수는 대중음악 생산과 관련된 시장의 규모를 가늠해 볼 수 있는 지표가 된다. 즉, 작사자, 작곡자, 가수, 연주자와 같이 직접 음악 창작을 담당하는 사람들과 프로듀서, 녹음 기사 등과 같이 음반제작에 관여하는 사람들의 규모는 서로 밀접하게 관련이 있다고 할 수 있다. 음반회사의 수가 증가할수록 대중음악의 생산에 참여하는 사람들의 절대적 수도 함께 증가하며, 대중음악의 생산이 보다 제도화되고 체계화된 방식으로 이루

---

1) 우리나라의 음반산업의 시작은 1920년대 중반까지 거슬러 올라간다. 그러나 이때에는 대부분 당시 일본에 진출해 있던 미국과 독일 등의 서구의 음반회사들의 자회사들과 일본의 음악자본이 주축이 되어 설립하였던 레코드사였다. 한국인에 의해 설립된 최초의 레코드사는 1933년 이철이 세운 'OK 레코드사'였다. 그러나 1940년대 중반까지도 녹음, 프레스 공정과 같은 음반제작은 모두 일본에서 이루어졌다.
　1950년대와 60년대 초반까지 국내의 레코드사들은 주로 국외 음반의 무단 복제와 국내 대중가요의 제작을 담당하였는데, 이후 점차로 국외 레코드사와 정식 라이센스 계약을 체결하여 합법적인 레코드를 제작하기 시작하였다. 그러다가 1967년 '음반에 관한 법률'이 제정되면서 음반을 제작·배포하는 자는 소정의 시설을 갖추고 등록을 하게 되었다. 그러므로 근대적인 체제의 음반산업은 1960년대 중반 이후부터 본격적으로 시작되었다고 봄이 타당할 것이다.

어진다고 볼 수 있다.

〈표 2-5〉 연도별 음반제작사 등록현황

종류 \ 연도	1967	1975	1980	1985	1992	1995	1997	1998
음 반	8	15	24	52	62	81	118	125
음반 / 비디오	-	-	-	-	14	21	24	23
합 계	8	15	24	52	76	102	142	148

자료: 이의주(1992: 22)와 한국영상음반협회, 1998, 『한국음반·비디오 연감』, pp.197를 재구성함.

또한 음반회사의 수의 증가는 대중음악이 창작되고 생산되는 규모 자체의 증가를 의미한다고도 볼 수 있다. 이는 결국 대중음악이 생산되고 유통되는 전체 대중음악 시장규모의 증가를 의미하는 것이다.

〈표 2-5〉를 보면, 1960년대 중반에는 음반회사의 수가 8개에 지나지 않았으나 점차 증가하여 1980년대 중반부터는 증가폭이 가파르게 이루어지고 있음을 알 수 있다. 특히 1990년대 이후 음반제작사의 수는 더욱 급증하고 있는 추세를 나타내고 있다. 2000년 현재 국내의 음반제작사는 469개소가 등록되어 있고, 등록이 필요 없는 기획사 180여 개사를 포함하면 600여 개의 음반사 및 음반기획사가 활동하고 있으며, 음반배급업자는 81개사에 달한다(문화관광부, 2000: 416).

이것으로 미루어 볼 때, 우리나라 전체 대중음악 산업의 규모는 1960년대 이후 조금씩 성장해 오다가 1980년대 중반을 기점으로 팽창의 속도와 폭이 한층 빨라지고 커졌음을 알 수 있다. 그리고 이것은 대중음악 산업의 성장에 영향을 끼치는 사회적 요인과 무관하지 않다고 생각된다. 즉, 1980년대에 들어서면서부터 고도성장의 결실이 빈곤층의 규모를 감소시키고, 대중들의 문화적 욕구를 증가시키면서 문화 산물에 대한 수요를 증폭시켰는데, 대중음악 산업의 성장 또한 그러한 배경을 기반으로 하고 있는 것이다.

한편 1990년대 초반 이후에 음반회사의 수가 다시 급증하고 있는 추세를 나타내고 있다. 이것은 물론 대중음악 산업의 절대적 규모가 매우 커졌음을 나타내주는 것이지만, 그 이면에 대중음악 산업의 성격의 변화를 암시하는 것이기도 하다. 대중들의 문화적 수요가 양적으로 증폭된 측면 외에도, 이들의 욕구가 보다 다양해지고 따라서 대중음악 산업 또한 내부적으로 다양한 성격을 지닌 음악 생산자, 음반제작사 등으로 구성되어 있다고 말할 수 있다.

이와 같이 음반회사의 수가 대중음악 산업의 규모와 밀접하게 연관되어 있지만, 그 규모를 정확하게 산출하기는 어렵다. 다만, 대중음악 시장의 규모를 통하여 간접적으로 유추해볼 수 있는데, 음반제작사의 증가와 함께 우리나라의 전체 대중음악 시장 역시 계속 팽창해왔다.

〈표 2-6〉 대중음악 시장규모의 추정

단위: 억 원

연 도	1993	1994	1995	1996	1997	1998	1999
시장규모	3,060	3,634	3,904	4,155	3,208	2,143	3,800

자료: 김휴종(1997: 18), 문화관광부, 2000, 『문화산업백서』, pp.415,
구문모외(2000: 45)를 재구성함.

〈표 2-7〉 음반 및 카세트 제조의 연간 출하량

단위: 개, 천 원

연 도	수 량	금 액
1966	421340	76330
1971	881986	154453
1975	910182	481537
1979	4277094	2953000
1982	2760497	2962000
1985	14723994	85353000
1990	138656000	121936000
1994	-	126897000
1999	-	189317000

자료: 경제기획원·통계청, 『광공업통계조사보고서』, 해당연도.

자료의 한계상 1993년 이전의 대중음악 시장규모를 알기는 어렵지만, <표 2-7>의 연간 음반 출하량을 고려해 보면 대체로 1990년 이전까지는 연간 1000천억 원 미만인 것으로 추정된다. 1990년대 초반 대중음악 시장규모는 3000천억을 넘어서면서 계속 성장 추세를 보이다가 1997년 말 외환위기와 연이은 경기 침체로 인하여 최근의 대중음악 시장규모는 이전보다 줄어들었지만, 현재는 4,000천억 원대에 가까운 규모를 유지하고 있는 것으로 추정된다.[2]

이처럼 수치상으로 드러나는 음반제작사의 급증과 대중음악 시장의 팽창은 대중음악의 수요가 그만큼 커졌다는 것을 보여준다. 대중음악의 수요는 수용자의 규모, 여가문화의 발전, 수용자들의 문화적 욕구의 증대, 문화적 환경 변화, 대중음악 소비를 촉진시켜주는 테크놀로지의 발달 등과 같은 여러 요인들에 의해 영향을 받는다. 또한 대중음악 생산의 측면에서는 대중음악 산업의 양적 발전이 급속하게 이루어져 왔다는 것을 의미하기도 한다. 즉, 대중음악의 생산에 참여하는 음악인, 음악산업 관련 종사자들과 같은 생산자들의 증가뿐만 아니라 대중음악 생산에 직·간접적으로 관여하는 매체산업, 잡지, 음반 유통 분야 등의 확대를 수반하는 것이다.

따라서 <표 2-6>과 <표 2-7>에서 확인되고 있는 대중음악시장의 팽창은 단지 산업적 측면에서만 의미를 갖는 것이 아니라, 한국사회의 문화적 부문에서의 질적 변화를 내포하는 것이다. 그런데 대중음악문화의 전개는 바

---

2) 대중음악 시장의 규모는 보통 음반시장의 규모로 추정한다. 그런데 음반시장의 규모는 자료에 따라 그 수치의 편차가 상당히 크게 나타나고 있는 실정이다. 일례로 세계음반 연맹(IFPI)에서는 1998년 한국의 음반시장규모를 약 2,134억 원으로 추정하고 있다. 이러한 편차는 국내 음반 판매에 관한 정확한 집계와 통계가 이루어지지 않고 있는 관계로 모두 정확한 자료에 의해서라기보다는 추정에 가깝기 때문에 발생한다(문화관광부, 1999, 『문화산업통계 실태조사 연구』참조).
  그러나 음반제작의 물량 등을 볼 때 그동안 우리나라 대중음악 시장이 엄청나게 성장해 온 것은 사실이다. 1998년 현재 국내 음반시장규모는 전 세계 음반시장에서 약 0.5~1.0%의 비중을 차지하는 것으로 추정되고 있는데, 이는 세계에서 18위권 안에 들며, 아시아에서는 일본, 대만에 이어 약 3위에 해당하는 수치이다.

로 문화적 부문의 변화와 밀접하게 관련을 맺고 있다고 할 수 있다. 이것을 상기하여 볼 때, 대중음악시장의 증대는 결국 문화적 요인들의 변화를 함축하고 있으며, 더 나아가 한국 대중음악문화가 그동안 유·무형의 변화를 거쳐 왔다는 것을 간접적으로 보여주고 있다고 할 수 있다.

그리고 그러한 변화가 청년 대중음악문화의 규모와 성격의 변화에도 영향을 끼치고 있다고 말할 수 있다. 1970년대와 1980년대 중반 이전까지 청년 대중음악문화의 규모는 상대적으로 적었으며, 1980년대 중반 이후부터 전체 대중음악문화의 성장과 함께 그 규모도 확대되었다고 볼 수 있다. 또한 1990년대 이후부터는 규모의 성장이 청년 대중음악문화가 내적으로 보다 분화되고 다양화되는 질적 변화를 수반하면서 이루어졌다고 볼 수 있을 것이다.

2) 음반산업의 구조적 변화

음반산업의 구조는 누가 어떤 방식으로 음반을 제작하는가의 경로에 따라 다르게 구성된다. 즉 음반제작의 주체와 제작 방식에 따라 다른 구조를 띠게 되는 것이다. 일반적으로 음반회사는 A&R(Artist and Repertory)과 같이 재능 있고 시장성이 높은 가수들을 발굴하는 부서를 두고서, 새로 찾아내거나 선발한 사람들과 일정 기간 동안 계약을 체결하는 체제로 운영을 한다. 따라서 가수는 전속계약의 형태로 음반회사에 묶여 있지만, 음반회사는 그 가수의 음반제작과 홍보 및 관리 등을 총괄적으로 담당하게 된다. 그러나 우리나라의 경우 기획사가 A&R의 역할을 담당하면서 음반제작사와 연계하여 대중음악을 생산하는 독특한 구조를 형성해왔다. 가수가 음반회사와 직접 계약을 체결하여 음반을 제작하는 방식보다는 가수와 전속계약을 맺은 기획사가 음반제작사와 계약을 맺어 음반을 제작하는 방식이 그것이다. 대중음악의 생산에 있어서 후자의 방식은 크게 두 가지로 이루어진다(정호승, 1986: 334-335). 하나는 일명 'PD 메이커'로 불리우는 기획사들이 음반제작사의 명의를 빌리고, 녹음시설이나 제작 설비를 빌려서 제작하는 경우이다. 이 경우 기획사는 홍보와 유통, 판매에 걸친 전 과정을 담당한다. 다른 하나는 기획사들이 음반제작사와 계약을 체결하여 판매에 따른 인세를 받는 방식이다. 이 경우에 기획사는 녹음과정과 홍보의 부분은 관여하지만, 음반의 제조와 판매 부분은 음반 회사에 일임하는 경우가 많다. 또 녹음과 홍보 등 음반제작에 드는 비용을 투자의 형태로 음반 회사로부터 지원을 받기도 한다.

기획사와 음반회사의 공생적 관계를 주축으로 한 양분 체제는 현재까지도 한국 음반산업의 기본틀을 이루고 있다. 이러한 이원 구조는 1960년대에 확립되어 국내 대기업과 외국 음반사가 진출하기 시작한 1980년대 중반까지 지속되었다. 그런데 한국의 음반산업의 구조적 특성을 이루고 있는 기획사라는 존재는 한국전쟁 이후 주한미군(미8군)을 위한 공연을 담당했던 공연단의 출현과 밀접한 관련이 있다고 하겠다. 가수와 연주자들을 보유하고 있으면서 주한미군을 위한 정기적인 공연을 제공했던 용역 단체들이 오늘날 기획사의 원형이라고 볼 수 있는 것이다.[3] 특히 1960년대 이후 KBS, MBC, 동아 방송과 같은 텔레비전 방송국이 설립되면서 주한미군의 공연장에서 활약하던 가수들이 대거 공중파 방송에 등장하기 시작하였는데, 이러한 등장의 연결 고리의 역할을 담당한 것이 바로 연예 오락을 납품했던 단체들이었다. 1970년 이후 주한미군 공연의 비중이 축소되고 점차 텔레비전 방송의 영향력이 상대적으로 더욱 커져감에 따라 새로운 가수들을 발굴하여 음반을 제작하고 이들을 방송국에 연계시켜 줌으로써 이윤을 꾀하는 기획사들이 본격적으로 나타나기 시작한 것이다.

이로써 1960년대에 확립된 기획과 제작의 분리라는 독특한 구조는 현재 한국 대중음악 생산의 주요한 특징을 이루고 있다고 할 수 있다. 그러나 1980년대 중반쯤에는 음반제작 방식에 있어서 이러한 기본적 틀은 유지되면서도 조금은 다른 양상을 보이기 시작하였다. 즉 중소 규모의 음반제작사와 기획사가 중심이었던 음반산업에 국내의 대기업과 국외의 음반제작사가 진출하면서 대중음악의 생산 주체가 다양해졌다는 것이다. 외국의 메이

---

3) 주한미군을 위한 공연과 연예인들을 제공하던 단체가 1970년에는 36개에 이르렀다고 한다(김영준, 1994: 524).

저 음반사들은 80년대 말부터 서서히 국내에 직배사를 설립하기 시작하였고, 국내의 대기업은 90년대 이후 기획, 음반제작, 음반 유통 등 다양한 부문에 진출하였다.

〈표 2-8〉 외국 음반 회사 진출 현황

음 반 회 사	국 적	설립 시기	외국투자비율	비 고
EMI	영 국	1988. 8	100%	판매자회사
워너뮤직	미 국	1988. 7	100%	〃
소니뮤직	미 국	1989. 8	100%	〃
폴리그램	네덜란드(캐나다)	1990. 4	80%	〃
BMG	독 일	1991. 5	100%	〃
유니버설	미 국	1995. 6	100%	〃
포니캐넌	일 본	1998		〃
록 레코드	대 만			〃

자료: 한국영상음반협회, 1998, 『한국 음반·비디오 연감』, pp.47에서 재구성.
* 폴리그램은 1999년 캐나다의 주류회사인 씨그램에 인수되었음.

1980년대 중반 이후 문화개방이 점차 확산되면서 국외의 메이저 음반사들은 그동안 국내 음반사들과의 라이센스 계약 기간이 종료되자, 국내에 자회사를 설립하여 국외의 음반을 배급·판매하거나 국내 대중음악 음반제작에 직·간접적으로 투자해왔다. 1990년대 중반까지는 그래도 국외 음반의 배급과 판매에 치중하면서 국내 대중음악 음반제작에 간접적인 형태로 참여하였지만, 1990년대 말부터는 직접 국내 가수와 계약을 맺고 음반을 제작하는 형태가 늘어나면서 기획, 제작, 판매에 이르는 음반 생산의 전 부문에 참여하고 있다.4) 이처럼 국외 메이저 음반사들은 국내 스타급 가수의 영입과 신인 가수의 발굴을 통하여 음반제작과 유통까지 담당하는 적극적

4) EMI가 1996년 음반기획사인 〈레볼루션 No.9〉에 30억 원을 투자하였고, 워너뮤직이 국내의 〈신촌뮤직〉과 협력관계를 맺어 신인가수의 음반을 출시하기도 하였다. 〈전자신문〉, 1997. 6. 17일자. 이후에도 소니뮤직, BMG등 직배사들은 국내 음반제작사·기획사와의 제휴를 통한 방식뿐만 아니라 최근에는 특히 가수와의 직접 전속 계약을 맺어 음반을 제작하는 경우가 늘어나고 있다.

인 현지화 전략을 추구하면서 우리나라 전체 대중음악 시장에서의 점유율을 높여왔다.5)

〈표 2-9〉 외국 직배사의 시장 점유율 추이

단위: 백만 원, %

구 분	1995	1996	1997	1998	1999
시장규모	390,400	415,500	320,800	214,300	380,000?
총매출액	76,866	88,324	94,074	66,012	83,082
시장점유율	19.7	21.3	29.3	30.8	21.9

자료: 문화관광부, 2000, 『문화산업백서』, pp.423 재구성.
* 록레코드, 포니캐넌을 제외한 유니버설, 소니, 폴리그램, BMG, EMI
  5개사의 총매출액임.

〈표 2-9〉에서 볼 수 있듯이 외국 메이저 음반사들의 비중은 해마다 조금씩 높아져 현재 30%를 약간 넘는 것으로 나타나고 있다. 그러나 여기에는 최근 국내 음반산업에 진출한 일본 및 대만의 직배사들의 매출액은 포함되지 않았음을 감안할 때, 실제 점유율은 보다 높을 것으로 생각된다. 또한 일본 대중문화 개방 이후 앞으로 일본의 대형 음반사들이 대거 국내 음반산업에 진출할 예정으로 있어 외국 음반사들의 점유율은 계속 높아질 것으로 추정된다.

국내 대기업의 경우에도 1990년대 이후 문화시장이 팽창하고 케이블 TV, 위성방송 등의 뉴미디어 산업과 같이 새롭게 부상하는 문화산업에서의 주도권을 확보하기 위하여 영화, 음반, 방송 등의 부문에 경쟁적으로 진출하기 시작하였다. 대기업들은 자사 계열사인 광고대행사, 케이블 TV 방송 채널, 전자 부문 기업 등을 통하여 음반 기획사를 설립하거나 막강한 자본력을 바탕으로 기존의 중소 음반 기획사 및 제작사와의 연계를 통하여 전체 대중음악 시장에서의 비중을 높여왔다.6) 비록 1997년 외환위기 이후

---

5) 국외 직배사들의 매출액 중국 내 대중음악 음반제작 판매가 차지하는 비중이 이미 1998년에 20~30%에 이르렀다.〈전자신문〉, 1998. 5. 26일자.
6) 삼성뮤직이 1996년 예당음향에 40억 원을 투자한 것을 필두로, 웅진미디어-YPC

대중음악 시장 및 음반산업이 위축되면서 일부 대기업들이 음반시장에서 철수하기도 하였지만, 몇몇 대기업들은 기존의 중소 음반제작사를 인수하거나 기획사와 제휴 관계를 강화하여 오히려 보다 적극적으로 음반산업에 투자를 하고 장악력을 높여왔다.[7]

그러므로 우리나라 음반산업의 구조를 본다면, 1960년대부터 80년대 중반까지는 영세한 규모의 기획사와 중소 음반제작사가 분리되어 있지만, 실질적인 연계 관계를 통하여 대중음악 생산을 담당하였으며, 1980년대 중반 이후 대중음악 생산의 주체는 기획사, 중소 음반제작사, 대기업, 국외 메이저 음반사들로 다양해지는 다원적인 구조를 보이고 있다. 이들은 다양한 서로간의 협력과 제휴 관계를 통하여 각자 대중음악 시장에서의 지배적 위치를 확보하려고 고군분투를 해왔다. 1980년대 말부터 국내의 직배사로서 자리 잡기 시작한 국외 메이저 음반사들은 초기에는 주로 외국 대중음악 음반의 직접 배급과 판매에 주력하면서 간헐적으로 국내 대중음악 음반의 유통을 담당하거나 국외 대중음악 음반의 제조(CD 제작)를 국내 음반제작사에 맡기는 방식과 같은 제휴 관계를 가졌지만, 1990년대 중반 이후부터는 국내 대중음악의 직·간접적인 생산을 담당함으로써 점차 그 영역을 확대시켜 왔다. 이렇게 볼 때 1990년대는 직배사들이 국내 음반산업에서 자리를 잡아가는 시기이면서, 한편으로는 국내 대기업들이 본격적으로 음반산업에 참여하는 시기이기도 하였다.

그러나 이러한 3파전의 양상은 다시 1990년대 중반 이후 더욱 복잡하게 변화하였다. 즉 기존의 대중음악 음반의 제작 및 유통 경로와는 구분되는 방식으로 '인디 음반'을 제작하는 독립음반사들이 설립되었다는 것이다. 1990년대 중반 대학가의 클럽에서 주로 활동하던 언더그라운드 밴드들의 음악들을 모아서 기획·제작하는 형태로 1996년에 〈드럭〉, 〈제머스〉, 〈카바

프로덕션, 월드뮤직과 협력관계를 맺는 등 위탁 기획 및 제작 방식이 증가해왔다. 〈전자신문〉 1997. 7. 1일자 및 7. 15일자.
7) 음반산업에 참여한 대표적인 대기업인 삼성뮤직의 경우 1996년 한 해 매출액이 350억여 원에 달하였고, SKC는 200여억 원, LG 소프트는 15억 원, 현대의 KM뮤직은 25억여 원에 달하였다. 〈동아일보〉, 1997. 10. 16.

레 사운드〉와 같은 독립 레이블이 설립되기 시작하였다. 이후 음반의 기획, 제작, 생산, 유통에 이르는 전 과정을 철저하게 독자적으로 운영하는 보다 완전한 의미의 독립음반사들이 출현하였다. 〈강아지문화예술〉(1997), 〈인디〉(1997)와 같은 독립음반사들은 언더그라운드 밴드들의 데뷔 앨범을 소자본으로 제작하고, 독자적인 유통망을 통하여 배급할 뿐만 아니라, 음악잡지 발간, 공연 기획 등의 일도 하고 있다.[8]

〈표 2-10〉 대기업 음반산업 진출 현황(1997년 현재)

구분 참여기업	참여시기	이 름	종 류	비 고
삼 성	1992	삼성뮤직	기획·제작·유통	삼성영상사업단
제일제당 m·net	1992 1995	오렌지·낙스 크림레코드	기획·제작	〃
SKC	1987	SKC 예전미디어	음반제작	
두 산	1993	오리콤	음반기획	
현 대	1993	현대음향 KMTV	음반제작	1998년 철수
대 우	1993	세음미디어	음반제작	1998년 철수
L G	1993	LG 소프트	기획·제작	
웅진미디어	1997	웅진뮤직	기획·제작·유통	
롯 데	1994	B&B	음반기획	
동 아	1996	다비컴	기획·제작	1998년 철수
새한미디어	1995	버진메카스토어	음반유통	

자료: 한국영상음반협회, 1998, 『한국 음반·비디오 연감』, 문화관광부, 2000, 『문화산업백서』에서 재구성.

---

8) 〈강아지문화예술〉은 1997년 첫 번째 앨범 〈One day tours〉를 4백만 원에 제작한 것을 필두로 지금까지 10여 종 이상의 음반을 제작·발매하였다. 〈인디〉 역시 1997년 '인디 시연회'라는 공개오디션을 통해 선발한 밴드의 앨범을 10여 종 이상 발매해왔다. 이 밖에도 〈문화사기단〉, 〈스컹크〉(1998) 등의 레이블이 현재 설립되어 있으며, 지금까지 이러한 독립음반제작사들에 의해 제작된 인디 음반은 100여 종이 넘는다고 한다.
  * 웹사이트 Netop 중 '한국의 언더그라운드록' 참조.(http://mbcweb.mbc.co.kr/NETOP/9802/rock)

따라서 1990년대 중반 이후부터는 기존의 음반산업의 생산과 유통망에서 벗어나 독자적인 생산 체계를 구축하고자 하는 독립음반사들이 생겨나면서 우리나라의 음반산업 구조는 보다 복잡한 양상을 띠게 되었다. 그러나 대중음악 시장에서 독립음반사들의 비중은 아직 다른 생산 주체에 비해서는 미미한 것으로 생각된다.

[그림 3]에서 보듯이 한국 음반산업의 구조는 기본적인 틀에서는 1960년대부터 기획부문과 제작 부문이 이원화된 체계를 계속 유지해오고 있다. 그러나 내부적으로는 역사적으로 조금씩 다른 양상을 보여왔다. 1980년대 중반까지 중·소 음반제작사와 기획사는 서로 적대적이거나 갈등적인 관계라기보다는 긴밀한 협력 및 공생관계를 유지하며 대중음악의 생산을 담당해왔다고 할 수 있다.

중·소 음반사들은 일차적으로 기획사의 손을 거쳐 상품성이 어느 정도 검증된 가수들의 음반제작을 담당하고, 음반 판매액의 일부를 기획사에게 배분해줌으로써 투자의 불확실성에 대한 위험도를 줄일 수 있고, 직접 가수의 발굴 및 관리에 드는 비용을 절감할 수 있었다. 기획사들은 가수의 발굴과 홍보에 드는 비용을 제작비의 형태로 음반사와 분담함으로써 판매 부진이나 실패에 따른 위험 부담을 줄일 수 있는 이점이 있었다. 그러나 1980년대 중반 문화개방의 파고를 타고 해외 메이저 음반사들이 국내에 직배사를 설립하고, 직접 음반의 제작 및 배급에 참여함으로써 기존의 구조가 바뀌기 시작하였다. 또한 뒤이어 국내의 대기업들이 음반산업에 진출하면서 1980년대 중반에서 1990년대 중반까지는 기존의 기획-음반사의 축과, 직배사 및 대기업이라는 세 부문이 음반시장에서 서로 주도권을 잡으려는 헤게모니 투쟁이 치열하게 벌어졌다고 볼 수 있다.

[그림 4] 한국 음반산업 생산 주체와 구조 변화

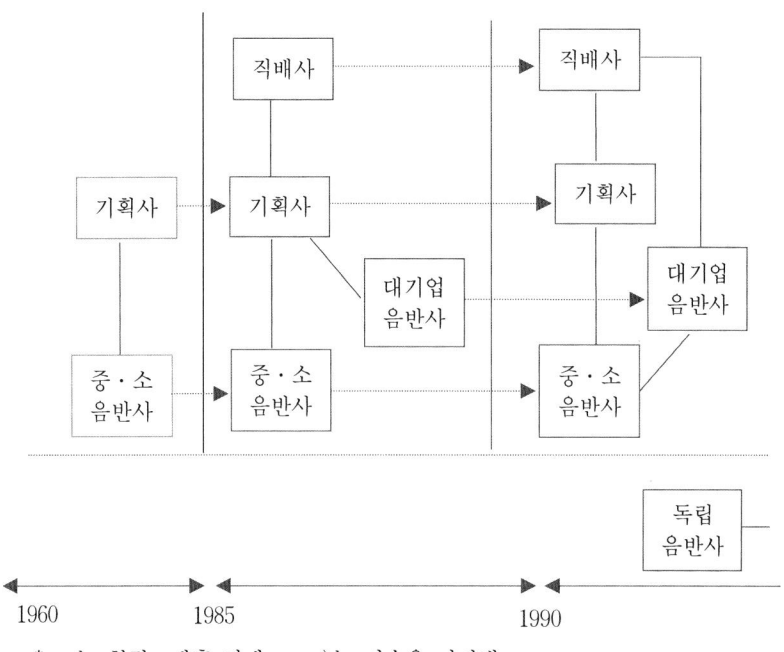

* -는 협력·제휴 관계, ……〉는 지속을 나타냄.

　이러한 헤게모니적 투쟁의 과정은 1990년대 중반이 지나면서 그 결과가 드러나기 시작하는데, 먼저 기획사 및 중소음반사의 전통적인 협력관계가 지속되는 가운데, 이러한 표면적인 협력관계가 직배사나 대기업으로까지 확대되었다는 것이다. 그리고 직배사는 외국음반의 직배의 차원을 넘어서서 국내 대중음악 생산에 대한 직·간접 투자를 강화하는 것으로 나타났으며, 이 과정에서 기획사 및 중·소 음반사와의 제휴를 증대시켰다. 대기업의 경우도 경쟁관계에서 도태한 일부 대기업들의 철수 이후, 생존에 성공한 대기업들은 자본력을 바탕으로 기획사와 중·소 음반사에 대한 투자의 형태로 연계를 강화하고, 음반의 직접 제작과 유통 부문까지 진출함으로써 지배력을 확장시켜왔다. 따라서 1990년대 중반부터 현재까지는 기획사-중·소 음반사의 지배적 지위가 약화되는 가운데, 직배사와 대기업의 영향력이 상대적으로 증가하고 있는 구도를 형성하고 있다고 볼 수 있다. 한편,

1990년대 중반 이후 독립음반사가 출현하였지만, 아직은 기존의 구도를 깨뜨리기에는 그 영향력이 미미하다고 보여진다.

나. 음반산업의 구조적 특성과 대중음악문화

결국 음반산업의 구조적 변화는 음반산업에 참여하는 생산 주체들 간의 역학관계의 변화를 의미하는데, 이러한 역학관계는 특정 시기의 대중음악문화의 성격을 규정짓는 데 많은 영향을 끼친다. 전체적으로 볼 때, 한국의 음반산업의 구조적 특징이라고 할 수 있는 기획-제작의 분리 체계는 주류음악을 형성하고 재생산하는 기본적인 틀이 되어왔다고 할 수 있다. 특히 기획과 제작의 이원적 구조라는 특성은 텔레비전, 라디오 등의 방송매체와의 유착을 통하여 고착화되었다. 이러한 유착관계는 음악적 상품성에 기반하여 이윤을 추구하는 방식보다는 가수에 대한 홍보를 통하여 이윤을 기대하고, 결과적으로는 음반제작에서 홍보비가 상당 비중을 차지하는 관행을 낳게 하였다. 결국 기획사-제작사의 2원적 구조는 방송매체를 매개로 하여 이윤을 추구하려는 음악자본에 의해 공고하게 다져진 '파트너쉽' 체계로 볼 수 있다. 그리고 이 파트너쉽 체계는 상대적으로 음악적 투자에 소홀히 하여 빈약한 주류음악을 계속 생산하고, 또한 그러한 음악적 빈약함을 홍보로 메우려하는 대중음악 생산의 관행을 고착화시키는 데 결정적으로 기여를 했다고 생각된다.9)

그런데 현재까지도 이러한 구조가 지속되고 있기는 하지만, 역사적으로 본다면 시기에 따라 대중음악 생산 주체들의 관계가 변화함에 따라 대중음악문화의 지형에도 조금씩 변화가 나타나기도 하였다. 그러한 변화의 전초가 된 것은 1980년대 초반에 비주류음악을 기획·제작하는 기획사들의 등장이다.10) 이들의 등장과 성장은 1980년대 중반 '언더그라운드' 음악문화가

---

9) 이러한 생산 관행은 주류음악의 경우 대부분 일명 '타이틀곡'이라 불리우는 곡에 집중적으로 투자를 하고, 나머지 곡들은 거의 음반을 채워주는 들러리나 다름없다는 것에서 잘 나타난다.

형성되는 데 큰 역할을 하였다. 이 당시의 언더그라운드음악은 엄밀한 의미에서 본다면, 주류음악에 대한 저항을 의식적으로 추구했다기보다는 방송매체를 통한 상업적 성공을 추구하지 않는 음악으로서 다양한 스타일을 포괄하는 비주류음악에 보다 가까운 것이라고 할 수 있다. 1980년대 중반의 언더그라운드음악문화의 형성이 지닌 의미는 1970년대의 한국 청년 문화의 계승에 있다고 할 수 있다. 1970년대 말 청년 문화가 방송매체와 음악자본에 의해 '낭만화된 젊음'의 문화로 상품화되고 합병됨으로써 본래의 '의식성'과 '자생성'이 완전히 상실되었지만, 1980년대 중반의 언더그라운드음악문화는 바로 청년 문화의 의식성과 자생성을 음악적으로 계승·복원하려는 시도였다고 볼 수 있다. 그러므로 주류음악의 상업성을 비판하면서 상대적으로 음악성을 표방하는 비주류 기획사들의 등장은 방송매체와의 종속적인 유착관계를 통하여 대중음악을 생산하는 주류음악문화에 대한 도전의 성격을 띠고 있었다고 볼 수 있다. 한편, 1980년대 중반에 형성된 언더그라운드음악문화는 음악산업 내에서의 헤게모니적 대립이 처음으로 표면화되어 나타난 것과도 연관이 있다. 즉 음악자본 간의 긴밀한 유착 내지 공조 체계에 균열이 생겨난 것이다. 그동안의 기획사–제작사–방송사 간의 표면적 협력관계는 사실상 방송매체에 대한 종속적 관계를 기반으로 이루어진 것이었다. 따라서 방송매체가 주도하는 주류음악의 상업적 성격에 대한 대안으로 등장한 언더그라운드음악문화와 그러한 음악의 생산을 주도한 기획사들의 출현은 당시의 음악산업 내의 헤게모니적 지배 구조의 변화를 의미하는 것이다. 음악자본 간의 헤게모니적 대립과 투쟁은 결국 1980년대 중반 비주류음악문화가 형성되고 어느 정도 독자적인 영역을 구축함으로써 대중음악문화의 지형을 변화시키는 데 일정 부분 기여를 하였다. 이후 우리나라 대중음악문화에서 주류음악에 대비되는 대립항으로서 '언더음악'이라는 개념이 뿌리내리게 된다. 이 당시 비주류 기획사들의 언더그라

---

10) 1982년 창설된 '동아기획'과 1984년 창설된 '뮤직디자인'이 대표적이라 할 수 있다. 특히 '동아기획'은 80년대 중반 언더그라운드음악문화의 산실이라 할 수 있다.

운드음악은 방송매체, 특히 텔레비전 방송 출현을 거부하는 대신, 소극장 위주의 공연 활동을 음악의 전파와 홍보의 수단으로 활용하였다. 그리고 라이브 공연을 통한 언더그라운드음악문화의 확산은 중산층의 경제력과 이들의 문화적 욕구를 기반으로 하고 있었다. 1970년대에 청년 문화를 이끌었던 세대는 1980년대 중반에 사회적으로 편입되어 안정적인 중산층을 이루었고, 이들과 새로운 청년 세대를 이루고 있던 중산층 자녀들이 바로 당시의 언더그라운드음악문화의 주요 수용층이었다.

그러나 1990년대 이후 음반산업 구조의 재편은 다시 대중음악문화의 지형을 바꾸는 데 일조한다. 즉 국내 대기업이 본격적으로 진출하고 그 이전에 이미 진출한 직배사들이 확고하게 자리를 잡아가면서 음반산업 내에서 독점적 대자본의 힘이 더욱 막강해진 것이다. 대자본의 공세는 매체산업과 음반산업의 유착이라는 기존의 구조를 바꾸기보다는 이 구조에 대한 적응과 유지라는 방향을 취하면서, 이 구조 속에서의 지배력 상승을 위한 노력을 펼쳐왔다. 국내 대중음악의 생산에 있어, 대기업과 직배사들은 비교적 풍부한 자본력을 바탕으로 기존의 스타급 가수들을 영입하거나 상품성 있는 신인 가수들에 대한 전폭적인 투자를 통하여, 또는 기획사나 중·소 음반사에 대해 음반제작비의 일부를 투자의 형태로 지원해주는 방식을 통하여 대중음악을 직·간접적으로 생산해왔다. 이러한 과정들은 주류음악을 확대재생산하고 결과적으로 대중음악문화에서 주류음악문화를 키우는 데 크게 기여한 것이다.

특히 1990년대 들어서 한국사회는 전반적으로 소비문화가 확산되는 가운데 신세대가 새로운 소비의 주체로서 부각되었다. 문화가 성장 잠재력을 지닌 새로운 시장으로 부상하자, 대기업을 위시한 독점 자본의 진출이 영화, 음악, 레저 산업 등의 분야로 확대되었다. 이렇게 문화 시장의 성장과 더불어 국내 문화시장 개방의 가속화로 1990년대 초반의 국내 대중문화 부문은 국내 대기업과 해외 독점 자본의 각축전이 벌어지는 장소가 되었다. 대중음악 부문에서도 이러한 경쟁이 치열하게 벌어졌으며, 그것은 구체적으로 신세대를 적극적으로 구매자로 포섭하기 위해 이들을 타겟으로 하는 대중음악을 생산하는 것으로 나타났다. 따라서 대중음악 시장에서 독점 자본의 영향력이 점차 커져 가면서, 주류음악의 지배적 지위는 더욱 확고해졌다. 1980년대 중반에는 비주류음악문화의 거센 도전으로 주류음악의 헤게모니가 흔들렸다면, 1990년대 초반 이후 다시 주류음악의 지배적 지위를 회복한 셈이다.

특히 1990년대 이후 주류음악은 보다 철저한 상업적 기획에 바탕을 두어 상품성을 극대화하였다. 따라서 음악적 빈약함과 획일성을 특징으로 하고 있으며, 그에 따라 기성세대는 물론 신세대들의 다양한 문화적 욕구를 충족시켜 주지 못해 왔다. 이러한 상황에서 1990년대 중반에 서서히 대학가 클럽을 중심으로 새로운 언더그라운드음악문화가 형성되기 시작하였다. 1990년대 중반의 언더그라운드음악문화의 형성은 다시 주류음악문화의 헤게모니에 대한 반발하는 저항적 움직임으로써 기존의 대중음악문화 구도를 변화시키는 계기가 되었다. 처음에는 주류음악에 대한 막연한 반발에서 출발한 언더그라운드음악은 점차 주류음악에 대한 명확한 대안을 추구하는 확실한 언더그라운드음악문화로서 성장하고 확산되었다. 그러한 대안적 움직임은 독립 음반사 및 기획사의 출현으로 가시화되었다. 현재 언더그라운드음악문화는 이러한 독립음악을 지향하는 저항적 언더그라운드음악뿐만 아니라 주류음악이 담아내지 못하는 다양한 비주류음악들을 포함하는 다양한 성격을 띠고 있다. 크게 보면 현재 대중음악문화의 지형은 주류음악↔언더그라운드음악의 구도로 이루어져 있다고 할 수 있다.

그러나 힘과 영향력의 면에서 본다면, 언더그라운드음악이 주류음악과 대등한 위치에 있거나 또는 주류음악의 지배적 지위를 크게 위협할 정도의 힘은 지니고 있지 못한 듯하다. 이것은 1980년대와는 달리 1990년대 이후 독점 자본과 방송매체의 유착관계가 더욱 공고해지고, 이들의 주류음악 생산 메커니즘이 더욱 고도화되었기 때문이라고 볼 수 있다. 현재 대중음악문화는 철저한 기획과 마케팅에 기반하여 급성장한 대형기획사 및 음반사를 필두로 하여 대기업 계열 음반사 및 국외 직배사의 3자 체제가 주도하고 있다.[11] 현재 이 3자 체제 간에는 서로 대중음악 시장에서의 점유율을 높이기 위한 경쟁이 치열하지만 표면적으로는 협력관계를 유지하면서 균형 구도를 이루는 가운데 주류음악의 생산을 주도하고 있으며, 전반적으로 주류음악문화의 지배적 지위가 유지되는 가운데 언더그라운드음악문화의 대안적 움직임이 조금씩 커져가고 있는 추세이다.

2. 방송매체 산업의 역할

가. 방송매체 산업의 구조와 변화

한국에서 방송매체 산업은 일제시대부터 시작되었다. 1927년 경성방송국(JODK)이 시작되었으며 1940년대에는 전국적으로 지역 라디오 방송국이 개국하였다. 그리고 텔레비전의 경우 전국적인 TV 방송은 1960년대 후반부터 본격적으로 이루어지기 시작하였다. 1966년 KBS가 전국 TV 방송을 개시하였으며, 1969년에는 MBC 텔레비전 방송국이 개국하였다. 또한 1960년대에는 KBS, MBC, TBC의 세 방송국이 모두 FM 라디오 방송을 시작하였다(이범경, 1994). 1960년대는 한국 방송매체 산업이 기본적인 틀을 정립하였던 시기라고 볼 수 있다. 라디오와 텔레비전 방송망이 전국적으로 확산되기 시작하였으며, 음악 위주인 FM 방송이 시작되었고, 상업 방송인 TBC의 개국으로 방송사 간의 경쟁 체제가 본격적으로 확립되었던 시기였

---

11) 현재 대중음악계를 지배하고 있는 대표적인 대형기획사(음반사)는 SM엔터테인먼트, 예당엔터테인먼트, 도레미 레코드, 신나라 뮤직 등이다. 신나라 뮤직은 음반유통업에서 음반제작 분야로 확장한 경우이며, 나머지는 모두 1980년대에 소규모 기획사로 출발하여 음반제작사로 성장하였다. 이 중 SM엔터테인먼트의 경우 1999년 한 해 매출액이 125억 원에 달하였으며, 예당엔터테인먼트도 매출액이 100억 원대에 이르는 것으로 알려져 있다. 양사 모두 2000년에 코스닥에 상장되었다. 또한 음반제작뿐만 아니라 영화, 음반유통업에도 진출하고 있다.
　　참조: 예당엔터테인먼트 홈페이지(http://www.yedang.co.kr), SM엔터테인먼트 홈페이지(http://www.smtown.com).

기 때문이다.

그러나 텔레비전과 라디오의 보급 정도를 비추어보면 1960년대에는 라디오 청취가 주를 이루었다고 말할 수 있다. 텔레비전 방송의 경우는 전국적인 전파망을 갖추고 실질적인 시청이 이루어지기 시작한 것은 1970년대 후반부터이다. 그러므로 1970년대까지는 대중음악의 전파를 담당했던 주 매체는 라디오였으며, 수용자들 역시 라디오를 통하여 대중음악을 접했다고 생각해볼 수 있다.

1970년대에 라디오의 보급률은 70%에 육박하고 있는 반면 텔레비전의 보급은 아직 6%대에 머물러 있으며, 1970년대 중반 이후부터 보급률이 급상승하고 있음을 보여주고 있다. 텔레비전 소유 가구의 증가와 상업 방송 시작으로 인한 경쟁 체제의 전개로 1970년대 중반 이후부터 방송사들의 시청률 경쟁이 보다 심화되었다. 그 과정에서 대중음악은 중요한 도구로 활용되었다. 1970년대 중반 대중음악에 대한 정부의 강력한 정화 조치 및 검열로 대중음악문화가 거의 공황에 가까운 현상이 발생하자, 방송매체 또한 일시적으로 타격을 입을 수밖에 없었는데, 방송 프로그램의 공급원인 대중음악문화가 거의 초토화되었기 때문이다. 이러한 상황에서 새로운 타개책이 모색되었는데, 그것은 방송사가 직접 신인 가수의 등단을 위한 무대를 마련해주고 새로운 붐을 일으킬 수 있는 각종 가요제를 개최하는 것이었다. 이것이 지니는 의미는 대중음악의 전파를 넘어서 방송매체 스스로가 새로운 음악문화가 활성화될 수 있는 조건을 배양하고 유행을 주도하는 중심적인 역할을 수행하기 시작하였다는 것이다.

1980년에는 방송사의 통·폐합으로 국영방송인 KBS가 동아, 동양방송 등의 민간방송을 흡수함으로써 KBS와 MBC의 양대 체제로 바뀌게 되었다. 또한 이 해부터 컬러 TV 방송이 시작되고 컬러텔레비전이 보급되기 시작하였다. 이러한 구조의 변화는 대중음악 프로그램에도 영향을 미치게 되었는데, 경쟁 방송사는 줄었지만 컬러텔레비전 보급의 확대와 함께 새로운 시청자들의 확보라는 목적에서 쇼프로그램의 대형화가 증대되기 시작한 것이다. 따라서 쇼프로그램을 위시한 방송매체의 대중음악 프로그램들은 외양적 화려함과 시각적 연출의 효과가 배가되어 나타나기 시작하였다. 그리고 이러한 경향은 현재까지도 계속되어 오고 있다고 볼 수 있다.

〈표 2-11〉 라디오·텔레비전·전축 보급률

단위: %

	라 디 오	텔레비전	전 축
1961	14.7	-	-
1965	-	0.6	-
1970	69.0	6.4	9.8
1975	-	30.7	13.3
1980	-	86.7	-
1985	-	99.1	-
1991	-	99.9	35.2

자료: 통계청, 1995, 『통계로 본 광복 이후 한국인의 문화생활 변천』.

1990년대 이후에는 방송매체 산업의 구조에 또 한 번의 변화가 일어난다. 1991년 민영방송인 SBS가 개국하였고, 1995년에는 케이블 텔레비전이 개국한 것이다. 이는 동종의 방송사 간의 시청률 경쟁뿐만 아니라 이종(移種) 매체 간의 경쟁 또한 본격적으로 시작되었음을 보여주는 것이다.

케이블 텔레비전에는 현재 코리아음악방송과 뮤직네트워크라는 대중음악 전문 채널이 포함되어 있다. 24시간 방송하는 음악 채널의 존재는 전국적인 전파망에 힘입어 그동안 헤게모니를 장악해온 지상파 방송매체의 지배력을 약화시킬 수 있다. 대중음악에 대한 독점적 정보와 중개 역할의 수행, 새로운 붐의 조성 등에서 영향력을 행사해 온 지상파 방송사들이 지닌 독점적 지위가 약화될 수 있는 것이다. 반면에 음악 전문 채널의 등장은 주류음악 외의 다양한 형태의 음악들이 소개되고 수용될 수 있는 가능성을 높여준다.

이처럼 방송매체 산업의 구조적 변화는 방송매체의 대중음악과 관련한 운용 환경의 변화에 밀접한 관련을 지니고 있으며, 결과적으로 그러한 연관성은 한국 대중음악문화의 전개 양상에도 일정 정도의 영향을 끼치고 있음을 알 수 있다.

나. 방송매체 산업과 대중음악문화

한국 대중음악 생산 체제의 가장 큰 특징은 기획사-음반사-방송매체 산업의 유착 관계에 있는 것만이 아니라, 그 관계에 있어 방송매체의 절대적 힘의 우위를 특징으로 한다는 점이다. 방송매체는 대중음악을 수용자에게 전파해주는 매개자의 역할을 넘어서서 상업적 성공을 이끌어주는 적극적인 개입자의 역할을 수행해왔다. 기획사와 음반사들은 방송매체에 대한 종속을 담보로 투자비 회수에 대한 불확실성을 감소시키고 이윤을 얻을 수 있는 안정성을 도모하였다. 방송매체 또한 본격적인 경쟁 체제에 돌입하면서 시청률과 청취율을 더 높일 수 있는 음악 및 쇼 프로그램을 만들어내려고 하였다. 이렇듯 음반산업과 방송산업의 이해관계가 서로 부합되어 이루어진 공조 관계는 현재까지도 탄탄하게 지속되고 있다.

따라서 기획사나 음반사가 자신들이 제작한 음반 또는 가수를 거액의 홍보비를 들여서 방송매체에 데뷔시킴으로써 상업적 성공의 발판을 마련하는 것이 주류음악의 생산 공식이 되었다. 이는 방송매체가 주류 대중음악의 생산에 핵심적인 역할을 해왔으며, 결과적으로는 주류음악문화의 재생산에 큰 기여를 한 것이라고 말할 수 있다. 방송매체는 주류음악의 등장과 확산의 무대가 되었으며, 주류 대중음악의 생산에 큰 영향력을 행사했고 더 나아가 한국 대중음악의 흐름을 주도해왔다고 해도 과언이 아니라고 볼 수 있다. 그리고 이러한 권력화는 텔레비전과 라디오 방송국이 모두 전국적인 네트워크 망을 갖추고, 텔레비전 수상기 및 라디오의 보급이 전국적으로 확산되었던 1970년대 이후부터 본격적으로 진행되어왔다고 할 수 있다. 아울러 방송매체의 권력화는 상대적으로 대중음악 생산 주체들의 종속을 심화시켰다.

방송매체의 권력적 힘의 행사는 구체적으로 대중음악 프로그램과 음악

행사 개최를 통하여 이루어져왔다. 특히 텔레비전의 경우 라디오에 비하여 음악 프로그램의 비중이 훨씬 작음에도 불구하고, 시청각 매체라는 면에서 볼 때 그 영향력은 라디오를 훨씬 능가한다고 할 수 있다. 텔레비전 방송 국은 두 가지 방식으로 대중음악의 흐름을 주도해왔다고 말할 수 있다. 하 나는 다양한 형태의 가요제 개최를 통하여서이고, 다른 하나는 쇼 프로그 램 및 가요 순위 프로그램, 그리고 연말 10대 가요대상과 같은 음악 프로 그램들을 통하여 주류음악이 배양될 수 있는 중요한 환경을 조성하였다는 것이다. 가요제는 1970년대 말부터 텔레비전 방송국에서 서로 경쟁적으로 개최되기 시작하였다.12) 1970년대 말 텔레비전 방송국에 의해 이렇게 다양 한 형태의 가요제가 신설된 배경은 크게 두 가지로 생각해볼 수 있다. 첫 째는 1970년대 말에는 방송매체들 간의 경쟁이 본격화되었던 시점이다. 텔 레비전 방송국들은 전국적인 연결망 체계를 갖추었고 라디오 방송국의 경 우 1970년대부터 FM 방송이 시작되었다. 따라서 각 방송사들 간에 서로 사람들의 눈과 귀를 붙잡기 위한 경쟁이 치열하게 벌어지는 가운데, 가요 제의 개최는 하나의 대형화된 음악적 이벤트로서 방송매체 간의 경쟁에서 우위를 점하기 위한 의도로 출발한 것이다. 둘째는 1970년대 말 방송매체 의 증대와 확산은 새로운 형태의 대중음악과 가수들을 필요로 했지만, 당 시의 대중음악계는 방송매체의 요구에 부응할 수 있는 여력이 없었다고 할 수 있다.13) 따라서 방송매체가 직접 신인 가수를 발굴하고, 그들의 음악을 적극적으로 확산시켜주는 역할을 담당하게 된 것이다.

　방송사의 가요제 개최는 청년 대중음악문화에 대하여 심대한 영향을 끼

---

12) MBC가 1976년 〈신인가수 선발대회〉를 제정하고, 1977년에는 〈대학가요제〉,
　〈서울가요제〉를 신설한 것을 시작으로, KBS에서도 〈노래자랑, 민요자랑〉 프
　로그램으로 신인가수를 선발하였고, 연이어 TBC가 1978년 〈해변가요제〉를,
　1980년엔 MBC가 다시 〈강변가요제〉를 만들었다. 특히 〈대학가요제〉와 〈강
　변가요제〉의 경우 현재에도 지지속적으로 개최되고 있다. 참고: 한국문화예술
　진흥원, 〈문예연감〉, 1977~1981.
13) 1975년 정부에 의해 '가요정화작업'이 이루어져서 상당수의 노래가 금지곡으
　로 묶이게 되고, 1976년에는 일명 '대마초 파동'이 일어나게 되는데, 당시 많
　은 가수들이 구속이 되거나 방송 출연 정지 조치를 당하게 된다.

쳤다고 볼 수 있다. 1975년과 1976년에 있었던 '가요정화작업'이나 '대마초 파동'은 1970년대 청년 문화의 '정치성'을 모조리 제거하고 차단시키려 한 의도가 내포된 것이다. 그러한 상황에서 대학생을 대상으로 하는 가요제의 개최는 결과적으로 1970년대 청년 문화의 주류문화로의 편입을 심화시켰으며, 뒤이어 새로운 청년들의 음악을 재빨리 주류음악화 하는 데 많은 역할을 하였다.

다음으로 방송매체의 음악 프로그램들, 특히 가요 순위 프로그램과 같은 것들은 음반산업에 대해 방송매체의 지배적 우위를 유지시켜주고, 그러한 우위를 바탕으로 한 유착관계의 지속을 가능하게 하였다. 더 나아가 방송매체는 단순히 주류음악문화를 확장시키는 차원이 아니라 주류음악의 성격을 규정하는 힘을 발휘해왔다. 음반 판매 집계에 관한 정확하고 신뢰할 만한 통계가 없는 상황에서 방송매체의 대중음악 순위 프로그램은 공식적인 음반 판매량 집계를 대신하는 유일한 잣대였고, 따라서 순위 선정의 공정성 문제에도 불구하고 꾸준히 지속되어올 수 있었다.

그리고 방송매체는 음악 프로그램을 통하여 청년 세대를 적극적으로 끌어들임으로서 대중음악 시장에 대한 헤게모니를 창출하고 유지하려고 해왔다. 그 과정을 살펴본다면, 1970년대에는 주로 라디오의 심야 프로그램을 통하여 청년 수용층을 포섭하려고 하였다. 1980년대 초반이 지나면서 서서히 청소년을 중심으로 한 청년 세대가 대중음악의 주요 수용층으로 나타나자, 텔레비전 방송국에서는 또래의 젊은 가수들이 주로 출현하는 음악 프로그램을 신설하였고, 라디오 방송국에서는 심야 프로그램을 중심으로 역시 젊은층을 대상으로 하는 프로그램을 계속 편성해왔다.[14] 이것들은 새롭게 부상한 청년 수용자들을 국내 대중음악에 대한 선호와 연결시켜 줌으로써, 이들을 주류음악에 대한 잠재적 구매자로서 만들고 국내 대중음악 시장이 확대되는 데 기여했다. 이것을 바탕으로 방송매체는 대중음악 시장에

---

14) 텔레비전 프로그램의 경우, KBS는 1980년대 초반 〈영11〉과 뒤이어 〈젊음의 행진〉을, MBC는 〈젊음이 있는 곳에〉를 만들었다. 이 프로그램들에는 젊은 기성 가수뿐만 아니라 신인 가수가 데뷔할 수 있는 무대가 되기도 하였다.

대한 영향력을 배가시킬 수 있었다.

그리고 1990년대 초반에는 민영 방송국이 설립되면서 방송사 간의 시청률 경쟁이 가속화되기 시작하였고, 1990년대 중반 이후 케이블 TV 방송의 시작에 따른 다매체화로 인하여 방송사들 간의 채널 경쟁과 시청률 경쟁은 더욱 심화되었다고 할 수 있다. 이러한 환경 속에서 방송매체는 대중음악 시장에 대한 지배 체제의 재생산 전략으로서, 1990년대 이후 주요 수용층으로 부상한 10대 청소년들의 취향을 철저하게 반영하였다. 이것은 방송매체의 음악 프로그램 편성과 그 내용에서 잘 나타난다. 텔레비전 방송의 경우, 청소년 대상의 음악 프로그램 비중을 높였고, 전체 대중음악을 대상으로 하는 대중음악 순위 프로그램도 진행방식, 화면구성, 노래 유형 등에서 실질적으로는 10대 청소년들의 기호와 취향에 전적으로 부합하는 내용을 취하여왔다.[15] 마찬가지로 라디오 방송에서도 저녁과 심야 프로그램의 내용에서 그러한 경향을 보여왔다. 특히 FM 방송의 경우, 원래의 음악 위주의 방송이라는 특성에서 벗어나 잡담과 사담 위주의 성격이 심화되어왔다(박웅진, 1998: 116). 따라서 음악 프로그램임에도 불구하고, 젊은 연예인들의 진행하에 주로 초대자와 함께 이야기 위주의 구성, 사연소개, 청취자 참여 코너 등의 내용이 상당 부분 차지하는 경향을 나타내왔다.[16] 이것은 라디오 음악 프로그램들도 텔레비전 음악 프로그램처럼 이벤트화되어 청취자들을 끌어들이려 하는 전략을 구사해왔다는 것을 보여준다. 이처럼 방송

---

15) 대중음악 순위 프로그램은 젊은 연예인들의 진행하에 방청객들의 괴성, 화면 분할 기법을 통한 급격한 화면전환, 특수조명의 사용 등으로 전반적으로 화려하면서도 어수선하고 시끄러운 분위기를 연출한다. 또 순위 집계에 ARS 방식을 활용함으로써, 시청자인 청소년들의 적극적인 참여를 유도하고 있다(여성매스컴연구회, 1997).

16) 1998년의 분석에 따르면, 전체 라디오 방송사별 프로그램들에서, 음악과 토크의 비율은 1 : 0.80으로 토크의 비율이 음악과 거의 대동소이한 것으로 나타났다. 또 프로그램 구성상으로는 국내 대중음악의 비율이 가장 높았고 (40.5%), 이어 진행자와 코너 진행자 간의 대화(21.1%), 진행자의 단독진행 (18.9%)의 순으로 나타나 토크의 절반가량이 특정 코너 내에서 복합적으로 이루어지고 있었다(박지웅, 1998: 117).

매체는 10대 청소년 취향의 대중음악을 과잉 생산되게 하였으며, 그것은
또한 1990년대 이후 10대 청소년 취향의 대중음악이 주류음악으로서 절대
적으로 전체 대중음악문화를 지배하는 상태가 되게끔 하는 데 일조하였다.
즉 방송매체는 특정 스타일의 음악이 과잉 생산되는 한편, 다양한 스타일
의 음악이 생산되고 유통될 수 있는 문화가 형성되지 못하고 있는 데 있어
책임이 크다고 할 수 있다. 전반적으로 방송매체는 청년 집단을 새로운 주
류음악의 주체로서 계속 호명함으로써 대중음악문화의 성격을 규정짓고,
전체 대중음악의 흐름을 주도해왔다.

　한편, 1990년대 이후 매체의 다양화는 대중음악문화에 두 가지 변화를
가지고 왔다. 첫째는 케이블 방송이 시작되면서 음악의 영상화 및 이미지
화가 심화되었다는 것이다. 음악 채널들은 미국 MTV의 뮤직비디오를 방
영하면서 수용자들에게 음악의 영상성을 제고했을 뿐 아니라 국내 대중음
악의 뮤직 비디오 제작을 일반화 시켰다. 특히 1990년대의 신세대는 영상
매체에 익숙한 영상세대로서 이전 세대에 비해 상대적으로 논리성에 약한
대신 감각적이고 감성적인 성향을 가지고 있다(김창남, 1998: 167). 이러한
청년 수용자의 특성은 주류음악을 위시하여 청년 수용자를 염두에 둔 대중
음악들의 뮤직비디오 제작이 지배적인 관행으로 정착되게 하였다. 둘째는
인터넷이 대중음악을 전파하는 새로운 매체로 등장하였다는 것이다. 인터
넷 방송은 주로 개인이 제작하여 운영하는 형태를 띠며, 개인의 취향을 반
영하는 다양한 형태의 음악들이 방송되고 있다. 따라서 기존의 방송매체에
서 잘 다루어지지 않는 비주류음악이나 언더그라운드음악들이 전파될 수
있는 기회를 제공해주고 있다. 이러한 인터넷 방송은 시간과 지역에 구애
받지 않고 인터넷 접속을 통하여 청취가 가능하다는 점에서, 지상파 방송
과 케이블 텔레비전 방송만큼 영향력이 강력하지는 않지만 언더그라운드음
악 문화가 전파되고 확산될 수 있는 주요 공간이 되고 있다.

제3절 외국 대중음악문화의 영향

1. 일본적인 음악적 감수성의 형성과 영향

한 사회의 문화는 순수하게 그 사회 내에서만 형성되는 것이 아니다. 다른 사회의 문화와의 접촉을 통하여 외부의 문화적 요소들이 문화의 변화나 새로운 문화의 형성에 작용을 가하게 된다. 따라서 문화 간의 교류는 보편적으로 이루어지며, 특히 복제 및 재생 기술을 바탕으로 하나의 상품으로서 대량으로 생산되는 대중문화의 경우, 다른 사회로의 전파의 정도가 매우 커질 수밖에 없다. 그러나 이러한 대중문화의 교류 및 전파가 동등한 관계가 아니라 힘의 우위에 바탕을 두고 이루어진다면, 그것은 종속이나 일방적 이식이라는 성격을 띠게 된다.

그런데, 한국의 경우 대중음악의 생성 과정은 일제 식민지 통치 시기 동안 일본 문화에 의해 철저하게 규정을 받았다. 초창기 대중음악의 형성은 일본의 음악자본과 일본의 음악인 '엔카(演歌)'와 유행창가를 통하여 이루어졌다.[17]

그러나 무엇보다도 엔카의 대중적 확산이 가능했던 것은 이미 일본 음계에 기반한 일본 음악이 1900년대 일본 식민지 정권의 교육 정책들을 통하여 광범위하게 적용되었기 때문이었다.[18] 즉, 일본 식민지 정권의 적극

---

17) 일본 유행가는 흔히 엔카로부터 시작되었다고 한다. 엔카는 연설가라는 의미로 명치시대 자유민권운동을 하던 시기에 대중에게 메시지를 보다 쉽게 전달하기 위해 거리에서 간단한 연극적 행위, 연설 등과 함께 불렸던 노래인데, 자유민권운동이 쇠퇴한 후에는 상업화되어 거리에서 돈을 받고 부르는 엔카시(演歌師)들에 의해 불려졌다(이영미, 1991: 251).

18) 일본음계의 도입은 1904년 일본의 고문정치가 시작되고 1906년 제1차 학교령시기에 조선의 음악교육의 명칭, 과정, 교과도서, 교육정책의 전 분야가 일본의 음악 교육을 그대로 적용하면서 이루어졌다(노동은, 1993: 463-513). 특히 일제는 1910년 학부에서 발행한 『보통교육 창가집』을 전 학교의 음악교과서로 통일시키려 하였는데, 여기에 실린 곡들은 모두 27곡으로 이 중 21곡

적인 음악 교육 정책은 한국민이 자연스럽게 일본 음계에 동화되게끔 하였고, 이것은 더 나아가 초창기 한국 대중음악이 일본 음계에 기반하여 생산되게 하는 데 결정적인 역할을 하였다.[19] 더구나 한국에 상륙한 일본의 음반회사들이 초기에 제작한 레코드에는 가사만 우리말로 바꾼 엔카가 실려 있었으며, 차츰 한국 사람에 의해 작곡된 엔카 형식의 노래가 '유행가'로 자리 잡게 되고, 1930년대에는 이것이 한국 대중음악의 보편적인 형태로 정착되었다.

이러한 형태의 대중음악이 정착되고 보편적으로 확산되는 과정은, 정서적인 측면에서 본다면 이질적이었던 음악 양식과 그로부터 빚어지는 '정서적 생경함'이 차츰 완화되어 '정서적 친숙함'으로 바뀌어지는 과정이다. 그런 점에서 일본의 식민지 지배는 '음악적 감수성의 식민화' 또한 심화시킨 것이다. 따라서 식민지 통치 기간동안 대중들에게 깊숙이 뿌리내린 일본적인 음악적 감수성은 해방 이후에도 쉽게 없어지지 않았으며, 현재까지도 엔카의 형식에 기반을 둔 '트로트' 음악이 재생산되는 토양을 이루고 있다.

그러므로 일본적인 음악적 감수성의 형성과 그것이 한국 대중음악문화에 끼치는 영향은 크게 두 가지로 생각해볼 수 있다. 첫째는 일본적인 음악적 감수성의 근원이라 할 수 있는 '트로트' 음악의 생산이다. 현재 트로트음악은 주로 일제 식민지 지배 시기에 태어났거나 그들의 자녀인 이른바 기성세대에 의해 수용되는 음악이다. 해방 이후부터 현재까지 트로트음악은 기성세대의 음악으로서 한국 대중음악문화의 한 부분을 이루고 있다. 그러나 트로트음악의 주된 수용층이 기성세대라 할지라도 그 영향력은 전세대에 걸쳐 있다고 보아야 한다. 우리 사회에서 노래가 감상적 차원에서는 개인적으로 수용될지 모르지만, 개인적 표현의 수단으로 노래가 불려지

이 일본인에 의해 작곡된 작품이었다(노동은, 1995: 603-622).

19) 일제 식민지 통치 기간 중에 한국민의 음악 정서에 가장 영향을 많이 끼친 것은 일본의 근대 5음계인 '요나누키' 음계와 '미야코부시' 음계였다. 초기 한국의 대중음악은 일본 엔카의 형식을 거의 그대로 따르다시피 하였는데, 이 중에서 특히 '미야코부시' 음계에 기반한 대중음악들이 1930년대 이후 주류를 이루게 되었다.

는 상황은 대부분 집단적인 경우가 많기 때문이다. 즉 노래는 가족, 친구, 직장 동료 등과 같이 집단 속에서 주로 친교나 집단 결속의 수단으로 불리워진다.[20] 따라서 현재 표면적으로는 젊은 세대의 음악이 전체 대중음악문화를 지배하는 것처럼 보이지만, 대중들의 일상적 여가에서는 트로트음악이 보다 지배적인 힘을 발휘하고 있다고도 볼 수 있다. 이는 조직 사회 내지 일상적 관계에서의 권력관계가 집단적 여가가 이루어지는 공간에서도 작동되어, 젊은 세대는 기성세대의 조직 사회에 보다 손쉽게 편입되고 적응하기 위하여 '트로트음악'을 자발적으로 부르기도 하는 경우에서도 잘 나타난다.

둘째는 첫 번째의 이유로 인하여, 청년 세대 또한 일본적인 음악적 감수성에 전혀 영향을 받지 않았다고 보기가 어렵다는 점이다. 그러므로 청년 세대들의 음악이라 할지라도 알게 모르게 일본적인 음악적 정서가 내포되어 있을 수 있다. 그런 점에서, 1970년대 이후 청년 대중음악문화가 일본적 요소와 전혀 무관하다고는 볼 수 없을 것이다. 실제로, 1980년대 이후 청년 세대의 음악이라 할 수 있는 댄스곡이나 발라드 중 일부는 일본 대중음악의 표절이라는 시비가 계속 제기되어왔었고, 지금도 표절의 논란이 계속되고 있는 실정이다.[21] 이와 같은 현상은 현재의 청년 세대 또한 일본 대중음악과의 정서적 친화성이 높다는 것을 방증하는 것이다. 일본 대중음악의 표절이 계속 자행되는 것은 그동안 일본 대중문화가 개방되지 않은 탓에

20) 예전에는 공식적인 모임이라 할지라도 술자리와 연계되어 반드시 같이 노래를 부르거나 돌아가면서 한 사람씩 노래를 부르는 것이 일상화된 관행이었다. 특히 직장의 회식 시에는 기성세대인 트로트음악이 분위기를 띄워주는 노래로 이용된다. 상사의 노래에 젊은 세대인 부하 직원들은 흥을 돋우어 주어야 한다. 어찌 보면 젊은 세대라 할지라도 한국사회의 조직문화에 적응하기 위해서는 기성세대의 음악인 '트로트음악'을 한, 두곡쯤은 부를 줄 알아야 한다. 90년대 이후 술자리의 노래는 노래방에서의 노래로 대체되었지만, 각자 이질적인 노래를 부르는 상황에서 세대의 간극을 이어주는 공통된 노래로 트로트음악이 불리워진다.

21) 최근에 있었던 가장 대표적인 일본 대중음악의 표절 사례는 1996년 댄스그룹 '룰라'의 〈천상유애〉라는 노래가 일본 댄스그룹 닌자의 노래인 '오마쓰리 닌자'라는 곡을 그대로 표절한 것으로 드러난 것이 한 예이다.

표절 사실이 잘 밝혀지지 않을 것이라는 기대 탓도 있지만, 무엇보다도 음
악적 감수성의 유사성이 보다 근본적인 이유라고 생각된다. 따라서 일본적
인 음악적 감수성은 전 장르와 스타일에 상관없이 한국 대중음악문화 전체
에 영향을 끼쳐왔으며, 현재도 이것에 기반한 대중음악들이 지속적으로 재
창출되고 있다고 할 수 있다.

2. 미국 대중음악문화의 유입과 수용

우리나라에 서양음악이 들어온 것은 개항 직후로까지 그 연원이 매우
오래되었지만, 실제로 한국 대중음악과 관련하여서는 해방 이후의 미국 대
중문화가 유입되면서 본격적으로 영향을 끼치기 시작했다.[22] 해방 이후 미
국이 주도하는 자본주의 체제에 편입되기 시작한 한국사회는 정치, 경제,
문화 등 많은 부문들에서 미국의 제도적 시스템을 모방하였을 뿐 아니라
미국적 가치를 추종하였다. 따라서 미국문화에 대한 우호적 시선 속에 미
국의 대중문화는 풍요로움과 세련됨의 상징으로서 유입되었고, 특히 그것
은 청년 세대를 중심으로 적극적으로 수용되었다.

따라서 해방 이후 미국의 대중음악이 청년 세대를 중심으로 확산되면서,
그 이후의 청년 대중음악이 미국적 감수성을 강하게 지니게 하는 데 결정
적인 작용을 하였다. 이 중에서도 미국의 대중음악에 대한 정서적 친밀성
을 높여준 것은 1950년대와 60년대의 라디오 및 텔레비전 방송매체였다.
그러므로 우선 방송매체가 서구 대중음악적 감수성의 확산에 끼친 영향에

---

22) 우리나라에 서양음악이 유입된 시기는 1600년대로까지 거슬러 올라간다.
1631년 정두원의 서양음악에 대한 소개를 시작으로 서양 음악 이론 및 서양
음악에 대한 수용이 이루어졌다. 1876년 개항 이전에는 개신악학자(실학자)
들과 천주교 사제 및 신도들에 의한 서양 음악 수용이 주를 이루었으며, 개
항 이후에는 정부의 주도 아래 군악대가 편성되고, 선교와 교육의 일환으로
교회와 학교에서 찬송가가 보급되면서 점차 그 수용의 대상과 폭이 확대되었
다(노동은, 1995: 346-407).

대하여 살펴보도록 하겠다.

가. 방송매체의 영향과 미국 대중음악의 확산

미국의 대중음악이 방송매체를 통해 최초로 한국에 유입된 것은 AFKN 이다. 주한 미군 방송인 AFKN은 일본에 있던 FEN(Far East Network)의 일부가 한국전쟁 때 부산에 자리 잡고 미산에 편입되어 부대 단위로 방송을 시작하면서 창설되었다가 휴전 후 전국 각지에 미군부대가 주둔함에 따라 전국적인 방송망을 갖게 되었다(김창남, 1986: 250). AFKN 방송은 한국의 방송매체가 전국적인 네트워크를 갖추기 이전까지 미국 대중음악의 주된 전파매체였다. 1960년 이후 민영 방송국을 비롯한 여러 개의 방송국이 설립되면서 본격적으로 방송의 전국적 확산이 이루어졌다. 1961년 MBC 라디오가 개국하고, 1963년 동아 방송, 1964년 라디오 서울(후에 TBC로 개칭), 1965년에 서울 FM이 방송을 시작했고, 일제 때부터 있어온 KBS와 1950년부터 방송이 시작된 AFKN, 그리고 선교방송을 출발하여 대중음악까지 폭을 넓혀 방송한 CBS를 포함하면 1960년대는 가히 라디오 방송의 시대라 할 수 있다(김창남, 1986: 250). 이들은 서로 경쟁적으로 미국 대중음악을 소개함으로써, 미국 대중음악이 전국적으로 수용되고 확산되는 계기가 마련되었다. 1960년대의 라디오 방송국들은 미국 대중음악을 전격적으로 소개하는 방송 프로그램을 신설하고, DJ에 의한 진행방식을 채택하여 새로운 음악적 조류의 무차별적 확산에 기여하였다.[23] 따라서 1960년대는 상업 방송의 DJ들이 미국 대중음악의 전도사로서, 청년 세대에게 미국의 대중음악을 크게 유행시키는 데 큰 역할을 담당하였다. 1960년대의 라디오 방송은 프로그램의 편성상으로도 미국의 대중음악이 차지하는 비중이 상당히 높았으며, 그 내용 또한 '빌보드'와 '캐시박스'와 같은 미국 차트를 집중

---

23) 1964년 동아 방송의 〈탑튠쇼〉(DJ 최동욱)를 시작으로 곧이어 문화방송의 〈탑튠퍼레이드〉(DJ 이종환), 동양방송의 〈뮤직 델스타〉(DJ 피세영)와 같은 라디오 프로그램이 우후죽순 생겨났다(이해성, 1986: 168).

적으로 소개했다는 것이다.[24]

이것은 미국 이외의 다른 국가나 문화권의 음악을 접할 수 있는 기회가 제한되었으며, 특히 미국의 대중음악 중에서도 주류음악만을 편식적으로 접하게 하는 결과를 가져왔다. 따라서 대중, 그중에서도 팝음악의 주요 수용층인 청년들은 미국의 주류음악적 감수성에 친숙해졌으며, 이것은 더 나아가서 미국적 분위기와 감수성에 충실한 국내 대중음악이 생산되게끔 하는 요인으로 작용해왔다고 할 수 있다.

1960년대에 라디오 방송 프로그램에서 주로 미국 대중음악을 소개하는 팝송 프로그램의 비중이 절대적으로 높았으며, 그 우위는 1980년대 중반까지 지속된다.[25] 그러나 1980년대 말부터는 오히려 국내 대중음악의 비중이 점차 높아져왔다.[26] 1980년대 말부터 라디오 방송 프로그램의 편성에서 서서히 국내 대중음악의 비중이 높아지기 시작한 이유를 어떻게 보아야 하는가? 1980년대 중반 이후부터 한국 대중음악문화에서는 10대 후반에서 20대 초반에 이르는 청소년층이 중심이 된 청년 집단이 주요 수용층으로 부상하기 시작한 시점이다. 이 들의 새로운 음악 역시 대중음악문화에서 주류음악으로 자리 잡게 되었다. 그동안 친숙해진 미국의 대중음악 스타일을 바탕으로 새로운 주류음악은 보다 더 원조의 스타일에 가깝게 재현할 수 있게 되었다. 그러므로 방송 프로그램의 국내 대중음악 비중의 증대를 표면 그대로 미국 대중음악의 영향력의 약화로 해석하기는 어려울 듯하다. 오히려 미국적 분위기와 감수성에 보다 충실한 대중음악의 생산이 새로 부상하기 시작한 수용자 집단인 청년들의 열광적 선호와 맞물려 있는 현상을 반

---

24) 1960년대 후반의 경우 중앙 5개 라디오 방송이 팝음악을 방송한 시간은 1일 평균 14시간 45분에 이르렀다고 한다(김창남, 1986: 251).
25) 1986년 편성의 경우, KBS-2FM은 하루 20시간 중 팝송의 비중이 12시간으로 60%이며, MBC-FM은 하루 21시간 중 팝송의 비중이 12시간으로 전체의 56.9%를 차지하고 있었다(이해성, 1986: 169).
26) 1998년 박웅진의 분석에 따르면, KBS-2FM, MBC, SBS 세 방송사의 전체 라디오 프로그램 중, 토크의 비중을 제외한 음악 부분이 전체 55.5%를 차지했는데, 이 중에서 가요는 40.5%, 팝은 14.5%, 기타 0.5%를 차지하고 있는 것으로 나타나고 있다(박웅진, 1998: 117).

영하고 있는 것으로 보아야 할 것이다. 더욱이 1980년대 말부터는 WTO 체제의 출범, 미국의 통상압력 가중 등으로 국내 문화시장이 본격적으로 개방되기 시작한 시점이다. 국내에 외국의 문화산업이 경쟁적으로 진출하고, 여러 분야에 걸쳐 외국의 대중문화 산물들이 봇물처럼 밀려들어오기 시작하였다. 이러한 문화적 환경의 변화는 한국 대중음악이 외국, 특히 미국의 대중음악문화에 보다 직접적으로 영향을 받는다는 것을 의미한다.

전반적으로 볼 때, 방송매체는 미국 대중음악의 전파를 통하여 특히 청년 세대로 하여금 새로운 음악적 감수성에 급속도로 친숙해질 수 있게 하였다. 또한 이것은 전체적으로 청년이 주축이 된 청년 대중음악문화가 미국 대중음악의 흐름에 매우 민감하게 영향을 받게끔 하였다고 볼 수 있다.

1980년대 말부터 위성 방송 수신이 일부 가정에서 이루어지기도 했으며, 1990년대 이후부터는 점차 다매체적 환경의 발전으로 외국의 대중음악문화에 보다 직접적이면서도 빠르게 접촉하는 것이 가능해졌다. 케이블 TV의 음악 채널 등에서는 MTV 방송이나 미국 대중음악 순위를 거의 동시에 방영하고 있다. 이러한 매체 환경의 변화는 한국 대중음악문화에 있어 미국 대중음악의 영향력을 감소시키기보다는 오히려 보다 직접적이면서도 심화된 형태로 영향을 끼치고 있다고 생각된다.

나. 미국 대중음악의 영향과 수용

한국 대중음악문화는 미국문화의 유입과 그것의 지배적 영향을 받아왔다고 해도 과언이 아니다. 한국전쟁 이후 팝과 록으로 대변되는 미국 대중음악은 한국 대중음악에 있어 새로운 스타일의 음악이 만들어지고, 그것들이 대중음악문화에서 새로운 경향으로 자리 잡게 하는 데 크게 영향을 끼쳐왔다.

1950년대에 한국의 대중음악은 미국의 대중음악으로부터 여러 리듬을 유입하였다. 맘보, 차차차, 블루스, 탱고 등의 리듬을 통하여 서양의 대중음악 스타일을 미숙하나마 모방하려고 하였다. 리듬의 모방은 미국 문화의 모방이나 미국적 가치의 추구라는 일종의 집단 무의식의 음악적 표출이라고도 할 수 있다. 그래서 이 당시에는 미국에 관한 풍경을 묘사하거나 이국적 정취가 담긴 노래들이 상당수 출현하였다.[27]

그러나 1950년대에 미국의 대중음악은 단지 노래 제목이나 가사에만 영향을 끼친 것은 아니다. 보다 근본적으로 악곡의 스타일에 많은 영향을 끼쳤다. 하나는 5음계 위주의 선율에서 서양의 7음계로의 본격적인 변화가 나타난다는 것이고, 다른 하나는 서양 대중음악의 스타일을 이루고 있는 여러 리듬을 도입하여 의도적으로 서양의 분위기, 특히 미국의 분위기를 강조하려고 했다는 것이다(이영미, 1998). 이러한 악곡상의 변화들이 갖는 의미는 한국 대중음악문화에서 해방 이후까지에도 지속되어 온 트로트음악이 갖는 일방적 지배 구도를 최초로 깨뜨린 것이라고 할 수 있다. 미국 대중음악의 스타일과 서양 음계에 기반한 노래들이 우리나라 대중음악문화에서 자리를 잡고 확산될 수 있는 발판을 마련한 것이다.

1960년대는 흔히 한국 대중음악의 르네상스기로 불리운다. 그만큼 다양한 조류의 음악들이 나타났고 이전과는 전혀 다른 새로운 스타일의 음악들이 각축을 벌였다. 그러나 1960년대는 단순히 새로운 스타일의 음악들이 양적으로 풍부하게 등장했다는 의미만을 갖는 것은 아니다. 보다 중요한 것은 1960년대의 한국 대중음악들은 1970년대 이후 한국 대중음악문화의 기본적인 성격을 형성하는 데 있어 기초로 작용했다는 것에 있다. 1960년대에는 당시 미국 대중음악의 주류였던 팝발라드, 컨츄리(Country & Western) 음악과 록음악의 영향을 받았다. 또한 미국 대중음악의 한 축을 이루는 흑인음악인 소울, 재즈 등도 유입이 되었다. 그리고 이 새로운 조류를 적극적으로 수용했던 사람들은 한국전쟁 이후 우리나라에 주둔해 있는 미8군을 위한 쇼 무대에서 활동하던 가수들이었다. 일제 시대에 한국 대중음악의

---

27) 〈무정부르스〉, 〈페르샤 왕자〉(1954), 〈아메리카 차이나타운〉(1953), 〈샌프란시스코〉(1952), 〈닐니리 맘보〉, 〈비의 탱고〉, 〈기타 부기〉(1957), 〈노래가락 차차차〉, 〈아리조나 카우보이〉(1955), 〈럭키 모닝〉(1956) 등을 들 수 있다 (이영미, 1995: 253, 홍석경, 1990: 110).

초기 형성 단계에서 일본의 유행창가나 엔카들이 그대로 가사만 바뀐 채
우리나라의 유행가로 유입된 것과 마찬가지로, 미8군 쇼 무대에서 활동하
던 가수들은 주로 미국의 대중음악을 공연하였다. 따라서 이들의 공연에서
는 얼마만큼 원본인 미국의 대중음악 스타일을 보다 완전하게 재현하느냐
가 그 공연의 수준을 결정하는 것이었다.

그런데 이들이 1960년대 들어서면서 우리나라 대중음악 무대로 진출하
면서, 대중음악문화의 모습이 그 이전과는 또 다르게 전개된다. 음악적인
면으로 본다면, 이들에 의해 안정된 장단조 7음계와 3화음을 기초로 하는
서구식 스타일의 이지리스닝 음악이 전형적인 우리나라 대중음악으로 자리
잡는다(이영미, 1995: 254). 화성적 요소가 노래에 도입되면서 이때 한국
대중음악에서는 중창단과 록 밴드들이 다수 나타나게 된다.28) 중창단과 록
밴드들이 1960년대에 다수 나타나게 된 것은 중요한 의미를 갖는다. 이는
노래 속에서 각각의 부분들이 기능적으로 분화되어, 그 부분들 간의 리듬
적, 선율적, 화성적 조화가 체계적으로 이루어지기 시작했다는 것을 말한
다. 서양음악은 음의 근친관계를 통한 협화음 중심의 장·단조 체계를 특
징으로 한다. 이러한 서양의 음조직 체계는 여러 성부가 화성적으로 연결
되어 합리적으로 짜여져 있는 다성부음악을 고도로 발달시켰다(Weber,
1912; 이건용 역, 1993). 그러므로 음의 결합인 다음성(多音性)과 그 결합
의 합리적 조직인 화성성(和聲性)과 같은 서양 음악의 고유한 특성들이 노
래 속에 반영되었다는 것은 1950년대처럼 어설픈 수준에서의 모방을 넘어
서 서양음악적 감수성이 보다 고도로 체화되기 시작했음을 의미한다. 미8
군 쇼 무대에서 활동하던 음악인들은 적극적으로 서양음악적 원리들을 익
히려고 했으며, 수용자인 대중들은 방송매체를 통하여 경쟁적으로 전파되
었던 영·미권 대중음악의 홍수 속에서, 그리고 새롭게 국내 대중음악 무

---

28) 1960년대에 활동했던 대표적인 중창단으로는 부르벨스사중창단, 봉봉사중창
    단, 쟈니부라더스, 이시스터즈 등이 있다(이영미, 1998: 145). 그리고 록밴
    드의 경우에는 1964년 최초의 록밴드인 '애드 훠'를 시작으로, 키보이스, 키
    브러더스, 히식스, 트리퍼스 등이 1960년대의 대표적인 밴드였다.

대에 출현한 미8군 출신 음악인들의 음악 속에서 서양음악적 원리에 보다 친숙해질 수 있었다.

그러나 1960년대 한국 대중음악문화가 영·미권 대중음악으로부터 음악적 원리의 수용이라는 차원에서만 영향을 받은 것이 아니었다는 사실을 주지할 필요가 있다. 이 당시 새로운 조류의 음악들을 정착시키고 확산시킨 대중음악인들은 대부분 당시 미국 및 영국의 주류음악과 가수들을 '준거집단'으로 삼아, 그들의 노래, 목소리, 이미지, 스타일 등과 같은 측면에서도 모방을 하려고 했다는 것이다. 1960년대에 새로운 주류음악문화를 형성했던 많은 대중음악인들은 원본인 외국 가수들을 교과서로 삼아 충실히 재현하려고 했다.[29]

따라서 미국 대중음악 장르와 스타일의 유입은 노래를 재현하는 실연의 형태를 통해서도 나타났으며, 이는 단순히 미국의 대중음악이 아니라 당시 미국 대중음악문화 자체의 영향을 매우 강하게 받았다는 것을 의미한다. 그러한 결과 중의 하나로 새로운 음색의 목소리와 창법이 한국 대중음악에 등장하게 되었다. 즉 우리나라에서 전통적으로 높게 평가되고 선호되는 음색인 '미성(美聲)'과는 다른 '탁성(濁聲)'이 대중음악에서 새로운 영역을 구축하게 되었다는 것이다. 이른바 '고운 목소리'가 아닌 거칠고 탁한 '허스키한 소리'가 심미적 가치를 지니게 된 것이다.[30] 이러한 목소리의 심미적 가치의 전환은 해방 이후 미국 대중음악에 대한 친숙성을 바탕으로 하고 있지만, 그 근저에는 '미국식'에 대해 우호적인 가치를 부여하는 집단적 선망이 깔려 있다고 할 수 있다.

목소리뿐만 아니라 창법에서도 변화가 나타난다. 트로트음악 특유의 꺾

---

29) 록그룹 키보이스는 비틀즈의 헤어스타일과 의상을 모방하였고, 1961년 데뷔한 최희준은 냇킹 콜의 목소리를, 위키 리는 바비 다린을, 김상국은 루이 암스트롱의 목소리와 스타일을 모방한 것이 그 예이다(신성원, 1993).

30) 일제시대 때 레코드 회사들은 가수의 발굴에서 가장 중요시한 것이 가창력이었지만, 이 가창력은 기본적으로 미성으로 뒷받침되고 있었다. 이 당시 가요사 자료를 보면, 가수의 스카웃 과정에서 중요하게 작용한 것이 대체로, '천상의 미성', '예쁘고 고운 소리', '옥을 굴리는 듯한 소리', '청초한 소리' 등과 같은 목소리임을 알 수 있다(박찬호, 1993).

는 음이 절제되고 미국 가수들과 흡사한 바이브레이션이 구사되는 경향을 보인다. 또한 정해진 음높이를 중심으로 음을 떠는 방식이 아닌 정확한 음높이를 견지하는 가창 방식이 사용되었다(이영미, 1998: 145). 전반적으로 1960년대 한국 대중음악은 음악적, 음악외적인 측면 모두에서 미국식 스타일의 대중음악에 보다 가까워졌다고 볼 수 있다.

그런데, 이러한 미국식 스타일의 음악을 생산하고, 또 받아들였던 사람들은 대체로 고학력자인 젊은 세대였다는 점이다. 근대적 교육의 수혜자인 소위 '학사 가수'의 출현은 바로 그러한 사실들을 상징적으로 보여주는 것이다. 보다 세련되고 근대적인 문화로서 미국문화를 적극적으로 수용할 수 있었던 계층은 비교적 젊고 고학력인 사람들이었다고 생각된다. 그러므로 대중음악의 경우에서도 마찬가지로, 1960년대의 미국 대중음악 스타일의 영향 아래 형성된 새로운 대중음악들은 청년층을 중심으로 수용되었다고 볼 수 있다. 이러한 특성은 그동안 주류음악의 지위를 지켜왔던 트로트음악의 지배 구도를 깨뜨리며 1970년대 이후부터 형성되기 시작한 청년 대중음악문화의 맹아로서 작용했다. 즉, 1960년대 대중음악문화는 느슨한 형태이기는 하지만, 기성세대의 음악인 트로트음악과 젊은 세대의 음악인 서구식 대중음악이 구분되어 대립적인 양상을 드러내었다는 것이다.

그러나 청년 대중음악문화의 형성은 청년 집단의 보다 분명한 세대 의식과 그것에 기반한 청년 문화에 의해 이루어진다. 그리고 이것은 1970년대 이후부터 나타나기 시작한다. 물론 전반적으로는 해방 이후 줄곧 영향을 끼쳐 온 미국 대중음악의 스타일과 서구적 감수성이 점차 확산되고 지배적이 되었지만, 1970년대 이후부터는 청년들이 미국 대중음악의 유입을 통하여 세대적 정체성을 표현하고, 그들의 음악과 문화를 통하여 기성세대와 구분하여 왔다고 할 수 있다. 결국 1970년대 이후 출현하기 시작한 청년 대중음악문화는 미국 대중음악적 감수성을 바탕으로 새로운 스타일과 장르의 음악을 유입하는 데 있어 선도적인 역할을 수행해왔다.

특히 이러한 경향은 1980년대 중반 이후부터 대중음악의 중심 주체로 부상한 청소년 집단의 출현 이후 더욱 심화되고 있다. 또한 그동안 진행되어온 음악적 감수성의 변화는 1980년대 중반 이후 가속화되고 있는 문화개방과 글로벌 문화의 확산과 함께, 미국 대중음악문화가 보다 직접적이고, 즉각적인 방식으로 한국 대중음악문화에 영향을 끼치게 하는 요인으로 작용하고 있다.

제4절 대중음악 정책

대중음악문화의 성격과 전개에 영향을 끼치는 또 하나의 변수는 대중음악의 정책이다. 국가는 대중음악에 관한 정책들을 통하여 대중음악문화에 직·간접적으로 관여를 한다. 즉, 국가가 어떠한 형태로 개입을 하느냐에 따라 대중음악문화 내의 여러 하위음악문화들 간의 역학관계가 변화할 수 있다. 국가의 대중음악 정책은 그 성격에 따라 긍정적인 정책과 부정적인 정책으로 나누어 볼 수 있다. 긍정적인 정책은 음악산업에 대한 각종 제도적 지원책, 기구 설립, 보조금 지원 등과 같은 방식으로 대중음악 산업과 시장에 개입하는 것이다. 그리고 부정적인 정책으로는 국가가 관장하는 각종 심의기구와 법률을 통한 검열 및 통제를 들 수 있다.

1. 국가의 규제와 통제 정책

현대사회에서 대중음악은 음반과 방송이라는 매개체를 통한 강한 전파력을 특징으로 한다. 즉 특정 노래의 메시지와 정서적 공감대가 광범위하게, 그리고 급속하게 확산될 수 있다는 것이다. 이러한 특성은 음반산업과 방송산업의 경제적 이윤과 존속의 기반이 되지만, 이데올로기적 통합을 추진하는 국가로서는 대중음악의 '이념적 파급력'이 매우 크다는 점에서, 이것을 통제할 여러 가지 수단들을 동원하게 된다. 따라서 국가는 여러 제도, 법률, 정책들을 통하여 대중음악에 대한 직·간접적인 개입을 한다. 다만 국가 기구의 성격과 사회적 맥락에 따라 개입의 정도와 성격이 달라질 수 있는 것이다.

대중음악에 대한 국가의 직접적인 혹은 정책적 개입은 크게 세 가지 형태로 나누어 볼 수 있다. 첫째, 심의와 검열을 통한 통제, 둘째, 음악 창작 및 보급 참여, 셋째, 대중음악 관련 시책의 실시가 그것이다. 그리고 첫 번째의 심의와 검열은 다시 노래·음반에 대한 심의·검열과 방송심의의 형태로 나누어 볼 수 있다. 먼저 노래·음반의 심의 및 검열은 노래의 가사와 곡에 대한 사전·사후 심의를 통하여 특정곡에 대한 금지, 노래 가사의 수정지시, 반려, 음반의 판매금지 등과 같이 규제의 형태로 나타난다.

다음으로 방송심의는 노래 및 가사의 방송 허용 여부를 결정하고, 가수의 복장 및 머리 스타일, 실연에 대한 허용 정도를 규정한다. 여기서 명목상 심의의 주체는 방송심의위원회와 같은 방송매체이지만, 우리나라 방송매체의 특성상 국가의 영향력에 종속되어 있는 점을 고려한다면, 방송심의와 같은 규제 역시 국가의 대중음악 규제 정책이라는 큰 틀에서 파악할 수 있다.

두 번째의 음악 창작 및 보급에의 참여는 이미 만들어진 대중음악 및 가수의 공연 등을 규제하는 차원을 넘어서 국가가 직접 노래의 창작과 보급의 주체가 되는 것을 의미한다. 건전가요를 작곡가에게 위탁하여 만들고 이를 적극적으로 장려하는 것과 같이 대중음악문화에 대한 직접적인 개입이라 할 수 있는 정책들이 여기에 해당된다. 세 번째는 국가의 필요에 따라 대중음악에 대한 대책이나 방침을 규정하고 그것을 적용하는 것이다.

우리나라의 경우 대중음악에 대한 국가적 차원의 개입은 일본의 식민지 통치라는 역사적 상황하에서 대중음악의 형성기부터 시작되었다. 또한 대중음악의 형성 이전에도 일본은 학교 창가 교육용으로 여러 창가집을 발간하여 당시 널리 불리워지던 애국계몽창가의 확산을 막고, 더 나아가 식민지 정책에 부합하는 국민들을 육성하려고 하였다.[31] 이러한 정책들은 곧 한국민의 음악적 정서에도 영향을 끼쳐 일본의 음악에 보다 익숙해질 수 있게 하였으며, 요나누키 음계를 비롯한 일본 음계에 의한 노래들이 한국의 대중음악으로서 성립되게 하는 데 많은 역할을 하였다고 할 수 있다.

그러나 무엇보다도 중요한 것은 이렇게 일제 식민지 통치 시기에 제정되고 행해진 규제와 법률들이 해방 이후 대중음악에 대한 검열과 통제의 모태가 되었다는 것이다. 1933년 조선총독부는 〈레코드 취체령〉의 제정을 통하여 모든 레코드에 대한 검열과 단속을 시행하였다. 이 법은 해방 이후 〈음반법〉으로 계승되어 심의기구에 의한 음반의 사전 검열의 기원이 되었다. 또한 일제시대에 행해진 대중음악에 대한 검열은 가사의 개작 요구, 노래의 금지, 음반 압수 등의 여러 조치들을 동반하였는데, 이러한 조치 역시 해방 이후에도 국가에 의해 지속되어 왔다.

해방 이후의 대중음악에 대한 국가의 통제는 군사 정권이 수립된 1961년 이후부터 본격적으로 이루어졌다고 볼 수 있다. 그런데 그 통제의 성격과 형태는 역사적 시점에 따라 조금씩 다르게 전개되었다. 그 이유는 통제의 주체인 통치 기구의 성격이 역사적으로 변화하였기 때문이다. 이러한 통제들은 역사적으로 차별적인 형태로 당대의 대중음악문화에 적용되었으며, 결과적으로 대중음악문화의 전개에 많은 영향을 끼쳤다고 볼 수 있다.

---

31) 일제는 1910년 애국계몽창가가 수록된 창가집들을 압수하였고, 곧이어 『학부 창가집』과 『보통학교 창가집』을 발간하였으며, 1914년에는 『신편창가집』을 발간하여 공식 창가교육에 활용하였다. 그런데, 이 창가집들에 실린 곡들 중 상당수가 일본 창가였다.

1910년 대한제국 학부 발행으로 표기된 『보통교육창가집』의 경우, 이듬해 '조선총독부 발행'으로 바뀌어 초등학교의 음악교재로 사용되었는데, 이것은 1892년 일본에서 발행된 『소학창가』를 중심으로 차용하여 한글로 바꾸어 발간한 것이다. 여기에 수록된 27곡 중 〈月〉, 〈學問歌〉, 〈學徒歌〉, 〈兎와 龜〉, 〈勸學歌〉 등의 22곡이 요나누키 음계를 비롯한 일본 음계에 기반하여 있다 (노동은, 1995; 박용구, 1980; 이상만, 1975).

[그림 5] 시대별 대중음악에 대한 국가 통제의 유형과 강도

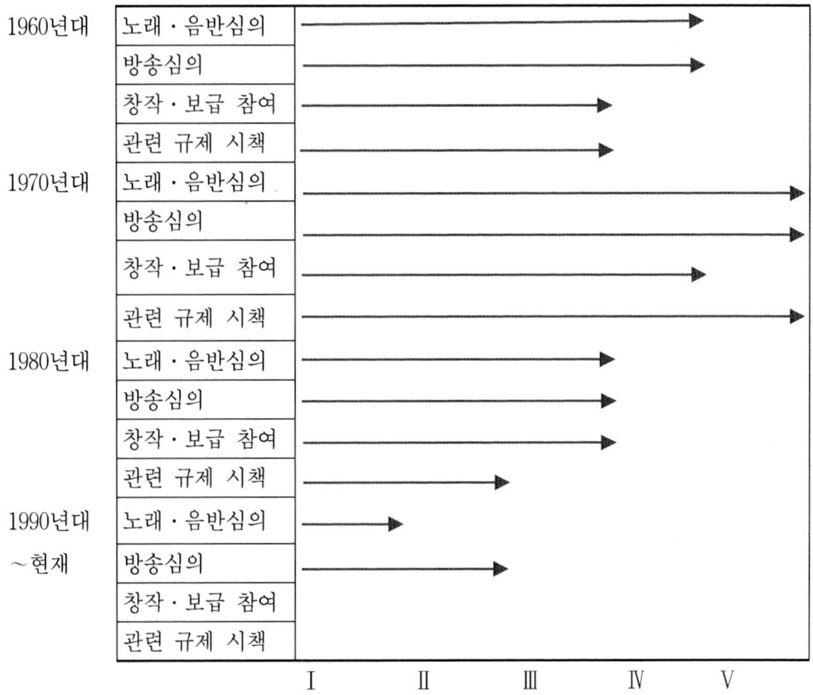

1960년대	노래·음반심의	
	방송심의	
	창작·보급 참여	
	관련 규제 시책	
1970년대	노래·음반심의	
	방송심의	
	창작·보급 참여	
	관련 규제 시책	
1980년대	노래·음반심의	
	방송심의	
	창작·보급 참여	
	관련 규제 시책	
1990년대 ~현재	노래·음반심의	
	방송심의	
	창작·보급 참여	
	관련 규제 시책	

Ⅰ　　　Ⅱ　　　Ⅲ　　　Ⅳ　　　Ⅴ

* Ⅰ→Ⅴ로 갈수록 통제의 강도가 높음.

1960년대는 전반적으로 1970년대 이후의 국가 개입의 기틀을 마련하고 정비했던 시기였다고 할 수 있다. 1960년대에 군사 정권은 일제 시대의 규제와 법을 근대적으로 바꾸어 제도화하여 대중음악에 대한 국가적 개입의 근거를 마련하였다. 1966년 자율기구로 발족된 〈예술문화윤리위원회〉는 회칙에 창립 당시 자율기구로서 음악 및 음반의 내용에 대한 심사 사항을 회칙으로 규정하여 심의를 담당하였다. 그러나 창립 당시의 심의는 무대 공연 작품 외에는 실질적으로 이루어지지 않았으며, 1967년 음반법이 제정되면서 노래 및 가사에 대한 심의가 본격적으로 이루어지기 시작했다(〈공연윤리〉, 1997: 6-7).[32] 이 〈예술문화윤리위원회〉는 1970년 극영화시나리오,

32) 1968년 〈예술문화윤리위원회〉는 〈가요심의위원회〉를 통하여 108곡의 노래를

무대작품, 음반의 3개 분야의 업무로 확대되고 체계화되어 모든 문화예술 작품들에 대한 사전 심의를 담당하게 되었다.

1960년대에는 방송심의 부문도 기본적 틀을 갖추기 시작했던 때이다. 1962년 〈한국방송윤리위원회〉가 설치되었는데, 〈방송윤리위원회〉는 1965년 〈가요심의전문위원회〉를 설치하고 대중음악에 대한 광범위한 심의를 실시하기 시작하였다. 여기서 1965년 3월 79곡을 작사자 월북의 사유로 금지시켰으며, 1994년 8월까지 총 130여 차례에 걸쳐 846곡을 방송 금지시켰다(류청, 1998: 26).

다음으로 1970년대는 전반적으로 모든 유형의 통제와 시책들이 강도 높게 이루어졌다고 할 수 있다. 즉, 당시 국가는 동원할 수 있는 모든 형태의 규제들을 통하여 대중음악에 대한 직접적 통제를 시도하였다. 먼저 노래의 가사와 곡, 음반에 대한 사전 심의를 담당하는 심의 기구를 법정 기구화하여 보다 체계적이고 엄정하게 검열을 수행하였다. 1976년 〈공연윤리위원회〉를 법정기구로 창설하여 공윤이 당시 심의 기구였던 〈예술문화윤리위원회〉의 심의 업무를 양도받았다.

〈공연윤리위원회〉는 사전심의는 물론 사후감독권까지 부여받은 명실공히 대중음악에 대한 검열 기구로서 기능하였다. 1970년대에는 당시의 음반과 노래뿐만 아니라 국내에서 공연되는 모든 국내외 대중음악에 대한 재심을 실시하였다. 1975년 한 해 동안 〈예술문화윤리위원회〉는 6월에 43곡, 7월에 44곡, 9월에 48곡을 금지곡으로 선정한다. 그리고 1차 선정과정에서 43곡 외에도 〈방송윤리위원회〉가 금지곡으로 선정한 87곡을 함께 포함하여 130곡으로 늘렸으며, 2차에 44곡, 3차에 48곡을 최종 선정하여 모두 222곡을 금지곡 대상으로 문화공보부에 보고하였고, 정부는 원안대로 결정하여 공포하였다(한국공연윤리위원회, 1983).

이처럼 1970년대에는 심의 기구들을 통한 대중음악의 검열이 강도 높게 이루어졌으며, 이 심의 기구들은 당시 정권의 이념적 지향과 일치하지 않

금지시켰다(류청, 1998: 27).

는 내용들을 걸러내는 역할을 담당하였다. 그러나 1970년대에는 심의 기구들을 통한 검열 외에도 정부가 직접 주체가 되어 대중음악을 관리하고자 하는 노력 또한 아주 광범위하게 이루어졌다.

그러한 대중음악에 대한 정부의 직접적 참여는 크게 두 가지의 형태로 이루어졌다. 하나는 각종 대책을 통하여 단속과 규제 정책을 펼친 것이고, 다른 하나는 정부가 직접 나서서 건전가요를 권장하고 보급하려고 한 것이다. 전자의 개입 형태는 결국 심의기구의 심의와 검열로 이어졌다.

정부의 대중음악 관련 대책들로는 1971년 '국가비상사태에 따른 연예시책'과 1975년 발표된 '가요정화대책'을 들 수 있다. 1971년 문화공보부는 영화, 음반, 공연 등의 대중예술을 안보 위주의 새 가치관과 민족주체의식을 고취하는 방향으로 육성·보급한다는 명목하에 '연예시책'을 발표하였는데,[33] 이는 대중음악을 정권 유지 차원에서 관리하려는 의도였다고 볼 수 있다. 또한 1975년 6월 긴급조치 9호의 포고에 뒤이어 발표된 모든 공연예술 활동에 대한 정화대책은 대중음악에 대한 아주 강력한 통제책으로, 음악이 내포하고 있는 정서적 측면에까지 개입하여 강요된 즐거움과 기쁨을 유도하려고 하였다.[34]

그러나 이외에도 1970년대 군사 정권은 직접 권장가요를 만들고 보급함으로써 대중음악문화를 유신체제에 부합하도록 개조하려고 시도하였다. 이러한 시도의 일환으로 1972년 건전가요 합창 부르기 운동을 전개하였고, 1977년에 〈공연윤리위원회〉에서는 '애국가요권장방안'을 정하였으며, 1979년에는 모든 음반에 건전가요를 한 곡씩 의무적으로 수록하게 하였다(〈공

---

33) 〈경향신문〉, 1972. 12. 11일자.
34) 가요정화대책은 모든 공연예술의 심의를 강화하고, 특히 대중가요에 대해서는 흘러간 노래, 최근에 조성된 노래를 가리지 않고 모두 재심을 실시하여 1. 국가안보와 국민총화에 악영향을 줄 수 있는 것, 2. 외래 풍조의 무분별한 도입과 모방, 3. 패배 자학 비관적인 내용, 4. 선정 퇴폐적인 것 등을 선정하여 음반까지 폐기하도록 하는 강력한 방침을 포함하고 있었다(한국공연윤리위원회, 1983). 한 예로 이러한 기준에 따라 '가사의 지나친 비정과 비탄조'라는 이유로 1954년에 나왔던 노래인 〈생일 없는 소년〉과 같은 노래가 금지 조치를 당하기도 하였다(김지평, 2000: 432).

연윤리〉, 1997: 9-10). 이러한 권장가요나 건전가요는 1960년대 중반 이후부터 만들어지기 시작하였다. 그러나 1970년대에는 정부가 대중음악 작사·작곡자를 동원하여 권장가요를 만들어 조직적으로 보급하였을 뿐만 아니라, 기존의 대중음악을 '건전↔불건전'으로 분리하여 건전가요에 한해 학교, 직장 등 각계에 보급하는 등 보다 적극적으로 음악의 창작과 전파를 담당하였다.35)

방송매체에 의한 통제 역시 1960년대와 70년대에 활발하게 이루어졌다. 그런데 이 당시의 방송심의는 실제로 국가 기구의 규제와 거의 차이가 없었다고 할 수 있다. 즉, 방송심의는 국가의 방침과 심의 기준을 그대로 준수하여 이루어졌으며, 반대로 〈공연윤리위원회〉와 같은 국가 심의 기구가 방송심의 결과를 그대로 수용하는 경우에서 나타나듯이, 방송매체의 심의는 국가의 대중음악 정책과 방향을 일방적으로 따르고 있었다.

방송심의의 시작은 1962년 〈방송윤리위원회〉가 설립되었고, 1965년에는 이 위원회 내에 〈가요심의전문위원회〉를 설치하고 대중음악에 대한 심의를 실시하기 시작하면서부터이다(류청, 1998: 26). 〈방송윤리위원회〉는 대중음악에 대한 심의뿐만 아니라 가수에 대한 방송출연 금지 조치와 같은 징계를 내리기도 하였다. 그런데, 가수에 대한 징계와 규제 역시 국가의 전반적인 대중음악 규제와 밀접한 연관하에서 이루어졌다. 1975년 정부에 의해 대대적으로 시행된 대마초 사범의 구속은 청년 문화에 대한 단속의 성격을 강하게 띠고 있었다고 할 수 있는데, 이 단속은 상당수의 가수들에 대한 구속과 방송 출연 금지로 이어졌다.36) 또한 방송국에서도 국가의 시책에

---

35) 1970년대 초 문공부에서 건전가요보급운동의 일환으로 대중음악 작곡자들과 시인에게 위촉하여 만든 건전가요를 〈다함께 노래를〉이라는 명칭으로 각 시·도·군에 공문을 보내 보급하도록 하였다. 또 건전가요를 보급하기 위해 〈건전가요보급위원회〉를 조직하기도 하였다. 1976년부터는 기존의 대중음악에서 건전하고 명랑한 노래를 골라 〈생활의 노래〉라는 책으로 발간, 보급하였다(류청, 1998: 29).

36) 일명 '대마초 파동'이라고 불리우는 이 사건은 1975년에서 1977년의 2년여에 걸쳐 연예인이 모두 137명이 구속되는 결과를 낳았다(신성원, 1993: 101). 이 중의 상당수는 청년 문화의 일부분을 이루고 있었던 포크가수들이었으며,

따라 자체적으로 대중음악에 대한 심의를 실시하여, 심의에 통과한 노래만 방송을 허용하였다.[37]

전반적으로 1970년대에는 유신체제 성립 이후 국가에 의해 다양한 형태의 개입과 정책들이 강압적인 형태로 이루어졌다고 할 수 있다. 이러한 극도의 억압과 통제책은 당시의 대중음악문화와 이후 한국사회의 대중음악문화의 전개에 유·무형의 영향을 끼쳤다. 첫째, 국가 기구와 방송매체를 통한 이중의 검열과 심의는 대중음악을 철저하게 사회적이고 정치적인 내용과 분리시켰다. 물론 심의의 목적 중의 하나가 과도한 선정성과 퇴폐성의 억제에도 있었지만, 주된 목적은 체제비판과 사회비판적 내용의 차단에 있었다고 볼 수 있다. 정권이 용인하는 지배 이데올로기 외의 모든 메시지는 반사회적이고 시의에 부적합하다는 이유로 배제시키는 폭압적인 통제는 대중음악의 소재의 폭과 그 내용을 제한시킴으로써 창작과 표현의 범위를 인위적으로 경계지었다.

둘째, 국가는 가사의 내용에 대한 규제뿐만 아니라 노래의 분위기와 음악적 정서까지도 틀을 지으려고 하였다. 따라서 슬픔, 애상의 정서와 분위기는 '불건전'한 것으로 배척되고, 밝고 즐거운 분위기의 노래를 '건전가요'로서 대중들에게 강제적으로 수용하게 하였다. 특히 국민총화를 진작시킨다는 이유로 합창운동을 전개하여 건전가요를 단체로 부르게 한 것은 노래의 수용과 해석에 있어서도 개별성이 아닌 단일성과 단합성을 의도한 것이라 할 수 있다. 이것은 슬픔과 분노와 같은 기본적인 인간의 정서조차도 음악으로 표현하는 데 제한을 둠으로써 결과적으로 다양한 정서와 표현 방법을 담아내는 대중음악문화의 전개를 가로막았다고 할 수 있다.

대체로 당시 젊은층의 가수들이 대거 연루되었다.

37) 1972년 10월 유신 이후 KBS, MBC, TBC 방송국은 대중음악에 대한 체제 심의제를 실시하여, 이른바 눈물, 한숨 등이 내포된 노래를 삭제하고 건전가요만을 방송하였다.

1972년의 경우, KBS는 추천곡 41곡 중 2곡만 방송가능 가요로 결정하였고, MBC는 400여 곡을 건전가요로 선정하였으며, TBC 또한 260여 곡을 건전가요로 선정하여 이것들만 방송하는 조치를 취하였다. 〈경향신문〉, 1972. 11. 18일자.

뿐만 아니라 1970년대에 국가는 대중음악에 대한 전면적인 통제와 관리를 실시하여 음악자본도 철저하게 국가가 정해놓은 틀 안에서 이윤추구를 하도록 종속시켰다. 국가와 방송국이 전면적으로 건전가요를 선정, 보급하자 음반회사들은 국가가 정해놓은 범주에 맞추어 건전가요와 비건전가요를 구분하여 음반을 제작하기도 하였다.

셋째, 국가의 정책적 개입은 1970년대 청년 대중음악문화에 대하여 모순적인 영향을 끼쳤다. 하나는 당시 트로트음악이 대체로 국가가 배척하던 정서가 대부분이었던 관계로 1970년대 초반 미국의 팝음악이나 모던 포크를 접목시킨 청년 가수들이 방송에 등장할 수 있게 한 견인차 역할을 한 것이다. 다른 하나는 1970년대 중반 이후 청년 대중음악에 대해서도 더욱 강고하게 규제를 함으로써, 청년 대중음악을 급속하게 탈정치화하였다는 것이다. 청년 문화가 지향하는 현실 비판과 도전적 가치들이 주류음악에 영향을 주거나 대안적인 비주류음악을 형성하기보다는 국가의 원천적인 봉쇄에 의해 청년 대중음악이 주류화되는 데 영향을 끼쳤다. 따라서 1970년대 중반 이후 청년 문화의 목소리였던 포크음악은 낭만화되어 기성세대의 세계와 별 차이가 없게 되어 버렸다.

넷째, 주류화되지 않거나 국가에 의해 공인받지 못하는 내용을 담은 대중음악들은 자연스럽게 기존의 대중음악문화 내에서가 아닌 그 밖의 영역에서 소통될 수밖에 없었다. 특히 청년 대중음악 중 사회정치성을 지향하는 포크음악들은 저항가요화하여 1980년대의 비제도권 음악문화의 형성의 기원이 되었다.

따라서 1970년대 전방위적인 국가의 개입은 대중음악문화가 철저하게 정권에 순응적인 주류음악화되고, 여기에 부합하지 않는 소수의 노래들은 대중음악문화에서 배제된 비제도권화되는 식의 이분적 구도를 형성하는 데 많은 역할을 하였다고 볼 수 있다.

1980년대는 대중음악에 대하여 1970년대와 같은 극도의 강압적 통제는 약화되었지만 대체로 1970년대의 기본 골격을 유지하고 있었다고 할 수 있다.[38] 다만 1980년대의 경우 87년을 기점으로 개입의 성격과 형태가 상당히 달라졌다. 1980년대 중반까지는 거의 1970년대의 연장선상에 있는 것이라 보아도 무방하다. 〈공연윤리위원회〉는 여전히 모든 대중음악의 사전 검열을 실시하였고, 〈방송윤리위원회〉는 1981년 〈방송심의위원회〉로 개칭하여 1987년까지 심의 업무를 지속하였다. 그러나 관제가요라 할 수 있는 건전가요의 창작과 보급이 한층 더 활발하게 시도되었다. 관제가요는 국가의 공식적 행사 및 방송사의 적극적인 홍보하에 일반 대중음악과 구별되지 않고 인기를 얻기도 하였다.[39]

그러나 1980년대 중반을 기점으로 국가의 억압적 정책은 그 강도가 약화되기 시작하였다. 사회 전체의 민주화가 진전되면서 1970년대와 같은 억압적 기조를 유지하기 어려웠기 때문이다. 따라서 공식적인 심의 기구가 존속하여 사전 심의는 지속되었지만, 1970년대에 비하여 상대적으로 표현의 자유가 확대되었다. 이러한 과정은 심의기구의 개편과 금지곡의 해체로 이어졌다. 1987년 〈방송심의위원회〉가 폐지되고 독립적 권한이 부여되는 심의·결정기구로서 〈방송위원회〉가 신설되었다. 또한 6·29선언 이후 문화공보부의 방침에 따라 〈공연윤리위원회〉는 그동안 금지곡이었던 총 382곡의 국내 대중음악 중, 186곡을 해제하기에 이른다(류청, 1998: 31).

그리고 1990년대 이후 국가의 직접적인 통제는 상당히 약화되었다고 볼 수 있다. 하지만, 음반의 사전심의는 1995년까지 여전히 이루어졌으며, 심의 기구인 〈공연윤리위원회〉에는 실질적으로 음반의 판매금지, 수거 등의

---

38) 〈공연윤리위원회〉는 1989년도 회칙개정에서 심의위원으로 안기부, 국방부, 내무부, 문공부 등 관계 공무원을 배제하였다. 이는 1976년부터 공윤의 심의위원으로 국가의 통치 기구 소속 공무원이 광범위하게 참여하고 있었으며, 이로 미루어 심의의 전체적인 방향과 성격이 체제비판적, 사회, 정치적 내용의 제거에 있었다는 것을 알 수가 있다.

39) 신군부는 〈사회정화위원회〉를 구성하였는데, 이곳에서 1982년도에 '즐거운 우리들의 노래' 제정 보급을 시작하였다. 1차년도인 1982년에는 가사는 일반에게 공모하고, 곡은 대중음악 작곡자와 가곡 작곡자에게 의뢰하여 두 가지 앨범으로 출시하였다. 1983년 2차년도 작품들은 거의 대중음악 작곡자들의 노래로 구성되었다. 이 앨범 중 대표적인 노래가 '아! 대한민국'이다. 정부는 이 앨범을 방송사를 위시하여 각 단체에 보내 활용하도록 하였다(김지평, 2000: 216-217).

명령권과 처벌권까지 부여되어 있었다. 그러나 이러한 과도한 규제 권한과 그것의 적용이 점차 저항에 부딪치게 된다. 음반의 사전심의제를 둘러싼 갈등들이 증폭되면서, 사전심의제를 저지하려는 움직임 또한 줄기차게 진행되었다.[40] 결국 1995년에 사전심의제는 위헌 판결을 받게 됨에 따라 그 정당성을 잃게 되었다. 그리고 위헌 판결 이후 〈음반 및 비디오에 관한 법률〉이 개정되어 사전심의제를 공식적으로 폐지하게 이르렀다. 〈음반 및 비디오에 관한 법률〉은 1995년과 1999년에 다시 〈음반 및 비디오물에 관한 법률〉로 개정되었는데, 음반에 대한 사전 심의 대신 음반등급제를 실시하도록 하는 법률적 근거를 마련하고 있다.[41] 한편 〈공연윤리위원회〉도 1997년 〈공연예술진흥협의회〉로 명칭과 체제를 바꾸었다.

이처럼 대중음악에 대한 노골적인 검열과 규제는 1980년대 중반 이후 점차 약화되어 왔으며, 그 결과 대중음악에서 창작과 표현의 자유가 점차 확대되어 왔다고 할 수 있다. 하지만 각 방송사들의 방송 적격 여부에 대한 심의는 계속 이루어져 왔다. 또한 가수의 용모와 공연에 대한 규제와 지침 역시 현재까지도 각 방송사에 의해 적용되고 있다.[42] 공식적인 심의

---

40) 공연윤리위원회는 1995년 '서태지와 아이들'의 4집 앨범 중의 〈시대유감〉에 대한 가사를 놓고 수정지시를 내렸으나 '서태지와 아이들' 측은 이를 거부하고, 가사를 전부 빼고 음반에 수록하는 식으로 대응함으로써 공윤과 갈등을 일으켰다. 또한 1990년 가수 정태춘은 사전심의제 폐지운동에 앞장서서 〈아! 대한민국〉이라는 음반을 공윤의 심의를 거부하고 자체 제작 발표하기도 하였다.

41) 1999년 개정된 〈음반 및 비디오물에 관한 법률〉에서는 제17조에서 외국음반의 수입 시에 영상물등급위원회의 추천을 받도록 규정하고 있으며, 제19조에서 영상물등급위원회가 연소자의 인격형성에 저해한다고 인정되는 경우 연소자 이용불가 음반으로 결정할 수 있도록 규정하고 있다.

42) 가수들의 용모에 대한 방송사들의 개입은 계속 이루어져왔다. 그런데 이러한 규제가 사회 전체의 분위기에 따라 즉흥적으로 이루어진다든지, 아니면 '청소년에게 유해한 것'이라는 애매한 기준에 따라 거의 보편화된 것들도 제재를 가하는 식의 보수적 편견에 입각해 있는 것이 많다는 것이 문제이다. 1994년 각 방송사는 남성의 치마패션, 긴 머리, 귀고리 착용 등의 구체적 조항을 들어 가수들의 두발, 복장을 규제하였다. 또한 1999년에도 KBS는 연말가요대상에서 댄스그룹 H.O.T.를 머리색 때문에 제외했다(〈경향신문〉, 1994. 10. 14일자, 1999. 12. 9일자).

기구가 부재한 상황에서 1990년대 중반 이후 방송사의 심의는 대중음악에 대한 유일한 심의 기능을 수행하고 있다. 그러나 방송사의 심의는 지극히 선정적이고 폭력적인 내용외의 '직설적 표현'에 대해서도 엄격하게 부적격 판정을 내림으로써 표현의 범위를 실질적으로 제한하고 있다.[43)

이와 같은 심의와 규제들은 사전심의가 완전히 없어졌다 하더라도, 대중 음악의 표현의 수위를 방송사에서 규정함으로써 보이지 않는 차단막의 역할을 한다고 볼 수 있다. 즉, 대중음악에서 외설적이고 폭력적인 내용 외에도 직설적 표현을 동반하는 사회비판적인 내용까지도 차단시켜, 그것들을 주류음악 밖으로 몰아내는 데 일조를 하는 것이다. 방송매체가 주류 대중음악에 끼치는 엄청난 영향력을 감안할 때, 이러한 방송사의 심의는 주류음악의 소재와 표현방식의 폭을 허용된 범위 내로 더욱 제한시킬 수밖에 없다. 특히 1990년대 이후 주류음악이 실질적으로는 청년 세대가 주도하는 청년 대중음악이라는 점에서, 기성세대의 보수적 시각에서 노래뿐만 아니라 가수의 외모와 몸짓까지도 규제를 하는 것은 청년 대중음악문화의 상상력 확장을 가로막고 더 나아가 전체 대중음악문화에까지 그 파급력이 미칠 수 있다고 볼 수 있다.

2. 대중음악에 대한 지원 정책

국가는 양성의 형태로 대중음악에 대한 지원 정책을 펼치기도 한다. 외국의 경우 일찍부터 대중음악은 문화적 차원을 넘어서서 경제적 부가가치를 갖는 대상으로 인식되어왔다. 특히 중앙 정부 혹은 지방 정부의 차원에

---

43) 보통 방송심의에 통과하지 못하는 노래들은 주로 '선정적 가사', '특정 상표 간접광고', '저속한 표현' 등을 이유로 부적격 대상이 되지만, 이외에도 '염세적 내용'을 이유로 불가판정을 내리는 예도 있다. 최근 피플크루의 〈이제는 하나〉라는 노래는 '어렸을 때 공산당은 빨갱이 / 그러나 지금은 우리와 같은 한 핏줄한 동포 / 예전엔 이런 말 하면 잡혀갔네'라는 가사도 위와 같은 이유로 방송 불가판정을 받은 바 있다(〈주간동아〉, 2001. 3. 22. 제276호).

서 대중음악과 대중음악 산업에 대한 보조금 지급, 기구 설립, 인력 양성 체계 확립 등 갖가지 정책적 지원들이 행해지는데, 이는 지역 경제의 활성화라는 목표와 맞물려 대중음악에 대한 투자가 적극적으로 이루어지는 것으로 볼 수 있다. 그런데 이러한 국가적 혹은 지방 행정 당국의 지원 정책은 대중음악 산업에만 영향을 끼치는 것이 아니라 그 지역의 특정 대중음악문화 형성에 지대한 영향을 끼치기도 한다.

대중음악에 대한 적극적인 정책적 지원을 제공하고 있는 국가들은 유럽과 캐나다 및 뉴질랜드와 같은 서구 선진국 국가들이다.[44] 이 나라들은 대중음악 지원을 위해 음반산업에 대한 투자, 대중음악인의 음악적 활동 제고를 위한 기금 조성 및 협회 설립, 교육 기관 설립, 정보 센터 및 연습실 설립 등과 같은 제도적 기반의 확충뿐만 아니라, 음악적 혁신의 창출, 아마추어 록밴드 활성화, 독립 음반사 및 독립음악 지원, 대중음악 연구 사업

---

44) 대중음악에 대한 국가적 차원의 정책은 특히 영국에서 활발하게 이루어지고 있다. 영국은 중앙정부와 특히 지방 정부에 의해 적극적인 대중음악 진흥책이 실시되어왔다. 그중 대표적인 예가 쉐필드와 리버풀이다. 쉐필드는 1980년대에 지역 음악인들이 리허설 공간과 녹음실 설립을 시의회에 요구함으로써 '음악 공장'(music factory) 프로젝트가 추진되었는데, 이것이 시의회에 의해 지역 고용 정책과 연계되어 대중음악산업 진흥을 통하여 일자리 창출과 지역 음악산업의 이윤창출을 끌어내는 것으로 확대되었다. 그 결과 1986년에 전문 기술인력의 훈련 코스, 스튜디오 등을 갖춘 'Red Tape'이 문을 열게 되었는데, 이곳은 추후 쉐필드 대중음악산업 진흥의 중심지로 기능하게 되었다. 쉐필드의 정책은 이후 리버풀, 맨체스터와 같은 영국 내의 다른 지방 정부에 의해 계승되었다(Frith, 1993: 15-17). 또 영국의 리버풀 지방 정부 역시 리버풀 대학과 연계하여 리버풀 지역의 대중음악을 활성화시킬 수 있는 프로젝트를 수행해왔다. 이것은 지역 내의 유능한 대중음악인과 음악 활동을 증진시키는 것과, 성공을 거둔 지역 밴드들이 계속 지역 내에 머무를 수 있게 하는 것, 지역의 음반산업을 활성화시키고, 더 나아가 지역 경제를 활성화시키는데 대중음악을 어떻게 활용할 것인가에 관한 문제들이 담겨 있었다. 리버풀은 1960년 이후부터 인구와 일자리의 점진적 감소로 경기 침체가 가중되어왔고, 일부 지역에선 실업률이 70~80%에 이르는 심각한 상황에 놓여 있었다(Shuker, 1994: 56-58). 리버풀 지방 정부가 대중음악을 지역 경제의 활로 대책으로 삼게 된 것은 세계적 록그룹 '비틀즈'를 위시하여 수많은 록밴드들이 리버풀의 음악적 기반을 이루어 왔으며, 이것이 전 세계 대중음악계에서 경쟁적 우위를 점할 수 있는 가능성을 보았기 때문이다.

등 여러 부문에 걸쳐 정책을 지원을 펼치고 있다.

이러한 국가적 차원의 지원은 대중음악문화의 형성에 크게 영향을 끼친
다. 영국 리버풀의 경우 리버풀 지방 정부의 그와 같은 공공 지원 정책은
리버풀이라는 지역성(locality)을 마케팅 전략으로 삼아, 결국 '리버풀 사운
드'(the Livorpool Sound)의 창출에 지대한 영향을 끼치기도 하였다(Shuker,
1994: 58). 이러한 '지역 음악'(local music) 혹은 '지역 사운드'(local sound)
의 창출은 지역 정체성을 접목시켜 전 지구적으로 생산되고 통용되는 대중
음악(global sound)에 대한 틈새시장을 구축하려는 시도와도 연결된다.45) 그
리고 이러한 정책적 시도들은 그 지역을 '음악 도시(music city)'나 '대중음
악 커뮤니티'(pop community)로 재구축하려는 견지에서 추진된 것이다
(Frith, 1993).

이처럼 유럽, 북미, 뉴질랜드 등에서는 대중음악이 이미 1980년대부터
국가의 중요한 공공 정책의 대상이 되어왔다. 한국의 경우 그동안 대중음
악에 대한 국가의 정책은 지원 대상이 아닌 규제의 대상으로서 주로 통제
위주의 정책이 이루어져 왔다고 할 수 있다. 따라서 본격적으로 대중음악
에 대한 지원 정책이 추진되기 시작한 것은 1990년대 후반 이후부터라고
할 수 있다.

그 이전인 1970년대와 1980년대, 그리고 1990년대 초반까지도 대중음악
에 대한 정책적 지원은 거의 이루어지지 않았으며, 더군다나 대중음악 산
업이나 문화에 대한 체계적 육성 정책들은 전혀 이루어지지 않았다고 볼
수 있다. 그러다가 1990년대 중반부터 정부에 의해 대중음악에 대한 지원
정책들이 보다 체계적이고 전체적인 차원에서 서서히 추진되어 왔다. 이러
한 변화는 정부가 대중음악 산업을 경제적 효용성을 지닌 문화산업의 하나
로 인식하였기 때문이라고 볼 수 있다. 이렇게 볼 때, 현재 대중음악에 대

---

45) 스코틀랜드와 아일랜드는 전통적인 민속음악(Celtic / Gaelic)과 공연, 음반제
작, 클럽, 페스티벌 등에서 이러한 전통적인 음악의 기반이 아직 강하다는 이점을
살려 스코틀랜드와 아일랜드의 지역적 정체성을 살린 스코틀랜드 음악(Scottish
music)과 아일랜드 음악(Irish music)을 영미 대중음악 시장의 틈새를 파고들
수 있는 상품으로 육성하기 위한 국가적 정책을 펴고 있다(Frith, 1996).

한 국가의 지원 정책은 거의 시작 단계라고 볼 수 있다.

　1990년대 중반 이후부터 최근까지 대중음악에 대한 지원 정책은 크게 법률 개정과 음반산업 지원 기관의 설립, 음반산업발전계획 추진으로 진행되어 왔다. 먼저 대중음악 지원 정책의 초창기라 할 수 있는 1990년대 중반에는 관련 법률의 개정을 통하여 대중음악 생산의 환경을 보다 자유롭게 조성하고자 하였다. 1995년에 〈음반 및 비디오에 관한 법률〉을 개정하여 사전심의제의 폐지, 수입허가제를 수입추천제로 바꾸고 음반제작업자 등록 요건을 완화한 것이 바로 그것이다. 이 법은 다시 1999년도의 개정에서는 음반제작업 등록 시설기준 폐지, 음반판매업 등록제 폐지, 사후직권 심의제 폐지, 불법음반제작자에 대한 처벌 강화를 통하여 기존의 규제들을 없애거나 한층 완화하였다(문화관광부, 2000: 411). 두 차례의 개정을 통하여 〈음반·비디오물 및 게임물에 관한 법률〉로 개칭된 이 법에는 특히 음반·비디오물 및 게임물의 산업진흥을 위한 의무의 규정과 진흥 기구 설치의 근거를 규정하고 있다.

　이처럼 법률의 정비를 통하여 대중음악 산업 육성의 기반을 마련한 이후, 정부의 정책은 기금 조성과 융자와 같은 경제적 지원으로 확대되었으며, 이러한 업무를 담당할 지원 기관을 함께 설립하는 것으로 나아갔다. 〈음반·비디오물 및 게임물에 관한 법률〉에 따라 문화관광부가 문화산업진흥기금을 조성하고 문화산업 각 분야에 대해 융자지원을 해오고 있는 것이 하나의 예이다. 또한 1999년 12월 음반산업의 진흥 및 육성을 위한 정책 심의 기구인 〈음반산업진흥위원회〉를 만들고 위원회로 하여금 〈음반산업진흥센터〉의 설립과 재원확보, 음반정책 심의, 전문인력 양성 및 유통구조 개선 등의 자문역할을 맡도록 하였다.

　다음으로 2000년 이후부터는 지원 정책의 내용이 대중음악의 제작뿐만 아니라 유통, 디지털 장비 시설, 콘텐츠 개발과 같이 대중음악 산업을 이루는 다양한 분야에까지 확대되고 있는 추세를 보이고 있으며, 보다 장기적인 계획에 따라 체계적으로 이루어지고 있다. 2001년 1월 디지털 영상장비 및 녹음시설, 자료실 등을 갖춘 〈문화산업지원센터〉가 개소되었으며, 현재

이 센터에서는 음악 스튜디오를 구축 중에 있다.[46]

그 밖에도 정부의 지원 정책은 국제음반박람회 참가 지원이나 디지털 콘텐츠 개발 지원, 음반유통·물류체계 현대화 계획 추진 등을 통하여 이루어지고 있다.[47] 이와 같이 최근 대중음악에 대한 국가적 차원의 지원이 증가해왔으며, 지원의 규모와 정도 역시 증가하고 있음을 알 수 있다. 그에 따라 대중음악의 생산에 있어 제도적 환경의 변화가 조금씩 나타나고 있다. 그러나 이러한 정책들이 1990년대 중반부터 시작되었기 때문에 가시적 효과는 아직 분명하게 나타나지는 않고 있으며, 따라서 대중음악문화의 변화에 직접적으로 작용하고 있지는 않는 듯 하다. 다만 앞으로 이러한 정책들이 대중음악 생산의 기반과 환경을 변화시킬 수 있는 정도로 누적된다면, 대중음악의 제작 관행과 음악적 경향의 변화에도 영향을 끼칠 수 있을 것이다.

하지만, 최근 이러한 지원 정책들의 내용과 방향이 주로 경제적·산업적 측면에서 이루어지는 것으로 보인다. 결국 국내 음악산업의 활성화나 대중음악문화의 발전은 '음악적 혁신'이 전제가 되어야 하는데, 음악적 혁신과 창조성의 제고는 경제적·행정적 지원만으로는 이루어질 수 없다. 즉, 창조성이 발휘되고 그것이 음악적 혁신으로 이어질 수 있는 문화적 환경 조성이 뒷받침되어야 한다. 현재 대중음악에 대해 유·무형으로 적용되고 있는 통제들은 사실상 상상력을 옥죄는 보이지 않는 힘으로 작용한다. 따라서 대중음악에 대한 정책적 지원들은 아직까지도 남아 있는 심의와 간섭의 최

---

46) 2001년도의 경우 문화산업진흥기금 지원 계획은 총 347억 원 규모로 이 중 음반·비디오·게임 분야가 총 55억 원이 배정되어 있다. 〈전자신문〉, 2001. 1. 10일자. 그리고 문화산업지원센터에는 총 6630평에 자료실, 각종 공동 지원시설 등이 조성되며 약 80여개 업체 1200여 명의 관련 인력이 입주하게 될 예정이다. 〈전자신문〉, 2000. 12. 27일자.

47) 정부는 1997년부터 국제음반박람회는 '미뎀'에 한국관을 설치하고 홍보용 CD 제작 등을 통하여 국내 음반회사의 참가 지원을 해왔다. 또한 국내 대중음악의 홍보와 판촉을 위하여 중국의 음악방송국에 한국가요를 소개하는 고정 프로그램 확보를 지원하고, 해외 제휴 음반제작에 제작비를 지원하고 있다(문화관광부, 2000: 412).

소화와 병행되어야 그러한 정책들이 궁극적으로 추구하고 있는 음악적 혁신과 또 그것들을 통한 국내 대중음악 산업의 경쟁력 제고 등과 같은 원래의 목적들을 달성할 수 있으며, 더 나아가 대중음악문화에 대해서도 긍정적인 영향을 끼칠 것으로 생각된다.

제5절 대중음악 기술(technology)의 변화

현대사회에서 대중음악은 사실상 테크놀로지의 산물이라 할 수 있다. 음악이 음반으로 제작되고, 그것이 또 수용자에게 전달되기까지는 아주 많은 기술적 절차들을 필요로 한다. 그러나 다른 한편으로는 기술의 발전이 대중음악 자체의 테크놀로지화를 진전시키기도 한다. 이는 테크놀로지가 접목된 새로운 대중음악의 장르나 음악적 경향의 출현에서 잘 나타난다. 이처럼 테크놀로지는 대중음악의 생산 방식, 전파 및 수용방식, 그리고 음악적 내용 및 스타일의 형성 등과 같이 대중음악문화에 심대한 영향을 끼친다. 실로 대중음악과 테크놀로지의 관계는 사운드 레코딩, 신디사이저, 컴퓨터 등과 같이 단순히 기계 장비(machines)의 맥락에서 다루어지기 쉬우며, 그 장비들의 다양한 이용과 생산과 소비의 조직(organization)과 같은 "실천"의 맥락에서는 잘 다루어지 않는다(Thèberge, 1999: 216-217).

따라서 테크놀로지와 대중음악의 관계는 대중음악문화의 성격을 규정짓는 사회적, 문화적 환경의 맥락 속에서 어떻게 특정 테크놀로지가 대중음악 실천들에 어떤 방식으로 영향을 미치고, 그 결과 대중음악문화의 변화를 추동하는 하나의 작용력으로 기능하는지를 검토해야 할 것이다. 즉, 테크놀로지 자체가 어떤 독립적인 힘을 바탕으로 대중음악의 변화를 직접적으로 결정한다기보다는 특정 기술이 누구에 의해 어떤 방식으로 대중음악에 접목되는가에 따라 그 변화의 양상이 달라진다. 기술 자체가 직접적으로 대중음악문화의 전개에 영향을 주기보다는 그것이 어떤 맥락에서 적용되는가에 따라 달라지는 것이다. 이는 대중음악문화의 성격, 대중음악의 생산 제반 여건들이 어떠한가에 따라 같은 내용의 테크놀로지라 하더라도 그 결과에서는 다르게 나타날 수 있음을 뜻한다.

그러므로 이 절에서는 대중음악의 생산과 수용에 테크놀로지의 발전이 어떻게 영향을 미칠 수 있는지를 검토해 보고, 최근 대중음악의 테크놀로지화가 급격하게 심화되고 있는 전반적인 추세에 비추어 볼 때 그와 같은 영향들이 우리나라 대중음악문화에 어떻게 작용하고 있는지를 살펴보고자 한다.

1. 대중음악의 생산과 기술의 영향

대중음악과 테크놀로지의 관계에 대한 논의들은 대체로 대중음악에서 1970년대부터 급격하게 발전해온 새로운 기술들이 대중음악의 성격을 어떻게 변화시키느냐의 문제로 모아지는데, 크게 보면 대중음악의 '합리화'와 '민주화'의 테제로 구분된다(Goodwin, 1992; Mowitt, 1987; Thèberge, 1999). '합리화'의 논제는 서구 사회의 음악 체계의 합리화 과정을 탐색한 막스 베버의 논의에서부터 비롯된 것인데, 이것은 아도르노의 '표준화'와 '유사 개별화(psudo-indivisualizaton)'의 논제와도 일맥상통한다. 즉, 서구의 음악 체계는 보편적인 기보법과 다성음악의 확립을 통하여 불협화음을 배제시키고 리듬상의 일치에 기반한 합리적 조성 체계를 발전시키게 되었다는 것이다(Weber, 1958). 그런데, 새로운 기술들은 대중음악의 생산에 있어 대중음악을 구성하는 악기, 가수, 사운드, 반주자들 간의 음악적 상호작용을 소멸시키고 획일적 사운드와 장비 조작에 입각한 제작의 보편화를 통하여 대중음악의 생산 과정뿐만 아니라 대중음악 자체의 합리화를 심화시킨다는 것이다. 이러한 합리화 테제는 대중음악이 파편화된 부분의 조합으로서 부분들 간의 상호 교환을 통하여 표준화된 상품으로 만들어지는 과정을 탐색한 아도르노의 시각과도 연결된다.

반면에 테크놀로지가 대중음악의 민주화를 진작시키는 데 기여한다는 주장은 발터 벤야민의 논의를 기원으로 한다. 벤야민은 복제의 용이성이 예술 작품의 '아우라(aura)'를 소멸시킴으로써, 원작이 갖는 배타적 특권을 약화시키고 대중적 공유를 가능하게 한다는 점에서, 미학적 민주주의의 확대라는 함의를 찾았다. 이러한 벤야민의 시각을 대중음악에 적용하는 경우, 대중음악 생산에서 손쉬운 조작과 통제가 가능한 장비의 활용을 가능하게 해주는 테크놀로지의 발전은 전문주의를 약화시키고 제작 장비의 대중적 확산을 가져온다는 것이다.

이렇게 새로운 기술들의 역할에 대한 논의는 서구에서 1970년대 이후 나타나기 시작한 '다중채널 녹음 방식(multi-tracking)'과 1980년대 이후 샘플링, 시퀀서, 미디의 등장으로부터 본격적으로 이루어지기 시작하였다. 다중채널 녹음 방식은 대중음악의 연주를 구성하고 있는 각 부분들이 각 채널별로 따로 녹음되어 편집(mixing and mastering) 과정에서 각 부분들의 음량, 배치 등이 조정되는 시스템이다. 이 채널수는 점차 늘어나 최근에는 64채널까지 활용되고 있다.

다음으로 샘플링은 샘플러나 컴퓨터의 장비를 이용하여 음원이나 여러 사운드를 '샘플'로 선택·저장하고, 이를 변형하여 음악 생산에 활용하는 방식이다.[48] 시퀀서는 일종의 가상 다중채널 녹음기라 할 수 있다. 녹음기가 실제의 소리들을 녹음하여 재생하는 장비라면, 시퀀서는 신디사이저나 사운드 모듈에 내장된 음원들을 이용하여 컴퓨터에 저장하고, 이것을 편집할 수 있게 하는 것이다. 그런데 시퀀서를 통하여 저장, 녹음, 편집 과정에서 연주 악기의 변경, 연주 시간의 조정, 음정 조정 등을 자유자재로 할 수

---

48) 샘플링 방식은 ① 직접 연주나 가창을 녹음하여 저장하거나 ② 이미 제작된 타인의 음반에서 가창이나 연주 부분을 일부 녹음하여 저장하거나 ③ 샘플 CD용으로 제작된 CD에서 필요한 부분을 저장하는 방식으로 이용된다. 최근에는 이 모든 과정이 디지털화되어 언제든지 쉽게 저장되고 편집이 가능하다.

있으며, 외부의 다른 음악을 컴퓨터 파일의 형태로 불러들여와 저장, 편집할 수도 있다. 미디(Musical Instrument Digital Interface)는 이와 같은 새로운 기술 및 장비들과 컴퓨터를 서로 연결해주는 통신규약이다.[49] 이것은 전자 키보드, 디지털 피아노 등과 같은 각 전자 악기들의 운영 체계를 통일시킴으로써 여러 개의 전자 악기를 동시에 제어 가능하게 해준다. 이러한 생산 기술의 발전은 대중음악의 생산 방식에 여러 가지로 영향을 끼쳤다. 첫째, 다중채널 녹음 방식은 대중음악의 현장성보다는 녹음실(record studio) 작업의 중요성을 한층 증대시켰다. 음악의 완성은 가수와 반주자들이 서로 한자리에 모여 상호 교감을 나누며 이루어지는 것이 아니라, 각 반주 부분들이 제각기 녹음되고 마지막에 가수의 목소리를 입히는 과정으로 이루어진다. 따라서 가수와 반주 부분들의 조율은 녹음실 안의 트랙들을 조종하는 녹음 기사들(mixer)과 프로듀서의 손에 의해 이루어진다.

둘째, 샘플링, 시퀀서 등과 같은 장비들은 대중음악 장르의 태동과 발전에 영향을 끼쳤다. 1980년대에 미국에서 태동한 '힙합'과 1990년대 유럽을 중심으로 발전되어 온 '테크노'가 대표적이다. 힙합의 발생에는 DJ들이 서로 다른 음반들을 턴테이블에 올려놓고, 중간에 음악들을 뒤섞어 가며 갖가지 동작과 함께 음악적 효과를 만들어내는 '디제잉'이 중요한 역할을 하였다. 이후 힙합은 샘플링을 통하여 다른 음악적 자원들을 적극적으로 전유하고 차용하는 형태로 더욱 발전되었다. 테크노는 새로운 기술의 적용이 극단화된 형태의 음악이다. 테크노는 인간의 목소리나 연주가 거의 음악에 포함되지 않으며, 전적으로 샘플링만으로 이루어진 음악이다.

현재 새로운 생산 기술들은 특정 장르에만 국한되지 않고 다방면으로 사용되고 있다. 일부 록음악을 제외하고, 대부분의 대중음악에서는 정도의 차이만 있을 뿐 이러한 생산 기술들이 사용되고 있다. 그러나 이 생산 기

---

49) 미디는 1983년 세계 악기제조업체들이 서로 협의하여 공통된 규약을 도출하였다. 그런데 미디가 통신 규약을 뜻하는 용어이지만, 현재 미디 장비나 미디음악이라는 용어가 광범위하게 쓰이고 있다. 여기서 미디 장비란 시퀀서 프로그램, 샘플러, 신디사이저 등과 같은 장비와 프로그램을 뜻하고, 미디 음악은 컴퓨터로 이러한 장비를 제어하면서 제작하는 음악을 뜻한다.

술들이 대중음악에 끼치는 영향은 서로 모순적일 수 있다. 즉, 한편으로는 장비 구입과 약간의 훈련을 통하여 대중음악 제작이 손쉽게 되었다는 점에서 전문 대중음악인들이 독점하고 있던 생산의 영역을 확대시킬 수 있다는 점이다. 개인 녹음실(home studio)을 구비하여 혼자서 음악을 제작할 수 있게 된 것이다(home taping). 하지만 다른 한편으로는 새로운 기술들은 쉽게 다른 음악적 자원들을 도용하고 복제가 가능하며, 음원이나 CD의 형태로 저장되어 있는 이미 만들어진 사운드를 그대로 활용한다는 점에서 음악적 표준화를 심화시킬 수 있다.

그런데, 이 두 가지 방향의 가능성을 놓고 어떤 방향으로 우세하게 영향을 미칠 것인가는 기술이 적용되는 대중음악 환경에 따라 달라지게 된다. 경제적·사회적으로 음악적 장비의 구입이 비교적 용이하고, 개인들의 음악적 창조물들의 교환과 유통이 자유롭고 손쉬우며, 또 그러한 교환을 매개해주는 네트웍이 구축되어 있고, 개인들의 음악적 실험과 창조를 뒷받침해주는 다양한 음악문화들이 공존하고 있는 사회일수록 새로운 기술은 대중음악에 대해 긍정적인 영향을 끼치게 될 것이다. 그 결과 대중음악문화는 수용의 역할에 한정되어 있던 수용자들이 직접 생산자로 전환됨으로써 대중의 문화적인 창조적 지평을 넓힐 수 있는 계기로 발전할 수 있다.

그러나 개인들의 음악적 소통이 어렵고, 음악 문화가 다양하지 못한 경우에는 새로운 기술들이 음악자본의 상업적 논리에 휘둘려 표준화된 음악의 생산에 주로 활용될 가능성이 높으며, 따라서 대중음악문화 또한 상업적 논리를 충실히 따르는 주류음악문화의 지배적 힘이 더욱 커지는 성격을 띨 가능성이 높다고 하겠다.

그렇다면, 이러한 새로운 기술들이 한국 대중음악문화에는 어떻게 영향을 끼쳐왔다고 볼 수 있는가? 우리나라에서도 1990년대 이후부터 샘플링 방식과 미디 장비를 활용하여 대중음악을 제작해왔으며, 현재는 그러한 제작 방식이 아주 보편화된 상황에 이르고 있다. 우리나라의 경우 신기술의 적용이 매우 빠르게 보편화된 것은, 컴퓨터나 제작 장비의 보급 확대와 같은 기술적 요인도 있지만 무엇보다도 이러한 기술의 활용도가 높은 음악 장르와 스타일이 급속하게 주류화하였기 때문이다. 손쉬운 모방과 용이한 복제, 그리고 상대적으로 많은 인력과 제작비용이 들지 않는다는 점에서 음악자본은 거의 샘플링에 의존하는 제작 방식을 통하여 단시간에 비슷비슷한 유형의 음악을 다량으로 만들게 되었다.

이렇게 본다면, 새로운 생산 기술은 1990년대 이후 한국 대중음악문화를 주로 음악적 표준화와 빈약화를 심화시키는 방향으로 적용되어왔다고 볼 수 있다. 물론 반대의 경향 또한 부분적으로 진행되어온 것도 사실이다. 1990년대 이후부터 빠르게 보급되어온 컴퓨터와 PC 통신과 인터넷과 같은 상호소통망의 급속한 확산은 컴퓨터 음악이 '파일'로 자료화되어 그만큼 광범위하게 주고받을 수 있는 가능성을 높여주었다고 할 수 있다. 또한 이러한 소통망의 구축 속에서 컴퓨터 음악 소모임과 동호인들이 형성되기도 하였다. 이것은 개인들의 자유로운 음악 제작을 활성화시키고, 이들의 음악이 소통되는 언더그라운드문화를 확산시키는 계기로 작용될 수 있다. 1990년대 중반 이후 이러한 경향이 조금씩 보이고 있는 것은 사실이지만, 전반적으로 볼 때 새로운 기술들은 주류음악문화의 단일적 성격을 강화하는 측면으로 적용되어왔다고 할 수 있을 것이다.

2. 대중음악 생산 및 수용 메커니즘의 변화

대중음악의 기술이 대중음악문화에 미치는 또 하나의 중요한 영향은 대중음악이 생산되고 수용되는 메커니즘을 변화시킬 수 있다는 점이다. 즉, 기술의 발전은 대중음악의 생산과 수용이 이루어지는 환경에 영향을 끼치며, 이 환경의 변화는 기존의 대중음악문화를 변화시킬 수 있는 요인으로 작용할 수 있는 것이다. 그리고 대중음악문화의 변화에 영향을 줄 수 있는 기술적 요인들로는 최근 급속하게 전 세계적으로 확산되고 있는 인터넷망과 mp3과 같은 디지털 음악파일을 들 수 있다.

이것들은 현재 대중음악의 생산, 전파, 수용의 전 부분에 상당한 영향을 끼치고 있다. 우선 대중음악의 생산 부분과 관련하여 살펴보면, 가수 충원 방식, 음반 홍보 및 판매, 전파 매체 등이 조금씩 변화해왔다. 첫째, 인터넷은 새로운 가수의 등용문으로서의 역할을 하게 되었다. 인터넷은 가수가 되고자 원하는 사람들이 자신의 창작물을 발표하는 통로가 됨에 따라서, 그동안 전적으로 음반 회사나 방송사에 의해 가수로 선발되는 기존의 방식을 변화시킨 것이다. 실제로 인터넷에서 대중적 호응을 받은 사람들이 음반 회사와 계약을 맺고 정식으로 자신의 음반을 제작하는 사례가 늘고 있다.50) 또한 음반 회사가 신인을 공모하는 방식으로 인터넷 가요제를 개최하기도 한다.

둘째, PC통신과 인터넷은 음반 회사들의 새로운 마케팅 공간이 되었다. 별도의 광고비를 들이지 않고 제작된 음반을 홍보하고 직접 판매가 가능한 중요한 이윤 획득의 원천이 된 것이다. 음반회사 외에도 기존의 음반 판매점이 아닌 온라인 상점이 생겨나고 있으며, 따라서 인터넷을 통한 음반 판매량도 점차 증가하고 있는 추세이다. 또한 최근에는 음반 회사는 정보기술 업체와 협력하여 음반의 형태가 아닌 음악파일의 형태로 판매 제공하는 인터넷 사이트들을 운영하기도 한다.

이처럼 PC통신과 인터넷은 시·공간의 제약을 거의 받지 않는 점과 쌍방향성이라는 특성으로 상호간의 음악적 소통을 더욱 원활하게 만들었다. 그러므로 대중음악의 제작과 판매와 같은 생산 부분뿐 아니라 대중음악이 전파되고 수용되는 대안매체로서 기능을 하게 되었다. 특히 이것을 촉진시켜 준 것은 디지털 음악파일의 등장이다. 인터넷 음악파일을 대표하는 'mp3(MPEG1 Audio Layer3)'은 원래 고음질 오디오 압축 기술을 지칭하는 용어이다. 오디오 파일을 원래 크기의 10분의 1 이하로 줄이는 압축 기술을 이용해 컴퓨터로 음악파일을 전송 재생하는 것이다. 이 기술을 통하여 일반 음악 CD에 담겨 있는 수많은 음악들이 아주 짧은 시간 안에 복제

---

50) 대표적인 사례가 조PD이다. 1998년 인터넷에 올린 '이야기 속으로'라는 노래가 대중들의 엄청난 호응을 받으면서, 조PD의 노래들은 1999년 크림레코드사에 의해 정식으로 음반으로 제작되었다.

와 전송이 가능하게 되었다. 음악자본의 입장에서 볼 때, 이것은 이중적인 의미를 지닌다. 새로운 음악 복제 및 압축 기술과 그로 인한 디지털 음악 파일의 등장은 음악 제작과 판매에 있어 대중음악 시장의 확대와 새로운 이윤 창출의 매체로서 기능할 수 있다.[51]

그러나 한편으로는 손쉬운 음악파일의 복제와 전송 가능성으로 인하여 상대적으로 수용자들의 힘을 배가시킬 수 있다. 특히 무료로 음악파일을 주고받을 수 있는 인터넷 사이트의 등장은 이러한 경향을 더욱 촉진시킬 것이다. 최근 음악파일을 둘러싸고 치열하게 벌어지고 있는 저작권 논쟁은 음반회사를 주축으로 하는 생산자와 수용자 간의 대립과 갈등을 보여주고 있는 하나의 사례이다. 표면적으로는 이 갈등이 정보 공유의 권리를 주장하며 인터넷에 음악파일 공유 프로그램을 제공하는 운영자들과 저작권 침해를 주장하는 음반 회사들 사이에서 나타나고 있다.[52] 그러나 이것은 음악파일의 엄청난 파급력과 가능성을 이윤 추구의 틀 안에서 통제하고자 하는 음악자본과 음악적 선택과 공유의 기회를 확대함으로써 음악 소비자의 통제 능력을 증대시키려고 하는 수용자 간의 헤게모니 싸움이라고도 볼 수 있다.

결국 다매체화의 진전과 새로운 기술들의 발전은 대중음악문화에 서로 모순적인 영향을 끼칠 수 있다. 최근 한국사회에서도 점차 확산되고 있는 인터넷 음악 사업은 기존의 대중음악 생산 방식과 관행을 변화시킬 수 있다. 현재 국내 음반산업의 구조상 음반제작사 - 기획사의 이원 체계로 이루어져 기획사가 주로 신인 발굴 및 기획을 담당하는데, 매체의 다양화는 기존의 기획사의 기능을 상당 부분 인터넷과 같은 공간이 대체할 수 있는 가

---

51) 1997년 MP3이 등장한 이래 우리나라 MP3 음악파일 시장규모는 1998년에는 약 15억 원 정도였으나, 1999년에는 35억 원으로 증가하였고, 2001년에는 600억 원대의 시장으로 확대될 것으로 추산되고 있다(문화관광부, 2000: 417).

52) 음반 회사들과 음악 공유 프로그램인 '냅스터'와의 갈등이 대표적인데, 2001년 2월 미연방항소법원에서 냅스터사는 결국 패소 판결을 받았다(경향신문, 2001. 2. 14일자). 한국에서도 현재 음악 공유 프로그램을 운영하는 '소리바다'에 대해 국내 음악저작권협회가 고소를 한 상태이다.

능성도 있다. 따라서 이러한 변화가 축적되면 국내 음반산업의 구조까지도 변화할 수 있게 되는 것이다.

또한 이것은 대중음악의 전파자이면서도 생산자에 버금가는 막강한 힘을 행사해온 방송매체의 영향력을 현저히 약화시킬 수 있다. 매체의 다양화, 특히 쌍방향성이 강화된 매체의 등장은 그동안 독점적으로 대중음악의 전파를 담당했던 방송매체의 지위를 하락시키게 된다. 새롭게 등장한 대안매체를 통하여 수용자들 간의, 그리고 생산자와 수용자의 직접적인 상호소통이 보다 원활하게 이루어진다면, 현재의 대중음악문화가 보다 다양하면서도 민주적인 방향으로 전개될 가능성이 그만큼 높다고 할 수 있다.

제3장 청년 대중음악 생산자 및
수용자의 특성과 변화

이 장에서는 청년 대중음악의 실천 주체인 생산자들 및 수용자들의 특성과 변화를 고찰하고, 이들의 성격과 그것의 변화가 청년 대중음악문화의 전개와 어떻게 연관되어 있는지를 살펴볼 것이다. 생산자들의 특성은 그들이 만들어내는 청년 대중음악의 전개에 영향을 미친다. 새로운 장르의 형성과 변화는 그것을 누가 어떻게 만드느냐의 문제와 관련된다. 그리고 특정 장르의 형성과 확산은 역으로 생산자들의 특성이나 내적 관계를 변화시키기도 한다.

또한 이 장에서는 청년 대중음악문화의 전개가 수용자 집단의 특성과 이들의 음악적 실천방식의 변화와 어떻게 영향을 받고 있는지를 검토할 것이다. 청년 대중음악문화의 성장과 분화가 수용자들의 집단적 조건 및 특성들과 어떤 관계를 맺으면서 나타나게 되었는가를 보고자 한다.

제1절 청년 대중음악 생산자의 특성과 변화

1. 생산자 집단과 시기별 특성의 변화

가. 생산자 집단의 일반적 특성

현대 사회에서 대중음악은 일차적으로 음반으로 만들어져 대중들에게 전달된다. 음반제작은 음악적, 산업적, 기술적 과정들이 서로 결합되어 이루어지며, 음반제작에 있어 점차 그 결합의 형태와 각 부분들의 기능이 보다 복잡해지고 체계적으로 분화되어왔다.

이처럼 음반제작에 많은 과정들이 결합되고 기능의 분화가 이루어지면서, 여기에 참여하는 사람들의 수 또한 증가해왔다. 대중음악의 생산에는 많은 사람들이 관여하며 그 수와 역할 체계가 역사적으로 달라지는 것이다. 전반적으로 시대가 흐를수록 대중음악의 생산에 관여하는 새로운 직업들이 창출되고, 생산자들 간의 분업 체계가 보다 진전되어왔다고 할 수 있다.

이러한 대중음악의 생산자들은 생산 과정에 참여하는 기능에 따라 크게 네 부분으로 나누어 볼 수 있다. 첫째는 음악 창작에 직접 참여하는 사람들로서, 작사자, 작곡자, 가수, 편곡자, 연주자 등이 여기에 포함된다.

둘째는 기술자이다. 이들은 창작자들이 결합하여 만든 음악적 산물을 녹음, 편집 등의 기술적 작용을 가하여 음반화하는 데 참여한다. 편집 기사(mixer), 음향·녹음 기사, 완성본 작업 기사(mastering engineer) 등이 여기에 해당된다.

셋째는 기획·제작자들이다. 이들은 주로 경제적인 측면에서 특정 음반의 내용과 방향을 기획하고 여기에 참여할 창작자들과 녹음 장소 등을 섭외하거나 음반제작에 필요한 자본을 투자한다. 또한 완성된 음반에 대한 홍보도 담당한다. 기획자, A&R(Artist & Repertories), 홍보 담당자(promoter) 등이 여기에 포함된다.

넷째는 음악 감독자(producer)이다. 음악 감독은 음반제작의 모든 과정을 총괄하고 관리하는 기능을 한다. 따라서 기획, 음악 창작, 녹음실 작업의 모든 과정에 일정 정도 참여하고 영향을 발휘하며, 경우에 따라서는 처음부터 끝까지 음악 감독자의 주도적 계획과 관리하에 음악의 창작과 음반제작이 이루어지기도 한다. 이 음악 감독은 음반제작의 전체 과정을 조율하는 총감독(executive producer)과 총감독을 보조하는 보조 감독으로 나뉘어 진다.

이 네 부분의 생산자들의 집단적 특성과 이들이 대중음악의 생산 과정에서 결합하는 형태는 시기에 따라 다른 양상을 보이고 있다. 대중음악 생산자들의 변화는 이들에 의해 창출되는 대중음악 스타일에도 영향을 끼친다. 새로운 성격의 생산자와 새로운 스타일의 대중음악의 등장은 청년 대중음악문화를 새롭게 전개시키는 주요한 힘으로써 작용한다. 한국사회에서 청년 대중음악문화의 형성은 바로 새로운 성격의 생산자의 등장과 밀접한 관련이 있다.

나. 1960년대~1970년대의 생산자 집단과 그 특성

이미 1960년대에 새로운 성격의 생산자들이 등장하면서 당시 대중음악의 지형을 바꾸는 데 기여하였는데, 이러한 변화는 1970년대에 청년 대중음악의 생산이 이루어지는 데 기반이 된다. 1960년대에는 그 이전까지 독점적인 지위를 누렸던 트로트 음악과는 스타일의 면에서 상당히 다른 대중음악들이 양산되기 시작하였다. 이 스타일의 대중음악들은 보다 서구적인 분위기를 담고 있는데, 이러한 음악의 생산이 가능했던 것은 미8군 공연단 출신의 가수와 연주자들이 대중음악계에 진출하였기 때문이었다. 이들이 대중음악계에 진입하게 된 것은 당시 방송사들의 방송 프로그램에 출연하면서 시작되었는데, 당시 방송사들은 미국의 팝송 프로그램을 경쟁적으로 방송하는 한편, 텔레비전 쇼·음악 프로그램에서는 기존의 대중음악과는 다른 새로운 음악을 하는 사람들로서 이들을 적극적으로 활용하고자 하였다.

그러나 무엇보다도 방송사들의 이러한 전략은 서구 대중음악에 보다 익숙한 새로운 수용자들을 염두에 둔 것이다. 즉, 새로운 생산자들의 등장과 그로 인한 새로운 스타일의 대중음악의 생산에는 당시 젊은이들을 중심으로 서구적인 음악적 감성이 서서히 확산되었던 변화가 밑받침이 된 것이다.1) 미8군 공연단 출신의 가수들은 팝송을 자연스럽게 소화하고 원곡의 분위기와 감성을 최대한 충실히 따르려고 하였는데, 여기에는 이러한 재현에 보다 유리한 사람들, 즉 영어 읽기와 서구적 감성에 익숙했던 젊고, 고학력인 가수들이 점차 등장하게 되었다.2)

대중음악 생산자들의 역할 체계의 측면에서 본다면, 1960년대에는 전반적으로 대중음악의 창작 부분이 가수, 작사·작곡, 연주 부분으로 분화되어 있었으며, 연주는 주로 악단의 형태로 이루어졌다. 전문 작곡가와 작사가와 가수가 분명하게 구분되어 있었고, 유명 작곡가의 경우 자신의 악단을 구성하여 직접 연주에 참여했다는 점에서 오히려 작곡자와 연주자가 밀접하게 결합되어 있는 체계를 이루고 있었다.3) 전반적으로 대중음악의 생산은 작사·작곡자, 가수, 연주자와 같은 창작자가 전적으로 중심이 되어 이루어졌으며, 기술자와 연출·감독 부분은 상대적으로 그 역할이 미미했다고 볼 수 있다.

---

1) 1960년대에 팝송 확산의 매개가 되었던 것은 음악방송 프로그램 외에도 음악감상실을 들 수 있다. 이 음악감상실은 라디오 팝송 프로그램이 생기기 이전부터 팝송의 확산에 기여했다고 볼 수 있다. 즉, 음악감상실은 방송 네트워크가 전국적으로 확대되기 이전까지 대중음악이나 팝송의 전파에 있어 핵심적인 역할을 한 것이다. 이 당시 음악감상실로는 세시봉, 디쉐네, 라 스칼라, 메트로, 카네기, 뉴월드, 아카데미, 시보네 등이 있었으며, 이곳에서 핵심적인 역할을 하였던 DJ들 중 많은 사람들이 방송국의 음악 프로그램 DJ으로 활동하였다(선성원, 1993: 44-45).
2) 여기에 해당되는 대표적인 미8군 출신의 가수로는 최희준, 박형준, 위키 리, 유주용으로, 이들은 당시 '학사 가수'라는 별칭을 얻었다.
3) 1960년대에 활약했던 전문 작곡가들로는 길옥윤, 김강섭, 김희갑, 박춘석, 이봉조 등을 들 수 있다. 그리고 이 당시 악단으로는 길옥윤, 김강섭, 박춘석, 이봉조, 김인배, 송민영 악단 등 20여 개가 있었다(선성원, 1993: 253).

물론 록그룹의 경우 직접 연주를 담당하기 때문에 이들의 음악은 가수와 연주자가 결합된 형태 속에서 이루어졌다고 볼 수 있다. 그러나 1960년대 록그룹들이 직접 연주를 하며 노래를 불렀음에도 불구하고, 소수를 제외하고는 작곡을 직접 담당하지는 않았다. 이 시기에는 많은 록그룹들이 번안곡을 주로 불렀으며, 국내의 창작곡도 전문 작곡가의 작품인 경우가 많았다.[4]

그러나 1970년대에 들어서면서 대중음악 창작자들의 성격과 그들의 결합 형태가 바뀌어지기 시작하여 1960년대와는 다른 형상을 나타낸다. 1970년대 초반을 중심으로 살펴보면 우선, 가수 본인이 작사 및 작곡을 담당하는 자작곡 가수(singer-song writer)가 대거 등장하였다는 점이다. 이들은 기타를 위주로 연주까지도 담당하며, 작사·작곡 – 노래 – 연주의 삼위일체를 이루면서 청년 대중음악을 이끄는 중심층으로 등장하였다.[5]

둘째, 많은 청년 대중음악 생산자들이 대학 재학 중이거나 대졸 출신의 고학력을 배경으로 하고 있다. 많은 포크음악 가수(자작곡 가수 포함)들이 1970년대 초반 대학 재학생이었을 때 대중음악계에 진입하였다. 따라서 이들이 처음부터 직업 가수로서의 확실한 정체성을 지니고 있었다고 보기는 어렵다. 이들은 아마추어로서 음악감상실이나 유흥업소 등에서의 음악 활동을 통하여 당시 젊은이들을 중심으로 대중적 인지도를 높여갔다.

셋째, 아마추어적 성격이 강했던 대학생들이 중심이 된 포크음악 창작자들은 인적 네트워크를 형성하였다는 점이다. 이들은 대학 내에서 음악 그룹을 결성하거나 개인적으로 대학가 주위의 공간에서 활동하면서 일종의 공동체를 형성하였다. 특히 포크음악 창작자들의 연결망을 형성하는 데 핵심적인 역할을 했던 것은 당시 음악감상실이나 음악 살롱과 같은 공간이었

---

4) 1960년대에 결성되어 활동한 주요 록그룹들로는 〈에드훠〉, 〈히식스〉, 〈히파이브〉, 〈키보이스〉 등이 있으며, 이 중에서 신중현이 이끈 〈에드훠〉가 번안곡이 아닌 자작곡 위주로 활동하였다.

5) 포크음악을 펼쳤던 대표적인 자작곡 가수로는 윤형주, 송창식, 이장희, 박인희, 〈어니언스〉의 임창제, 이수영, 김정호, 〈4월과 5월〉의 백순진, 〈뜨와에 무와〉의 이필원, 박인희 등이 있으며, 김민기, 양병집, 한대수도 여기에 포함된다.

다. 이들의 아마추어적 성격은 서로 견제하고 경쟁의 상대로 인식하고 배척하는 것이 아니라 서로의 교류를 통해서 자연스럽게 뜻이 맞는 사람들끼리 포크음악 그룹을 결성하거나 곡을 써준다거나 하는 식과 같이 공동체적 의식을 보다 강하게 갖게 하였다고 볼 수 있다.[6]

이러한 포크음악 창작자들의 특성은 1970년대의 포크음악문화가 대학생을 중심으로 펼쳐지고, 따라서 대학생 문화로서의 성격을 강하게 띠는 데 결정적인 영향을 끼쳤다고 볼 수 있다. 포크음악 창작자들이 서로 교류했던 장소들도 대학가 주위의 공간이 많았으며, 이곳은 당시 대학생들의 여가 문화를 이루는 곳이기도 한 것이다. 이러한 대학생 문화로서의 포크음악이 점차 다른 청년 집단에게까지 확산되면서 청년 문화로서 부상할 수 있었던 것이다.

그러나 포크음악이 1970년대 중반 이후부터 점차 기성 가요화되면서 대학생 문화, 더 확장하면 청년 문화로서의 특성을 상실해갔다. 이때 새로운 청년 대중음악으로서 등장한 것이 캠퍼스 록이다.

캠퍼스 록의 부흥을 주도했던 대학 내의 록그룹들은 초기 포크음악의 생산자들과 마찬가지로 아마추어의 성격이 강했다고 볼 수 있다. 이들은 주로 대학 재학 중의 기간에 교내를 중심으로 활동했으며, 기수별로 운영되었기 때문에 구성원이 교체될 수밖에 없었다. 캠퍼스 록그룹들 내부에서도 음악적 지향과 연주 실력에 따라 보다 전문적인 그룹과 아마추어적 성향이 강한 그룹으로 나뉘어진다.

이들의 출현은 1960년대부터 한국사회의 청년들을 중심으로 외국 록음악의 수용과 저변 확대를 기반으로 한 것이다. 따라서 이들이 이미 중·고등학교 시절부터 외국의 록음악에 심취해 있었으며, 자작곡을 창작하여 연주하였던 몇몇 그룹들을 제외하고, 아마추어적 성향이 강했던 그룹일수록

---

6) 당시 이들의 주요 활동 공간은 서울 명동의 〈청개구리〉이었는데, 이곳에서 김민기, 윤형주, 송창식, 양희은, 강근식 등의 포크가수들이 활동하였으며, 포크그룹 〈트윈폴리오〉의 경우도 이곳에서 서로 만나서 결성하게 된 것으로 알려져 있다(선성원, 1993).

외국 록음악을 주로 연주하면서 활동했다고 볼 수 있다.

그리고 캠퍼스 록그룹들의 성향, 즉 아마추어성과 전문성을 판가름하는 측정 도구가 되었던 것이 바로 방송사가 주최하는 가요제였다. 몇 차례의 예선과 본선을 거쳐 걸러지는 과정을 통하여 연주와 곡 창작의 실력이 뛰어난 그룹들이 최종적으로 수상하게 된다. 가요제 입상하여 대중적 인지도를 높인 록그룹의 경우 교내뿐만 아니라 라디오, 텔레비전 방송, 각종 행사들에 출연하고, 자신들의 독집 앨범도 제작하는 등 거의 아마추어성을 탈피했다고 볼 수 있다.

가요제는 1970년대 후반 캠퍼스 록의 부상에 직접적인 영향을 끼쳤지만, 무엇보다도 이후 대학 신인 가수 선발의 중심 통로로서 제도화되었다는 것에 주목해야 한다. 물론 예전부터 각종 경연대회, 아마추어 가수 선발 대회, 공개 오디션 등과 같이 가수를 선발하기 위한 통로들이 존재해왔지만, 방송사가 주최하는 가요제의 경우 전국적인 방송망을 통하여 중계되었다는 점에서 그 영향력은 엄청난 것이었다.

따라서 가요제가 점차 가수 선발의 중심 통로로 자리 잡아감에 따라 여기에 참여하는 대학생들의 성향이 달라졌다. 즉, 스스로 직업 가수(음악인)가 되겠다는 목표 의식을 분명히 갖고 전문적인 음악인으로서의 정체성을 가지기 시작했다는 것이다.[7]

1970년대 후반부터 1980년대 초반까지 포크 이후 청년 대중음악의 새로운 중심으로서 부상했던 캠퍼스 록음악의 음악적 특성들은 그 생산을 담당했던 록그룹의 특성과 밀접한 관련을 갖는다. 즉, 이들이 청소년기였던 1960년대에 당시의 외국 록음악을 깊이 수용하고, 그것을 발판으로 록음악을 하였다는 것이다. 그리고 아마추어성을 탈피한 보다 전문성을 띠는 록그룹의 경우 대부분 중·고등학교 시절부터 록밴드를 결성하여 음악적 수

---

7) 이는 대학가요제 출전 동기에 대한 록그룹 〈마그마〉 일원인 조하문에 대한 인터뷰 내용에서 잘 나타난다. 그는 여기서 "마그마를 결성하게 된 것은 음악을 계속 하기 위해서였다. 가요계에 좀 더 쉽게 진출하자는 생각에서 가요제에 나가게 되었다"라고 한다(안성민, 1998: 48). 참고로, 〈마그마〉는 1980년 제4회 대학가요제에서 '해야'라는 곡으로 금상을 수상하였다.

련을 쌓았던 과정을 거쳤다는 특성을 지니고 있다.[8] 악기를 능숙하게 연주하고 곡을 만드는 것은 많은 시간과 노력을 필요로 한다. 따라서 많은 캠퍼스 록그룹 중에서도 보다 전문성을 갖춘 그룹일수록 개인들의 수련기간이 길고 외국 록음악의 수용 정도 또한 그만큼 깊었다고 볼 수 있다. 그러므로 이들의 음악이 1960년대의 외국 록음악의 영향을 강하게 받았다고 할 수 있으며, 이것은 캠퍼스 록음악이 1960년대의 국내 록음악보다 더욱 서구적이고 하드록에 가까운 음악적 특성을 띠게 하는 데 큰 영향을 끼쳤다고 볼 수 있다.

다. 1980년대 생산자 집단과 그 특성

1980년대에 들어서면 1970년대보다 청년 대중음악 생산자들의 역할 체계가 더욱 세분화되는 양상을 보인다. 그 특징은 크게 세 가지로 요약해볼 수 있다. 첫째, 대중음악의 창작 부분을 이루는 가수, 작곡자 외에 전문 연주자와 편곡자가 중요한 위치를 차지하며 등장하였다는 점이다.

편곡자는 작곡 능력은 물론 각 악기 간의 배치와 소리의 조화를 염두에 두어 곡 전체의 색깔을 입히는 역할을 한다. 그러므로 단순히 곡의 주 선율만을 창작하는 것 이상으로 복잡한 창작과 해석 능력을 필요로 한다. 이 시기 전문 편곡자로서 등장한 사람들은 1970년대 후반과 1980년대 초반에 가수, 작곡가로서 음악 활동을 했었던 경력을 가지고 있다.[9]

그리고 전문 연주자들 역시 이 시기에 본격적으로 등장하였다. 그 이전까지는 악단의 형태로 소속되어 반주 위주의 연주가 이루어졌다면, 이제는

---

8) 각주 72번과 같은 인터뷰에서 조하문은 "중학교 때부터 밴드를 조직해서 Deep Purple, Led Zepplin의 노래를 연주하기 시작했다"고 밝히고 있다 (안성민, 1998: 48).

9) 1980년대에 대표적인 전문 편곡자로는 이호준, 김명곤, 송홍섭, 하광훈, 손무현 등을 들 수 있다. 이호준은 〈조용필과 위대한 탄생〉에서, 김명곤은 록그룹 〈사랑과 평화〉에서 건반 주자로 활동했었다. 하광훈, 손무현은 주로 발라드음악을 편곡했으며, 김명곤은 나미, 민해경과 같은 댄스음악의 편곡을 담당하였다(선성원, 1993: 249-250).

전문 연주자 개인들의 연주 역량과 개성이 중시되기 시작한다. 이들은 드럼, 베이스, 기타, 타악기, 건반 악기 분야로 나뉘어져서 개별적으로 활동했으며, 이들의 연주 역량은 과거의 록그룹 경력을 발판으로 한 것이다.[10]

둘째, 대중음악의 생산에 있어 연출·기획의 과정이 보다 세밀하게 작용되기 시작하였다. 실제 전문 편곡자들은 상당수가 개별 곡에 대한 편곡 작업을 넘어서 한 가수의 앨범 제작 전체에 참여하는 경우가 많았다. 따라서 편곡자가 음악 연출가로서 음반의 전체 내용을 기획하여 방향을 잡는 역할을 하기도 한다. 점차 음악 연출(producing)이 대중음악 생산 과정에서 중요하게 작용하기 시작한다.

셋째, 대중음악의 생산에 있어 스튜디오 기술진과의 결합이 보다 공고하게 이루어졌다. 이것은 대중음악 생산의 산업화와 장비 기술 발전을 토대로 일어나는 것인데, 결과적으로 생산되는 대중음악의 사운드 변화에도 많은 영향을 끼쳤다고 볼 수 있다. 음악의 창작 과정에 기술적 요인이 보다 많이 작용함에 따라 편집과 가공이 창작 과정의 일부분으로서 여겨지게 되고, 그러한 기능을 수행하는 사람들의 수가 증가하는 것이다.

또한 이러한 변화가 대중음악을 단순한 사운드에서 점점 복잡한 사운드로 구성하는 데 큰 영향을 끼친다. 국내의 다중채널 녹음 장비의 발전 과정을 보면, 1969년 4채널에서 시작하여 현재는 디지털 32채널(혹은 48채널)까지 채널수가 확대되어 있는 상태이다.[11] 녹음 채널수가 많을수록 노

---

10) 보통 레코딩 연주자들을 역사적으로 나누어 보면, 1980년 이전의 악단 연주자들을 1세대로 보고, 2세대는 1980년대 중반 이전까지 활약했던 사람들로 배수연(드럼), 안기승(드럼), 이호준(건반), 김명곤(건반)을 들 수 있으며, 1980년대 중반 이후 함춘호(기타), 손진태(기타), 박청귀(기타), 조동익(베이스), 김광민(건반), 김희연(드럼) 등을 3세대로 보고 있다. 박준흠, 1998, 〈서브〉 6월호.

11) 우리나라 녹음실 중 '서울 스튜디오'는 1955년에 녹음 전문 스튜디오로서 설립되었고, 그만큼 역사가 오래되고 선구적인 장비와 기술력을 가지고 있었다고 말할 수 있는데, 이 녹음실의 연혁을 살펴보면, 1969년 4채널 녹음, 1976년 국내 최초로 16채널 녹음, 1980년 국내 최초 24채널 녹음, 1988년 국내 최초 디지털 32채널 녹음을 시작한 것으로 나타나 있다(http://www.seoulstudio.com 참조).

래를 구성하는 악기들의 삽입과 배치가 더욱 다양하게 이루어질 수 있다. 즉, 그만큼 사운드의 구성이 세밀하게 이루어질 수 있는 것이다. 1980년대 중반 이후부터 주류 장르로 자리 잡은 팝발라드가 그 이전의 발라드와 사운드의 면에서 다른 느낌을 만들어 낼 수 있었던 것은 반주 악기들의 배치와 구성을 통하여 더욱 조밀하면서도 서정적인 사운드로 만들었기 때문이다.

따라서 이러한 악기 구성과 배치를 일차적으로 담당하는 편곡의 역할과 전체 사운드 구축의 과정을 관장하는 음악 연출자의 역할이 중요해지는 한편, 편곡자와 음악 연출자가 증가하는 것이다. 또한 복잡한 사운드로의 변화는 실제 사운드의 상당 부분을 담당하는 전문 연주자들의 수요를 증가시키는 요인으로 작용한다. 또한 댄스음악이 하나의 장르로서 확립될 수 있었던 것도 댄스음악 사운드를 구성하는 생산자들의 음악적 감각과 기술적 능력의 축적, 장비의 발전에 힘입은 바 크다고 할 수 있다.

그러나 무엇보다도 이 시기 생산자들의 성격에 주목해야 한다. 작곡, 편곡, 가수, 연주, 음악 연출자들의 생산 활동에 있어 밑받침이 되는 음악적 감각이 서구 대중음악에 기반하고 있다는 것이다. 이들은 오래 전부터 서구의 대중음악을 깊이 수용해왔고, 실제 1970년대 후반이나 1980년대 전반기의 음악 활동을 통하여 서구 대중음악에 보다 가까운 감각을 길러낼 수 있었던 것이다. 이러한 생산자들의 성격은 새로운 외국 음악의 조류를 발빠르게 접하고 받아들여 대중음악의 창작과 생산에 접목시킬 수 있게 하였고, 바로 그것이 1980년대 중반 이후 새로운 장르와 스타일의 대중음악이 확산되는 데 영향을 끼쳤다고 말할 수 있다.

이처럼, 이 시기에는 청년 대중음악 생산자를 이루는 범주에 새로운 기능을 수행하는 사람들의 수가 늘어나고, 대중음악 생산자들의 결합 체계가보다 복잡하게 구성된 가운데 청년 대중음악의 생산이 이루어졌다.

라. 1990년대 이후 생산자 집단과 그 특성

1990년대 이후에는 전반적으로 1980년대의 경향들이 보다 심화된 형태로 진전되는 가운데, 대중음악 생산자들의 특성과 그들 간의 결합 체계가 그 이전과는 약간 다르게 이루어진다.

첫째, 가수의 특성에 있어 이전 시기와는 많은 차이가 있다. 그 하나가 1990년대 이후부터 가수들의 저연령화가 심화되었다는 것이다. 즉, 10대 청소년들이 가수로서 대중음악계에 대거 진입한 것이다. 이는 1990년대 이후 대중음악 시장에서 청소년 수용자들이 핵심 집단으로 부상하게 되면서, 새로운 수용자인 청소년들이 '또래 가수'에 대하여 지니는 정서적 친화성과 세대적 동질감을 기획, 제작 부분의 생산자들이 적극적으로 활용했기 때문이다.

그러나 무엇보다도 가수들의 저연령화 현상은 우리 사회에서 대중문화가 확산되면서 문화 생산자들의 사회 경제적 위치가 변화하는 가운데 일어난 것이라고 볼 수 있다. 대중문화의 확산은 일차적으로 대중문화에 대한 소비의 증가를 의미한다. 그러나 그 소비 형태에 있어 양적 소비의 증가만이 아니라 이미지, 상징적 의미와 같이 소비의 질적 변화 또한 일어난 것이다. 이처럼 대중들의 일상생활에 대중문화가 더욱 밀착되면서, 일부 성공한 문화 생산자들은 대중들에게 많은 관심을 받는 한편, 그들에게 영향력을 행사할 수 있는 '문화 권력자'가 되기도 한다.

이것은 청소년들의 연예인 지망이 폭발적으로 증가하였다는 데서 잘 나타나는데, 1990년대 이후 심화된 이러한 현상은 대중문화 생산자들의 사회적 위신이 과거에 비하여 상승한 가운데, 1990년대 이후 신세대들의 적극적이고 개성추구적이며 자기표현 욕구가 강한 세대적 특성이 서로 맞물렸기 때문이라고 볼 수 있다.[12] 10대 가수들의 대거 등장은 바로 이러한 변

---

12) 2000년 노동부 산하 중앙고용정보관리소가 서울시 남녀 중·고등학생 2,995 명을 대상으로 희망직업을 조사한 바에 따르면, 연예인이 교사와 디자이너에 이어 3위로 나타났다. 반면에, 이들의 부모가 바라는 희망직업의 순위는 교사, 의사, 법조인 순으로 나타났다. 한편, 2000년 10월 MBC 탤런트 29기 공채 시험에는 15명 모집에 4,500명이 몰려 300:1의 경쟁률을 기록했는데, 이 중에서 20%는 고등학교 재학생이었다고 한다. "연예 考試", 〈주간한국〉, 2001. 2. 8. 제1857호.

화를 기반으로 하고 있다. 현재 대중음악 분야에서도 음반회사나 케이블 TV 등의 공개 오디션에는 10대 청소년들이 대부분을 이루고 있다.[13)]

또한 10대 가수의 증가는 이 시기 댄스음악의 확산과도 연관된다. 댄스 음악의 특성상 춤의 비중이 높으며, 상대적으로 가창력과 연주 실력이 최우선적으로 필요하지 않는다. 비교적 오랜 시간을 들어 연마해야 하는 연주 기술보다는 오히려, 춤 실력이나 외모와 같은 신체 조건이 댄스 가수에게 있어 중요한 조건으로 부각되면서, 이 장르에 대한 10대 가수들의 진출이 두드러지게 나타난 것이다.

둘째, 1990년대 이후에는 대중음악 생산에 있어 기획·제작 부분과 음악 연출자의 중요성이 이전보다 한층 더 부각되고 큰 비중을 차지하게 되었다. 기획·제작 부분이 더욱 산업화되고 체계화된 형태로 이루어지게 된 것이다. 이러한 형태 속에서 기획사는 가수나 그룹의 이름, 구성원의 수, 이미지를 미리 계획하고, 그 틀에 맞는 지망생을 선발하여 조련시킨 다음 음반을 제작하고 데뷔시키는 전략을 수행하기까지 하였다. 즉, 이것은 기획사가 가수의 '선발'이라는 종래의 역할뿐이 아니라 가수의 '창조'라는 역할까지 담당하게 된 것이다. 그리고 이러한 변화는 1980년대까지 중요한 가수 선발의 통로였던 가요제를 쇠퇴시키는 데 결정적으로 작용하였다. 댄스 음악이 청년 대중음악에서 중심 장르로 부상하던 1990년대 초반 이후부터 가요제의 위축이 실질적으로 나타나게 된다.

음악 연출가인 프로듀서의 명칭이 대중적으로 확산된 것도 1990년대 이후부터이다. 이들 역시 과거에 가수나 작곡가 등의 음악 활동을 했거나 현재 병행하고 있는 사람들로 이루어져 있다.[14)] 대부분 작곡, 편곡을 겸하고 있는 이들은 음반제작에서 실질적인 수장의 역할을 담당하면서 1990년대

---

13) 하나의 실례로 2001. 1. 21에 온라인 문화 벤처기업들이 중심이 되어 가수 선발을 위한 공개 오디션을 개최했는데, 참가자 중 70%가 10대 여학생이고, 나머지 30%가 10대 남성 및 20대 여성이었다고 한다. "연예 考試", 〈주간한국〉, 2001. 2. 8. 제1857호.

14) 1990년대 이후 대표적인 음악 연출자로는 김창환, 김현철, 김형석, 유희열, 이수만, 신철 등을 들 수 있다.

이후 대중음악 생산의 핵심 집단으로 부상하게 되었다.

셋째, 대중음악 생산자들 중 기술자들의 역할과 비중이 증대한 반면, 전문 연주자들의 영역이 축소되었다는 점이다. 전반적으로 대중음악 생산에서 사운드의 구성 과정이 보다 중요해짐에 따라 이 부분을 담당하는 스튜디오 기술자들의 규모와 비중이 커진 것이다.[15]

한편, 대중음악 생산의 산업화와 사운드 구성의 기술화의 진전으로 기술자들의 규모와 비중은 커진 반면, 전문 연주자들의 역할은 축소되었다. 이러한 변화는 실제 전문 연주자들의 연주를 대체할 수 있는 각종 장비가 확산되면서 나타나게 된 것이다. 특히 새로운 장비들을 주로 활용하여 사운드를 구성하는 댄스음악이 확산되면서 이러한 현상은 더욱 심화되었다고 볼 수 있다.[16]

이처럼 1990년대 이후부터 대중음악 생산 과정은 그 이전보다 더욱 복잡해지고, 거기에 따른 대중음악 생산 인력의 증가와 기능의 분화가 더욱 심화된 형태로 전개되고 있다. 그리고 생산자들 간의 결합 체계와 성격의 변화는 댄스음악 장르의 확산과 같은 청년 대중음악 스타일의 변화에도 크게 영향을 주었다고 볼 수 있다.

---

15) 2001년 현재 '한국레코딩엔지니어협회'의 정회원은 101명이며, 녹음과 마스터링 작업 장비가 구비된 스튜디오는 대략 50여 개가 되는 것으로 추산된다. 이 스튜디오의 창설 연도를 분명하게 알기는 어려우나 1955년에 공식적으로 설립된 '서울 레코딩 스튜디오'와 비교적 규모가 큰 음반회사 소속 스튜디오를 제외하고는 대부분 1990년대 이후 설립된 것으로 보인다(한국레코딩엔지니어협회 홈페이지 http://www.kare.or.kr 참조).
16) 사단법인 한국레코딩뮤지션협회는 1993년 결성되었는데, 전문 연주자가 중심이 된 단체이다. 결성 당시 회원은 120명이었다(http://pak.or.kr, 한국예술실연자단체연합회 홈페이지 참조). 현재 이 협회에 등록된 연주자는 213명인데, 이 중에서 전업 연주자는 10~15%에 불과하다고 한다(〈주간 내일신문〉, 1999. 11. 24일, 제308호).

2. 대중음악 생산자 집단 내의 세력 관계의 변화

앞 절에서 살펴본 것처럼 대중음악 생산 과정과 그 과정에서 생산자들의 결합되는 형태, 그리고 생산자들의 특성의 변화는 생산물인 청년 대중음악 스타일에도 영향을 끼친다. 그러나 한편으로는 생산자들이 결합되는 형태의 변화는 내적으로 생산자들 간의 관계와 지위의 변화를 수반하는 것이기도 하다.

1970년대에는 가수와 작곡가가 생산자 집단에서 중심을 차지했다고 볼 수 있다. 이 시기에는 음악적 사운드의 구성에서 전적으로 노래가 중심이 되고 반주는 보조적인 구실을 하였다. 노래의 중심성은 노래의 선율을 창작하는 작곡자와 그것을 재현하는 가수의 위상을 강화시킨다. 한편, 이 시기에는 자작곡 가수들이 등장하였는데, 이들의 등장으로 가수들 내에서도 지위의 차이가 발생하게 되었다. 즉, '노래를 부르는 사람'으로서의 가수와 '창작자'로서의 가수라는 집단으로 나뉘어지는 것이다. 새로운 성격의 가수의 등장은 가수의 능력을 평가하는 기준의 변화를 가져왔다. 즉, 가수의 유능함을 평가하는 기준이 가창력의 요소에서 작곡의 능력까지 더해지는 것이다. 여기서 자작곡 가수는 가창만을 하는 가수보다 '음악적 능력'을 갖춘 사람으로서 인정받는다.

그런데, 1970년대에 등장한 자작곡 가수들이 대부분 청년 세대에 속하는 청년 대중음악 의 생산자였다는 점이다. 이들의 등장은 전체적으로 가수의 사회적 지위를 높이고, 더 나아가 청년 대중음악을 기성세대의 음악과는 차별화된 음악으로서 인식되게 하였다.[17] 특히 이들이 대부분 고학력자였다는 학력 배경은 당시 청년 대중음악을 '지적'이고 '세련된' 음악으로서 평가받게 하는 데 큰 요소로 작용하였다.

1980년대 이후로는 가수, 작곡자 외에 편곡자와 연주자의 역할이 증가하

---

17) 가수를 지칭하는 또 다른 이름인 '딴따라'는 가수의 사회적 지위를 잘 나타내 준다. 자작곡 가수의 등장은 사회 전체적으로 가수가 음악인 또는 예술인으로서 평가받게 하는 데 크게 기여하였다고 볼 수 있다.

면서 이들의 지위 또한 달라지는 양상을 보인다. 연주자는 단순히 노래의 반주를 담당하는 사람이 아니라 개성 있고 독창적인 연주로서 노래 사운드의 구성에서 중요한 부분을 담당하는 지위를 차지하게 되었다. 특히 연주 기술이 뛰어나고 경력이 풍부한 전문 연주자의 경우 반주에서 즉흥 연주를 이끄는 것과 같이 자신의 창조성을 발휘하고 그것을 통하여 전문성을 인정받을 수 있는 가능성을 높였다.

또한 이 시기에는 편곡자도 원래의 선율을 창작하는 작곡자 못지않게 창조적인 역할을 하는 것으로 평가받기 시작하였다. 가수의 특색이나 개성에 맞추어 원곡을 바꾸는 음악적 '감각'이 창조적인 것으로서 가치 있게 평가된 것이다.

그러나 1980년대 후반 이후로 점차 대중음악 사운드 자체의 기술화가 심화되면서 상대적으로 처음의 음악 창작과 재현을 담당하는 사람보다 음반제작 과정에 참여하는 기술자들과 양쪽의 과정을 조율하는 음악 연출자의 지위가 높아졌다고 볼 수 있다.

대중음악의 생산 과정에는 작사자, 작곡자, 편곡자, 가수, 연주자와 같이 최초의 음악적 재현을 담당하는 사람들과 그것을 음반화하는 과정에 종사하는 프로듀서, 편집 기사(mixer), 음향·녹음 기사, 완성본 작업 기사(mastering engineer) 등의 많은 사람들이 참여하게 된다. 그리고 음반제작에 참여하는 기술인들은 세부적으로 기능이 분화되어 있는데, 프로듀서의 경우 책임 프로듀서(excutive producer)와 보조 프로듀서로 나뉘어 지고, 녹음 및 편집에 참여하는 엔지니어들도 주무 기사와 보조 기사들로 분담이 이루어진다.

주지하다시피 대중음악 생산 기술의 발전은 녹음실 작업의 중요성을 한층 높여왔다. 이것은 음악적 완성도의 평가 기준을 변화시켰다. 즉, 단순히 음악을 재현하는 가수와 연주자들의 숙련 수준으로만 완성도가 평가되는 것이 아니라 음악을 이루는 여러 악기 및 사운드들의 구성과 공간적 배치라든가 전체적인 편집과 음향의 수준과 같은 요인들이 그 평가에 있어 중요하게 작용하는 것이다. 따라서 이러한 변화들은 1990년대 이후 대중음악 생산 주체들에 대하여 여러 가지 방식으로 영향을 끼치게 된다.

첫째, 이러한 기능의 분화가 생산 주체들 간의 권력관계를 변화시켰다는 것이다. 전문적 기능 분화는 대중음악의 생산에서 영향력을 행사할 수 있는 힘의 분화를 촉진시키면서 새로운 위계 구조를 형성하였다. 즉, 음악 연출자와 녹음 및 편집기사의 역할이 더욱 중요해졌으며, 그에 따라 이들의 지위가 한층 높아졌다. 녹음실내에서의 과정이 기술적 가공이 아니라 음악 창작의 일부로서 여겨지게 된 것이다. 그에 따라 이들은 스스로를 '엔지니어'가 아닌 '예술가'로서 정체성을 가지고 있다.

둘째, 대중음악의 생산 과정에서 기술적 도구에 더욱 의존하게 되면서 각 생산 주체들 간의 직접적인 음악적 상호작용은 줄어들었다. 즉, 한 자리에 모여 상호작용을 하면서 음악을 완성하는 것이 아니라 분업화된 체계 속에서 자신의 업무를 수행한다. 이러한 상황에서 음악 연출자는 음악 생산의 전 과정을 전체적으로 조율하는 업무를 맡는다. 음악 연출자는 연주자의 선정, 가수의 음색과 표현방식, 편집의 방향, 반주 악기들의 구성과 음색 등 다양한 범위에 걸쳐 영향력을 행사한다. 물론 이러한 과정에서 다른 생산 주체들과의 협의가 이루어지지만, 특히 지명도가 높지 않은 신인 가수의 경우 음악 연출자의 입김은 가히 절대적이라 할 수 있다. 따라서 신인가수의 음악과 음반은 음악 연출자의 '작품'으로까지 일컬어진다. 즉 음악 연출자는 이 과정에서 예술 창작자로서 평가받으며, 다른 생산 주체들에게 큰 영향력을 행사할 수 있는 핵심적인 위치로 부상하게 되었다.

셋째, 가수에 대한 개념과 유능함의 정의가 달라졌다. 이전에는 가수(singer)의 개념은 '노래를 부르는 사람'으로서 정의되고, 실력 있는 가수란 가창력을 갖추어야 하며 여기에다 작사와 작곡 능력까지 겸비하면 더욱 높은 평가를 받았다. 그리고 이러한 사람들의 경우 단지 가수가 아닌 음악가(musician)와 예술가(artist)로 인정을 받는다. 하지만 기술의 발전은 다시 한 번 유능한 가수의 개념을 바꾸어 놓았다. 대중음악이 새로운 기술에 많이 의존하면 할수록 그 기술을 직접 활용하고 제어할 수 있는 능력을 갖춘 사람이 보다 높게 평가를 받는다. 새로운 기술은 녹음실 내에서 기술자와 가수(음악가)의 기능을 분화시키고, 권력의 축을 기술자 쪽으로 보다 이동시켰다.

그러나 위계 구조의 변화 속에서 많은 음악가들이 이를 인식하고 스스로 신기술을 획득하려고 한다(Goodwin, 1992). 따라서 이제 유능한 음악가는 작사·작곡 능력에다 신기술의 운용 능력 또한 갖추어야 한다. 음악가의 유능함을 구분하는 기준이 예술적 능력과 아울러 기술적 능력 또한 중요하게 고려되는 것이다. 또 역으로 녹음실 내의 편집 기사(mixer)와 같은 기술 담당자들의 '기술적 능력'이 예술적으로 평가받기도 한다. 댄스음악과 이것이 주로 수용되는 클럽문화에서 '재편집된'(re-mixed) 음악은 원작 못지않게 창조성을 인정받게 되었다. 따라서 편집자의 편집 능력이 창조적인 원천으로서 매우 중요하게 여겨지게 되었다.

이처럼 새로운 기술의 발전은 대중음악을 생산하는 담당자들 간의 관계와 성격을 변화시키는 데 큰 영향을 끼쳤다. 그리고 이것은 청년 대중음악의 흐름에도 일정 정도 영향을 끼쳤다고 볼 수 있다.

한국의 경우에도 새로운 기술들의 적용을 바탕으로 한 댄스음악이 1990년대 이후 급속하게 주류화하면서 주류음악의 실질적인 창조자로서의 음악 연출자와 편집자의 역할과 비중이 매우 커졌다고 할 수 있다. 특히 상업적 성공을 지향하는 주류음악의 경우 음악 연출자의 중요성은 절대적이다. 한국 대중음악에서 프로듀서는 1990년 이후 그 존재가 인식되기 시작하였다.[18] 이들은 대부분 DJ, 가수, 연주자, 기획자 등의 음악 분야 출신으로서, 자신의 손을 거쳐 제작된 '상품'들을 밑받침으로 하여 일정 규모의 배출자를 거느리기도 한다.

특히 유명 연출자의 경우 그 이름 자체가 상품성을 보장해주는 지표가 되었다. 이로부터 가수(자신이 작·편곡을 하지 않는)는 음악 연출자의 '창

---

18) 처음 프로듀서의 존재를 알린 사람은 라인음향의 김창환이다. 그에 의해 조련된 가수의 음반들은 100만 장 이상 판매고를 올리며 일명 '히트 제조기'로 불리었다. 그리고 1990년 이후 점차 프로듀서의 존재와 그들의 중요성이 인식되면서 앨범의 속표지에는 프로듀서와 기술 담당자들의 이름이 보다 분명하게 명기되기 시작하였다.

조물'처럼 여겨진다. 음악 연출자의 막강한 권력으로 인하여 많은 가수와 음악가들은 자신들의 상대적 지위 하락을 연출의 업무를 겸임함으로써 상쇄하려고 해왔다. 따라서 자신의 음반을 제작할 때 '연출·기획(producing)'을 본인이 직접 담당하고자 하는 가수들이 증가해왔으며, 그에 따라 연출 능력을 겸비한 가수와 그렇지 않은 가수들이 구분되기 시작하였다. 더 나아가서는 자신의 음반뿐만 아니라 다른 사람의 음반 연출까지도 맡음으로써 연출 능력에 대한 평가를 획득하는 가수들도 생겨났다. 이러한 현상은 물론 가수 본인이 음악 생산의 모든 과정을 직접 통제하고자 하는 욕구에서 비롯되는 것이지만, 그 욕구의 이면에는 자신의 연출 능력을 통하여 다른 대중음악인들과 대중 모두에게 보다 높은 음악적 평가를 받을 수 있는 '상징'을 획득하고자 하는 의도가 반영되어 있다고 볼 수 있다. 즉, '진정한 예술가(artist)'로서 인정을 받을 수 있는 것이다.

그 결과, 너무 단순한 구분일 수도 있지만, 가수들은 음악가(뮤지션)로 지칭되는 범주와 기획 상품으로 간주되는 범주가 구분되었다. 후자의 경우는 예술적 가치보다는 철저하게 이윤 획득 가치에 따라 만들어지기 때문에 이 가치가 떨어지게 되면 언제든지 다른 상품으로 대체하는 경로에 따라 생산과 소멸의 과정을 반복한다.

그런데, 이러한 일련의 변화들의 결과 1990년 이후 대중음악에서 음악 연출자의 연출력이 보다 중요해졌을 뿐만 아니라, 이들에 의해 만들어진 음악들이 주류음악을 형성하면서 한국 대중음악문화를 지배해왔다. 이 과정에서 1990년대 이후 주류음악문화는 유행가의 주기와 가수의 수명이 더욱 짧아지는 특성을 보이게 되었다. 이러한 현상은 대중음악 외의 다른 문화 영역에서도 일반적으로 나타나는 것이기는 하지만, 대중음악에서 특히 두드러지게 나타난다. 그것은 음악자본과 그들의 논리를 충실히 따르는 주류음악 연출자의 기획 연출에 의하여 철저한 이윤추구 논리에 따라 대중음악이 기획 상품화했기 때문이다. 음악자본과 주류음악 프로듀서들은 기존의 가수에 대하여 '음악적 역량'을 키우는 것보다는 '상품성 관리'라는 차원에서 접근한다. 따라서 이러한 논리에 의해 주류음악의 유행 주기와 가수의 수명은 점점 짧아지게 된 것이다. 1990년대 이후부터 주류음악은 유행의 주기가 평균 3개월 정도가 되고, 많은 신인 가수들이 혜성처럼 등장했다가 대부분이 1, 2년을 넘기지 못하고 사라져버리는 패턴을 반복해오고 있다.

따라서 1990년대 이후 청년 대중음악 스타일과 지형의 변화는 생산자 집단 내에서 기획과 연출자들의 위상이 강화된 것과 관련 있으며, 결과적으로 이들은 자신들의 중심적 위치를 기반으로 댄스음악과 팝발라드와 같은 장르를 확대 재생산하는 데 큰 역할을 했다고 볼 수 있다.

제2절 청년 대중음악 수용자의 특성과 변화

1. 청년 대중음악 수용자 집단의 형성과 분화

가. 수용자 집단의 인구학적 특성과 문화 소비 패턴의 변화

청년 대중음악문화의 형성에 있어 전제가 되는 것 중의 하나는 바로 수용자 집단이다. 수용자들의 존재와 이들의 특성은 청년 대중음악문화의 성격에 다각도로 영향을 미친다. 여러 가지 요인들 중에서도 일정 규모의 청년 수용자 집단의 존재는 청년 대중음악문화를 형성하게 하는 기본적인 조건이 된다.

한국 사회에서 청년 대중음악문화가 형성되기 시작한 것은 1970년대이다. 청년 문화가 형성될 수 있었던 것은 바로 청년이라는 집단의 양적 규모가 커지면서 이들의 정서와 취향을 고려하는 문화적 산물들이 증가하면서 가능해진 것이다. 청년 집단의 규모는 한국사회의 인구 구성의 변화와 밀접하게 관계되어 있다(〈표 2-1〉 참조). 이 표를 보면 청년인구가 전체 인구에서 차지하는 구성비는 일정한 패턴을 나타내고 있다. 1970년 이후 점차 높아지다가 1975년에 39.4%로 정점에 이르고, 이후 감소하는 추세를 보이다가 다시 1985년 이후 증가하면서 1990년에 40%로 최고조에 이르고, 이후에는 다시 감소하는 추세를 보이고 있다. 이러한 청년 인구 비율의 패턴은 1955~1960년의 '베이비 붐'의 형성에서 기인한다. 베이비 붐 세대가 청년기에 접어드는 것이 1970년대이며 이들의 수적 증가는 1970년대의 청년 대중음악문화 형성에 발판을 마련한 것이다.

이 베이비 붐 세대는 다시 2세대로 이어져 1990~1995년의 청년 인구 규모를 1970년대와 비슷한 수준으로 유지하게끔 만들었다. 출산율의 저하와 그로 인한 평균 자녀수의 감소에도 불구하고 1990년대에 다시 청년 인구가 늘어난 것은 베이비 붐의 여파 때문이라고 볼 수 있다. 이러한 인구학적 현상은 1980년대 후반 이후 한국 대중음악 시장이 청소년층으로 재편되는 구조적 변화와도 관련된다. 특히 10대와 20대 초반의 청소년 집단이 실질적으로 대중음악 시장의 중심을 차지하면서 한국 대중음악의 지형은 청년 대중음악 위주로 짜여지게 된다.

그러나 청년 인구의 수적 변화가 청년 대중음악문화의 형성과 변화에 유일하게 영향을 끼치는 요인은 아니다. 표 〈3-1〉을 보면 청소년 인구는 1975년에 정점을 이루다가 그 이후부터는 계속 감소 추세를 보이고 있다.

〈표 3-1〉 청소년 인구 규모와 구성비의 변화[19]

단위: 명, %

	1960	1970	1975	1980	1985	1990	1995	2000
총인구	24,989,241	26,261,326	29,540,549	37,406,815	40,419,652	43,390,374	44,553,710	47,274,543
청소년 인구	5,772,541	7,210,660	9,121,241	9,987,046	10,456,083	10,398,146	9,814,087	8,316,620
구성비	23.1	27.5	30.9	26.7	25.9	24.0	22.0	17.6

자료: 통계청, 『인구주택 총조사』, 해당연도.
* 청소년 인구는 13~24세임. ** 2000년도는 추계인구임.

출산율 저하로 인한 청소년 인구의 감소에도 불구하고 1980년대 후반 이후 청년 대중음악문화가 저연령층의 청년 집단의 중심으로 재편된 것은 무엇보다도 이들의 높은 소비 수준이 뒷받침되었기 때문에 가능한 것이었다.

청년 인구의 소비수준의 향상은 한국사회 소비수준의 향상 및 소비구조의 변화와 일맥상통한다. 전반적인 학력수준의 향상으로 청년 인구의 상당수가 학생인 비경제활동 인구임을 감안하면, 이들의 소비수준은 전체 가구의 소득 수준 및 소비수준에 기반할 수밖에 없기 때문이다. 소비수준의 향상은 소비지출의 절대 규모의 증가뿐만 아니라 소비 지출의 구성의 변화에도 크게 영향을 끼친다. 즉, 의식주와 관련된 필수적인 항목보다는 선택적 내구재나 여가와 관련된 항목의 지출이 증가하는 것이다.

〈표 3-2〉를 보면 이와 같은 변화의 추세가 잘 나타난다. 도시 가구의 소비지출 구성에서 식료품과 피복신발의 비중은 급격하게 낮아지는 대신, 교육, 교통통신, 교양오락의 비중은 반대로 높아져온 것이다. 여기서 대중음악문화의 전개와 관련되는 것은 여가 및 문화 관련 지출을 나타내는 교양오락비이다. 교양오락비는 TV, 라디오, 카메라, 전축, 악기, 완구, 음반, 등산 낚시 도구, 원예용품 등의 교양·오락 용품 구입과 극장 및 공연 관람, 문화시설 입장, 스포츠시설 이용료, 교양오락 강습료 등의 서비스 이용료를 포함한다(통계청, 1995: 40). 따라서 교양오락비에는 음반 구입, 공연 관람, 라디오나 오디오의 구입 등 대중음악의 수용 및 실천과 관련된 항목이 포함된 만큼, 이 부분의 소비수준을 통하여 대중음악 수용의 양적 정도를 유추해볼 수 있을 것이다.

위 표를 보면 1980년대 초반까지는 오락이나 여가 생활이 제한적으로 이루어졌음을 알 수 있다. 소득 수준이 전반적으로 낮았기 때문에 의식주와 관련된 필수품의 비중이 상당 부분 높게 나타나고 문화생활에 지출할 만한 여력이 없었다고 볼 수 있다. 그러나 여가 관련 지출은 조금씩 증가하다가 1985년 이후 급증하여 1990년대 중반 이후에는 전체 소비 지출의

---

19) 〈청소년 기본법〉에서 청소년은 9~24세로 규정하고 있지만, 여기서는 초등학교 재학연령에 해당되는 9~12세의 인구는 제외하였다.

5%를 넘어선 것으로 나타나고 있다. 이러한 교양오락비의 증가폭이 1980년대 중반 이후 더욱 커진 것은 한국사회의 계층적 변화와 밀접한 관련이 있다. 전체 가구의 소득 수준의 상승은 한국사회에서 중산층이 두터운 계층 구조로 변화시켰으며, 새롭게 형성된 중산층이 오락 및 여가에 대한 투자를 늘리면서 여가 문화의 형성을 주도한 것이다.

그러므로 전체 소비 수준의 향상과 아울러 특히 여가 지출의 증가는 음반 구매나 음악 감상 관련 소비품, 공연 관람 등과 같은 대중음악과 관련된 부분에서의 지출 증가를 의미한다. 특히 중산층 부모들은 자녀들의 교육 및 여가 생활에 대한 물질적 후원자로서의 역할을 하게 되었고, 청년 세대, 특히 청소년들은 이러한 물질적 지원을 대중문화 산물에 대한 소비로 연결시킴으로써, 이들이 대중문화의 중심 수용층으로 부상하게 된 것이다.

⟨표 3-2⟩ 도시가구의 소비지출 구성비 변화

단위: %

	1970	1980	1985	1990	1995	1999
소비지출	100.0	100.0	100.0	100.0	100.0	100.0
식료품	46.6	43.2	37.5	32.2	29.0	27.9
주 거	5.9	4.5	5.0	4.7	3.8	3.7
광열수도	4.7	7.8	7.5	4.5	4.1	5.2
가구집기	1.7	4.3	4.7	5.6	4.7	3.8
피복신발	11.6	9.8	7.6	8.2	7.7	5.4
보건의료	3.5	6.3	5.5	5.1	4.7	4.5
교 육	7.6	6.3	7.8	8.4	10.0	11.1
교양오락	2.1	1.8	3.5	4.7	5.3	4.9
교통통신	5.5	5.8	6.5	8.5	11.3	15.2
기타소비지출	10.7	10.1	14.4	18.2	19.4	18.4

자료: 통계청, 2000, 『통계로 보는 한국의 모습』, pp.86.

이렇게 볼 때 1970년대의 청년 대중음악문화가 양적으로 팽창한 청년 집단을 바탕으로 형성되었다면, 1980년대 중반 이후의 청년 대중음악문화는 청년 집단의 소비력이 뒷받침하고 있다고 볼 수 있다. 그리고 이들의 구매력은 전체 한국 대중음악문화를 청년 대중음악 중심으로 변화시키는 데 기여했을 뿐 아니라 청년 대중음악문화의 질적 변화에도 많은 영향을 끼쳤다. 대중음악에 대한 소비의 증가는 구매 음반의 수나 고가의 음악 관련 물품 구입의 차원을 넘어서서 그 소비의 내용을 변화시킨다. 즉, 단순히 여흥거리로서의 대중음악이 아니라 음악에 대한 식견과 정서적 투여의 정도가 한층 더 심화된다는 것이다. 이러한 소비는 소수 취향 집단을 형성하게 되고, 이들은 그 음악을 통하여 자신의 고유한 정체성을 확립·확인하려 하기도 한다.

따라서 1980년대 중반 이후의 청년 집단에게서 나타나는 소비 패턴의 변화는 청년 대중음악문화를 한국 대중음악문화의 중심으로 끌어올렸을 뿐 아니라 청년 대중음악문화 내에서도 새로운 음악문화가 창출되는 데 영향을 끼친 것으로 보아야 한다. 이러한 맥락적 변화들은 비주류음악을 형성하는 하나의 기반으로 작용하였으며, 결국 청년 대중음악문화를 단일한 것이 아닌 서로 경쟁적인 음악문화들로 분화시킨 것이다.

이렇듯 1980년대 중반 이후 청년 대중음악문화의 양상은 주류음악문화와 비주류음악문화라는 내적 분화로 전개되었으며, 1990년대에 이후에도 이러한 틀은 계속 유지되어 오고 있다. 1990년대 중반 이후부터는 청년 집단의 인구가 계속 감소되고 있음에도 불구하고 여전히 이들이 한국 대중음악문화의 중심 수용자로서의 위치를 유지하고 있는 것은, 청소년 집단을 중심으로 다른 연령층보다도 직접적인 생계비 지출의 부담은 적은 대신, 문화적 소비는 상대적으로 많이 지출하고 있기 때문이다.

〈표 3-3〉 1991년도 연령별 문화관련 최대 지출 항목

단위: %

항목 연령	도서구입	전시회 관람	영화 관람	연극 관람	여행	무용 관람	음악회 관람	비디오 테입 대여	음반 구입	스포츠 관람	레저 스포츠	기 타	계
15~19세	40.1	0.6	18.0	0.3	3.7	-	1.5	8.3	15.9	2.1	5.5	4.0	100.0
20~29세	39.8	0.8	15.2	0.8	9.4	-	0.2	9.2	11.3	2.7	8.8	1.9	100.0
30~39세	38.6	0.3	5.2	0.3	14.8	0.3	-	12.6	10.1	4.4	8.2	5.2	100.0
40~49세	29.8	0.3	3.4	0.3	20.3	0.3	0.7	13.9	8.8	2.4	12.5	7.1	100.0
50~59세	22.0	2.4	2.0	-	33.2	-	0.5	7.8	5.9	2.9	7.3	16.1	100.0
60 이상	14.8	-	-	-	42.6	-	-	5.6	7.4	-	1.9	27.8	100.0

자료: 문화부·한국문화예술진흥원, 『문화향수 실태조사』, 1991.

<표 3-4> 1997년도 연령별 문화관련 지출 최대 항목

단위: %

항목 \ 연령	도서 구입	전시회 관람	영화 관람	연극 관람	서양고전 음악관람	무용 관람	전통 음악회 관람	비디오 비임 대여	음반 구입	연예 관람	예술 강습비	기타	해당 없음	계
15~19세	42.2	-	11.6	0.4	-	-	-	10.8	27.2	-	3.9	1.3	2.6	100.0
20~29세	37.1	0.6	21.8	1.6	0.2	-	0.2	15.7	13.6	-	1.4	2.4	5.3	100.0
30~39세	44.2	1.8	8.4	0.6	-	-	-	15.5	10.4	0.6	3.3	2.9	12.0	100.0
40~49세	42.2	1.5	2.6	0.3	0.9	0.3	0.9	7.9	4.7	0.6	5.0	4.4	28.4	100.0
50~59세	24.4	0.4	4.8	0.4	0.4	-	0.4	5.2	4.8	0.4	3.2	3.2	50.0	100.0
60 이상	17.0	3.8	2.5	0.6	-	-	-	1.9	3.1	1.3	1.3	2.5	64.2	100.0

자료: 문화체육부·한국문화정책개발원, 『문화향수 실태조사』, 1997.

〈표 3-3〉과 〈표 3-4〉를 보면 1990년대의 문화예술 관련 지출이 연령별로 어떻게 이루어져 왔는지를 잘 알 수 있는데, 무엇보다도 음반 구입의 항목은 연령과 반비례 관계에 있음을 보여주고 있다. 연령이 낮을수록 음반 구입이 자신의 최대 지출 항목이라는 대답을 한 비율이 높게 나타나고 있는 것이다. 즉, 연령이 낮을수록 상대적으로 다른 항목에 비하여 음반 구입에 지출하는 비용이 많다는 것을 의미한다.

위의 표들을 보면 최대 지출 항목이 음반 구입인 경우가 40세 이후부터는 급격히 떨어지고 있다. 음반 구매는 10대~30대의 연령층에 거의 한정되어 있으며, 특히 10대~20대에 집중적으로 행해지고 있음을 알 수 있다. 이처럼 1990년대 이후에도 여전히 대중음악의 중심 수용층은 청년 집단이며, 최근으로 올수록 10대 청소년의 영향력이 커지고 있음을 보여주고 있다.

나. 대중음악 선호도의 변화

또한 소비 수준의 변화 외에도 교육 수준의 변화 또한 청년 대중음악문화의 특성에 영향을 끼치는 요인으로 작용한다. 1970년대 이후 점차 청년 세대를 중심으로 교육 수준이 높아져왔는데, 교육 수준의 상승은 근대적 교육의 수혜를 받는 인구의 증가뿐만 아니라 서구적인 가치와 문화에 보다 익숙한 인구의 증가를 의미하기도 한다(〈표 2-2〉, 〈표 2-3〉 참조).

전반적으로 교육수준이 높아지면서 학령인구의 증가와 평균 교육 연수의 상승이 이루어졌다. 특히 젊은 세대일수록 고등교육의 혜택을 받은 인구가 증가해왔다고 볼 수 있다. 그러므로 청년 세대일수록 서구적 문화와 가치에 보다 친화성을 지녔다고 추측해볼 수 있으며, 이러한 특성은 청년 대중음악의 서구화를 촉진시키는 기반으로 작용했다고 생각된다.

국내 대중음악이 점점 서구 스타일을 띠게 된 것에는 청년 세대를 중심으로 팝송과 같은 서구 대중음악의 광범위한 수용이 뒷받침되었기 때문이다. 물론 여기에는 서구의 대중문화를 보다 쉽게 접촉할 수 있는 다양한 매체의 보급과 확산이라는 환경적 요인도 크게 작용하지만, 청년 수용자들의 특성 또한 청년 대중음악의 스타일을 변화시키는 데 한 몫 한 것으로 생각된다.

이처럼 청년 대중음악 스타일의 서구화는 구매력을 갖춘 청년 세대들을 대거 국내 대중음악을 선호하도록 이끌었고, 결과적으로 1980년대 중반 이후 국내 대중음악 시장이 양적으로 팽창하는 데 견인차 역할을 한 것이다.

〈표 3-5〉에서 인용된 자료들은 조사 대상이나 구체적인 조사 항목이 완전히 동일하지 않기 때문에 직접적인 비교에 있어 조심스럽기는 하지만, 그럼에도 불구하고 청년들의 음악 선호양상이 일관된 방향으로 변화하고 있음을 보여주고 있다. 안춘옥의 조사에서는 대학생에 한정되어 있기는 하지만, 1990년의 조사 연구와 비교해볼 때 1970년대에는 팝송을 선호하는 비율이 월등하게 높았음을 알 수 있다.

전반적으로 1980년대 초반까지는 청년들이 팝송을 더 선호하지만, 1980년대 중반 이후부터 그 양상이 달라졌다는 일반적인 추론이 틀리지 않음을 방증하는 것이다. 1989년과 1990년의 『국민음악 감상지수』조사는 선호 1순위와 2순위를 합한 중복된 비율이기는 하지만, 모두 국내 대중음악의 선호가 외국 팝송보다 높게 나타나고 있으며, 이후의 조사에서는 그 격차가 더욱 벌어져 있음을 보여주고 있다.

이러한 음악 선호의 변화는 단순히 수용자의 취향의 변화를 넘어서 한국 대중음악의 지형을 바꾸는 데 일조를 했다는 보다 중요한 의미를 지니고 있다. 수적으로 보다 많은 청년들이 국내 대중음악을 선호하게 됨에 따라 대중음악 시장 자체가 팽창되었을 뿐 아니라 청년 대중음악 내에서 다양한 장르나 스타일의 생성이 가능하게 된 것이다. 즉, 청년 대중음악문화가 장르와 스타일에서 다양하게 분화되고, 이는 결국 분화된 음악들과 연계된 취향 집단들을 형성하게 하는 것이다. 그리고 이러한 취향 집단의 분화는 결과적으로 음악 문화의 분화를 가져오며, 청년 대중음악문화가 내부적으로 서로 상이한 음악문화들의 상호 관계로 엮어지게 한다.

〈표 3-5〉 청년 수용자의 음악 선호 양상[20)]

단위: %

	안춘옥	박창모	국민음악 감상조사	국민음악 감상조사	청소년 백서	청소년 백서
조사연도	1974	1982	1989	1990	1991	1999
조사대상(명)	대학생 (800명)	대학생 (480)	중·고등 학생(1209)	대학생 (1047)	중·고등 학생(1500)	중·고등 학생(1500)
국내대중음악	5.4	6.0	79.0	79.1	56.9	79.5
인디 음악	-	-	-	-	-	1.8
외국대중음악	50.4	53.2	43.5	46.2	14.4	5.7
영화 음악	-	14.2	-	-	10.1	5.1
서양고전음악	19.9	15.5	25.0	37.8	9.8	4.4
국 악	12.1	-	4.7	11.6	0.7	0.4
가 곡	11.1	0.9	-	-	-	-
종교 음악	-	-	8.4	6.4	5.3	2.2
외국 민요	-	-	1.9	0.5	0.2	0.1
동 요	-	-	4.9	1.4	2.3	0.5
주제곡	-	-	32.3	15.8	-	-
기 타	-	10.2	-	-	-	-
계	100.0	100.0	200.0	200.0	100.0	100.0

* '-'는 조사항목이 아님을 표시한 것임.
* 박창모의 연구는 음악방송 선호도에 대한 조사이다.

따라서 1980년대 중반 이후의 청년 대중음악문화는 청년 수용자 집단의

---

20) 〈표 5-7〉에 사용된 자료들은 다음과 같다. 안춘옥, 1975, 『Popular Music 의 일반적 성격과 한국적인 현상에 관한 연구』, 서울대학교 신문대학원 석사 학위논문.

박창모, 1983, 『대학생의 음악선호성향과 보수-진보 성향의 관계에 관한 조사연구』, 연세대학교 신문방송학과 석사학위논문.

한국방송공사·한국갤럽조사연구소, 1989, 『국민음악 감상지수조사-1차 발표』.

한국방송공사·한국갤럽조사연구소, 1991, 『국민음악 감상지수조사』.

문화방송, 1991, 『청소년 백서』.

문화방송, 2000, 『청소년 백서』.

조건과 특성의 변화에 따라 다음과 같은 특징을 지니게 되었다고 볼 수 있다. 첫째, 주류음악과 비주류음악으로 분화되고 이들 간의 헤게모니 투쟁이 대중음악문화의 전개 양상에 크게 영향을 끼치게 되었다는 것이다.

둘째, 국내 대중음악에 대한 선호도의 급증은 대중음악이 다른 어떤 대중문화 산물보다도 청년들, 특히 청소년들에게 세대 정체성을 형성하고 기성세대와의 차별화를 시도하는 기능의 심화와 연결되었다고 볼 수 있다.

2. 대중음악 실천방식의 변화

청년 수용자들의 실천방식 또한 대중음악문화 양상의 변화에 영향을 끼친다. 대중음악을 어떤 환경에서 접촉하는가, 그리고 수용자들의 수용방식과 수용태도가 어떻게 달라져왔는가에 따라서 대중음악문화의 양태가 달라질 수 있는 것이다.

이렇게 볼 때 대중음악문화의 양상에 영향을 끼치는 청년 수용자의 실천방식은 크게 두 가지로 집약해볼 수 있다. 하나는 대중음악 접촉 환경의 변화와 관련된 수용 형태이고, 다른 하나는 수용방식의 유형이다. 전자의 경우 수용자들이 어떤 경로를 통하여 대중음악을 수용하게 되느냐와 연관된다.

먼저 대중음악 접촉은 1980년대까지만 하더라도 주로 라디오, 텔레비전, 전축, 휴대용 카세트 등으로 한정되어 있었다. 그러나 1990년대 이후 대중음악을 수용하는 매체는 보다 다양해지기 시작한다. 〈표 3-6〉을 보면 그러한 변화가 잘 나타나는데, 1970년대에는 주로 라디오를 통하여 대중음악을 접촉하였으며, 1980년대 후반에는 라디오의 비중이 떨어지는 대신 카세트나 레코드의 비중이 보다 늘어났음을 알 수 있다. 이는 휴대용 카세트 플레이어나 오디오의 보급이 청년들에게 확산되고, 직접적인 음반 구매를 통한 수용방식이 증가했음을 말해주는 것이다.

이 표에서 인용된 조사들은 조사 항목들이 서로 일치하지 않아서 완전한 비교가 어렵기는 하지만, 대체로 1980년대까지는 주로 TV, 라디오, 카세트테이프(카세트 플레이어), 레코드(오디오)를 통한 대중음악의 수용이 주류를 이루었으며, 1990년대 초반 이후부터 대중음악 수용방식이 보다 분산적으로 이루어지고 있음을 보여주고 있다. 그 이전까지는 전혀 등장하지 않았던 CD, 뮤직 비디오, 인터넷, MP3 등과 같은 새로운 매체들이 등장하면서 대중음악 접촉 매체가 다변화된 것이다.

⟨표 3-6⟩ 청년 집단의 주요 대중음악 접촉 매체의 변화

단위: %

	박 창 모	국민 음악감상 지수조사	국민 음악감상 지수조사	이 민 희
조사 연도	1974	1989	1990	1998
조사 대상	대학생 (480명)	중·고등학생 (1209명)	대학생 (1047명)	중·고등학생 (1016명)
TV	조사항목 아님	4.9	-	24.5
라디오	67.5	39.7	33.8	14.8
레코드	11.5	조사항목 아님	조사항목 아님	조사항목 아님
카세트테이프	11.6	39.9	38.7	29.1
전축(오디오)	조사항목 아님	14.2	26.6	조사항목 아님
CD	〃	〃	조사항목 아님	18.5
뮤직비디오	〃	〃	〃	6.0
콘서트	조사항목 아님	조사항목 아님	〃	0.3
인터넷	〃	〃	〃	1.3
MP3	〃	〃	〃	1.8
기타 (무응답 포함)	7.1	1.1	1.0	1.7
계	100.0	100.0	100.0	100.0

* 자료: 박창모, 국민음악감상지수조사(1989, 1990)는 표 ⟨3-5⟩와 동일.
이민희, 1999, 『청소년 대중문화 수용실태와 대책』, 청소년개발원.

하지만 접촉 매체가 다양해졌음에도 불구하고 전반적으로 최근까지도 전통적인 수용 매체의 활용이 상당한 비중을 차지하고 있음을 알 수 있다.

〈표 3-6〉에서 보면 1990년대 후반 청소년들의 대중음악 수용은 여전히 TV, 라디오, 음반(CD 및 카세트)에 집중되어 있음을 알 수 있다.

앞으로는 새로운 매체의 비중이 보다 클 것으로 예상은 되지만, 가장 최근의 연구인 1998년의 조사에서는 라디오보다도 오히려 텔레비전 매체의 비중이 높은 것으로 나타나고 있다. 이것은 두 가지로 생각해볼 수 있다. 첫째는 텔레비전 매체가 1990년대 이후 청년 대중음악을 생산하고 전파하는 데 있어 그 역할이 더욱 강화되었다는 것이다. 즉, 텔레비전은 대중음악과 관련한 정보들을 제공하거나 청년 집단의 취향문화의 형성에 상당한 영향력을 행사해왔다는 것이다.

둘째는 청년들의 대중음악 수용 형태의 변화를 반영한다고 볼 수 있다. 1990년대 이후 청년 집단의 대중음악 수용은 단순히 청각적인 차원이 아닌 다양한 볼거리를 동반하는 시청각적인 형태를 띠고 있다고 생각해볼 수 있다.

대중음악 수용 매체의 변화는 대중음악 수용 환경의 변화라고 말할 수 있다. 전체적으로 본다면 대중음악 수용 매체는 점차 다양해져왔으며, 이러한 환경의 변화는 청년 대중음악문화의 전개에도 영향을 끼친다고 생각된다. 특히 새로운 수용 매체들이 1990년대 이후 대거 등장하면서 아직은 그 비중이 그리 높지 않지만, 앞으로는 새로운 매체들의 비중이 상대적으로 높아질 것으로 전망된다. 그리고 새로운 매체들은 단순히 음악을 전달해주는 것이 아니라 수용자들의 능동성을 제고시킨다. 특히 최근 인터넷과 같은 매체는 수용자들 간의 다양한 네트웍을 형성하며, 이 안에서 다양한 형태의 교류와 의사소통을 가능하게 해준다. 즉, 다른 사람들의 음악을 비교적 자유롭게 접할 수 있고, 자신이 창작한 음악을 쉽게 알릴 수 있는 것과 같은 음악적 실천이 보다 용이해지는 것이다. 뿐만 아니라 대중음악에 대한 정보 교류 및 여론 형성을 가능하게 하고 결과적으로 수용자들의 힘을 증대시키며 현재의 대중음악문화에 직·간접적인 영향을 끼칠 수 있다.

이러한 환경적 변화 외에도 청년 집단의 대중음악 수용 형태 또한 보다 직접적이고 적극적인 형태로 변화해왔다. 이러한 변화는 크게 두 가지로 요약해볼 수 있는데, 하나는 공연문화의 확산이고 다른 하나는 팬덤 문화의 형성이다. 먼저, 1980년대 중반 이후부터 비주류음악을 중심으로 공연이 활성화되면서, 공연문화는 보편화되기 시작하였다. 소극장이나 일반 공연장에서의 대중음악 공연이 증가했을 뿐 아니라 각 방송사에서도 가요제 행사나 공개 방송의 형태로 대규모 야외무대 프로그램을 주최함으로써 수용자의 직접적인 참여를 증대시키는 데 기여하였다.

특히 이러한 공연이나 방송사의 행사 프로그램 참여자는 청년 집단이 중심을 이루었다. 공연문화의 활성화는 대중음악 수용이 보다 적극적인 형태로 바뀌었음을 뜻한다. 이러한 공연의 내용이 대부분 청년 대중음악이었기 때문에 청년 집단이 주 청중이었지만, 이러한 공연들과 그것이 행해지는 공간은 단순히 음악 감상의 차원을 넘어서서 청년 집단에게 다른 의미를 부여하는 것이기도 하였다. 공연에는 청각적인 감상만이 아니라 다른 여러 가지 것들을 제공한다. 공연의 과정에서 환호와 신체의 율동이 동반되기도 하며, 공연장은 동질감을 형성하고 해방감을 발산하는 공간이 되기도 한다.

〈표 3-7〉 청년 집단의 공연 참가 정도

	국민음악 감상지수 조사	이민희(청소년 개발원)
조사 연도	1989	1998
조사 대상	중·고등학생(1209명)	중·고등학생(1016명)
참가 경험 비율	33.3%	47.4%

* 자료: 한국방송공사·한국갤럽조사연구소, 『국민음악감상지수조사-1차발표』
  이민희, 1999, 『청소년의 대중문화 수용실태와 대책』, 청소년개발원.
* 국민음악 감상지수조사의 비율에는 국내 대중음악 외의 다른 음악회 및
  연주회 참가경험도 포함된 것임.

〈표 3-7〉을 보면 공연 관람의 경험 비율이 최근으로 올수록 높아져왔음을 알 수 있다. 1989년의 조사에서의 33.3%는 모든 형태의 음악회 및 연주회 관람을 포괄하는 것이고, 1998년의 조사는 가수의 공연에 한정된 것으로 이것을 감안하면, 실제 대중음악 공연의 경험은 양 시기동안 매우 증가

했다고 볼 수 있다. 1990년대 후반의 조사에서 나타나는 바로는 청소년들에게 한정된 것이기는 하지만, 청년들에게 있어 공연 관람이라고 하는 수용방식이 보편화되었음을 말해주는 것이다. 즉, 이것은 청년 집단의 대중음악 수용이 보다 적극적으로 전환되어왔다는 것을 의미한다. 그러나 라이브 공연이나 텔레비전 및 라디오의 공개방송 형태의 공연들에 대한 적극적 참가는 청년 수용자들의 적극적 의식의 증대만을 의미하지는 않는다. 여기에는 청소년들의 대중음악에 대한 물질적, 정서적 투여의 증대가 뒷받침되어 있는 것이다.

특히 청소년들의 경우, 공연 관람은 대중음악 자체보다는 가수 개인에 대한 정서적 투여와 깊이 연관되어 있기도 하다. 다시 말하면 공연문화의 활성화와 공연 참가의 증가가 스타 시스템과 연계된 주류 대중음악문화의 전략적 차원에서 이루어진 측면도 있다는 것이다. 1990년대 이후 주류 대중음악은 가수나 음악의 홍보에 공연의 과정을 넣기 시작했으며, 따라서 공연은 스타 시스템의 유지를 위한 무대 장치로서 기능하기도 한다. 즉, 주류 대중음악문화는 스타 시스템과 연계된 공연의 형식을 통하여 다수의 청소년 수용자들을 동원하고 자신의 재생산 기반을 마련함으로써 청년 대중음악문화에서 헤게모니적 지위를 유지할 수 있는 중요한 공간으로 활용하는 것이다.

그러나 다른 한편에서는 비주류나 언더그라운드음악문화 역시 라이브 공연이 주로 활동 공간이 된다. 위 표에서 나타난 청년 집단의 공연 관람의 증가에는 이러한 다양한 형태의 공연 경험이 포함되어 있는 것이다. 즉, 라이브 클럽에서의 소규모 공연이나 거리 축제 및 공연 등과 같은 비주류 음악 및 언더그라운드음악 공연에 대한 수용 또한 이루어지고 있다고 보아야 한다. 이는 청년 집단의 대중음악 실천이 대중음악문화 내의 각 영역들 간의 헤게모니적 투쟁과 복합적으로 연계되어 있음을 보여주는 것이다.

두 번째로 살펴볼 수용 형태의 변화는 팬덤 문화의 형성이다. 대중음악의 수용에 있어 소비되는 것은 음악만이 아니라 가수도 포함된다. 바로 스타시스템은 음악과 가수를 하나의 연결된 이미지로 창출하여 수용자의 몰입을 유도하는 것이다. 이러한 스타시스템의 창출 및 유지는 스타와 팬이라는 양 날개를 통해 이루어진다. 따라서 주류음악문화가 커질수록 스타시스템은 더욱 정교해지고 팬덤 문화가 형성된다.

이러한 팬덤 문화는 주로 팬클럽과 이것의 활동으로 이루어진다. 국내가수의 팬클럽이 본격적으로 만들어지기 시작한 것은 1980년대 초반부터이다.[21] 팬클럽 회원의 대다수가 10대 소녀라는 점에서, 가수에 대한 열광적인 행동을 보이는 이들에 대하여 '오빠 부대'라는 명칭으로 특정 가수의 팬들을 지칭하는 용어가 등장한 것도 1980년대 초반 무렵이었다.[22] 팬으로서의 수용자들의 대중음악 실천은 주로 팬클럽의 활동을 통해서 이루어진다. 팬클럽 활동을 통해서 볼 때 전반적으로 1980년대까지는 가수와 그의 음악에 대한 일차적 활동에 머물렀으며, 1990년대 이후 점차 활동 영역이 다양해지고 보다 능동적인 형태로 전환되어 왔다고 볼 수 있다.

청년 수용자들의 팬클럽 가입 정도가 얼마나 되는지 정확하게 알기는 어렵다. 대체로 조금의 증가는 있었겠지만 전체 청년 수용자들의 10%가 안 되는 소수만이 팬클럽에 가입하여 활동하고 있는 것으로 보인다.[23] 그러나 규모면에서는 소수이지만 이들의 활동 내용의 변화는 청년 대중음악 문화에도 많은 영향을 끼칠 수 있다는 점에서 결코 무시할 수 없는 존재가 되었다.

초기의 팬덤 문화는 주로 가수의 개인 자료, 공연 및 활동 스케줄 등에 대한 정보를 공유하고 가수와의 만남을 주선하는 형태의 활동이 주를 이루었다. 가수 개인과의 연계하에서 소속 성원들의 연대에 주로 초점이 주어졌으며, 기획사나 음반사에서는 이러한 형태의 팬클럽을 인기 관리의 전략

---

21) '조용필 음악가족'은 1980년대 초반에 결성된 대표적인 팬클럽이다. 1982년과 1985년 두 차례 회원 모집을 했으며, 1992년 당시 회원수는 1만 8천 명에 이르렀다고 한다. 이선희의 팬클럽인 '참사랑 홍당무'도 1987년 조직되었는데, 1992년 당시 회원수는 약 1만 5천 명에 달했다. 〈한국일보〉, 1992. 3. 4일자.

22) 1980년대 초반의 대표적인 스타인 조용필을 중심으로 '오빠부대'라는 팬의 명칭이 붙여지기 시작했다.

23) 한국문화방송에서 조사한 『청소년 백서』(2000)에서는 1500명의 중·고등학생 중 8.3%가 팬클럽에 가입해 있는 것으로 나타났다.

적 차원에서 지원하거나 적극적으로 활용하기도 하였다. 즉, 팬클럽이 기획
사나 음반사가 주도하는 주류 대중음악문화의 충실한 보조자로서의 역할을
한 것이다.

하지만 1990년대 이후 팬클럽의 활동 성격이 바뀌고 있다. 물론 수동적
형태의 팬클럽 역시 많이 존재하고 있다고 생각되지만, 단순히 스타를 쫓
아다니는 방식의 차원을 넘어서서 대중음악에 대한 보다 다양한 실천적 활
동을 전개하기도 한다. 따라서 소식지 발간이나 가수 홍보와 관련된 전통
적인 활동뿐 아니라 불우이웃 성금 모금이나 사회 행사 참여, 외부 활동
후원, 특정 사안에 대한 성명서 발표 등의 언론 홍보 활동과 자체 행사 기
획, 인터넷 홈페이지 개설 등의 장·단기적인 다양한 활동들을 포괄하고
있다(현지영, 1999: 62).[24]

더 나아가서 이러한 활동에는 기획사의 일방적 횡포에 집단적으로 항의
하고 감시하거나 대중음악문화 전반에 대한 문제제기를 하고, 다른 조직과
연대하여 대중음악 환경의 개혁에 보다 적극적으로 참여하기도 한다. 즉,
보다 사회적, 정치적인 것으로 활동의 범위와 성격이 확대된 것이다.[25] 대
중음악 환경 개선에 대한 요구, 특히 주류음악의 재생산의 기반이 되고 있

24) 현지영의 연구에 따르면, 〈서태지와 아이들〉의 팬클럽들은 1996년 '서태지 기
    념사업회'라는 이름의 조직을 중심으로 1996년 통합되었는데, 이 조직의 회원
    은 13,000명에 달한다고 한다. 한편, 유명 가수 및 그룹의 팬클럽은 클럽 회
    원이 1만~4만 명에 이른다. 댄스그룹 〈H.O.T.〉 팬클럽은 1999년 당시 정식
    회원이 3만 4천여 명에 달했고, 〈젝스키스〉의 팬클럽 회원 또한 1만 2천여
    명에 달했다. 〈경향신문〉, 1999. 8. 13일자.
25) 최근 댄스그룹 〈젝스키스〉의 해체가 기획사의 음모에 바탕한 것이라고 팬클럽
    과 팬들의 항의 시위가 펼쳐진 사례나 〈GOD〉의 공연 장소 변경을 일방적으
    로 행한 기획사에 항의와 압력을 행사한 사례가 대표적이다. 또한 팬클럽 '태
    지매니아'는 문화개혁시민연대, 민주언론운동시민연합, 한국민족예술인 총연
    합, 대중음악판바꾸기위원회, 한국민족음악인협회와 함께 〈대중음악 개혁을
    위한 연대모임〉을 결성하여 방송사 가요 프로그램 폐지 운동을 펼쳤으며, 그
    결과 KBS의 '뮤직뱅크'에서 순위제의 폐지라는 성과를 올리기도 하였다. 그리
    고 최근 '서태지-이재수' 간의 패러디 논쟁에서 '태지매니아'는 저작권협회 및
    이재수(기획사) 측에 대한 반박문을 일간지에 게재하고, 비판적 여론을 형성
    하기도 하였다.

는 현재의 대중음악문화의 개선에 대한 요구는 더 이상 팬클럽이나 팬덤 문화의 일원인 수용자들과 음악자본이 협조 관계가 아니라는 것을 의미한다. 사안에 따라서는 음악자본에 대한 압력 집단으로서 갈등 관계에 놓이기도 하는 것이다.

이처럼 1990년대 이후 팬클럽을 중심으로 하는 수용자들의 실천방식은 음악적 실천을 넘어서서 특정 담론을 형성하거나 직접 음악 생산의 환경에 개입하는 단계로까지 확대되고 있다. 팬클럽의 활동은 소수이지만, 이들의 활동은 다수의 청년 수용자에게 영향을 미친다. 이들이 주도한 담론들은 다수의 청년 수용자들의 동조를 이끌어내고 이들의 인식을 바꾸는 것을 목표로 하기 때문이다. 그러므로 이러한 대중음악의 실천들은 주류음악문화의 헤게모니를 약화시키는 데 일조하는 방식으로 향후 청년 대중음악문화의 전개에 영향을 끼칠 수 있다.

제4장 대중음악 장르의 변화와 청년 대중음악문화의 전개

　이 장에서는 대중음악문화의 표면적 지형에 해당하는 장르들의 변화를 고찰할 것이다. 새로운 장르가 형성되고 변화하는 과정을 살펴봄으로써, 장르 간의 치열한 주도권 다툼으로 전개되고 있는 청년 대중음악문화의 전개 과정을 시기별로 살펴보고, 그 과정상의 특성과 의미를 함께 해명해 보고자 한다.

제1절 장르의 의미와 성격

1. 장르의 개념과 의미

　원래 장르(genre)는 '종류'나 '유형'을 의미하는 프랑스어이다. 흔히 장르는 텍스트로 일컬어지는 작품들을 분류하는 데에 쓰이는 다양한 범주들을 가리킨다(Childers and Hentzi, 1995: 205). 대중음악 텍스트도 일차적으로 장르에 따라 분류된다. 하지만 장르의 구분은 매우 유동적이다. 어떤 스타일도 이전의 스타일로부터 완전히 독립적이지 않으며, 음악가는 현존하는 스타일에서 요소를 차용하여 새로운 형태 내로 통합시킨다(Shuker, 1998: 146). 따라서 실제로 기존의 장르에서 상당히 벗어난 변형된 형태의 대중음악들이 존재하기도 하고, 이것들은 기존 장르의 범주에 정확하게 부합하지 않는다는 점에서 상황에 따라 서로 상이한 장르에 귀속되기도 한다.

그러므로 장르는 텍스트들 사이의 관계의 속성 즉, 의미작용(significa-tion)으로 이해할 필요가 있다. 이는 장르라는 것이 단지 상대적으로만 정의될 수 있는 것임을 의미한다. 하나의 작품은 (1) 다른 장르에 속한 작품과 (2) 같은 장르 패러다임 내의 다른 작품의 예 사이에서 지각되는 차이에 의해서 정의되는 것이다. 따라서 하나의 장르 또는 모든 장르에 대해 어느 때나 적용되는 정의를 내릴 수 있는 내재적인 속성들은 없다. 특정한 역사적 시점에 따라 각각의 장르가 이해되고 또한 각각의 텍스트가 전반적으로 통용되는 범주에 얼마나 들어맞는가 하는 것이 다르게 결정된다(O'Sullivan eds, 1994: 128-129).

비록 대중음악을 각 장르들로 분류하는 '본질적' 특성은 존재하지 않지만, 각 장르들은 분명히 서로 구분되는 일련의 특성들을 통해서 서로 상이한 '범주'로서 정의된다. 그리고 대중음악 장르의 구분을 가능하게 해주는 그 특성들은 다음과 같이 정의해 볼 수 있다. 첫째, 음악에서 나타나는 스타일상의 특성이 있다. 음악적 특성은 작곡, 악기 편성, 연주의 관습에 따라 생산되는 어떤 사운드이다(Shuker, 1998: 147). 즉, 각 장르는 독특한 사운드로 표출되는 음악적 특성을 지니고 있다는 것이다. 둘째, 의상, 화장, 공연의 장소와 구조, 음반 표지 형태 등과 같은 이미지와 시각적 스타일의 특질이 존재한다. 셋째, 특정 장르에는 팬과 같은 수용자가 존재한다. 팬과 장르 선호 간의 관계는 상호작용의 형태이며, 이것은 일련의 기대를 통해 특정한 문화적 형태를 창출한다. 넷째, 장르는 수용자, 비평가, 음악가들에 의해 음악적 위계 내의 특정한 위치를 부여받는다(Shuker, 1998: 147-148). 그러나 장르의 지위는 고정되어 있는 것이 아니라 역사적으로 변화한다.

따라서 장르는 단지 음악적 차이에 의해서만 규정되는 것이 아니라 음악적 현현(顯現)을 둘러싼 다양한 사회·문화적 요인들에 의해서도 규정된다. 실연의 행태, 음반 표지, 무대 의상 등에서 나타나는 도상적 이미지는 그 장르를 선호하는 수용자들의 '정서 구조'와도 맞닿아 있다. 이렇게 볼 때 장르의 차이는 음악적 정체성의 차이를 의미하기도 하는 것이다.

대중음악 텍스트는 장르뿐만 아니라 스타일을 통하여서도 서로 구분될 수 있다. 스타일은 암시적으로 인식가능한 차이 또는 유사성을 의미하거나 표현하는 '어떤 것'으로 정의내릴 수 있다. 즉, 명확하게 '차이'를 끄집어내기는 어렵지만, 실제로 서로를 구분지을 수 있는 '변별적 특성'(distinctive feature)을 뜻하는 것이다(O'Sullivan eds, 1994: 305). 따라서 장르와는 달리 스타일의 차이는 음악적 특성을 이루고 있는 음악적 요소들의 구성이나 전체 사운드의 조합 방식에서의 차이라기보다는 그 음악적 소리(sound)의 질감과 분위기의 차이에 보다 가깝다고 볼 수 있다. 이렇게 본다면, 같은 장르에 포함되는 대중음악들이 스타일상으로는 전혀 다른 음악으로 정의될 수 있는 것이다. 그러나 같은 장르의 범주에 부합되는 음악들은 대체로 비슷한 분위기의 사운드를 지니고 있다는 점에서 비슷한 스타일을 나타낸다고 볼 수 있다.

그런데, 장르는 항상 고정된 경계를 지니지 않는다. 그 경계는 항상 유동적이고 열려 있다. 그러므로 하나의 장르에 완전하게 포섭되지 않는 다(多)장르적 음악이나 장르들의 경계선에 걸쳐 있는 간(間)장르적 음악이 충분히 존재할 수 있다. 하나의 장르로 규정할 수 없는 음악적 '불분명함'과 '애매모호함'은 크게 보면 두 가지 측면에서 추동된다. 첫째는 상업적인 목적에서 여러 장르의 요소들을 적당히 버무려 섞어놓은 '상품'으로 만들어지는 것이고, 둘째는 기존 장르의 규칙과 약호(code)를 의도적으로 깨뜨리기 위하여 시도되는 경우이다. 이러한 시도가 축적되어 어느 시점에 이르면, 이 '차이'가 균열 작용을 일으켜 기존 장르와 대비되는 독자적인 존재로 나타나게 된다. 기존의 장르가 분화하여 새로운 장르가 형성되는 것이다. 물론 하나의 장르가 형성되어 그것에 이름이 부여되는 과정에는 음악 자본의 '마케팅 전략'이 개입되어 있음을 전혀 배제할 수는 없다. 기존 장르의 음악적 궤도에서 벗어나지 않는 '차이'들을 과도하게 부각시켜 새로운 진화물(進化物)로서 이름을 부여하는 것은, 아도르노가 말한 '유사 개별화'의 전략에 다름 아니다.

그럼에도 불구하고, 하위 장르의 분화나 새로운 장르의 출현을 전적으로 상업적 기획의 산물로서만 간주하기는 어렵다. 왜냐하면 새로운 장르는 타 장르와의 음악적 차이를 '특성화'하고, 그러한 특성을 음악적 실천과 부속적인 요소들을 통하여 확정짓게 되는데, 이 실천의 과정에서 음악가들과 수용자들은 자신들의 정체성을 입히는 방식으로 장르와 부단히 상호작용을 한다. 즉, 장르를 구성하는 음악적 요소나 문화적 실천들은 정체성을 나타내기도 하고, 현실적으로 이러한 실천들이 장르의 고유한 정체성을 더욱 확립시키고 타 장르와의 차이를 드러내기도 한다는 것이다. 따라서 대중음악 장르의 형성과 하위 장르로의 분화는 단순히 음악적 차원만도 아니고, 그렇다고 전적으로 상업적 논리에 의해서도 아니며, 음악의 생산과 수용이 이루어지는 공간인 대중음악문화 내에서 복합적인 방식으로 나타나게 된다.

그러므로 새로운 장르의 형성은 대중음악문화 내에서 확립된 스타일과 특성을 지닌 새로운 공간이 창출됨을 의미한다. 장르의 형성과 분화가 그 자체로 음악적인 진화가 아니라 생산자와 수용자가 어떤 형태로든 개입됨으로써 나타나는 것이다. 결국 장르의 변화는 장르의 생산에 개입하는 대중음악 생산자 및 수용자의 음악적 실천과 장르 간의 위계적 관계의 변화와도 밀접하게 연관되어 있다. 이것은 장르의 변화와 음악적 스타일의 변화가 대중음악문화의 변화와도 일맥상통함을 뜻한다. 새로운 스타일의 창출은 그것을 만들어낸 집단들의 문화적 특성과 상관적인 관계를 나타낸다. 스타일은 의미화(signification) 실천이다(Hebdige, 1979). 이는 스타일의 형성에 그것을 창출한 사람들의 경험, 가치관, 관심사 등이 녹아 있다는 것이다. 이로 비추어, 새로운 스타일이 하나의 장르로 확립되고, 또 그 장르를 통하여 대중음악문화 내에서 기존의 장르 간의 위계나 구조가 변화한다고 한다면, 그것은 대중음악문화 내에서 서로 대립하고 있는 집단들의 사회·문화적 힘이나 권력관계가 변화했다고 볼 수 있다.

따라서 대중음악문화라는 지형의 변화는 장르로 표출되는 지표의 변화에서 우선적으로 감지된다. 물론 장르의 변화인 지표면의 변화 밑에는 음악적 구성 요소와 구체적인 표현 형태의 변화가 깔려 있으며, 그 아래의 심연에는 집단들 간의 헤게모니적 투쟁과 대립이 뜨겁게 이글거리고 있다. 청년 대중음악문화의 전개 양상 또한 이러한 심연 속의 뜨거운 기운이 어떻게 작용하느냐에 따라 다르게 나타나게 된다. 심연의 활발한 움직임은 지표면의 균열을 일으킨다. 이런 점에 비추어 볼 때, 대중음악 장르의 변화를 통하여 일차적으로 청년 대중음악문화의 변화 양상을 파악해 볼 수 있을 것이다.

2. 장르의 성격

장르의 성격 또한 고정적이지 않다. 장르의 성격은 그것이 대중음악문화에서 어떠한 위치를 차지하느냐에 따라 달라진다. 즉, 장르의 성격을 본질적으로 규정할 수는 없다. 장르가 갖게 되는 성격은 고유한 것이 아니라 역사적·사회적으로 달라질 수 있다는 것이다. 흔히 대중음악 평론가들은 장르들에 대하여 '상업적', '저항적', '예술적' 등과 같은 속성을 부여하고, 이것에 기반하여 장르 간의 위계를 설정한다. 하지만 대중음악 장르는 본질적인 특성을 갖는 것이 아니라 그것이 어떠한 맥락에서 형성되어 음악문화화 하느냐에 따라 저항적일 수 있고, 주류화할 수도 있다.

따라서 특정 장르의 성격을 고정적이고 본질적인 것으로 규정할 경우, 그것이 실제 대중음악문화 내에서 만들어지고 규정되는 '맥락'을 놓치게 된다. 특히 특정 장르에 대한 화석화된 이미지는 음악자본에 의하여 고도의 상업적 전략의 일환으로 활용되기도 한다. '록의 저항성' 담론이 바로 그와 같은 경우이다. 음악자본은 록음악의 '반항적' 이미지를 극대화시켜 청년 수용자들을 적극적으로 끌어들인다. 물론 록음악이 실제 청년 집단의 가치와 세대 정체성을 표현하는 장르로서 형성된 것은 사실이지만, 록음악을 둘러싸고 한편에선 '저항성'이, 그리고 다른 한편에서는 '저항의 상품화'가 모순적으로 진행된다. 즉, 록음악의 강렬하고 거친 특성들이 청년들의 분노, 좌절, 갈등 등을 머금고 있는 것이 사실이지만, 그러한 특성들이 단지 '길들여지지 않은' 혹은 '야성적인' 매력으로 순치됨으로써 '유사 저항적(pseudo-resistantic)'인 성격을 갖게 되기도 한다.

이러한 '저항의 상품화'는 대중음악 장르의 성격과 관련되는 것만이 아니라 대중음악문화 지형의 변화까지도 영향을 끼치게 된다. 음악자본에 의한 저항의 상품화는 진짜 저항을 희석화시킴으로써 대중음악문화의 헤게모니 구도를 변화시킬 수 있다. 즉, '저항'과 '비판'을 전유(appropriation)함으로써 주류음악은 비주류음악이나 언더그라운드음악에 대하여 병합을 꾀하는 것이다. 그러므로 대중음악 장르의 성격은 그 장르가 누구에 의해서, 어떠한 의도로 형성되고 확산되느냐에 따라 서로 다르게 만들어지는 것이다.

한국 대중음악문화의 경우 새로운 장르가 자체적으로 형성되고 분화되기보다는 대부분 서구 대중음악의 장르가 유입되면서 출현하는 과정을 거쳐 왔다. 그러므로 장르의 성격이 국내로 유입되는 과정에서 변질될 가능성 또한 크다고 할 수 있다. 장르의 '토착화' 과정에서 그 장르의 주요한 의미가 왜곡되어 성립될 수도 있고, 전혀 다른 성격을 지닌 장르로 형성될 수도 있다. 이렇게 볼 때, 한국 대중음악문화에서 장르의 유입에서 나타나는 이러한 이형적(異形的) 성격이 어디에서 연유하는지, 또한 그것의 의미가 무엇인지를 탐색하는 것이 필요하다.

대중음악 장르의 외형적 변화 못지않게 장르의 성격 또한 대중음악문화라는 상황 맥락에 따라 다르게 형성되는 것이므로, 그것은 결국 대중음악문화의 전개 양상과도 밀접히 연관되어 있다고 볼 수 있다. 한국의 청년 대중음악문화는 새로운 장르와 기존 장르의 대립 구도를 띠면서 전개되어 왔다. 청년들은 대체로 서구의 청년 대중음악 장르를 자신들의 목소리를 담아내는 매개체로 이용하려 하였고, 이것을 대안적인 음악문화로 키우려고 시도하였다. 그러나 청년들의 음악문화로서 형성된 새로운 장르들이 새로운 대안문화로서 힘을 키워 나가기도 하지만, 음악자본에 의해 대안적 성격이 약화되어 주류화되는 경우도 있다. 즉, 음악문화를 구성하는 주체들의 힘의 역량과 갈등의 전개 양상에 따라 한 장르의 성격이 대중음악문화 내에서 변화할 수 있다는 것이다. 따라서 대중음악 장르의 변화와 장르의 성격 변화는 청년 대중음악문화 내에서 벌어지는 주류음악과 비주류음악 간의 헤게모니적 투쟁의 과정이며 대립의 한 양상이라 할 수 있다.

제2절 한국 대중음악 장르의 형성과 분화

1. 대중음악 장르 변화의 계보(系譜)

가. 1970년대~1980년대 중반의 장르의 변화

한국 대중음악에서 1970년대는 장르의 다변화가 본격적으로 시작된 시기였다. 1960년대의 대중음악 장르는 크게 트로트와 한국 가요(korean kayo) 형식이 주축을 이루고 있었고, 여기에 1960년대 후반부터 새롭게 등장한 록음악이 첨가되었으며, 한편으로는 간간히 신민요가 나타나는 형국을 이루고 있었다. 여기서 '한국 가요' 형식이란 1960년대에 확립되어 오늘날 한국 대중음악 선율의 모태가 되는 스타일의 음악을 뜻한다.[1] 흔히 '가요풍(歌謠風)'이라 일컬어지듯이, 대중들의 귀에 매우 친숙한 선율 전개를 특징으로 하며 유장하면서도 서정적인 분위기의 노래들이다. 이러한 유형의 음악들은 일반적으로 '이지리스닝(easy-listening)'이라 지칭되고 있다. 특별히 귀에 거슬리지도 않고, 누구나 쉽게 선율을 기억할 수 있으며, 수용자의 감성과 감정을 강하게 자극하지 않으면서도 호소력이 강한 음악들을

---

1) 여기서 '(한국) 가요(korean kayo)' 형식이라는 명칭은 일반적으로 한국의 대중음악을 지칭하는 '한국 가요(Korean Pop Song)'와는 구분되는 개념으로 사용하였다.

162

뜻한다. 이러한 유형의 음악들은 1960년대에 확립되어 이후 한국 대중음악의 중요한 근원으로 작용하였다. 즉, 1970년대 이후 대중음악문화에서 새롭게 등장한 장르와 결합하여 또 다른 새로운 스타일의 음악을 형성하는 재료로 쓰이게 되었다는 것이다. 이 형식이 정서적으로 대다수의 사람들에게 친숙하다는 점에서, 다른 장르의 생경함을 완화시키는 데 적극적으로 활용되어 1970년대 이후 출현한 새로운 스타일의 대중음악에 상당 부분 기여를 한 측면이 있다고 할 수 있다.

신민요는 일제시대였던 1930년대에 형성된 장르이다. 구전민요 중 대중적인 노래들이나 민요의 형식에 따라 만들어진 새로운 노래들을 가리킨다. 신민요는 일제시대에 한국 대중음악의 지배문화가 된 트로트와 함께 주요한 장르였지만, 1930~40년대를 제외하고는 그 위상과 영향력이 상당히 쇠퇴해왔다. 따라서 1960년대에도 드문드문 신민요 형식의 노래가 나타났지만, 전체 대중음악문화 내에서는 장르의 명맥만이 간신히 이어지는 수준이었다고 볼 수 있다. 아무튼 이 신민요는 1970년대까지도 실낱 같이 이어져오다가 80년대 이후부터는 거의 소멸하였다고 보아도 무방할 것이다.

1970년대의 장르는 기본적으로 60년대의 장르가 연속되고, 여기에다 새로운 장르가 형성되었으며, 그 밖에 기존의 장르들이 서로 융합하여 새로운 스타일이 창출되는 양상을 띠었다. 물론 같은 장르가 계승된다고 할지라도, 그것이 대중음악문화에서 차지하는 비중과 위상은 크게 달라질 수 있다. 이것의 대표적인 예가 록(rock)이다. 한국에서 록이라는 장르가 출현한 것은 1960년대 초반 미8군 공연 무대에서 활동하던 사람들에 의해 록음악 형식이 도입되면서부터이다.[2] 일반적으로 록은 로큰롤(rock'n'roll)에서 발전한 다양한 스타일의 음악을 지칭한다.[3] 록은 전자 기타, 드럼, 베이스

---

2) 우리나라 최초의 록그룹은 신중현이 1964년에 결성한 〈에드훠(add 4)〉이었는데, 신중현을 비롯하여 1960년대 후반에 결성되어 활동한 〈키보이스〉, 〈히식스〉 등의 록그룹을 통하여 한국 대중음악문화에서 록이라는 장르가 본격적으로 전개되기 시작하였다.
3) 로큰롤은 흑인음악에 뿌리를 두고 있는 리듬 앤 블루스(R&B)와 백인음악에 뿌리를 두고 있는 컨츄리 앤 웨스턴(C&W)이 융합되면서 1950년대 중반 출

등으로 구성된 그룹의 형태를 취하면서, 전기적으로 증폭된 사운드를 강조하며, 특히 음악의 전개에 있어 기타의 비중이 크다. 또한 창법에서도 내지르는 소리와 거친 음색을 특징으로 하고 있다. 이러한 록음악의 '강렬한' 특징들은 록을 단순히 하나의 음악 장르라기보다는 혈기왕성한 청년의 음악으로 규정하게끔 만든다.

1960년대에 록이 도입되면서 60년대 후반부터 점차 확산되기 시작하였으며, 1970년대에 들어서면서 그것은 보다 정형화되고 청년 음악으로서의 정체성을 획득하게 되었다고 할 수 있다.[4] 1970년대 초반에 이미 대학가에 많은 록그룹이 결성되어 교내 행사 등에서 모습을 보였다. 이들이 얼마만큼 지속적으로 그룹의 형태를 유지하며 활동을 했는지 정확하게 알 수는 없지만, 대체로 산발적인 수준에서라도 록음악을 표방하는 그룹이 다수 존재했다는 것은 사실이다.[5] 1970년대 초반에 록음악은 대학가를 중심으로 확산되었으며, 이것은 이후 70년대 후반에 불붙었던 '캠퍼스 록'의 형성에 밑바탕을 이루었다고 할 수 있다. 하지만 1970년대 초반 또 다른 청년 음악이었던 '모던 포크'의 거센 파고 앞에 상대적으로 자신의 존재를 드러내지 못하였다.

1970년대 포크(folk)의 출현은 한국 대중음악문화에서 청년 대중음악 장르의 포문을 본격적으로 여는 계기가 되었다. 포크음악은 1970년대 초반 청년 문화를 상징하는 중심이 되었다. 원래 포크음악은 작사자 및 작곡자가 확실하지 않고 자연스럽게 발생하여 오랫동안 구전되는 민속 음악을 뜻한다. 그러나 여기서 포크라는 장르는 미국에서 1960년대의 사회운동과 결합하여 1970년대까지 당시의 청년들에게 광범위하게 확산된 모던 포크(modern folk)를 지칭한다. 모던 포크는 1950년대 미국 애팔래치아 산맥

현한 장르이다.

4) 1960년대 후반부터 록그룹이 증가하기 시작하였고, 이러한 수의 증가에 힘입어 1972년에는 "한국 그룹사운드 협회"가 조직되기도 하였다(안성민, 1998: 17).

5) 안상민(1998)이 확인한 자료에 따르면, 1970년대 초반 대학 내의 록그룹들은 〈활주로〉(항공대), 〈샌드페블스〉(서울대), 〈에쿠스〉(서울대), 〈코리아 스톤즈〉(고려대), 〈헨드릭스〉(연세대) 등이 있었다고 한다.

부근의 민속 음악에서 유래하는데, 이 민속음악은 또한 영국 청교도인들이 미국으로 건너오면서 함께 가져온 영국 및 스코틀랜드의 발라드의 영향을 받은 것이다.

미국의 경우 1960년대 청년 문화의 흐름은 크게 두 갈래로 나뉘어졌다. 흑인 민권운동, 반전운동, 사회 개혁운동과 연계된 정치지향적 문화와 LSD와 같은 약물 복용, 자유연애, 도덕과 권위의 거부 등과 같은 탐미주의적 문화가 그것이다. 양자 모두 청년들의 히피문화를 이루고 있었지만, 전자는 현실 사회의 내용을 담은 포크음악과 강하게 연계되었고, 후자는 '사이키델릭 록'에 연계되었다.[6] 그런데, 한국의 경우 1970년대에 포크음악이 주로 유입되어 70년대 한국 청년 문화의 주축을 이룬 것이다. 포크 가요는 1960년대 후반부터 트윈폴리오, 조영남 등 젊은 가수들의 번안가요로부터 시작되었고, 1970년대 초에 이르러 한대수, 김민기 등의 창작 포크음악에 의해 본격화되었다(김창남, 1998: 160).

포크음악의 성립으로 1970년대 초반의 대중음악 장르는 한층 더 풍부해졌다. 그리고 포크와 록은 완전히 청년 음악으로서 자리매김하게 되고, 이와 대비되는 것으로서 트로트와 한국가요 형식이 성인이나 기성세대의 음악으로 자리 잡았다. 또 포크와 록이 모두 청년 대중음악이었지만, 1970년대 초반에는 포크가 상대적으로 우위를 점하였다고 볼 수 있다. 그러나 1970년대 후반으로 가면서 청년 대중음악은 조금 다른 양상으로 전개되기 시작하였다. 주로 청년층을 중심으로 수용되었던 포크가 보다 대중화되면서 다른 양식과 결합되기 시작하였고, 상대적으로 포크의 위세에 눌렸던 록이 대학가를 중심으로 확산되었다. 1970년대 초반 포크음악의 사회성과 정치지향성은 정권의 과도한 억압으로 인하여 음악적으로 채 영글어지기도 전에 수면 밑으로 잠복해야만 했다. 그리고 이것은 청년 문화의 비판성과 실천성을 약화시킨 계기가 되었다. 비록 1970년대 포크음악이 기성세대의

---

6) '사이키델릭 록'은 약물 복용의 결과 생기는 감정, 환상, 경험들을 음악적으로 표현한 것이다. 더 나아가 기성의 권위와 기존 도덕에 대한 저항을 강하고 거친 사운드인 록으로 표현하고자 하였다.

음악과는 변별적인 차이를 나타내는 청년 음악이라 할 수 있지만, 후반으로 갈수록 점차 청년 문화 특유의 관조적 세계관과 문화적 가치의 표상이 약화되고, 대중화된 포크음악은 기성세대의 통속적 사랑과 이별의 세계와 보다 유사해져갔다.

이렇게 포크음악은 1960년대 후반 번안가요를 통해 유입되어 1970년대에 들어서면서 청년 대중음악으로 확립되었지만, 중반 이후 두 갈래로 나뉘어졌다. 하나는 1960년대 미국의 사회비판적 청년 문화의 기반이 되었던 모던 포크의 정신을 수용한 것으로, 이것은 당시 대중음악문화 내에서 공식적으로 통용되지 못하고 비공식적인 경로를 통하여 재생산되었다. 이것은 1970년대 '저항가요'의 기반을 이루었고, 1980년대 발흥한 노래운동의 원류를 형성하였다. 다른 하나는 관조적이고 순수한 이상 세계를 음악적으로 형상화한 포크음악의 흐름이다. 이것 역시 주로 기성세대의 음악에서 나타나고 있는 현실 추수적인 모습과는 구분되는 청년 세대의 자화상이다. 그러나 이것은 1970년대 후반 이후 주류화하면서 성인 세계에 보다 밀착해 갔다. 양식상으로도 대중화된 포크는 1960, 70년대의 주류음악이었던 한국 가요 형식과 결합하여 원래 포크음악의 색채를 잃어갔다.

이렇듯 1970년대 후반부터 포크음악은 통속화되면서 차츰 성인가요화하였는데, 그 경향은 1980년대 초반까지 지속되었다. 그리고 그 과정에서 청년 세대의 문화적 정체성과 의식 세계를 대신 구현하는 음악으로 대신하게 된 것이 록음악이었다. 1970년대 후반부터 대학 내의 록그룹이 폭발적으로 확산되면서 '캠퍼스 록'을 형성하면서 새로운 청년 음악으로 부상하였다. 캠퍼스 록의 형성은 포크의 '청년성'이 퇴화되기 시작한 시점에 이루어졌지만, 청년들의 자발적 대체라기보다는 방송매체와 음악자본의 적극적 포섭이 직접적인 계기가 되었다. 록음악은 그동안 대학 내에서의 학내 행사나 자발적 경연의 방식으로 활동해온 대학 록그룹을 중심으로 지속되어 왔다. 1975년 이후 가요정화대책이나 대마초 파동과 같은 대중음악 정책들은 기본적으로 강압적이고 통제 위주의 성격을 지니고 있음으로 해서 주류 대중음악문화까지도 음악적 재생산을 위협받을 정도였다. 따라서 대중음악의 공백기라고 일컬어지는 1976년 즈음 방송매체는 이러한 공백기를 메울 수 있는 풍부한 자원에 눈을 돌리게 되었는데, 그것이 바로 주류화하지 않은 청년층의 음악이었다. 물론 여기에는 포크음악도 포함되지만, 특히 대학가에 꾸준히 지속되어온 록음악이 본격적으로 등장할 수 있는 계기가 되었다. 1977년 〈MBC 대학가요제〉를 시작으로 각 방송사들의 가요제 개최가 계속 이어지면서, 이것을 매개로 록음악은 보다 대중적으로 인식되고 널리 확산되었다.

결국 1970년대 후반부터 대학 내의 록그룹의 결성이 붐을 이루면서, '캠퍼스 록'이라는 록음악 세대가 형성되었고 이것은 1980년대 초반까지 지속되었다.[7] 이들이 1970년대 후반의 청년 대중음악문화를 이끌 수 있었던 요인은 비록 이들의 주요 활동 공간이 학교로 한정되어 있었음에도 불구하고 일부 그룹의 경우 상당한 음악적 능력과 연주 수준을 갖추었기 때문에 대중성을 확보하는 데 별 어려움이 없었다는 데에 있다.[8]

또 다른 요인으로는 방송매체의 적극적인 지원책들을 들 수 있다. 방송매체는 가요제 개최만이 아니라 청년층을 대상으로 한 텔레비전과 라디오 프로그램을 신설하고, 여기에 대학 록그룹을 초청하였으며, 가요제에 입상한 그룹의 노래들을 적극적으로 방송을 하였다.[9] 이러한 일련의 지원들과

---

7) 우리나라에서 록음악의 시작은 1960년대 초반으로까지 거슬러 올라가지만, 대중적으로 확산되고 록음악이 대중음악문화 내에서 고유의 영역을 차지하기 시작한 것은 1970년대 후반부터라고 할 수 있다. 홍석경(1988)은 1960년대 초반의 록음악을 1세대로, 1970년대 후반의 캠퍼스 록을 2세대로, 그리고 1980년대 중반 이후 언더그라운드 계열의 록음악을 3세대로 규정한다. 여기에 덧붙인다면, 대학가의 언더그라운드 록그룹 결성의 붐을 이루었던 1990년대 초반이후의 록음악은 4세대로 규정할 수 있을 것이다.

8) 이들은 학내의 서클의 형태로 존재하면서 연습 공간과 무대 경험의 축적, 기수제로 서클이 유지되면서 계속적인 기술의 전수, 자작곡의 축적과 같은 음악적 역량을 축적할 수 있었다(안상민, 1998: 42).

9) 안상민(1998: 45)이 밝히고 있듯이, 방송매체와 음악자본은 캠퍼스 록의 인기를 적극적으로 이용했으며, 이들의 인기를 창출한 주요 세력이기도 했다. 1978년 KBS는 〈젊은이의 광장〉, 〈푸른 시대〉, MBC는 〈우리들의 노래〉, 〈노래의 메아리〉와 같은 젊은층 대상의 프로그램을 신설했고, 여기에 많은 캠퍼스 록그룹을 출연시켰다. 또한 음반사들은 가요제에서 입상한 록그룹의 독

가요제의 증가는 대학의 록그룹 결성의 붐을 가져왔고, 캠퍼스 록의 규모를 확대시키는 작용을 하였다.[10]

　지금까지 살펴보았듯이 장르의 측면에서 본다면, 1970년대에는 록과 모던 포크가 청년 음악으로서 한국 대중음악문화에서 확고하게 정립되었다고 할 수 있다. 그리고 국가의 개입과 음악자본의 포섭 과정은 70년대 초반 모던 포크의 사회성을 탈색시키면서 주류화를 촉진시켰으며, 이것과 함께 청년 음악의 중심축을 포크에서 록으로 전환시키는 데 영향을 끼쳤다. 그러나 전반적으로 1970년대의 대중음악문화는 특히 청년 대중음악의 급성장과 힘의 확대가 두드러졌던 시기라고 할 수 있다. 이것은 당시 대중음악의 양식적 변화에서도 간접적으로 나타난다. 포크와 록의 위세가 단지 청년층뿐만 아니라 전체 대중음악문화에 퍼지면서 기성세대가 주로 향유하던 음악 장르에도 일정 정도 영향을 미친 것이다. 그 영향은 1970년대의 트로트와 한국 가요 형식의 스타일에서 나타나기 시작하였다. 즉, 1970년대 후반으로 갈수록 트로트는 디스코 리듬이나 빠르고 강한 고고리듬과 결합하여 이전의 전통적인 트로트가 가지고 있었던 애상적 분위기가 축소되고 향락성이 더욱 두드러지게 나타나는 특성을 보여준다(김창남, 1998: 154). 또한 한국가요 형식도 포크, 록과 같은 다양한 장르와 결합하여 보다 서구적인 분위기를 강하게 띠면서 청년층에게도 폭넓게 수용 가능한 방향으로 변화를 모색했으며, 일부는 트로트와 결합하여 기존의 중·장년층의 기호와 친

　　집 음반을 출반하였다. 1978년 〈해변가요제〉에서 입상한 〈블랙 테트라〉(홍익대)와 〈피버스〉, 1979년 대학가요축전에서 입상한 〈작은 거인〉의 1집이 1979년 독집 음반으로 출반되었으며, 1979년 젊은이의 가요제에서 수상한 〈라이너스〉(연세대)의 음반이 1980년에 나왔다. 그리고 계속 〈옥슨 80〉(건국대), 〈동서남북〉, 〈마그마〉, 〈건아들〉 등의 음반들이 발매되었다.

10) 대학 내 록그룹의 수가 얼마나 되었는지 정확하게 알기는 어렵지만, 당시 가요제에 출전한 록그룹 수의 증가 현상을 통하여 간접적으로 추정해 볼 수 있다. 1978년도에 비해 1979년 각 방송사의 가요제에는 그룹사운드나 중창팀의 숫자가 2배 이상 증가하는 경향을 보였는데, TBC의 〈제2회 젊은이의 가요제〉에는 308팀 중 187팀이, MBC 주최 〈강변축제〉에서는 120팀 중 30팀이, MBC의 〈대학가요제〉에서도 총 출전팀 중 30%가 록그룹이었다(서울신문, 1979. 8. 8일자, 안상민, 1998: 44에서 재인용).

화적인 스타일을 창출하기도 하였다.

이러한 장르의 융합과 스타일의 변화는 1970년대 후반부터 나타나기 시작하여 1980년대 초반까지 지속되었다. 결국 1980년대 초반은 1970년대 후반부터 시작된 장르 간의 분열과 융합을 통한 새로운 스타일의 창출이 보다 확고하게 대중음악문화에서 정립되었던 시기라고 할 수 있다. 그리고 그러한 변화는 한국 대중음악문화의 새로운 국면인 80년대 중반의 전환기를 위한 전초적인 성격을 띠고 있었다.

1980년대 초반에는 70년대에 비하여 상대적으로 청년 대중음악의 영향력이 약화되었다. 당시의 캠퍼스 록은 기성세대의 음악과는 차이를 드러내었지만, 전반적으로 아마추어리즘의 틀 안에서 형성되고 재생산되었기 때문에, 대중음악문화에서 헤게모니적 지위를 차지하지는 못했다. 그와는 반대로 청년 대중음악의 요소들과 융합한 새로운 스타일의 성인 가요들이 1960년대의 전형적인 한국가요풍과는 구분되면서 탈세대적 스타일을 띠기 시작하였다. 이러한 유형의 대중음악들은 서구의 발라드와 보다 유사한 형태를 띠면서 대중적으로 확산되었으며 80년대 초반의 대중음악문화에서 우위를 점하였다.

나. 1980년대 중반 이후~1990년대 초반의 장르의 변화

이 시기는 대중음악문화에서 장르 간의 분화와 융합이 보다 활발하게 일어났던 기간이었다. 특히 80년대 중반을 기점으로 나타난 장르의 분화는 단순히 스타일의 변화를 의미하는 것이 아니라 새로운 유형의 음악의 창출과 관련하여, 음악적 공동체의 형성, 새로운 수용자층의 부상 등과 같은 대중음악문화 환경의 변화를 의미한다. 먼저, 주목할 만한 변화는 1970년대에 청년 음악으로서 확립된 록음악의 새로운 양식화이다. 어떠한 스타일이 다른 것과 변별적 차이를 지니면서 대중음악문화에서 가시적인 존재가 되기 위해서는 그것을 창출하는 집단이 전제되어야 한다. 1980년대 초반 대학가의 록그룹들이 '캠퍼스 록' 스타일을 형성한 집단이었다면, 80년대 중반에

는 '캠퍼스 록'과는 다른 '언더그라운드 록' 공동체가 바로 그러하다. 언더
그라운드 록 진영을 구성하였던 록그룹들은 내부적으로 지향하는 음악적
방향과 스타일에 있어 차이를 보였지만, 당시의 주류음악과는 차별화된 대
중음악을 지향한다는 것과 그것을 위한 원천이 록음악이라는 동류의식을
지니고 있었다. 이 '언더그라운드 록'은 1985년 데뷔 음반을 발표한 록그룹
〈들국화〉을 필두로 비슷한 시기에 〈다섯 손가락〉, 〈빛과 소금〉, 〈봄·여
름·가을·겨울〉, 〈사랑과 평화〉 등과 같은 록그룹의 출현 이후 형성되었
다. 그러나 '언더그라운드 록'은 록 공동체를 이루고는 있었지만 장르상으
로는 다양했으며, 이러한 차이는 80년대 후반에 서로 다른 록 장르로 분화
되어 독자적인 흐름을 형성하면서 보다 확실하게 드러나게 된다. 80년대
중반 언더그라운드 록 내부의 주요한 흐름은 크게 세 가지로 나누어볼 수
있다. 첫째는 당시 언더그라운드 록 내부에서도 주류적인 위치에 있었다고
볼 수 있는 〈들국화〉, 〈사랑과 평화〉, 〈다섯 손가락〉 등의 록음악이다. 이
들은 대체로 부드러우면서도 록의 매끄럽지 않은 사운드를 공유하고 있었
다. 이러한 특성에 비추어 흔히 '부드러운 록'(soft rock)이라고 일컬어지는
흐름이다.

둘째는 보다 강하고 거친 사운드를 추구하는 헤비메탈의 흐름이다. 〈시
나위〉, 〈부활〉, 〈백두산〉 등이 1986년 무렵 데뷔하면서 기존의 록음악과는
다른 형태의 록이 독자적인 영역을 구축하기 시작하였다. 헤비메탈(heavy
metal)은 이름 그대로 중금속으로 내려치는 듯이 둔중하고 거친 사운드를
특성으로 한다. 이것은 쉴 새 없이 빠르게 두드리는 드럼, 찌그러지고 왕왕
울려대는 소리를 내는 기타, 거칠면서도 악을 쓰는 것 같은 창법이 특징이
다. 헤비메탈은 1990년대 초반 〈블랙 신드롬〉, 〈블랙홀〉 등과 같은 그룹으
로 이어지면서 이 시기 동안 완전히 하나의 분화된 장르로서 구축되었다.

세 번째는 블루스와 퓨전 재즈, 포크록과 같은 형태의 스타일이다. 80년
대 중반이 지나면서 블루스 록이나 록과 재즈를 결합시킨 퓨전 재즈의 스
타일이 나타났는데, 이것은 언더그라운드 록 내에서도 큰 부분을 이루지는
못하였지만, 분명 기존의 록음악과는 다른 스타일을 이루었다. 원래 블루스

록은 1960년대 후반 영국을 중심으로 형성되었던 스타일이다. 블루스 음계
와 화음(chord) 패턴을 따른다는 점에서 원래 미국의 흑인 음악인 블루스
를 충실히 따르지만, 기타의 기능이 중요시되고 연주에서 주도적인 역할을
한다는 점에서 록의 특성을 견지하고 있다.[11] 1988년 등장한 〈신촌블루스〉
와 〈봄·여름·가을·겨울〉, 〈동물원〉 등이 여기에 해당된다.

이처럼 다양한 스타일의 록음악의 등장과 그로 인한 장르의 분화가 갖
는 의미는 크게 두 가지로 정리해볼 수 있다. 첫째는 새로운 장르나 스타
일의 록의 등장은 서구 록음악을 보다 완전한 형태로 유입했음을 의미한
다. 장르 자체가 악기 편성 및 연주 형태를 규정하기는 하지만, 새로운 장
르들은 대체로 상당한 연주 실력과 기술을 요구하며 록그룹 구성원들로 하
여금 각자 기능에 대한 해석력을 보다 높게 필요로 한다. 이것이 가능하기
위해서는 록음악에 대한 음악적 역량과 이해가 밑바탕이 되어야 한다. 그
러므로 70년대에 록음악을 듣고 자랐던 청년 세대의 록음악 감성이 80년대
중반의 새로운 록음악의 형성을 출현시키게 한 원동력이 된 것이다. 둘째,
록음악 장르의 분화는 수용층의 분화와 연계된다. 즉, 청년 음악인 록음악
의 하위 장르로의 분화는 청년 집단 내에서도 음악 취향의 분화와 그에 따
른 수용자의 분화 가능성을 시사하는 것이다.

이 시기에는 '언더그라운드 록'이 청년 대중음악의 주요 형태 중의 하나
이면서 비주류음악문화의 중심을 이루기는 했지만, 비주류음악문화에는 다
른 장르들도 포함되며 이것들 역시 청년들에 의해 생산, 수용되었다. 그중
의 하나가 포크인데, 80년대 중반에 출현한 포크음악은 70년대 말에 주류

---

11) 블루스(blues)는 미국 흑인 노예들의 영가, 노동요 등의 영향을 받아 형성된
   장르이다. 블루스는 도시 블루스, 농촌 블루스, 리듬 앤 블루스와 같이 다양
   한 형태로 발전되었지만, 기본적으로는 공통된 특성을 갖고 있는데, 바로 블
   루스 음계와 12마디 형식을 갖추고 있다는 것이다. 블루스 음계는 흔히 '블루
   노트'(blue note)라고 불리우는 독특한 느낌의 음고(音高)로 구성되어 있다.
   레와 미 사이의 음과 시와 도 사이에서 정확하게 어느 쪽으로 귀속시킬 수 없
   는 애매모호한 위치의 음이 블루스 음계의 특징을 이루고 있는데, 이것들이
   블루스 음악 특유의 늘어지는 듯하면서도 끈끈한 느낌을 불러일으킨다.

화된 포크와는 달리 70년대 초반의 포크음악을 음악적으로 계승하였다. 비주류 포크음악은 느슨한 형태의 음악 공동체 속에서 생산되었다.

그리고 이 시기에는 장르의 분화가 청년 수용자 중에서도 10대 연령층의 등장과 함께 더욱 복잡해지는 양상을 보여준다. 80년대 초반의 한국가요 형식은 이미 70년대와는 달리 서구의 대중음악적 감성에 보다 가까운 '발라드'(ballad)로 서서히 바뀌어져갔지만, 80년대 중반에는 더욱 서구화된 '팝발라드'나 '록발라드'로 분화되었다.[12] 새롭게 분화된 팝발라드나 록발라드는 이 시기에 주요 대중음악 수용층으로 등장한 10대 후반~20대 초반의 청년 집단에 의해 수용됨으로써 청년 대중음악화하였다. 그리고 한국 가요 형식에 보다 가까운 80년대 초반의 발라드는 트로트와 보다 유사한 비슷한 분위기를 풍기면서 기성세대의 음악으로 고착화되었다.

또한 이 시기에 형성된 주요한 청년 대중음악 장르 중의 하나는 댄스음악이다. 댄스음악은 대체로 빠른 비트와 신체적 율동을 동반하는 리듬을 특징으로 한다. 한국 대중음악문화에서 댄스음악의 기원은 1960년대로까지 거슬러 올라간다.[13] 그러나 이 당시의 춤곡의 유행은 춤 자체의 유행이 위주였으며 춤을 매개로 하는 대중음악은 부수적이었다고 할 수 있다. 따라서 댄스음악이 하나의 음악적 장르로서 대중음악문화에서 정립된 것은 1980년대 중반 이후부터라고 볼 수 있다. 즉, 이때부터 춤과 음악의 구성과 그것의 실연이 관행화된 방식으로 생산되기 시작하였다.[14] 이러한 댄스음

---

12) 원래 발라드는 명확하게 구분되는 음악적 형식을 갖춘 것은 아니고, 구애나 실연 등의 내용을 담은 노래이며 대체로 감상적인(sentimental) 분위기의 느린 템포의 노래를 의미한다. 따라서 엄밀하게 본다면, 음악 장르라기보다는 하나의 스타일이나 분위기(風)를 뜻하지만, 이 스타일 자체가 오늘날에는 완전히 양식화되어 주요한 대중음악이 되었기 때문에 하나의 유형(type)이나 장르로 보는 데에는 별 무리가 없을 것으로 생각한다.

13) 1960년대에는 우리나라에 트위스트를 비롯하여 라틴 아메리카, 자메이카 리듬에서 유래한 각종 춤들이 유행했다. 특히 삶은 감자를 밟아 비비는 동작에서 착안된 트위스트 열풍이 불었다(선성원, 1993: 188).

14) 이때부터 댄스그룹이 본격적으로 등장하였으며, 그룹이 아닌 댄스음악 가수라 하더라도 몇 명의 댄서를 동반하여 안무에 입각한 춤동작과 음악의 조화와 체계적 구성을 중요시하게 되었다. 이 시기동안 활동했던 대표적인 댄스그룹으

악이 청년 음악의 하나로서 나타나게 된 배경은 다음과 같다.

첫째, 80년대 중반 이후 대중음악문화에 전면적으로 등장한 저연령층의 청년 집단이다. 그런데 자본의 입장에서는 새로운 시장으로 등장한 10대 후반과 20대 초반의 청년 집단들을 사로잡을 수 있는 전략적 상품이 필요했고, 그것은 수용자가 쉽게 동일시할 수 있는 또래 가수의 창출을 낳았다. 10대의 우상이 되는 '스타'는 음악적 성취보다는 외모나 음악외적 자질이 더 중요시되었고, 이것들이 상품적 가치를 높여준다. 그리고 이러한 상품성을 적절히 담을 수 있는 장르는 상대적으로 음악적인 내용이 덜 중요시되는 댄스음악이다. 이러한 점들이 댄스음악을 청년 대중음악의 장르로 확실하게 구축될 수 있게 한 요인 중의 하나가 되었다.

둘째, 댄스음악은 음악적 표현과 내용보다는 춤의 기능과 역할이 강조된 음악이다. 그리고 연속적인 신체의 동작으로 표출되는 '춤'은 육체적 활력과 젊음을 상징하는 지표가 된다. 따라서 신체의 역동성이 강조되는 댄스음악은 청년과 친화성을 가지게 되며, 청년 음악화 되는 것이다.

셋째, 60년대 이후 춤은 그 형태는 달리했지만 젊은이의 놀이문화로서 꾸준히 지속되어왔으며, 이러한 춤문화는 댄스음악의 형성에 영향을 끼쳤다. 60년대 후반과 70년대 초반에는 고고장이 등장하여 '춤'이라는 것이 젊은이들의 놀이문화로서 확산되었으며, 이후 70년대 후반에는 디스코가 유입되어 디스코텍은 청년들의 춤과 사교를 위한 장소가 되었다. 90년대 이후에도 락카페, 나이트클럽 등과 같이 명칭이 바뀌고, 춤의 형태도 람바다, 살사, 하우스, 레이브, 테크노 등으로 바뀌었을 뿐 청년의 여가문화로서의 춤과 그것을 위한 장소의 의미는 변하지 않았다. 그리고 이것은 청년들을 위한 댄스음악의 수요를 전체적으로 증가시켰으며, 댄스음악이 국내 대중음악의 주요 장르로서 성립하는 데 영향을 끼쳤다.

넷째, 1980년에 국내에서 컬러텔레비전 방송이 실시되면서, 텔레비전 음악방송 프로그램이 대형화, 스펙터클화되었고 볼거리 위주의 구성이 중요

로는 〈소방차〉를 들 수 있고, 댄스 가수로는 김완선, 박남정, 나미, 민해경, 현진영 등이 대표적이다.

시되었다. 새로운 방송 환경을 맞이하여 각 방송사들은 시청률 경쟁에서 우위를 점하기 위하여 화려한 쇼프로그램을 늘렸고 이는 댄스음악의 수요를 증가시켰다. 사실 방송 프로그램의 대형화는 80년대 초반부터 시작되었지만, 이러한 경향이 80년대 중반 이후까지도 계속되면서 댄스음악이라는 장르가 확립되는 데 기여를 한 것이다.

이렇듯 이 시기에는 록, 발라드, 댄스음악이 청년 대중음악으로 정립되었고, 그 과정에서 여기에 포함되지 않는 다른 장르의 음악들은 점차 기성세대의 음악으로 자리매김하게 되었다. 그러나 성인가요로 불리우는 음악들이 그 이전의 스타일을 그대로 답습한 것은 아니며 기존의 장르라 하더라도 그 성격이 변화하였다. 트로트의 경우 이러한 변화가 더욱 심화되는데, 80년대 초반에 나타났던 팝트로트화가 이 시기에는 더욱 강화된 형태로 진행된다.

따라서 트로트는 한(恨)의 정서보다는 향락적 성인문화의 이미지를 강하게 풍기는 성인 음악화하게 된다.[15] 이러한 트로트 장르의 성격 변화는 크게 두 가지로 생각해볼 수 있다. 첫째는 청년 대중음악의 요소, 특히 리듬을 적극적으로 차용하여 보다 많은 대중성을 확보하기 위한 자본의 전략에서 기인하는 것이며, 둘째는 80년대 후반에 급속하게 확산된 향락문화를 배경으로 나타난 것이라는 점이다. 특히 트로트의 상품화는 트로트의 정서인 애상성이 탈색된 채 흥겨운 리듬을 매개로 노래의 일부분을 계속 연결하는 소위 '메들리' 트로트에서 잘 나타난다. 또한 80년대 후반에는 사회전반적으로 유흥업소가 증대와 향락문화의 범람, 그로 인한 사회문제가 발생하였다. 그리고 새롭게 팽창된 향락문화의 영역은 성인들의 놀이문화 장소화되는데, 이 과정에서 향락적 여가문화의 증대는 자연히 기성세대의 음악인 트로트의 탈애상성을 증대시켰다.

---

15) 팝트로트화는 주현미의 〈쌍쌍파티〉의 대성공을 기폭제로 하면서, 주류음악계에 주현미, 태진아, 설운도 등의 트로트 가수가 등장하면서 본격화되었다.

다. 1990년대 초반 이후~현재의 장르의 변화

1990년대 초반은 청년 대중음악문화에 있어서 또 하나의 주요한 전환점이 된 시점이다. 이 시기에 한국의 대중음악문화는 청년 대중음악문화 위주로 재편되고 연령 편중성이 더욱 심화되었다. 따라서 장르의 면에서 볼 때 기성세대의 장르는 거의 변함이 없으며, 청년 대중음악에서만 장르 간의 분화와 새로운 장르의 형성이 활발하게 나타난다. 또한 청년 대중음악 장르 간에도 상대적인 힘의 우위와 지배적 지위에 변화가 나타난다. 먼저, 90년대 초반에 청년 대중음악문화에서는 랩이라는 새로운 장르가 등장하여 기존의 댄스음악의 형식과 결합한 랩댄스음악이 지배적인 형식으로 단번에 부상하였다. 다음으로 록은 펑크, 하드코어, 프로그레시브록 등으로 다양하게 분화되었으며, 특히 새롭게 분화된 장르는 언더그라운드음악 문화를 이루는 기반이 되었다.

랩(rap)의 형식은 90년대 초반에 부분적으로 유입되었지만, 한국 대중음악문화에서 랩음악 자체가 등장한 것은 1992년부터이다.[16) 이후 랩음악은 댄스음악의 형식을 취하면서 국내 대중음악문화에서 중심 장르로 부상하게 되었다. 록은 80년대와는 다른 하위 장르로 분화되어 매우 다양한 스펙트럼을 이루는 영역을 구축하였다. 기존의 일반적인 록과 헤비메탈 외에도 새롭게 펑크, 얼터너티브, 하드코어, 프로그레시브과 같은 장르가 이 시기에 나타나기 시작하였다.[17)

---

16) 랩은 1970년대 중반 미국 뉴욕의 브롱크스 지역에서 생겨났으며, 이후 흑인들의 댄스클럽을 중심으로 확산되었다. 랩은 쉴 새 없이 지껄이는 의미를 담고 있는데, 흑인들의 집단 거주지인 게토에서 형성된 힙합(hip hop)문화의 일부분이다. 힙합은 DJ들의 스크래치, 거리의 벽낙서(graffiti art), 랩, 브레이크 댄스를 포함하는 흑인들의 하위문화로 발전된 것이다. 이 중에서도 랩은 미국 흑인들의 분노, 사회적 차별 등의 문제를 직설적으로 표출하는 수단이자 음악으로 힙합의 주요 부분을 이루며, 대체로 랩음악은 댄스, 디제잉 등의 요소와 결합되어 협의의 의미로는 '랩음악=힙합'으로 사용되기도 한다.

17) 펑크(punk)는 1970년대 후반 영국의 청년 음악으로 태동된 장르이다. 당시 영국의 엄청난 청년 실업자의 증가와 영국 사회의 침체를 배경으로 청년 집단

 록의 분화가 가장 복잡하면서도 다양하게 이루었지만, 댄스음악의 경우
도 랩음악이 아닌 하우스나 테크노와 같은 유럽의 댄스클럽에서 발전된 장
르가 유입되면서 보다 복잡한 양상을 띠게 되었다. 또한 랩 또는 힙합을
제외한 나머지 장르는 광범위하게 비주류나 언더그라운드음악 문화를 이루
면서 전체 대중음악문화에서 청년 대중음악문화가 차지하는 영역을 더욱
확장시키게 되었다.

 전체적으로 청년 대중음악문화는 록, 발라드, 댄스음악이 중심을 이루는
가운데, 댄스음악의 지배적 지위가 더욱 두드러지게 나타났다. 그리고 기존
의 성인가요였던 트로트나 한국가요 형식의 노래는 주변으로 더욱 밀려나
는 양상을 보여준다. 이러한 현상과 관련하여 이 시기의 우리나라 청년 대
중음악문화의 특징과 그 의미를 다음과 같이 정리해 볼 수 있다. 첫째, 서
구 대중음악문화가 장르의 면에서 매우 복잡하고 다양하게 분화되었는데,

의 소외와 좌절이 음악적으로 표출된 것이다. 음악적으로 펑크는 매우 단순하
면서도 연주의 기교를 요구하지 않는 구성(쓰리 코드주의), 시끄럽고 악을 쓰
는 보컬, 냉소적이거나 비판적인 가사를 특징으로 한다. 프로그레시브(progr-
essive rock)는 1970년대에 유럽을 중심으로 발전된 장르로 흔히 아트록
(art rock)으로 불리기도 한다. 펑크와는 달리 치밀한 음악적 구성, 장인적
연주 수준, 난해하면서도 복잡한 음악적 이미지와 주제, 대작지 향성을 특징
으로 하는데, 영화에 비유를 한다면 예술영화나 작가주의 영화와 비슷하다고
할 수 있다. 얼터너티브(alternative)는 그런지(grunge) 록으로 쓰이기도
하는데, 1980년대 말 미국 시애틀을 중심으로 형성되어 독립음악 문화를 이
루었다. 얼터너티브는 말 그대로 당시 록음악에 대한 '대안'으로 출발하였다.
즉, 록이 상품화되어 유명 록그룹은 기대 기업화되고, 록의 연주 또한 완전히
청중과 분리되어 화려한 테크닉의 과시에 치중하여 신비주의만 낳는 이른바
록의 물신화에 반기를 들면서 나타난 것이다. 음악적으로 얼터너티브는 펑크
와 유사하며, 지글거리는 듯한 기타의 사운드를 특징으로 한다. 그런데 폭넓
게 본다면 얼터너티브는 당시 주류 록에 대해 반대하는 모든 록사운드를 아우
르는 의미로도 정의될 수 있다. 하드코어(hardcore)는 사전적인 의미로는 아
주 완고하거나 강경하다는 뜻을 지니고 있는데, 펑크에서 보다 과격하게 발전
된 스타일이라 할 수 있다. 이것은 1990년대 미국의 청년 하위문화의 하나로
형성되었다. 음악적으로 하드코어는 아주 강렬하고 빠른 사운드를 특징으로
하며, 보컬은 때때로 랩을 차용하기도 한다. 쉽게 말해서 랩과 메탈이 융합된
형식이라 할 수 있다.

그러한 과정이 90년대 이후 한국 대중음악문화에서 중첩적으로 나타났다. 서구의 경우 70년대에 발전되었던 펑크, 프로그레시브, 80년대에 형성된 얼터너티브 록, 랩(힙합), 하우스, 그리고 90년대에 형성된 하드코어, 테크노가 한국에서는 모두 90년대 초반 이후 한꺼번에 나타났다는 것이다.

둘째, 대중음악의 중심 수용층이 더욱 저연령화되어 10대 수용자 집단이 국내 대중음악문화의 중심 세력으로 등장하였다. 이는 대중음악문화가 청소년 위주로 재편되고 다른 연령, 특히 성인들의 음악적 시장의 축소를 의미하는 것이다. 특히 10대 수용자층의 부상은 청년 대중음악문화에서도 댄스음악 장르의 지배적 지위를 더욱 높이게 하는 데 영향을 끼쳤다.

셋째, 장르의 다양성은 세대적 동일성이 더욱 약화되고, 같은 세대 내에서도 다양한 음악적 집단으로 분화됨을 의미한다. 즉, 청년층을 중심으로 마니아 집단이 형성되고 이것은 언더그라운드음악문화 형성의 기반을 이루고 있다.

2. 장르의 변화와 대중음악문화 지형의 변화

가. 장르 변화와 대중음악문화

대중음악문화에서 여러 장르들이 역동적으로 변화하게 되는 것은 장르 간의 헤게모니적 경쟁과 연관된다. 이러한 경쟁은 대중음악문화에서 중심을 놓고 벌이는 자리다툼에 다름 아니다. 특정 시기의 대중음악문화는 장르를 둘러싼 중심과 주변의 역학에 따라 상이하게 구성된다. 중심에 가깝게 위치한 장르일수록 당대의 대중음악문화에서 장르의 헤게모니적 우위를 점할 가능성이 높다고 할 수 있다. 즉, 장르의 중심성이 높을수록 그 장르에 포함되는 대중음악의 생산이 많이 이루어지고, 그것을 수용하는 주수용층의 규모도 크다. 그리고 주변화된 장르는 생산과 수용의 규모와 정도가 상대적으로 작다고 볼 수 있다.

　장르들의 상대적 위치가 역사적으로 달라지는 것은 특정 장르를 재생산
하거나 음악적 실천을 담당하는 사람들 또는 집단의 특성의 변화 때문이
다. 장르의 확산과 재생산에 참여하는 사람들의 규모 및 특성이 특정 시기
의 대중음악문화에서 특정 장르의 위상을 규정하는 것이다. 여기서 음악적
실천을 담당하는 사람들에는 어떤 장르에 입각하여 대중음악을 작곡, 편곡,
가창, 연주 등을 하는 생산자뿐만 아니라 장르화된 대중음악을 개인적 차
원에서 부르거나 연주를 하는 수용자도 포함된다.

　이렇듯 각 장르들은 '중심－주변'의 역학관계에 따라 대중음악문화에서
하나의 위치를 차지하게 되고, 그 위치들의 변화는 결국 대중음악문화의
지형을 변화시키게 된다. 대중음악문화는 앞에서도 언급했듯이 주류음악문
화, 비주류음악문화, 언더그라운드음악문화의 세 차원으로 구성되어 있다.
대중음악문화는 이 세 차원의 음악문화가 서로 헤게모니적 지위를 확보하
기 위해 경쟁하고 갈등을 벌이는 장(場)이자 그러한 과정들이라고 말할 수
있다. 즉, 세 차원의 음악문화 간에 벌어지는 중심을 향한 투쟁의 복합적
결과가 특정 시기의 대중음악문화의 양상을 규정하는 것이다. 대체로 주류,
비주류, 언더그라운드음악문화의 관계는 대중음악문화 내에서의 '중심－주
변'의 관계와 밀접하게 연관이 되지만, 반드시 일치하지는 않는다. 주류, 비
주류, 언더그라운드음악문화 간의 차이는 대중음악문화 내에서의 지배적
힘의 차이를 의미하기도 하지만, 음악 생산 주체의 특성과 음악의 성격에
따라서도 규정되는 것이다. 그러니까 주류음악은 음악 생산 주체가 음악자
본의 이해관계를 충실히 따르며, 그에 따라 창출되는 음악도 상업화와 표
준화를 지향하는 특징을 지닌다. 반면에 언더그라운드음악은 비교적 음악
자본의 이윤추구적 논리와 거리를 두면서 음악적 내용도 기존 사회의 지배
적 가치, 이데올로기에 비판적인 형태를 띤다.

　따라서 주류음악문화에 포함되는 주류음악들이 모두 대중음악문화에서
중심에 위치해 있는 것은 아니며, 때에 따라서는 주변화될 수도 있다는 것
이다. 실제로 대중음악의 계보, 즉 대중음악 역사의 변화는 우선적으로 장
르들의 생성, 융합, 분화와 같은 일련의 복잡한 변화 과정으로 나타난다.

그리고 이러한 장르들의 변화는 주류음악, 비주류음악, 언더그라운드음악이
태동하고, 이들 간의 밀고 당기는 갈등의 과정에 다름 아니다. 그러므로 표
면적인 장르의 변화로 나타나는 대중음악문화를 실질적으로 갈등의 축을
이루고 있는 세 차원의 음악 집합체들의 관계와 틀 안에서 살펴볼 때, 그
것에 관한 보다 완전한 윤곽을 그려낼 수 있는 것이다. 이런 맥락에서, 청
년 대중음악문화 속에서 변화무쌍하게 전개된 각 장르들도 주류, 비주류,
언더그라운드음악 간의 갈등적 관계와 연관을 지을 때, 실제 장르의 변화
가 함축하는 사회학적 의미를 밝힐 수 있는 것이다.

나. 시기별 장르 변화와 대중음악문화의 구도

1) 1970년대~80년대 중반

먼저, 1970년대에서 1980년대 중반 이전까지 펼쳐졌던 포크의 변화를 검
토해보겠다. 이 시기는 70년대 후반을 전후로 장르들의 위치가 바뀌어졌다.
70년대 중반까지는 한국가요 형식과 트로트가 지배적인 주류음악문화를 이
루고 있는 가운데, 포크가 조금씩 주류음악화되기 시작하였다.[18] 그러나
70년대 이후 포크는 청년 대중음악문화에서는 중심 세력으로 급부상하였
다. 록은 청년들에게 포크 다음으로 많이 수용되는 장르로서, 청년 대중음
악문화에서 중심 부분에 가까이 있었지만, 전체 대중음악문화에서는 아직
비주류에 가까운 음악이었다고 볼 수 있다.[19]

---

18) 포크는 70년대 초반 전성기를 구가하였다고 볼 수 있다. 한대수, 김민기, 양
    병집을 비롯하여 서유석, 김민기, 박인희, 이필원 등의 가수들과 〈라나 에로
    스포〉, 〈어니언스〉, 〈4월과 5월〉, 〈은희〉, 〈현경과 영애〉 등의 많은 듀엣그룹
    들이 활동을 했는데, 많은 포크 가수들의 등장과 통기타의 유행이 상징하듯
    포크는 당시 청년들의 음악이요 문화였다.
19) 그렇다고 이 당시 모든 록음악이 비주류음악이었다는 것은 아니다. 〈키보이
    스〉, 〈히식스〉, 〈히파이브〉 등과 같은 록그룹은 대중적인 인지도가 높았으며,
    이들의 음악 또한 '히트'를 우선적인 목적으로 하는 주류음악이었다. 다만 장
    르의 측면에서 볼 때, 전반적으로 록의 생산과 수용이 다른 장르에 비해 적게
    이루어짐으로써, 대중음악문화의 중심 장르는 분명히 아니었다.

그러나 70년대 중반 이후, 장르의 모순적 분열이 나타나게 된다. 70년대 초반 청년 대중음악문화에서 가장 지배적이었던 장르인 포크는 퇴조하여 점차 주변화되기 시작하는 한편, 기존의 주류음악인 한국가요 형식이나 트로트와 융합된 변형된 포크의 형태로 전체 대중음악문화에서는 주류음악문화 내로 편입되었다. 물론 70년대 초반 포크의 대유행은 포크음악의 상업적 양산으로 이어지고 주류화를 촉발한다. 그러나 70년대 초반의 주류 포크가 기성세대와는 구분되는 청년들의 가치, 의식 세계를 반영하였다면, 70년대 중반 이후의 포크는 그러한 특성마저도 완전히 소멸된 것이다.[20]

1970년대에 있었던 가요정화정책, 대마초파동, 금지곡 선정 등과 같은 일련의 통제들은 대중적인 포크가수마저도 주류음악의 장에서 추방시키고, 결과적으로 포크의 퇴조와 변형을 촉발시키는 데 영향을 끼쳤다. 또한 70년대 중반 이후 김민기, 한대수, 양병집과 같은 사회성 있는 포크음악들은 비주류의 자리에 남아 있는 것도 용납되지 못하고, 공식적인 대중음악문화의 영역에서 추방되어, 대학가에서만 간간이 수용되는 '비제도권' 음악이 되어버렸다. 그러므로 70년대 중반까지 청년대중음악문화에서 지배적인 지위를 차지했었던 포크는 중반을 기점으로 두 갈래로 갈라진다. 즉, 하나는 성인가요화된 포크의 흐름이고, 다른 하나는 노래운동의 맹아적 형태인 '저항가요'의 흐름이다. 이렇게 포크는 청년대중음악문화에서 차츰 그 힘을 잃고 주변화되었다.

한편, 록은 포크와는 반대의 경로를 거쳐 왔다. 록은 70년대 초반 청년대중음악문화에서 포크의 강력한 힘에 밀렸으며, 전체 대중음악문화에서는 비주류에 가까운 장르였다. 그러나 70년대 중반 이후 포크의 헤게모니가 상실되면서 반대급부로 다른 형태의 청년 음악 장르였던 록이 새로운 지배

---

20) 김창남(1998: 161)에 따르면, 포크음악은 가수들의 스타일과 노래의 가사에서도 세대적인 차이가 확연하게 나타났다. 청바지를 입고 기타를 연주하는 실연은 화려한 의상과 반주 속에 노래를 부르는 성인가요 가수들과는 구분된다고 본다. 또한 포크의 가사는 순수와 관념적 자유에 대한 추구가 두드러지게 나타났다고 밝히고 있는데, '꽃', '별', '소녀', '바람', '하얗다' 등과 같은 단어가 많이 내포되어 있다.

180

세력으로 등장하였다. 70년대 중반 이후 형성되어 80년대 초반까지 지속된 '캠퍼스 록'에 의하여 록 장르는 포크를 대신하는 새로운 청년 음악의 중심지로 자리 잡게 되었다. 그러나 캠퍼스 록은 모순적인 성격을 지니고 있었다. 한편으로는, 청년 세대의 가치 및 의식 세계를 담아내는 청년의 목소리이자 젊음을 발산하는 도구로서의 특성을 지니고 있었지만, 다른 한편으로는 아마추어리즘을 지향했음에도 불구하고 대부분 주류음악에 가까웠다는 것이다. 캠퍼스 록의 주체인 대학 내의 록그룹들은 대체로 세대 갈등과 차이를 의도적으로 음악을 통하여 표출하지는 않았다. 그리고 이들은 당시 캠퍼스 록의 확산에 촉매 역할을 했던 방송매체의 틀을 충실히 따랐다. 즉, 많은 캠퍼스 록그룹들이 아마추어로서 자신들의 음악적 역량을 평가한다는 동기에서 가요제에 출전을 했지만, 이들은 가요제 개최의 주체인 방송매체의 평가 '기준' 자체에 대하여서는 전혀 문제 삼지 않았다는 것이다. 비록 인기를 얻고 돈을 많이 벌겠다는 상업적 동기가 기존 주류음악자들에 비해서는 상대적으로 희박했다고 할지라도, 새로운 주류음악의 창출을 꾀했던 방송매체의 기획에 순응했다는 점은 분명하다. 다음으로 1980년대 초반에는 한국가요 형식에서 서구적 감성에 보다 가까운 팝발라드가 분화되면서 이것이 청년 대중음악의 하나가 되었다. 그러나 이 당시의 팝발라드는 80년대 중반 이후 나타난 본격적인 팝발라드의 맹아적인 형태라고 할 수 있다. 따라서 조금은 색다른 스타일이기는 했지만, 당시 성인 세대에서 폭넓게 수용되던 한국가요 형식과도 전혀 이질적이지는 않았다고 볼 수 있다. 따라서 이 새로운 장르는 청년들만의 음악이었다기보다는 세대를 가로질러 공유되었고, 청년 대중음악문화 내에서는 청년의 정체성이 두드러지게 나타나지는 않는, 즉, 중심에서는 비켜나 있는 위치에 있었다. 그러나 맹아적 팝발라드 양식은 전체 대중음악문화에서는 주류음악으로서의 확고한 위치를 차지하였다.[21]

21) 80년대 초반 주류음악을 대표하는 가수는 조용필이었다. 그는 80년대 말까지 꾸준히 대중적인 인기를 누렸으며, 그로 인하여 그는 불세출의 '스타'나 '가요의 제왕'이라는 칭호로 불리워진다. 조용필이라는 대형가수가 출현할 수 있었

2) 1980년대 중반~90년대 초반

이 시기의 청년 대중음악문화는 팝발라드와 댄스음악을 주축으로 하는 주류음악과 록과 포크를 중심으로 하는 비주류음악이 보다 분명히 구분되는 특징을 보인다. 먼저, 록의 경우 캠퍼스 록이 80년대 중반 이후 사실상 소멸되었지만, 록은 청년 음악의 맹주로서 입지를 완전히 굳혔다. 그리고 80년대 중반을 기점으로 록의 성격은 분열된다. 주류음악으로서의 록과 비주류음악으로서의 록이 그것이다. 전자는 대중화된 캠퍼스 록의 주류지향성을 계승한 것이고, 후자는 하위 록음악 공동체의 형태를 이루었다. 그러나 양자의 성격은 달랐지만, 장르로서의 록은 청년 대중음악문화의 중심을 차지했다.

다음으로 팝발라드와 댄스음악은 주류음악으로서 청년 대중음악문화 내에서도 중심에 위치하면서 록과 주도권을 다투었다. 그리고 포크는 확실히 주변으로 밀려나면서 비주류음악의 형태로만 명맥을 유지하게 되었다. 다시 비주류화한 포크는 하위 장르로 분화된 채 비주류권을 형성했던 록과 함께 맹아적 '언더그라운드' 진영을 이루었다.[22] 이 새로운 영역은 청년 대

던 것은 본인의 음악적 능력과 감각, 즉 시대의 변화에 따라 대중적인 스타일을 새롭고도 적절하게 창출함으로써 세대를 넘어서 폭넓게 수용가능한 음악을 창조해낸 능력에서 비롯되기는 하지만, 당시 대중음악문화의 특성 또한 그것을 가능하게 해준 자양분의 역할을 하였다고 볼 수 있다. 조용필의 음악에는 한국 가요 형식, 팝발라드, 록, 트로트의 각 장르들이 탁월하게 결합되고, 또 공존하고 있다는 점에서, 매우 다양한 음악문화를 공유하고 있었다. 다시 말하면, 조용필은 기성세대의 음악적 감성에 기반해 있으면서도 점점 부상하고 있는 청년들의 음악적 기호, 외국의 최신 유행사조, 스타일들을 반영하여 범세대적인 노래들을 창출하였다. 그런데 이것이 근본적으로 가능할 수 있었던 것은 당시 대중음악문화의 특성상, 청년 세대의 음악과 기성세대의 음악적 괴리가 아직까지 그리 크지 않았기 때문이며, 양 세대 모두 수용가능하도록 다양한 장르들이 효과적으로 융합될 수 있었던 것이다.

22) 이 시기 포크는 대부분 언더그라운드계열로 70년대의 일반적인 포크와는 스타일에 있어 조금 달랐다. 순수와 관념성이라는 특성을 공유하지만, 80년대의 포크는 보다 관조적이고 개인의 내면, 주위세계에 대한 성찰 등을 직접 드러내는 형태를 띤다. 이 시기의 주요 포크가수로는 한돌, 조동진, 김광석, 장필순, 〈어떤 날〉 등을 들 수 있다. 특히 조동진은 80년대의 포크음악을 이끈 실질적인 중심인물이다.

중음악문화에서 주요한 세력으로 성장하면서 독자적인 영역을 구축하고, 주류음악에 대한 공개적 배격과 대안을 추구하였다.

전체 대중음악문화로 확대해 보면, 기성세대의 대표적인 음악 장르인 트로트와 한국가요 형식은 성격상 주류음악이기는 하나, 청년 대중음악문화의 성장으로 인하여 70년대에 비하여 더욱 주변화되는 양상을 보이게 된다. 이처럼 이 시기 청년대중음악문화는 앞 시기와는 여러 가지 면에서 다른 특성을 지니고 있었다.

첫째, 전체 대중음악문화 내에서 청년 대중음악문화의 영역이 매우 커졌다. 청년은 비주류음악문화를 형성하고 발전시킨 주역이었을 뿐 아니라 주류음악 내에서도 서서히 기성세대의 음악을 주변으로 몰아내면서 중심을 장악하기 시작하였다. 이러한 움직임은 대중음악의 생산과 수용의 부문에서 동시에 나타났다. 작사자, 작곡자, 가수, 편곡자 등에서 새로운 젊은 음악가들이 대거 등장하였는데, 그 배경에는 이들의 음악적 정서에 공감할 수 있는 청년 수용자들이 있었다.[23]

둘째, 세대 간의 음악적 이질성이 커졌다는 것이다. 기성세대의 음악은 기존 장르에다 스타일의 변형만 이루어지는 형태로 생산되었지만, 청년 대중음악문화는 새로운 장르와 스타일을 독식하였으며, 유행장르의 변화를 주도하였다. 이것은 음악 스타일의 측면뿐 아니라 음악적 실천과 수용을 아우르는 음악문화라는 차원에서 이질화가 이루어지는 것으로 확대된다.

셋째, 청년 대중음악문화의 내적 분화가 나타나기 시작하였다. 이것은 장르의 분화로 나타나기도 하지만, 무엇보다도 성격이 다른 음악문화로의 분화가 가시화되었다는 것을 뜻한다. 그리고 청년 대중음악문화의 내적 분화는 청년이라는 동일 집단 내에서도 '차이'가 발생하고, 이를 기반으로 취향문화의 분화가 이루어지기 시작했음을 시사한다.

---

23) 80년대 후반에 주류음악으로는 팝발라드, 댄스음악, 록이 있었지만, 이 중에서도 가장 우세했던 것은 팝발라드였다. 따라서 젊은 신인들이 가장 많이 출현한 것도 팝발라드 분야였다. 이 당시 작사자로는 박주연, 작곡자로는 하광훈, 윤상, 손무현, 가수로는 윤상, 김민우, 조정현, 박정운, 이승환 등이 주류 팝발라드를 이끈 주요 인물들이다.

3) 1990년대 초반~현재

이 시기에는 전반적으로 이전 시기에서 나타났던 과정들이 보다 심화된 형태로 진행되어 온 것으로 생각된다. 이 시기의 변화는 90년대 초반 랩 (Rap)의 유입과 급속한 확산으로부터 시작되는데, 이것은 청년 대중음악문화에 있어 새로운 전환점으로 작용했다. 랩의 발상지인 미국에서는 1980년대 중반에 이르러 흑인 하위문화의 저항적이고 과격한 요소가 배제된 채 상업화되었다. 이후 랩은 미국을 위시하여 전 세계적으로 확산되기 시작하였고, 우리나라에서도 패션, 춤과 결합하여 댄스음악으로서 청년들에게 폭발적으로 수용되어온 것이다. 이러한 과정과 함께 이후 청년 대중음악문화 내의 역학 구도는 상당히 변화하게 된다.

첫째, 랩은 댄스음악으로서 주류음악의 중심을 차지하면서 이후 랩의 형식을 차용한 댄스음악 스타일이 청년 대중음악문화, 더 나아가 전체 대중음악문화에서 핵심 주류를 차지하게 되었다. 랩의 유입 이전, 주류음악 중에서는 상대적으로 팝발라드가 우세했으나 이후 댄스음악 장르가 주도하는 양상이 펼쳐지게 된다.[24]

둘째, 청년 대중음악문화에서 댄스음악 장르의 독식은 주류음악에 대한 반발을 불러 일으켜 언더그라운드 진영을 형성하는 하나의 계기가 되었다. 주류음악에 대한 직접적이고 노골적인 반대와 거부를 표출하는 언더그라운드음악의 출현은 청년 대중음악문화 내에서의 각 음악문화들 간의 이질성과 대립의 정도가 보다 심화되었다는 것을 의미한다.

셋째, 록은 주류음악의 형태로 존재하기도 하지만, 언더그라운드음악문화의 중심 장르로서 여전히 청년들의 중심 장르로서 지속되고 있다. 여기서 록은 펑크, 헤비메탈, 프로그레시브 등 다양한 하위 장르들로 나타나고 있다. 또한 랩의 장르도 90년대 중반 이후부터는 댄스음악화된 스타일이

---

24) 1992년 〈서태지와 아이들〉의 데뷔 이후 수많은 랩댄스 그룹의 출현은 그야말로 춘추 전국시대를 방불케 하는 것이었다. 일일이 이름도 기억하기 어려운 수백 개의 랩댄스 그룹들이 우후죽순으로 생겨났으며, 그러한 현상은 현재까지도 지속되고 있다.

아닌 흑인문화로서의 '힙합'(hip hop)의 형태로 분화되어 언더그라운드음악 문화의 일부를 이루고 있다.

이러한 장르 역학의 변화는 전체 대중음악문화에 대한 청년 대중음악문 화의 관계나 특성들을 이전 시기들과는 다르게 특징짓는다. 이는 청년 대 중음악문화의 성격을 변화시키며, 더 나아가 전체 대중음악문화와의 관계 도 변화시킨다. 그러한 변화상의 특성과 의미는 다음과 같이 정리해 볼 수 있다.

첫째, 청년 대중음악문화의 규모와 힘이 더욱 커져서 한국 대중음악문화 내에서 거의 독점적 지위를 차지하게 되었다. 이것은 크게 두 가지 측면에 서 생각해볼 수 있다. 하나는 주류음악에서 저연령의 청년들, 즉 10대 청소 년들이 중심을 차지하게 되었다는 것이고, 다른 하나는 언더그라운드음악 역시 추동 세력이 청년 집단이라는 것이다. 이는 서로 상이한 음악문화 간 의 긴장과 갈등을 이끌어감으로써 실질적으로 전체 대중음악문화의 역동성 을 부여하는 중심 집단이 표면적으로는 청년들이라는 것을 보여준다. 이러 한 현상은 구체적으로 대중음악의 생산과 수용에서 드러난다. 주류음악에 서는, 10대의 '또래 가수'가 넘쳐나고 이들의 뒤에는 든든한 후원자인 10대 수용자들이 거대한 집단으로 존재하고 있다. 10대 수용자들은 개별적 존재 로서뿐만 아니라 팬클럽과 같은 조직을 통하여 가수, 기획사, 음악 언론 등 과 같은 생산의 부문에 직·간접적인 힘과 압력을 행사하기도 한다.

둘째, 전체 대중음악문화가 청년 대중음악문화를 중심으로 재편됨에 따 라 기성세대의 음악문화는 더욱 위축되었다. 이들의 음악문화는 생산과 수 용에 있어 주변화된 방식으로 재생산되고 있을 뿐이다. 기성세대의 음악은 음악자본에 의해 구색 맞추기식으로 간간이 생산된다. 수용에 있어서도, 기 성세대들은 현재의 대중음악에 대한 관심을 포기하고, 과거지향적인 방식 으로 음악적 실천을 수행한다. 즉, 이들은 방송매체의 음악프로그램에서 나 오는 '옛날' 노래를 청취하거나, 아니면 노래방에서 매번 똑같은 '옛날' 노 래를 부를 뿐이다.

셋째, 그 결과 청년 대중음악문화와 기성세대의 음악문화 간의 세대 격

차와 이질성이 더욱 심화되었다. 양 세대는 서로의 음악과 음악문화를 이해하지 못한다. 또한 이러한 음악적 차이와 갈등은 일상에서의 세대 갈등으로 연결되기도 한다. 또래 가수에게 푹 빠져 있는 10대들과 이들을 이해하지 못하는 부모의 갈등은 가족 안에서 다른 형태의 갈등들, 즉 학업, 외모, 행동 방식 등과 연관된 갈등들과 중첩되어 나타난다. 따라서 청년↔기성세대 음악문화의 단절과 차이는 일상생활에서 첨예화되고 있는 세대 갈등을 매개해주는 고리가 되기도 하며, 또한 세대 갈등을 드러내주는 상징 지표가 되기도 한다. 그러므로 90년대 초반 이후 10대 청소년들이 한국 대중음악문화, 특히 주류음악을 주름잡게 된 현상에는 여러 가지 요인들이 개입하고 있다고 보아야 한다. 10대를 위시한 청년 수용자 집단의 인구학적 규모의 증대뿐만 아니라 이 수용자들의 사회·문화적 위치와 그들이 경험하고 있는 현실의 특성이 결국 10대의 음악문화나 청년 대중음악문화를 형성하게 한 것이다. 이는 양 세대의 음악적 괴리는 '음악적' 측면만이 아니라 교육, 가족, 문화 등과 같은 '사회적' 측면과 연관지어 세대 갈등이라는 맥락에서 설명해야 함을 시사하는 것이다.

넷째, 청년 댄스음악 장르의 편식성은 한국 대중음악문화를 매우 편협하게 작동하게 만들었다. 이는 다양한 장르와 세대의 음악문화 형성을 가로막으며, 서로 다른 음악문화들 간에 벌어지는 생산적 경쟁의 통로와 과정이 봉쇄되어 있음을 뜻한다. 특히 댄스음악 장르가 일방적으로 지배적인 위치를 차지하게 된 것에는 음악자본의 단기적 이윤 추구 방식과 깊이 연관되어 있다.

음악자본은 유행의 주기를 단축시키면서 댄스음악과 가수들을 일회적 소모품화시켜 이윤을 극대화시키는 전략을 사용해왔다. 이것은 신화화된 이미지 창출을 기반으로 하는 '스타시스템'을 확대재생산하는 기제인 동시에 이 시스템의 중심인물인 '스타'의 '아우라'(aura)를 역으로 파괴시키는 모순적인 과정을 통해서 이루어진다.[25] 자신이 창조한 우상을 파괴하고,

---

25) 90년대 초반 이후 나타나기 시작한 수많은 댄스그룹들의 난무와 명멸의 과정, 그리고 유행하는 댄스음악의 주기가 3개월이 채 못 되는 이 현상은 바로 음악

다른 우상으로 대체하는 모순적이고 자기파괴적인 이윤 추구 행위는 10대를 제외한 다른 연령층과 특히 기성세대의 음반 구매 동기를 떨어뜨림으로서 주류음악문화의 존립 기반마저도 침식시키는 결과를 가져왔다.

따라서 한국 대중음악문화는 비교적 균등한 영역을 지닌 세대 간의 음악적 차이가 양산된 것이 아니라 점차 기성세대의 음악문화를 축소시키고 배제시키는 방식으로 전개되어왔다고 볼 수 있다.

다섯째, 음악적 측면에서는 90년대 초반 이후 청년 대중음악이 완벽하게 헤게모니를 쟁취했다고 말할 수 있지만, 과연 그러한 우위가 청년 집단의 사회적 권력의 실질적 우위와 연결되는가라는 점에는 의문이 들지 않을 수 없다. 앞에서도 언급했듯이, 청년 대중음악의 우위의 배후에는 음악자본이라는 존재가 있음을 간과해서는 안 된다. 주류음악을 주로 듣고 즐기는 수용자들이 분명히 10대의 청년들이지만, 그 음악을 기획하고 생산하는 권력 주체는 기획사, 음반사, 언론, 방송매체 등과 같은 음악자본이다.

이렇게 볼 때, 청년 대중음악문화의 전개 양상과 그 특성은, 청년 집단들의 특성, 음악자본, 세대 갈등, 문화적 변화 등과 같은 여러 사회적 요소들과의 관련 속에서 생성되는 것이다. 다음 절에서는 청년 대중음악문화의 특성이 변화하게 됨으로써 나타나는 사회적 의미에 대하여 보다 자세하게 검토하고자 한다.

자본의 전략적 이윤 추구 행위에서 비롯되는 것이다. 이들은 10대들의 욕구를 스타에 대한 동일시와 소비를 통하여 충족시키는 소비 자본주의의 첨병이다. 10대 취향의 댄스그룹의 창출과정은 '기획—디자인—공정—생산'이라는 표준화된 제품의 대량생산 과정과 동일하다. 미리 10대 수용자들에게 받아들여질 만한 이미지를 기획하고, 여기에 맞게 '가수'들을 선발한다. 그런 다음 그들에게 춤, 노래, 어투 등 미리 짜여진 모습대로 연습을 시키고, 이렇게 만들어진 그룹은 대대적인 홍보를 거쳐 이른바 '스타'가 된다. 그러나 몇 년 동안 만들어진 스타 그룹을 통하여 충분히 이윤을 뽑아낸 자본은 이미 커버려 감당하기 어려운 존재가 되기 시작한 현재 그룹을 용도 폐기시키고, 다른 그룹을 육성하여 똑같은 과정을 밟게 한다. 그리고 이러한 '스타만들기' 과정은 이빈(1998)의 『ONE』(연재만화)에서도 사실에 가깝게 잘 묘사되어 있다.

제3절 청년 대중음악문화의 특성과 사회적 의미

　청년 대중음악문화는 연속적이고 순차적인 방식으로 전개되어 온 것이 아니다. 그 과정은 실로 불연속적이다. 대중음악의 생산 및 수용과 연관된 제도, 사람들의 집합적인 실천 행위들이 어떤 역사적 계기와 '접합'되었을 때, 대중음악문화는 새로운 국면으로 전환되고 이전과는 다른 특징들을 지니게 된다. 그리고 새로운 국면으로의 전환은, 기존의 갈등 세력들 간의 관계 및 헤게모니와 연관된 상황의 변화를 뜻하는 것이기도 하다. 이와 같은 맥락에서 먼저, 청년 대중음악문화의 전개에 있어 유의미한 국면 전환기를 밝혀보고, 그것이 전체 대중음악문화에 대한 청년 대중음악문화의 관계와 특성을 어떻게 변화시켰는가의 방향에서 청년 대중음악문화의 특성과 사회적 의미를 검토하도록 하겠다. 청년 대중음악문화는 1970년부터 현재까지 30여 년의 시간동안 전개되어왔는데, 이 기간 동안 중요한 전환기는 크게 네 부분이라고 할 수 있다.

　첫 번째 전환기는 1970년대 초반이다. 이 시기는 한국 대중음악에서 '청년'이라는 집단이 가시화되기 시작한 시점이며, 따라서 이후 청년 대중음악문화의 전개를 가능하게 한 원류를 이루었던 시점이었다. 사회적 집단으로서의 청년이 기성세대와 구분되는 세대문화의 중요한 재료로서 전유(appropriation)한 것은 다름 아닌 포크음악이었다. 청년 문화는 포크음악과 통기타라는 음악적 코드(code), 청바지와 장발이라는 의상 코드, 놀이문화로서의 새로운 공간 등이 어우러져 기성세대와는 상이한 문화로 성장해갔다. 특히 포크음악의 대중화가 진전되어 청년 음악은 이 당시 대중음악문화의 중심으로 부상하게 된다. 하지만 음악이나 문화적 실천을 통하여 추상적인 수준에서나마 청년의 세계를 구현하려고 했던 청년 문화는 모든 형태의 반발과 저항을 국가적 차원에서 통제한 정권의 정책들로 말미암아 굴절되어 버렸다.

이러한 반(反) 작용력은 청년 대중음악의 날카로움과 힘을 점차 무디게 하였고, 주류음악의 공백을 야기하여 음악자본의 적극적 개입으로 이끄는 데 결정적인 역할을 하였다. 두 번째 전환기인 70년대 중반은 바로 이러한 과정들이 진행되었던 시점이다. 이후 70년대 후반의 청년 대중음악문화는 이전과는 다른 성격을 띠게 되었다. 70년대 후반에서부터 80년대 초반까지는 청년 대중음악문화는 캠퍼스 록이 중심이었다. 더 이상 청년다움을 상실해버린 포크음악을 대신할 새로운 장르로서 록음악이 새로운 청년의 상징으로 부상하였다. 캠퍼스 록이 당시 청년들의 가치와 욕구를 일정 정도 반영하는 청년 문화임에는 틀림없으나 이 음악의 형성과 성장에는 음악자본의 힘이 깊숙이 개입되어 있다.

전반적으로 1970년대의 청년 대중음악문화는 동질적이었지만 헤게모니 장악력에 비추어 본다면, 그 힘에 있어 외부의 개입과 흡수(co-optation)에 상대적으로 취약했다고 볼 수 있다.

다음으로 세 번째 전환기는 1980년대 중반이다. 이 시기 이후 청년 대중음악문화는 이전과는 다른 특성을 보여주게 되는데, 그것은 다름 아닌 동질성의 상실이다. 즉, 70년대처럼 기성세대의 음악문화와 구분되는 단일한 청년 음악문화로서가 아니라는 것이다. 청년 대중음악문화의 동질성의 상실은 맹아적 언더그라운드라고 할 수 있는 비주류음악의 출현에서부터 시작된다. 이들은 주류음악을 거부하는 세력으로서의 정체성과 공통의 지향점, 그리고 느슨한 형태의 공동적 유대를 지니고 있었다. 그런데 실질적으로 이 당시 비주류음악은 주로 록을 중심으로 청년들이 주도했으며, 역시 청년 수용자들에 의하여 열렬히 수용되었다.

따라서 청년 대중음악문화 내에서도 댄스와 발라드를 중심으로 하는 주류음악과 비주류음악으로 구분되기 시작한다. 그리하여 대중음악문화에서 주류음악과 비주류음악의 대립구도가 정착되기 시작하였다. 이것은 청년이 더 이상 동질적인 집단이 아니라 취향, 계층, 성별 등에 따라 내적으로 다양한 집단들로 분화되었음을 뜻한다. 비주류 언더그라운드음악은 당시 주류 대중음악문화의 관행을 거부하였다. 이들은 세 가지 방식의 음악적 실천을 통하여 대중음악의 심미성을 제고하려고 하였다. 첫째는 텔레비전 매체의 출연을 거부함으로써 '얼굴 없는 가수'가 되는 것이다. 음악적 성공을 규정하는 관문인 텔레비전 방송 출연의 거부는 주류음악과 같은 상업성의 추종을 거부하는 동시에 '상품'으로서의 이미지보다는 음악가로서의 이미지를 구축하기 위한 전략이었다고 볼 수 있다. 둘째는 앨범의 음악적 가치를 높이려고 한 것이다. 즉, 앨범을 '작품'으로 만들고 인정받고자 한 것이다. 이들은 하나의 앨범을 구성하는 여러 곡들을 일관된 주제나 구성 방식에 따라 포함하고, 앨범에 실린 곡들을 거의 대등한 위치에 놓으려고 하였다. 셋째는 음악적 활동을 주로 방송 무대가 아닌 공연을 통하여 하였다는 것이다.

이처럼 비주류음악은 대중음악의 심미성을 추구하는 전략들을 통하여 자신들의 음악적 우월성을 높이고 나아가 전체 대중음악문화 내에서 헤게모니를 확보하려고 하였다. 그리고 이것이 가능할 수 있었던 것은 대중음악의 '예술적' 취향을 소화하고 즐기는 취향 집단이 존재하였기 때문이다. 이들은 앨범을 구매하고, 고가의 비용을 지불하면서 공연장을 적극적으로 찾는 음악적 실천을 수행하였다. 이처럼 경제적 구매력을 갖춘 수용자 집단이 형성되면서 이들의 취향문화의 하나로서 비주류음악문화가 생성될 수 있었던 것이다. 결국 80년대 중반 이후 한국사회에서 가시화된 중산층의 성장은 비주류음악문화의 생성과 성장의 기반이 되었다고 말할 수 있다.

이처럼 80년대 중반 이후부터는 청년 집단이 다양한 음악문화로 분화되면서 전체적으로 대중음악문화에서 헤게모니적 힘을 증대시켜갔다. 앞서 보았듯이 한편으로는 하위문화적 취향문화의 성립과 다른 한편으로는 주류음악을 중심으로 '팬클럽'과 같은 팬문화를 형성하였다. 그리고 이러한 취향문화의 분리와 적극적 수용자의 양산은 중산층의 확대라는 한국사회의 구조적 변화와 맞물려 있는 것이다.

마지막으로 네 번째 전환기는 90년대 초반이다. 이 시점 이후부터 청년 대중음악문화의 헤게모니는 더욱 확고해졌고, 상대적으로 기성세대의 음악문화는 더욱 주변화되는 양상을 나타내었다. 우선 청년 대중음악문화는 장르상으로는 가장 다양해졌지만, 그와는 모순되게 댄스와 발라드의 주류음악 편중성이 더욱 심화된 양상으로 진행되어왔다. 즉, 장르적 다양성이 대중음악문화의 다양성을 말해주지는 않는다는 것이다. 주류음악을 중심으로 하는 청년 대중음악문화의 헤게모니 강화는 크게 두 가지 결과를 가져왔다. 하나는 기성세대 음악문화의 주변화이고 다른 하나는 새로운 언더그라운드음악문화의 출현이다.

90년대 이후 청년 대중음악문화의 파워가 더욱 강고하게 된 것은 바로 청년 주류음악의 확대를 통해서이다. 그런데, 청년 주류음악의 확대에는 소비 자본주의와 연결된 신세대 청년 수용자와 음악자본의 논리가 개입되어 있다. 그 결과 이윤 추구의 극대화 전략에서 기인한 유행 주기의 급속한 단축이 나타나고 주류음악문화는 아수라장을 방불케 하게 되었다. 특히 주류음악은 스타와 팬이라는 공생적 관계 속에서 10대 청소년들의 삶에 큰 영향을 끼치고 있다.

그러나 주류음악의 편중적 성장은 이에 반발하는 언더그라운드음악의 성장을 가져왔다. 언더그라운드음악은 90년대 초반부터 이전부터 형성되었던 언더그라운드음악문화의 토양위에서 다양한 음악적 지류를 형성하며 성장해왔다.[26] 그러나 이들은 80년대 중반기의 비주류음악과는 여러 가지 면에서 다르다. 첫째 보다 분명한 자기 정체성을 갖고 있다는 것이고, 둘째 내적 동질성이 덜하다는 것이다. 이들은 공통적으로 현재의 주류음악문화에 대한 거부감과 반대를 분명하게 하며, 그를 위해 공식적인 연대 조직을 결성하거나 공동 전선의 형성 등과 같은 대안적 실천 등을 같이 수행하기도 한다. 하지만, 중요한 것은 이전의 언더문화가 아주 분명하지도 않았지만 그렇다고 이질적인 부분들의 집합은 아니었다고 한다면, 지금 언더그라운드문화는 동질적이라고는 보기 어려운 점이 많다는 점이다. 물론 초기에는, 즉 90년대 초반 처음 언더그라운드문화가 생성될 즈음에는 펑크록이나

---

26) 1993년경부터 홍익대 앞의 라이브 클럽을 중심으로 새로운 언더그라운드 록 문화가 형성되기 시작하였다. 이들은 대부분 대학생들로 구성된 록그룹들로 펑크, 메탈과 같은 비주류 장르의 음악을 하였다.

메탈을 중심으로 하는 록음악 공동체의 성격이 강하였지만, 차츰 록음악뿐만 아니라 힙합, 테크노 등 다양한 장르의 문화로 확대되었다.

또한 90년대 언더그라운드음악문화는 장르만이 아니라 그 성격에 있어서도 복잡한 의미를 지니고 있다. 언더그라운드음악문화는 한편으로는 주류음악, 더 나아가서는 주류음악의 이데올로기적 근거가 되고 있는 사회적 저항성을 담지하는 내용이 있는가 하면은 다른 한편으로는 전문화된 음악 취향 집단인 매니아층을 중심으로 음악성에 관심을 두는 비저항적인 측면도 있다. 후자의 관심은 '진짜'의 추구이다. 이들이 주류음악을 반대하는 이유는 그것이 상업적이고, 싸구려이며, 어설픈 흉내에 그치고 있기 때문이다. 이러한 비저항적 언더그라운드음악문화는 미학적 진본성(authentity)을 추구하며, 원조 스타일을 얼마나 완벽하게 재현하는가에 가치를 둔다. 또한 언더그라운드음악문화 내에는 청년 하위문화와 같은 형태도 존재한다. 즉, 현재 청년 주류음악이 청년 집단의 가치, 의식 세계, 현실에 대한 문제제기 등의 면에서 만족스럽게 다루고 있지 못한 점을 비판하고 이것을 대안적으로 추구하고자 하는 것이다.

이처럼 90년대 언더그라운드음악문화는 서로 상이한 성격의 문화가 공존하고 있다. 청년 집단의 세대적 공동의 관심과 가치 지향이 깔려 있으되, 저항적인 것과 스타일의 추구와 미학적 관심에 치중하는 비저항적인 내용들이 서로 혼합되고 교차하고 있는 것이다. 이것은 주류음악과 언더그라운드음악 간의 '차이'의 의미가 매우 복잡하다는 것을 보여준다. 단순한 선/악의 이분 논리에 따라 주류음악은 무조건 나쁘고 언더그라운드음악은 좋다는 평가를 섣불리 내릴 것이 아니라, 그 사회적 평가는 문화 종속성, 문화 민주주의, 창조성의 제고 등과 같은 점들을 고려하여 한국 대중음악문화의 질적 발전이라는 관점에서 이루어져야 하는 것이다.

어쨌든 90년대 초반 이후 언더그라운드음악문화는 계속 성장하여 왔으며, 현재는 주류음악의 상대 영역으로의 입지를 확실히 구축하였다고 볼 수 있다. 그러나 지배적 힘의 면에서는 여전히 상대적으로 주류음악의 힘이 압도적으로 크다고 생각된다. 이렇게 볼 때 언더그라운드음악문화는 주류음악을 보완하는 동시에 그것에 대한 대립항으로 형성되었으며, 청년 집단의 세대문화로서의 주요 근거지였다고 할 수 있다.

지금까지 살펴본 바와 같이 청년 대중음악문화는 전적으로 주류화(자본에의 편입)의 경로를 밟은 것이 아니고, 그렇다고 저항문화로서 언더그라운드화(저항문화)가 된 것도 아니다. 실로 이 모순적 과정이 동시적으로 진행되었으며, 역사적 시점에 따라 상대적으로 어느 한쪽 방향의 과정이 우세하게 전개되었을 뿐이다. 그러나 분명한 것은 대중음악문화가 음악적 경쟁과 대립을 통하여 변증법적 발전을 이룰 수 있다고 할 때, 청년 집단이 한국 대중음악문화에 있어 그러한 경쟁과 대립을 주도하고 이끌어 왔다는 점이다.

다음 5장과 6장에서는 바로 이와 같은 과정들이 노래 속에서 어떻게 반영되어 있는지를 검토하고자 한다. 노래는 집단적 실천의 현현(顯現)이다. 다음의 장들에서는 노래 속에 나타나는 경향적 변화가 대중음악문화 내에서의 전개 과정을 어떻게 변화시켜왔으며, 그리고 그것의 의미가 무엇인지를 살펴볼 것이다.

제5장 악곡 분석을 통해 본 청년 대중음악문화의 전개

제1절 대중음악의 악곡 분석

음악은 음(音)을 소재로 인간의 감정을 표현하는 시간 예술이다. 그리고 그 표현에 있어 여러 가지 방식으로 조합되어 하나의 통일된 구성체를 이루는 것이다. 이것이 어떻게 조합되어 구성되느냐에 따라 서로 다른 음악들이 만들어진다. 음의 연결과 조합을 이끄는 기본 아이디어는 물론 작곡자에게서 나오는 것이지만, 그 연결과 조합 방식은 당대의 음악적 관습에서 결코 자유로운 것이 아니다. 이 음악 관습이라는 것은 시대에 따른 조류를 형성하는 것이며, 궁극적으로는 그것을 형성하는 사회적 배경과도 무관할 수가 없는 것이다. 그러나 음악적 관습은 한시적인 것으로 시대에 따라 변화한다. 이 변화는 음악 창작 주체들의 집단적 실천의 누적적인 결과로부터 야기되는 것이다. 따라서 음악의 곡 분석을 통하여 음악적 관습 혹은 음악 조류의 변화를 파악할 수 있을 뿐 아니라 그 변화와 연관된 사회적 배경 또한 해명할 수 있을 것이다. 대중음악의 곡 분석은 곡을 이루고 있는 기본 요소들을 분석하는 것이다. 그 기본 요소들의 조합으로 형성되는 음악적 관습의 사회적 의미를 읽어내는 것에 다름 아니다.

음악은 음의 결합에 의해서 구성되는 것인데, 음의 구성 요소는 크게 높이, 길이, 크기, 음색의 4가지로 이루어진다. 이렇게 음의 결합으로 이루어진 음악은 크게 리듬, 선율, 화성이라는 3요소로 이루어진다. 리듬(rhythm)은 음의 길고 짧음과 같이 변화 있는 음 길이의 진행에 따라 어떤 질서감을 나타내는 것이다.

선율(melody)은 시간적 길이를 갖는 리듬에다 음의 높고 낮음, 길고 짧음의 요소가 동시에 결합된 것이다. 선율은 음악의 주도선(主導線)으로서 인간의 감정을 가장 알기 쉽게 나타낼 수 있는 음악적 표현력을 가지고 있다. 다음으로 화성(harmony)은 높이가 다른 2개 이상의 음이 동시에 울리는 상태로, 2개의 음이 울리는 경우는 음정, 3개 이상일 경우는 화음(chord)이라고 한다. 화성은 음악적 수직 구조로서, 화음의 진행에 의하여 선율과 리듬의 배경을 이루고 음색의 효과를 변화 있게 나타내는 특성을 지니고 있다. 따라서 음악은 이러한 기본적 3요소에 의해서 성립되는 것이다(윤양석, 1989).

이렇게 음악구조(music structure)는 질서 있는 음의 결합으로 성립된다. 그 음의 결합이 어떤 의미를 지니게 되는가를 알기 위해서는 음악을 구성하는 음의 성질, 구성 요소, 음형과 형식의 편성 방식과 같이 음악 작품에 대한 구조적 이해가 필요하다. 보통 서양 음악의 전통에서 음악 구조의 분석은 화성법, 대위법, 악식론의 세 가지 측면에서 행하여진다. 화성법은 여러 가지 화음의 구성과 그 연결 방법을 다루는 수직적 음관계의 이론이고, 대위법(counterpoint)은 2개 이상의 독립적 선율의 결합에 중점을 둔 수평적 음관계의 이론이며, 악식론(樂式論)은 악곡의 형식과 구성을 포함한 음악 설계에 관한 이론이다(윤양석, 1989).

한국의 대중음악은 대부분 서양음악의 장·단조 음계, 특히 조성음악(tonal music) 체계에 바탕을 두고 있다. 즉, 장조와 단조를 바탕으로 한 화성음악이다. 화성적 짜임새인 호모포니 음악은 수평적인 한 성부만이 선율적으로 강조되고, 반주되는 수직적 성부들은 그 주요 성부를 지지하는 '화음을 가진 하나의 선율'이라고 볼 수 있다(윤양석, 1989). 대중음악에서는 보통 선율이 가창의 형식으로 표면에 두드러지게 나타나고, 그 뒤에 여러 악기들이 서로 조합하여 반주의 형태로 주선율을 뒷받침해주는 형식으로 이루어져 있다. 따라서 선율과 반주의 통일체는 하나의 화성을 이루며 음악적 공간을 형성하게 된다.

그러므로 대중음악에서는 2개 이상의 독립된 주선율을 분석하는 대위법적 분석은 거의 필요하지 않다. 이렇게 볼 때 대중음악의 분석은 음악의 형식, 화성, 그리고 화성을 형성하는 선율과 반주 및 이것의 실현체인 가창의 부분으로도 충분하다고 생각된다. 특히 가창은 기보되어 있지는 않지만 대중음악에서는 노래의 분위기와 성격을 규정하는 데 중요하게 작용한다. 즉, 같은 노래라도 어떻게 부르느냐에 따라 전혀 다른 두 곡의 노래가 될 수 있는 것이다. 가창 또한 가수의 개인적 개성에 해당되는 것이기는 하지만, 목소리의 특성이나 창법 또한 집합적 의미를 지니고 있다. 이것들은 당대의 음악적 관습을 이루는 한 부분이기도 하다.

선율을 뒷받침해주는 반주 또한 마찬가지이다. 반주는 곡 전개의 분위기를 바꾸어 주거나 이어주고, 선율의 진행에 있어 여백을 채워주는 역할을 한다. 이렇게 선율의 흐름을 원활하게 이끌어주면서 전체 곡의 화성감을 형성해준다. 대체로 대중음악에서 반주는 선율을 보조하는 역할을 한다. 하지만, 반주 부분 역시 곡의 전체 분위기를 형성하는 데 기여하며, 그렇기 때문에 전체 곡의 분석에서 간과해서는 안 될 것이다.

화성, 선율, 선율을 재현하는 가창 등과 같은 음악의 기본적 요소들은 통일적인 하나의 구조를 이룬다. 이것이 음악의 형식이다. 다시 말하면, 음악의 형식(樂式)은 전체적인 구조를 의미한다. 음악의 구조를 세부적으로 나누어 보면, 동기(motive) → 악구(phrase) → 악절(period)의 순으로 이루어져 있다. 즉, 동기(2마디)가 결합하여 하나의 악구(4마디)를 이루고, 다시 악구들이 결합하여 악절(8마디)을 이룬다. 이렇게 음악의 전개 방법은 동기 혹은 주제가 반복, 대조, 변형 등의 여러 가지 결합을 통하여 통일성과 다양성을 이루게 된다. 따라서 음악의 형식은 전체적 윤곽을 나타낸다고 할 수 있다.

이렇게 볼 때 대중음악의 곡 분석은 다음의 5가지 항목으로 요약해볼 수 있다.

① 음악의 형식
② 화성: 화음 패턴, 화음 구성
③ 선율·리듬
④ 반주: 악기구성, 반주방식
⑤ 가창: 목소리, 창법

이 5가지의 항목들은 다음의 각 절들에서 차례로 분석하고자 한다. 본 연구에서 분석 대상이 되는 곡은 1970년 이후에 나온 모든 청년 대중음악이다. 그러나 1970년대 이후 청년 대중음악문화를 이루고 있는 모든 대중음악들을 분석하는 것은 현실적으로 불가능하다. 그러나 시대에 따라 비교적 널리 알려지거나 많이 회자되는 대중음악들은 대부분 노래책(악보집)들에 실려 있다. 이 악보들과 각 시대별로 주류, 비주류, 언더그라운드를 대표하는 음반들을 대상으로 하여 함께 참고한다면 청년 대중음악문화의 전체적 전개 과정을 고찰하는 데 무리가 없을 것으로 생각된다.[1] 형식, 화성, 선율, 반주, 가창에서 대중음악문화를 이루는 세 영역 간에 의미 있는 차이가 나타나는지, 그리고 세 영역들의 음악들이 역사적 시간을 거쳐 오면서 음악적으로 어떤 변화가 있었는지, 만약 그러한 변화가 있다면 그것의 의미는 무엇인지를 밝히려고 하는 것이다.

---

1) 곡 분석을 위해 총 19권의 악보집과 107종의 음반을 참조하였다. 먼저, 수적으로 비주류나 언더그라운드에 속하는 대중음악은 주류에 비해 적다고 할 수 있다. 특히 악보집은 대체로 당대의 인기곡 위주로 편집하여 나와 있는 경우가 대부분이기 때문에, 주류의 경우는 당대에 통용되는 노래들의 전체적 흐름을 파악하는 데 별 무리가 없을 것으로 생각된다. 그러나 비주류나 언더그라운드에 속하는 노래들은 그나마 대중적으로 조금이라도 알려진 노래만이 악보를 구할 수 있는 실정이다. 따라서 악보로 확보되지 않은 다른 노래들은 음반에 실려 있는 노래들의 청음을 통하여 참고하였다.

제2절 청년 대중음악의 형식과 변화

1. 1970년대~1980년대 중반

음악의 형식은 음악적 주제가 제시되고, 그것이 변형되거나 또는 원래 주제와는 대비되는 새로운 주제들이 서로 유기적으로 연결되어 복합적으로 전개됨으로써 구성되는 것이다. 그리고 그 구성은 크게 한 부분 형식, 2부분 형식, 3부분 형식으로 구분지을 수 있다. 단일 형식은 도입부에 제시된 하나의 주제가 계속 조금씩 변형된 채로 반복되는 구조이다. AA'A"A"'형이라 할 수 있다. 다음으로 2부분 형식은 서로 상이한 두 개의 주제가 대비되어 전개되는 것으로, AB형, ABAB형, AABB형이 있다. 3부분 형식은 서로 상이한 세 개의 주제가 대비되어 전개되거나 2개의 주제가 대비 혹은 재현되는 구조이다. 즉, ABC형, AAB형, ABB형, ABA형으로 구분지을 수 있다. 이 밖에도 A(abc)B(cdc)A(aba)와 같은 형식을 취하는 복합 3부분 형식이나 ABACADA와 같은 론도 형식도 있지만, 대체로 대중음악의 형식은 크게 보면, 한 부분 형식, 2부분 형식, 3부분 형식으로 구성된다. 대중음악은 보통 1곡당 3~5분 정도의 길이로 구성되므로 아주 복잡한 형식은 오히려 곡의 유기적 통일성을 해칠 수 있다. 되도록 대중들에게 쉽게 기억되고 재현될 수 있도록 만들어지는 대중음악의 속성상 비교적 단순한 형식을 취하는 것이다.

1970년대의 청년 대중음악은 1960년대에 확립된 한국 가요(Gayo) 형식이라는 음악적 관습의 계승과 탈피를 동시에 수행했다고 볼 수 있다. 음악형식의 측면에서 볼 때 가요(Gayo)형식은 '제시부 – 전개부 – 종결부'의 세 부분으로 구성되는데, 특히 ABA(AA'BA, ABA')형이 그 전형을 이룬다. 실질적으로 이 구조는 저음부로 전개되는 악절이 제시되고, 다음 그것과는 대비되는 고음부의 다른 악절이 제시되는데, 이것이 노래에서 중추적인 기능을 한다. 마지막으로 종결부는 애초에 제시된 악절을 그대로 또는 약간 변형된 형태로 재현하면서 곡을 끝내는 것이다.

[악보 1] 이별(1972)

[악보 1]에서 보듯이 〈이별〉(1972)은 A(마디 1-8)A(반복)B(마디 9-16)A(마디 17-24)형이라는 점에서 전형적으로 ABA형을 이루고 있다. 특히 종결부는 제시부와 비교해볼 때 마지막 2마디의 반복 부분만 제외하곤 선율과 가사에서 모두 동일하게 재현된다. 곡의 처음부터 끝까지 느린 템포로 ABA형을 이루면서 선율이 전개되는 곡의 형태는 바로 1960년대에 한국 가요 형식을 이루는 주요 형식이다. 1960년대에 이러한 형식을 취하는 대표적인 곡들로는 〈초우〉(1966), 〈보고 싶은 얼굴〉(1964), 〈진정 난 몰랐네〉(1968), 〈나뭇잎이 떨어져서〉(1969), 〈빛과 그림자〉(1967), 〈하숙생〉(1965), 〈안개〉(1965)를 들 수 있다.

이렇게 ABA형의 구조는 1970년대는 물론 1980년대 초반까지도 한국 가요 형식을 취하는 주류음악에서 빈번하게 사용되고 있다. [악보 1]의 〈이별〉을 포함하여 〈그 사람 이름은 잊었지만〉(1971), 〈나는 몰라요〉(1975), 〈당신은 모르실거야〉(1975), 〈보고 싶은 얼굴〉(1977), 〈빗물〉(1976), 〈세월〉(1977), 〈아내에게 바치는 노래〉(1976), 〈여고시절〉(1972), 〈잊으라면 잊겠어요〉(1973), 〈조약돌〉(1975) 등 많은 곡에서 나타나고 있다. 형식상으로 ABA형은 AA'BA형이나 ABA', ABB, ABB' 등의 변형된 형태도 포함되는데, 이러한 3부 분 형식은 1970년대와 1980년대 초반의 주류 대중음악에서 일반적인 것이다.

또한 ABA형의 3부분 형식은 1980년대 초반에도 〈가을을 남기고 사랑〉(1983), 〈그대여〉(1980), 〈그대여〉(1982), 〈슬픈 계절에 만나요〉(1980), 〈옛 시인의 사랑〉(1980), 〈J에게〉(1984), 〈친구여〉(1983) 등에서 꾸준히 지속되고 있다.

1970년대에 들어서면서 청년 대중음악은 기존의 주류 대중음악의 장르였던 한국 가요 형식과는 다른 포크라는 장르가 중심이었다는 점에서 특징을 이루고 있다. 포크는 1960년대 후반부터 번안곡의 형태로 국내에 도입되어 1970년대까지 꾸준히 불리어졌으며, 1970년대 이후부터는 차츰 창작곡의 형태로 확산되기 시작하였다. 번안곡들은 포크뿐만 아니라 흔히 '이지리스닝'(easy-listening)이라 불리우는 느린 템포의 팝송도 많았는데, 이 노래들은 ABA형뿐만 아니라 AB형이나 AA'A"형 또한 상당수였다. 이 번안 곡들을 불렀던 가수들은 대부분 당시의 젊은 신진 가수들로서 1970년대 초 반의 포크음악의 확산을 주도했던 집단이었다.[2] 그래서 1970년대에 국내에 서 창작된 포크음악들 중에는 한국 가요 형식의 노래에 비하여 AA'A" 형 이나 AB형을 취하는 것이 많은 것으로 나타나고 있다. AA'A"형은 제시 부에서 종결부에 이르기까지 처음의 주제가 일관되게, 또는 조금 변형된 형태로 진행되기 때문에 단순하면서도 통일된 느낌을 강하게 준다. 그리고 제시부의 음형이 크게 변형되지 않은 형태로 지속될 뿐 아니라 선율상으로 도 원형인 제시부의 선율과 비슷하게 진행되는 경우가 많다. 이것은 3부분 형식의 노래와는 전혀 다른 느낌을 만들어낸다. 즉, ABA형, ABB형, ABC 형과 같은 3부분 형식의 경우 곡의 중반부나 후반부로 갈수록 감정 고양을 염두에 둔 핵심적인 소절이 존재한다.

특히 한국 가요 형식의 경우 전개부(B부분)가 그러한 기능을 수행하고 다시 처음의 주제로 돌아가 해결을 하는 형태를 취한다. 하지만 AA'A"형 은 대부분 제시부, 전개부, 종결부의 세 부분이 일관된 톤을 유지하는 경우 가 많기 때문에 감정적 도약을 야기하지 않는 측면이 있다. 이것은 포크음 악의 특성과도 관련이 있다. 통기타 반주에 맞추어 다른 사람에게 말하듯 담담하게 노래를 펼치는 포크음악의 특성상 AA'A"형이 많이 선호된다고 볼 수 있다.

---

2) 여기에 속하는 가수들로는 김세환, 윤형주, 〈트윈폴리오〉, 〈원＋원〉, 박인희, 홍민, 서유석, 양희은, 조영남, 〈현경과 영애〉 등을 들 수 있다.

[악보 2] 친구여(1983)

작사 하지영 작곡 이호준
노래 조용필

[악보 3] 라라라(1971)

작사 윤형주 작곡 윤형주
노래 윤형주

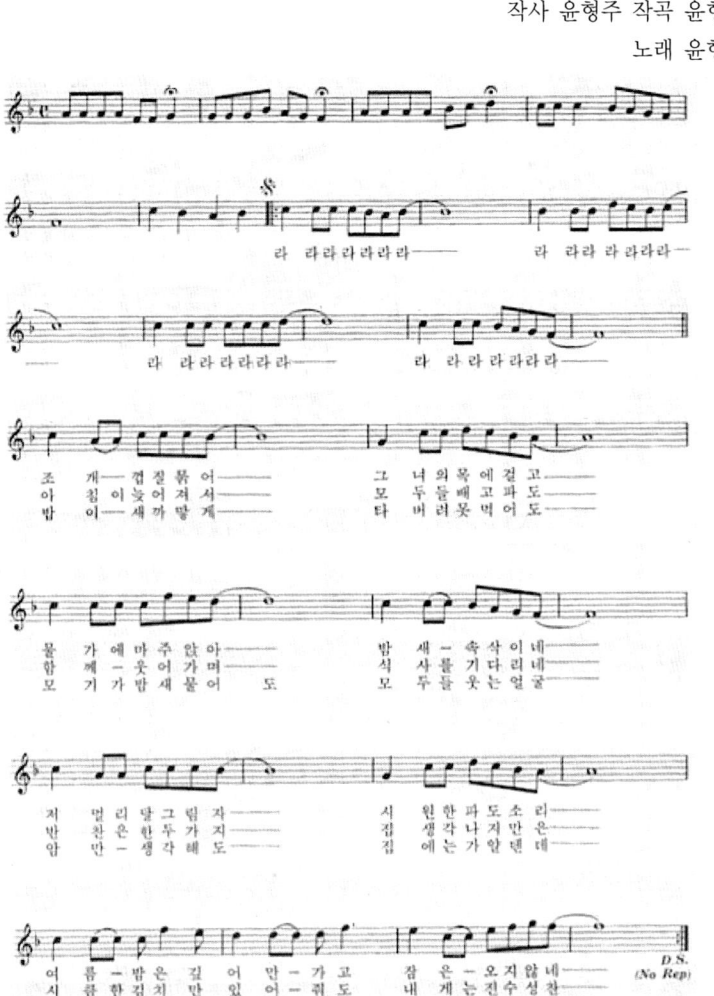

[악보 3]에서 보듯이 〈라라라〉(1971)는 세 번째 악절 중의 2마디, 즉 노래 전체에서 21-22마디 부분만 조금 변형되었고, 나머지는 모두 동일한 음형을 띠고 있다는 점에서 한 부분 형식에 속한다고 볼 수 있다. 이외에도

〈비둘기 집〉(1970), 〈딩동댕 지난여름〉(1974), 〈꽃반지 끼고〉(1973), 〈그애와 나랑은〉(1973), 〈눈이 큰 아이〉(1978), 〈그림자〉(1977), 〈가는 세월〉(1977), 〈먼 훗날〉(1975)이 AAˋAˮ형을 띠는 것으로 나타났다.

이외에도 전형적인 AAˋAˮ형이라 할 수는 없지만, 제시부의 동기(motive)와 같은 음형이 곡의 많은 부분에서 나타나서 전체적으로는 A형에 유사한 형태를 띠는 〈꽃보다 귀한 여인〉(1973), 〈나그네〉(1975), 〈시골길〉(1975), 〈이루어질 수 없는 사랑〉(1972), 〈하얀 면사포〉(1979)과 같은 곡들도 있다.

다음으로 AB형의 곡도 1970년대의 포크음악에 자주 나타나는데, 이 형식 또한 한국 가요 형식의 주요 형식에서는 조금 다른 형태이다. AB형은 A와 B의 두 부분이 음형과 선율의 면에서 대조적으로 진행되는 경우가 많다. A부분이 비교적 단순한 음형을 유지한다면, B부분은 A와 완전히 다른 음형을 지니거나 보다 선율의 흐름이 유려하게 이어지고, 음의 높이도 고음부분에 주로 위치하는 특성을 띤다.

[악보 4]의 〈길가에 앉아서〉(1975)는 A(마디 1-8)Aˋ(마디 9-16)B(마디 17-24)Bˋ(마디 25-32)로서, 전반부를 이루고 있는 A, Aˋ부분과 후반부를 이루고 있는 B, Bˋ부분이 분명하게 구분된다. 전체적으로 AAˋBBˋ형을 띠고 있는데 B부분은 음형에서 A부분과 다르게 전개된다. 즉, 후반부인 BBˋ부분은 점 4분음표(♩·)의 활용으로 AAˋ부분보다 좀 더 역동적인 느낌을 창출한다. 이와 같이 [악보 4] 외에도 AB형을 띠는 곡으로는 〈끝이 없는 길〉(1975), 〈그리움 찾아〉(1974), 〈그건 너〉(1973), 〈일기〉(1975)가 있다.

지금까지 살펴본 것처럼 1970년대 초반과 중반에 청년 대중음악문화의 중심이었던 포크음악의 형식은 그때까지 한국 대중음악의 주류인 가요 형식의 일반적 형식인 ABA형과는 조금 이질적인 AAˋAˮ형이나 AB형이 상당수 나타나고 있음을 알 수 있다. 하지만 이러한 차이에도 불구하고 ABA형의 포크음악 또한 끊임없이 나타났다는 것에 주목해야 한다. 이는 1970년대 청년 대중음악이 당시의 주류음악의 관습에서 완전히 자유롭지는 못했다는 것을 방증하는 것이다. 특히 포크가 대중화되면서 음악의 소재뿐만 아니라 선율의 전개나 형식의 측면에서도 기성 주류음악의 스타일과 더욱 가까워지게 되고, 후반부로 갈수록 그러한 양상은 두드러지게 나타난다.

[악보 4] 길가에 앉아서(1976)

작사 윤형주 작곡 윤형주
노래 김세환

그러한 예로 [악보 5]의 비의 나그네를 들 수 있다. 이 노래는 A(마디 1-8)A(반복)B(마디 9-16)B(반복)A(마디 17-24)로 이루어진 ABA형을 띠고 있다.

[악보 5] 비의 나그네

작사 이장희 작곡 이장희
노래 송창식

이외에도 ABA형을 띠는 1970년대 포크음악으로는 〈기다림〉(1974), 〈돌 돌이와 석순이〉(1978), 〈맨 처음 고백〉(1974), 〈미운 사람〉(1973), 〈비와 나〉(1972), 〈비의 나그네〉(1973), 〈사랑을 노래해요〉(1974), 〈세월이 가 면〉(1976), 〈젊은 연인들〉(1977), 〈파도〉(1976)를 들 수 있다. 이처럼 1970 년대 초반부터 꾸준히 ABA형의 포크음악이 나타나는 것은 포크의 확산과 동시에 주류화가 급속하게 진행되었다는 것을 보여주는 징표가 될 수 있 다. 위에서 예를 든 노래들은 모두 이수만, 윤형주, 송창식, 김세환과 같은 당대의 가장 대중적인 포크 가수들이 부른 것이다.

음악의 형식이라는 차원에서 볼 때, 포크의 대중화가 시작되었던 70년대 초반부터 기존의 ABA형으로의 회귀 현상이 나타남은 후반기에 본격화되 는 포크의 가요 형식화를 예견해주는 것이라 할 수 있다. 이와는 달리 초 기의 포크음악의 색채를 비교적 강하게 유지하는 노래들도 소수이기는 하 지만 나타난다. 이것은 1980년대와 1990년대에 이후까지 계속 이어지는 비 주류음악의 주요 기반이 된다. 포크음악에서도 기존의 음악적 관행에서 크 게 벗어나지 않는 주류 포크와 그것과는 약간 색다르다고 할 수 있는 비주 류 포크로 분리되고 있는 것이다.

당시의 비주류에 속하는 포크는 주로 김민기, 한대수, 양병집, 조동진에 의해 창작되고 불려진 노래들이다. 대체로 이들의 곡은 ABA형보다는 AA'A"형이나 AB형, ABC형이 대부분을 차지하고 있다. 음형의 단순함은 다른 포크음악과 같지만, 형식의 차이는 곡의 분위기를 다르게 이끄는 데 기여한다.

[악보 6]의 〈옥이의 슬픔〉(1974)은 전체적으로 ABC형에 속한다고 볼 수 있다. '저넓은~두르고'까지의 8마디가 A(a+a')를 이루고, '앞문에는~소녀' 까지의 12마디가 B(b+c+d)형을 이루며, '아하~옥이여'의 8마디가 C(e+f) 형을 이룬다고 볼 수 있다. B부분은 4마디의 서로 다른 악구 3개가 결합되어 있는 형태를 띠고 있다. 그러나 B와 C가 A와 비교하여 극적인 반전이나 도 약을 띠지는 않는다. 그 대신 위의 악보에서 보듯이 5절까지 가사가 기재되 어 있는데, 따라서 ABC의 형태로 계속 5번을 반복하여 부르게끔 되어 있다.

이는 가사의 메시지를 충실히 전달하는 데 중점을 두었기 때문이라고 생각된다. 가사의 전달성의 측면에서 보면, 〈옥이의 슬픔〉 외에도 〈아름다운 사람〉(1974), 〈상록수〉(1978), 〈작은 연못〉(1973), 〈행복의 나라로〉(1973), 〈아하 누가 그렇게〉(1971), 〈친구〉(1971), 〈물좀주소〉(1978), 〈겨울비〉(1980)가 유사한 구조를 띠고 있다.

[악보 6] 옥이의 슬픔(1974)

작사 한대수 작곡 한대수
노래 한대수

208

즉, 처음부터 끝까지 한 절의 가사를 그대로 전개하며, AABA나 ABB
와 같이 달세뇨(&)의 형태로 곡의 일부분만을 반복하는 것이 아니라 곡
전체를 반복한다.

[악보 7] 작은 연못(1973)

작사 김민기 작곡 김민기
노래 양희은

다른 비주류 포크음악의 형식을 보면, AA'A"형에 속하는 곡으로는 〈작은 배〉(1974), 〈작은 연못〉(1973), 〈아하 누가 그렇게〉(1971)가 있으며, 1980년대 초반에까지 확장해 보면 〈겨울비〉(1980)도 여기에 해당된다. 그리고 AB형에 속하는 곡으로는 〈친구〉(1971), 〈행복의 나라로〉(1973), 〈행복한 사람〉(1980)으로 나타난다.

[악보 7]의 작은 연못은 A(마디 1-8)A'(마디 9-16)A"(마디 17-24)A'''(마디 25-32)로 이루어진 전형적인 AA'A"형이다.

또한 이 곡은 ♫♩♪♩♩♩과 ♫♩♪♫의 음형이 계속 반복되고 특별히 선율상의 절정부가 없는 구조로 되어있다. 다만 중간부에 다장조에서 같은 으뜸음조인 다단조로 전조(轉調)를 하여 분위기의 반전을 꾀함으로써 곡의 단조로운 진행을 피하고 있다. 또 1절과 2절을 계속 이어나가 가사의 내용을 하나의 이야기를 전개하듯이 펼쳐나가는 형태를 이루고 있다. 이처럼 음악의 형식에서 비주류 포크음악은 가사와 곡의 형식적 결합에 있어 당시의 주류 대중음악의 형식에서 지배적으로 나타났던 ABA(AABA)형, ABB형과는 다른 형식이 보다 더 선호되고 있음을 알 수 있다.

이 두 대중음악이 보여주는 차이는 물론 선율이나 화성, 가사의 소재와 묘사 등을 함께 살펴보아야 보다 정확하게 드러나는 것이지만, 음악 형식에서 경향상의 차이가 분명히 존재함을 보여준다.

1970년대 청년 대중음악문화의 중심이었던 포크음악이 70년대 초반을 지나면서 서서히 기존 주류음악과의 차이가 줄어들고 주류음악문화에 동화되어 가면서 일부 비주류화된 포크음악을 제외하곤 초기의 특성이 퇴색해 버리자 새로운 청년 음악으로 등장한 것이 록음악이다. 록음악은 1960년대부터 이미 유입되었지만 1970년대 중반 이후 출현하기 시작한 록그룹들은 대학 내의 아마추어 록그룹에서 출발하여 '캠퍼스 록'이라는 하나의 공통적 특성을 지닌 집합체를 형성했다는 점에서 1960년대와 1970년대 초반의 록음악과는 구분된다. 이들의 음악은 음악의 형식과 사운드의 측면에서 이전 시기보다 록음악의 특성을 보다 강하게 띤다.[3] 여기서 캠퍼스 록은 1977년 대학가요제를 필두로 각 방송사에서 개최한 가요제를 통해 등단한 록그룹

들이 중심이 된 록음악을 지칭하며, 1980년대 초반까지 왕성한 활동을 하였다.[4]

캠퍼스 록음악의 형식은 전체가 어떤 일관성을 갖지는 않는 것으로 나타났다. 어떤 형식이 주도적으로 다수를 차지하지는 않았다. 다만 안정적으로 원래의 형태로 해결을 하는 ABA형보다는 보다 역동적인 사운드를 추구하는 록음악의 속성상 AB형이나 ABC형이 더 많이 나타난다. 그리고 다른 장르의 음악에서는 가수의 가창(vocal)이 선율을 주도하고 반주는 전적으로 가창을 보조하는 기능을 하는 데 반해, 록음악에서는 특히 기타를 중심으로 하는 반주 부분의 역할이 상대적으로 크다. 그렇기 때문에 한 악구나 악절의 가창이 끝나면 리드 기타 또는 베이스가 선율의 형태로 뒷받침을 하는 형태가 1970년대 록음악에서 빈번하게 나타난다. 이것은 곡의 전체 구조를 2개의 악구 혹은 악절이 대칭을 이루면서 악절의 끝부분이나 마디의 중간을 반주로 채워가는 형태로 만든다.

이러한 형식을 취하는 곡으로는 〈세상만사〉(1980), 〈불놀이야〉(1980), 〈세상모르고 살았노라〉(1978), 〈세상만사〉(1980), 〈아니벌써〉(1977), 〈아마 늦은 여름이었을 거야〉(1977), 〈문 좀 열어줘〉(1977), 〈개구장이〉(1979), 〈해야〉(1980), 〈탈춤〉(1979), 〈그대로 그렇게〉(1978), 〈일곱 빛깔 무지개〉(1979) 등이 있다.

---

3) 1964년 신중현이 주축이 된 국내 최초의 록그룹 〈에드훠〉가 결성되고, 〈키보이스〉, 〈히식스〉(1972), 〈트리퍼스〉(1971), 〈템페스트〉(1971), 〈신중현과 엽전들〉(1974), 〈사랑과 평화〉(1978)와 같은 록그룹이 1960년대 후반부터 속속 등장하였다. 그러나 〈신중현과 엽전들〉(신중현은 대마초 파동 이후 잠시 공백기를 거쳤다가 1980년에 〈신중현과 뮤직파워〉라는 록그룹을 결성하여 활동을 재개하였다)과 〈사랑과 평화〉를 제외하고 나머지 그룹들의 음악들은 대체로 번안곡이 많았으며, 창작곡도 록리듬을 차용한 느린 템포의 발라드 스타일(이지리스닝)이 많았다.

4) 당시 가요제에 입상한 록그룹은 음반사와 계약을 맺어 독집 앨범을 내는 것이 관행이었다. 〈활주로〉, 〈블랙테트라〉(후에 〈활주로〉와 합쳐서 〈송골매〉가 됨), 〈샌드페블즈〉(후에 〈산울림〉), 〈마그마〉, 〈옥슨80〉, 〈휘버스〉, 〈작은 거인들〉 등이 대표적인 그룹들이다. 이 중에서 〈송골매〉와 〈산울림〉 정도가 지속적으로 음반을 내고 보다 전문화된 형태로 80년대 중반까지도 활동하였다.

[악보 8] 해야(1980)

작사 박두진 작곡 조하문·김광현
노래 마그마

이렇게 보면 캠퍼스 록은 1960년대에 유입되어 1970년대에 국내에 정착된 록음악의 형식을 계승하는 동시에 당시에 관행화된 음악 작법도 충실히 따르는 양면성을 동시에 지니고 있었다고 생각된다. 1980년대 초반이 지나

면서 초기의 아마추어 록그룹의 음악에서 나타났던 패기와 신선함이 점차 상실되고 주류 대중음악(Gayo style)에 보다 친숙해진 노래들이 등장한다 ([악보 9] 참조).

[악보 9] 빗물(1983)

작사 이응수 작곡 배철수
노래 배철수

[악보 9]의 〈빗물〉은 슬로우 록 리듬에 기반한 ABA형의 구조로 이루어진 곡이다. 즉, A(마디 1-8)B(마디 9-16)A'(마디 17-24)의 세도막 형식이다. 노래의 소재가 실연으로 인하여 흘리는 눈물을 빗물로 비유한 만큼 곡 전체의 분위기는 애상성을 띨 수밖에 없겠지만, 곡의 형식은 상투적인 느낌을 더하게 한다. 이 밖에도 〈약속일랑 하지 말아요〉, 〈처음 본 순간〉, 〈청춘〉과 같은 노래들도 같은 경향을 보여주고 있는데, 이는 캠퍼스 록 음악의 무게중심이 점차 주류음악 쪽으로 기울어지고 있음을 나타내는 것이자, 캠퍼스 록음악의 쇠퇴를 상징적으로 보여주는 것이라 생각된다.

캠퍼스 록음악의 급속한 확산과 쇠퇴가 비교적 짧은 기간 내에 일어난 것은, 그 출발이 청년 세대의 자발적 문화로서 형성된 것이 아니라, 주류 대중음악의 공백기를 채우기 위한 방송사와 음악자본의 적극적 개입이라는 태생적 한계에서 기인하는 것이라 말할 수 있다. 하지만 그럼에도 불구하고, 1960년대부터 유입되기 시작한 록음악을 계승하고 재현함으로써 1980년대 중반 이후부터 현재에 이르는 동안 새로운 록음악들이 창출되는 데 있어 가교의 역할을 한 것은 분명하다고 볼 수 있다.

2. 1980년대 중반 이후~1990년대 초반

앞의 시기에서 살펴보았듯이 1980년대 중반 이전까지 청년 대중음악은 기존의 주류음악인 가요 형식과의 모순적인 관계를 통하여 주류음악문화와 비주류음악문화의 분리를 촉진시키는 모태를 형성하였다. 주류음악과 결합되지 않은 포크와 록음악의 요소들은 1980년대 중반 이후에 확대 계승되어 주류음악과는 구분되는 보다 분명한 결을 형성하였다.

먼저 비주류음악의 흐름을 음악 형식의 측면에서 살펴보고자 한다. 이 시기의 비주류음악을 이루는 한 부분은 포크 계열의 음악이다.

[악보 10]의 〈강남어린이〉(1992)는 A(a+a')B(b+b')A"(a"+a''') 형식이며, 기본적으로 ♩♩♩♩♩의 음형이 선율에서 반복되고 있다(일부분의

변형을 제외하고). 곡 전체의 형식은 ABA형식이지만, 전조를 한 B부분이 선율의 진행상 A와 실질적으로 유사한 형태를 띠고 있으며, 언뜻 보면 AA'A"형식으로 보이기도 한다.

[악보 10] 강남어린이(1992)

작사 정원영 작곡 정원영
노래 장필순

[악보 11] 사랑일기(1986)

작사 하덕규 작곡 하덕규
노래 시인과 촌장

그리고 이 곡[악보 10]은 원조(元調)인 사장조에서 중간에 반음 상행한 내림가 장조로 전조를 했는데, 전조를 했다는 점에서 [악보 7]의 〈작은 연못〉과 비슷하다. 이 시기의 비주류 포크음악 중에서 AAʹAʺ형을 띠는 것으로는 〈숲〉(1988)과 같은 노래가 있지만, 대체로 이 시기에는 1970년대보다는 ABC형이나 AB형이 보다 많이 나타나고 있다.

하지만 1970년대 비주류 포크음악이 지니고 있었던 다절(多節) 형식은 이 시기의 비주류 포크음악에서도 계속 나타나고 있다. 〈사랑일기〉(1986), 〈자유〉(1989?), 〈새날〉(1988), 〈고백〉(1993, 안치환 작사·곡, 안치환 노래), 〈일어나〉(1994) 등이 이러한 형식을 띠는 대표적인 곡들이다.

또한 이 시기 비주류음악을 이루고 있는 이 노래들은 1970년대의 포크음악처럼 아주 단순한 음형이 동일하게 전개되는 형태보다는 ABC형, AB형과 같이 보다 변화 있는 선율에다 가사를 결합시키는 유형을 더 많이 띠고 있다. 이는 1980년대 후반부터 록과 결합한 포크록이나 발라드와 결합한 스타일의 곡들이 출현한 것과 연관이 있다고 볼 수 있다. 비록 수적으로는 포크계열의 음악이 70년대에 비하여 매우 적지만, 음악적 색채에서는 오히려 다양해졌다고 생각된다.5) 이 시기에 비주류음악에 속하는 또 다른 음악으로는 록음악 계열이 있다. 1980년대 중반 〈들국화〉를 필두로 한 록그룹들은 1980년대 초반 캠퍼스 록그룹들에서 재현되었던 록음악의 형식과 사운드를 계승, 확대시켰으며 보다 더 강한 록음악 사운드를 재현하였다. 그런 점에서 음악 형식의 측면에서도 대칭 형식이 더욱 분명하게 나타난다.

[악보 12]의 〈그것만이 내 세상〉(1985)에서 가창으로 이루어진 주요 선율부분은 전체적으로는 AB형의 구조를 지니고 있는데, A(a+a+b)는 '세상을~떠났나봐'이고 B(c+cʹ+d)는 '하지만~내 세상'이다. 그런데 B부분의 d는 2마디로 이루어진 불완전한 형태의 악구이다. 여기서 A와 B를 이

---

5) 이 시기 포크계열의 비주류음악에 포함되는 가수들로는 조동진, 김광석, 장필순, 안치환, 〈어떤날〉, 〈시인과 촌장〉을 들 수 있다. 이외 비주류에 속한다고 보기 어려운 포크계열의 가수들로는 〈동물원〉(김광석이 한 때 멤버이기도 했음)과 〈해바라기〉 등이 있는데, 이들의 노래들은 대중적으로 익숙한 발라드에 가깝다고 할 수 있다.

루고 있는 악구나 동기가 서로 짝을 이루고 있다. A의 a는 2개의 동일한 동기가 짝을 이루며 반복되는 악구로 되어 있는데, 이 악구가 다시 짝을 이루며 반복되어 a+a의 형태로 A의 부분을 이루고 있다. 다음, B에서도 2개의 악구 c+c'가 짝을 이루고 있고, 여기에 2마디의 불완전한 형태의 악구인 d가 덧붙여져 있다.

[악보 12] 그것만이 내 세상(1985)

선율상으로 후반부의 B에서는 전반부와는 달리 응집된 에너지가 폭발하듯이 도약이 두드러지게 나타난다. 이처럼 동기나 악구들이 서로 짝을 이루며 전개되는 곡들로는 〈행진〉(1985, 들국화), 〈크게 라디오를 켜고〉(1986, 시나위), 〈그곳에〉(1988, 블랙신드롬), 〈주연배우〉(백두산), 〈사로잡힌 영혼〉(1993, 블랙신드롬), 〈블랙홀 로큰롤〉(1989, 블랙홀) 등이 있다. 이러한 형식은 선율의 일방적인 주도보다는 반주 부분의 역할을 보다 중시함으로써 선율과 반주의 유기적 결합을 꾀하려는 의도에서 비롯되었다고 생각된다.

이 시기의 록그룹의 곡들이 모두 이런 형식을 취한 것은 아니지만, 이 형식의 특징에서 이전 시기의 록음악과는 구분되는 보다 더 강렬하고 무거운 사운드를 재현하려고 했던 그들의 음악적 지향을 읽을 수 있다.

한편, 1980년대 중반의 대중음악 지형에서 음악 형식의 측면에서 이전 시기와 두드러진 차이를 보이는 것은 주류 발라드음악에서 나타난다. 예전의 가요 형식에서 지배적이었던 단음계의 ABA형보다는 장음계의 ABC형이 압도적으로 많이 나타나고 있다. 이 형식은 뒤에서 살펴볼 선율과 반주 스타일의 차이와 결합하여 한국 대중음악에서 가장 보편적인 스타일인 가요 형식과는 구분되는 팝발라드로 고착화된다.

[악보 13] 〈너에게로 또 다시〉(1989)와 [악보 14] 〈오늘 같은 밤이면〉(1991)은 모두 전형적인 팝발라드 양식의 곡이다. [악보 13]은 A(a+a')A(a+a")B(b+c)C(d+e)로서, A부분을 반복하고 BC로 나아가는 AABC형식인데, ABC로 나아갈수록 점점 곡의 분위기가 고조되는 형태를 띠고 있다. 이것은 ABA형보다 더욱 극적인(dramatic) 전개와 감정 이입을 가능하게 한다. 또 [악보 14] 역시 A(a+a')A(a+a")B(b+c)C(d+d')로서 AABC형식을 띠고 있다.

[악보 13] 너에게로 또 다시(1989)

이 형식을 취하는 팝발라드 양식은 1980년대 중반을 넘어서면서 서서히 부상하여, 80년대 후반 이후로 갈수록 주류음악의 지배적인 형식으로 자리 잡게 된다. 그러나 ABA형의 발라드도 전혀 없지는 않다. ABA형을 취하는 발라드로는 〈거리에서〉(1988), 〈나를 잊지 말아요〉(1987), 〈넌 바람 넌

넌물〉(1988), 〈당신도 울고 있네요〉(1987), 〈바람에 옷깃이 날리듯〉(1989), 〈사랑이 지나가면〉(1987), 〈사랑이 저만치 가네〉(1987), 〈사랑의 슬픔〉(1986), 〈난 아직 모르잖아요〉(1985), 〈새벽기차〉(1985), 〈희나리〉(1985) 등이 있는데, 실제로 대부분이 1985~1987년도에 집중되어 있음을 알 수 있다.

그와 대조적으로 ABC형은 1980년대 후반 이후로 갈수록 빈번하게 나타남을 보여준다. 이 형식을 취하는 대표적인 노래로는 〈가까이 하기엔 너무 먼 당신〉(1985), 〈그녀를 만나는 곳 100m전〉(1990), 〈그대 품에 잠들었으면〉(1991), 〈그 아픔까지 사랑한거야〉(1989), 〈그 이유가 내겐 아픔이었네〉(1987), 〈나의 꿈을 찾아서〉(1991), 〈날 울리지마〉(1990), 〈낯설은 아쉬움〉(1990), 〈내 사랑 내 곁에〉(1991), 〈너를 사랑하고도〉(1990), 〈너를 처음 만난 그때〉(1991), 〈비처럼 음악처럼〉(1986), 〈사랑이란 유리 같은 것〉(1988), 〈사랑하기에(1987)〉, 〈숙녀에게〉(1989), 〈슬픔 그림 같은 사랑〉(1988), 〈이 밤을 다시 한 번〉(1987), 〈이별의 그늘〉(1990), 〈홀로된다는 것〉(1988), 〈하룻밤의 꿈〉(1991) 등이 있다.

이 밖에 AB형, ABB형을 이루는 곡들이 조금 있기는 하지만, 전체적으로 본다면, 1980년대 중반을 기점으로 ABC형의 발라드가 양식화되어 새로운 주류 양식으로 고착화되었다고 말할 수 있다. 하지만 ABC형의 경우에도 A부분을 한 번 더 반복하고 BC로 나아가는 전개라든지, 아니면 1절을 완창하고(ABC), 간주 후에 후렴에 해당하는 BC로 나아가는 형태를 취하는 것은 앞선 시기의 주류 가요 형식과 크게 다른 것은 아니다.

이와 같이 주류음악의 지배적 양식의 변화는 기성세대와는 다른 음악적 감수성을 지닌 청년 세대의 등장을 배경으로 하고 있다. 즉, 새로운 양식의 발라드에는 서구 문화와 정서에 좀 더 친숙하고 개방적인 청년 세대의 세대 감수성이 베어 있다. 그리고 표면적으로는 당시 한국 대중음악문화에서 이 새로운 양식의 발라드를 부르는 젊은 신진 가수들이 대거 등장함으로써 주류음악의 조류가 바뀌게 된 것이지만, 그 이면에는 이 음악의 주요 구매자로서의 청년 세대의 경제적 힘과 이것을 이윤창출에 적극 활용한 음악자본이 결합된 현상에서 비롯되었고 할 수 있다.

[악보 14] 오늘 같은 밤이면(1991)

이 시기 한국 대중음악문화에서 청년 세대의 문화적 힘을 읽을 수 있는 것은 댄스음악의 본격적 등장이다. 물론 이전 시기에도 빠른 템포의 노래에 몇 가지 춤을 가미하여 부르는 경우가 있었지만, 이 시기의 댄스음악은 춤과 노래의 유기적 결합이 보다 더 정교하게 이루어졌다. 노래 자체가 춤을 고려하여 만들어졌다는 것이다. 따라서 대부분 백댄서와 함께 노래에 맞추어 고안된 안무에 의하여 춤과 노래가 같이 전개되며, 가수와 백댄서와의 춤의 기능 분화가 잘 이루어진다.6)

음악의 형식에서 이 시기의 댄스음악은 정형화되어 있지는 않다. 형식적 규칙성이 다른 장르에 비하여 덜 하지만, ABC형이나 AB형이 많은 것으로 나타난다. 전체적으로 보면 댄스음악이라 하더라도 선율이 여전히 곡을 주도하고, 디스코 리듬이나 반주의 형태로 비트감을 조성하는 형태를 많이 취하고 있다. 따라서 선율 자체가 당시의 주류음악인 발라드나 가요 형식과 유사한 경우가 많다. 이는 오랫동안 한국 대중음악의 중심을 차지해온 선율 위주의 음악적 감수성이 청년 세대에게도 여전히 강하게 남아 있기 때문이라고 생각된다.

댄스음악의 성립은 이 시기 청년 대중음악의 특성 중의 하나이다. 신체의 역동적인 움직임을 동반하는 댄스음악은 청년 집단의 자기표현의 수단이자 '젊음'을 드러내는 상징이 되기도 한다. 이렇게 이 시기에 댄스음악을 주로 재현하는 일군의 댄스가수와 그룹이 주류음악문화의 한 부분으로서 등장했다는 것은 한국 대중음악문화에서 청년 집단의 위상과 힘이 그만큼 증폭되었음을 의미하는 것이다.

3. 1990년대 초반 이후~현재

실로 1990년대 이후 청년 대중음악의 전개는 전체 한국 대중음악의 전

---

6) 이 시기에는 반드시 가수의 춤을 동반하지 않는 비트 있는 노래들도 앞 시기
보다 많이 나타나는데, 넓게 보면 이것들도 댄스음악이라고 볼 수 있다.

개라고 해도 과언이 아닐 정도로, 청년 대중음악은 주류음악을 위시하여 한국 대중음악문화에서 중심을 차지하여 왔다.

먼저 주류음악부터 살펴보고자 한다. 전반적으로 주류음악의 발라드들은 이전 시기의 형식이 거의 그대로 존속되고 있다. 즉, ABC형의 구조로 후반부로 갈수록 분위기가 고조되는 극적 전개를 보여준다.

[악보 15] 투헤븐(To Heaven)(1998)

♩=69   작사 이승호 작곡 이경섭
                                                노래 조성모

[악보 15]의 〈투헤븐〉(1998)은 크게 ABC형을 이루고 있다. '괜찮은~않는거니'의 8마디가 A부분으로 다시 a+a'형태로 두 개의 악구가 결합되어 있으며, 다음 '혹시~장난친거지'가 B부분으로 b+b'의 구조로 이루어져 있

다. 그러나 10마디의 C부분은 서로 다른 음형의 악구들로 결합되어 있다. 전체적인 곡의 흐름은 ABC로 1절이 끝나고, 간주 이후 다시 BC'를 반복하는 형태이다. 이처럼 감정이 고조되고 곡의 전개가 본격적으로 이루어지는 B나 C부분으로 회귀하여 반복하는 형태는 이전 시기의 발라드에서도 많이 나타난 것이다. 이처럼 1980년대 중반 이후에 확립되었던 팝발라드 형식은 1990년대 초반 이후 완전히 주류음악의 형식으로 확립되어 상투화되었다고 할 수 있다. 다만 부분 간주가 두 번 이상 들어간다든지 또는 반복 부분에서 B(B')와 C(C', 때로는 D, D')가 동시에 또는 부분적으로 이루어지는 등 좀 더 복잡하게 전개되는 양상을 보여준다. 그래서 선율을 이루는 악절이 ABC(DE)로 확대되어 있는 경우가 많다.[7]

이처럼 ABC형의 발라드음악은 일일이 열거하기 어려울 정도로 많다. 오히려 다른 형식의 곡은 거의 찾아보기가 어렵다. 대표적으로 몇 곡을 들어보면, 〈그 후로 오랫동안〉(1994), 〈나보다 조금 더 높은 곳에 니가 있을 뿐〉(1996), 〈나만의 슬픔〉(1996), 〈내 눈물모아〉(1996), 〈마지막 약속〉(1995), 〈아름다운 아픔〉(2000), 〈천년의 사랑〉(1999), 〈천일동안〉(1995), 〈해줄 수 없는 일〉(1999), 〈For Your Soul〈(1999), 〈애송이의 사랑〉(1996), 〈세상이 그대를 속일지라도〉, 〈소유하지 않는 사랑〉(1997), 〈이 밤의 끝을 잡고〉(1995), 〈하나의 사랑〉(1998) 등이 있다.

1980년대 중반 이후 청년 대중음악의 하나로 확립된 댄스음악은 1990년대 초반 이후부터는 본격적으로 성장하여 가장 지배적인 장르가 되었다. 따라서 양적으로는 주류음악에서 차지하는 댄스음악의 비중은 상대적으로 이전 시기보다 훨씬 커졌다. 1990년대 초반 이후의 댄스음악의 특징은 랩 형식을 차용한 형식이 보편화되었다는 데 있다.

〈난 알아요〉(1992)는 이후 랩댄스음악이 청년 대중음악에서 지배적 주류로 자리 잡게 되는데 시금석이 된 노래이다. 이 곡은 '난 알아요~아름다

---

7) 여기서 ABC형이란 반드시 3부분의 결합만을 의미하는 것이 아니라 전혀 상이한 음형을 지닌 악절들이 결합된 것으로 넓은 의미로 ABC(D)의 경우도 포함시켰다.

웠어'의 8마디가 제시부(A)에 해당하는데, 랩으로 되어 있고, 간주 후에 다시 8마디로 이루어진 '난 정말~전부였잖아'와 역시 8마디의 '오 그대여~울잖아요'가 선율 부분으로 B와 C라고 할 수 있다. 다음 다시 랩으로 이루어진 6마디의 D와 간주가 이어지고 다시 처음으로 돌아가서 2절의 형태로 전체를 반복하는 형태를 띠고 있다. 그러므로 크게 보면 ABCD로 ABC형이라 할 수 있는데, 곡의 중심부는 선율이 주도하고 랩의 부분은 처음의 제시부와 간주와 2절을 연결해주는 마지막 부분으로서 보조적인 역할을 하고 있다. 물론 랩과 선율의 결합은 다양하게 나타날 수 있다. 보통은 제시부를 랩이 채우지만, 때로는 선율＋랩＋선율과 같은 형식을 취하는 곡들도 있다.

그런데, 이러한 노래의 구조는 댄스음악의 실연과도 많은 관련이 있다. 많은 랩댄스음악이 그룹의 형태로(2~5명) 실연되는데, 랩과 선율의 일부를 그룹의 구성원들이 차례로 돌아가면서 부르기도 하고 제창을 하는 부분도 있는데, 한 사람이 노래를 부를 때, 나머지 사람들은 춤에 주력하게 된다. 제창은 선율의 중심부, 즉 B와 C에 해당되는 부분에서 이루어진다. 여기서 랩부분만 전담하는 래퍼(rapper)가 있는 경우도 있다.

[악보 16] 난 알아요(1992)

♩＝108

작사 서태지 작곡 서태지
노래 서태지와 아이들

 이러한 형식을 취하는 곡은 매우 많으며 현재까지도 꾸준히 재생산되고 있는데, 대표적으로 예를 들어보면 다음과 같다. 〈날개 잃은 천사〉(1995, ≪룰라≫), 〈나 어릴적 꿈〉(1995, ≪터보≫), 〈미녀와 야수〉(1996, ≪디제이덕≫), 〈이별공식〉(1995, ≪R.ef≫), 〈책임져, ≪언타이틀≫〉(1996), 〈꿍따리 샤바라〉(1996, ≪클론≫), 〈다시 만나줘〉(1996, ≪업타운≫), 〈비련〉(1997, ≪구피≫), 〈사랑 두려움〉(1997, ≪듀스≫), 〈We are the Future〉(1997, ≪HOT≫) 말해줘(지누션), 〈고리〉(1999, ≪디바≫), 〈열정〉(1999, 유승준), 〈미련〉(1999, ≪코요테≫), 〈T.O.P.〉(1999, ≪신화≫), 〈한〉(2000, ≪샤크라≫), 〈날개〉(1997, ≪언타이틀≫), 〈머피의 법칙〉(1995, ≪디제이덕≫) 〈비젼〉(1999, 유승준), 〈성공시대〉(1998, ≪벅≫), 〈Outside Castle〉(2000, ≪HOT≫), 〈애상〉(1998, ≪쿨≫) 등이다.

 이는 1990년대 청년 대중음악에서도 '노래＝선율'이라는 한국 대중음악문화가 지니고 있는 오랫동안의 관행과 정서가 여전히 관철되고 있음을 보여준다. [악보 16]의 〈난 알아요〉(1992, ≪서태지와 아이들≫)와 같은 앨범에는 〈환상속의 그대〉라는 곡이 있는데, 이 곡은 힙합 리듬에 거의 전 부분이 랩으로 이루어져 있다. 국내 대중음악에 본격적으로 랩음악을 도입한 선구자라 할 수 있는 〈서태지와 아이들〉의 1집 앨범에 두 가지 형식의 랩음악이 담겨 있다. 주류음악문화를 창출하는 음악자본은 후자의 형식보다는 기존의 한국 대중음악문화에서 익숙한 전자의 형식을 취사선택하여 확대 발전시켰고, 결국 이 형식은 그 이후청년 대중음악에서 가장 지배적인 형태가 된 것이다. 그러나 1990년대 후반 이후의 최근에는 곡의 전 부분이 랩으로 채워져 있는 랩음악이 주류 댄스음악에서도 많아지고 있다. 이는 그동안 힙합 리듬이나 랩음악이 청년 집단에게 음악적 정서와 감성의 측면에서 익숙해졌음을 의미한다.

 랩 음악은 1990년대 이후의 청년 대중음악문화를 기성세대의 음악문화와 완전히 구분짓는 촉매제가 되었다. 속사포처럼 쏟아내는 랩과 거칠고 격렬한 춤 등은 완전히 청년만의 음악으로 자리매김 하였으며, 이것은 신세대의 세대 정체성을 반영하는 동시에 표현하는 중요한 수단으로 사용되어 왔다.

[악보 17] 몰라(1999)

♩ = 128

작사 김창환 작곡 김창환
노래 엄정화

한편 1990년대 초반 이후 랩이 가미되지 않은 댄스음악 또한 상당수가 양산되는데, 이것은 이전 시기의 댄스음악의 형식이 그대로 계승된 것이라 할 수 있다. 특히 여성 가수들을 중심으로 이러한 형식의 댄스음악이 재현되고 있다.8) 여성 가수의 댄스음악은 춤과 결합되어 관능성을 강조하는 형태로 재현되는데, 이러한 스타일의 댄스음악은 이미 1980년대 중반에 확립된 것이다.9) 경우에 따라서는 중간 부분에 백보컬의 형태로 남성의 랩이 첨가되어 랩댄스음악과 유사한 구조를 만들어 내기도 한다.

그리고 형식의 측면에서 여성 댄스음악 또한 ABC형으로 랩댄스음악과 별반 다르지 않다. [악보 17]은 A(a+a')B(b+b')C(c+d)C'(c+d')D(e)로서 전체적으로 ABC형을 띠고 있다.

다음으로 비주류음악과 언더그라운드음악의 음악 형식은 일률적으로 정형적 형태를 띠고 있지는 않다. 장르나 스타일의 면에서 매우 다양하고 포괄적인 범위를 이루고 있기 때문이다.10) 따라서 형식면에서는 이 시기의 주류음악과 두드러진 차이는 보이지 않는다. 전체적으로 사운드의 특성과 노래 가사의 내용에서 차이가 형성된다고 보아야 할 것이다. 여기서는 1990년대 이후 새롭게 형성되었으며, 비주류와 언더그라운드 영역에서 중심을 차지하고 있는 음악인 록(펑크, 모던록, 하드코어)과 힙합을 중심으로 살펴보고자 한다.

전반적으로 사운드와 노래 구조가 복잡해지는 일반적 양상과 비교해 볼 때, 비주류와 언더그라운드 영역에서 많이 행해지는 펑크(punk)의 경우 의도적으로 단순성을 지향하는 경향이 있으며, 그런 점에서 노래의 전체 구조와 음형이 매우 단순한 곡들도 나타나고 있다.

[악보 18]의 〈바보버스〉(1997)도 바로 그러한 예에 속한다. 악보에서 볼 수 있듯이, 이 곡은 형식적으로는 A(a+b)B(c+c')C(d+d')형을 띠고 있

---

8) 1990년대 초반 이후 대표적인 여성 솔로 댄스가수로는 박미경, 엄정화, 김현정, 백지영, 이정현 등이 있으며, 랩댄스가 아닌 댄스음악을 주로 구사하는 여성 댄스 그룹으로는 〈S.E.S.〉, 〈핑클〉 등이 있다.
9) 여기에는 김완선, 민해경, 나미 등이 해당한다.
10) 그러나 규모의 면에서는 주류음악보다 작다고 보아야 할 것이다.

다. 그러나 A와 B부분은 선율이 비슷하게 전개되고 구조에 있어서도 a, b, c, c'가 비슷하다는 점에서 A와 B의 1~16마디가 전체적으로 유사하다는 느낌을 준다. 다음 C부분은 A, B와는 확연히 다르게 선율이 전개되고 있으며, 실질적으로 이 부분이 후렴에 해당한다. 따라서 어떻게 보면 AB형에 가깝다고도 할 수 있다.

[악보 18] 바보버스(1997)

♩=150

작사 고구마 · 달파란 · 박현준
작곡 고구마 · 달파란 · 박현준
노래 삐삐롱스타킹

록 리듬에 기반하여 전반적으로 선율 전개 및 곡 형식이 단순하게 이루어져 있는데, 이는 가사와 결합되어 그 내용을 더욱 선명하게 부각시키는 효과를 지닌다. 이와 같은 스타일의 노래들은 〈바보버스〉 외에도 〈짬뽕〉, 〈딸기〉(1995), 〈유쾌한 씨의 껌씹는 방법〉(1995) 등에서 다수 나타난다.

[악보 19] 진짜(2000) 〈1~12마디〉

♩=114　　　　　　　　　　　작사 CB MASS 작곡 이윤성
　　　　　　　　　　　　　　　　　노래 CB MASS

이 시기에 록 음악 외에 힙합 장르의 경우 비주류나 언더그라운드 영역은 주류에서 흔히 볼 수 있는 랩＋선율의 혼합 구성에다가 선율이 주도하는 전개 방식과는 다른 형식을 취하고 있다. 힙합 리듬과 랩, 그리고 운(rhyme)을 맞춘 가사의 배열 등에서, 미국식 힙합을 그대로 재현한다.

[악보 19]는 곡의 모든 부분이 랩으로 이루어져 있다. 악보상으로는 음고의 변화가 거의 없는 형태로 선율이 전개되고 있다. 따라서 음고가 있는 선율의 부분이 확실하게 랩부분과 구분되어 전개되고 있는 주류 랩댄스음악과는 달리 훨씬 투박하고 거친 느낌을 준다.

제3절 선율과 화성의 변화

1. 1970년대～1980년대 중반

1970년대 한국 대중음악은 앞 절에서도 살펴본 것과 같이 1960년대 후반에 지배적인 주류음악으로 확립된 한국 가요 형식의 안정적인 재생산과 변화가 동시에 모색되었던 접점이었다. 그리고 그 변화를 주도한 것이 청년 대중음악, 즉 포크음악이었다. 기존의 연구에 따르면[11], 한국 가요 형식의 선율과 화성적 특징은 첫째, 화성 단음계의 사용과 둘째, 7음계의 사용도 있기는 하지만 5음계를 주로 사용함으로써 단순한 화성을 지니고, 셋째,

---

11) 이영미(1998)는 『한국대중가요사』에서 1960년대 후반 한국 대중음악의 스탠다드로 자리 잡은 단조 이지리스닝의 선율과 화성의 특징을 잘 밝혀놓고 있다. 또한 이 책에서는 1970년대 포크음악의 특징을 1960년대 대중음악과 비교하여 서술하고 있다. 따라서 본 연구의 제3절의 1시기에 해당하는 선율 및 화성의 분석 부분에서 다루게 되는 한국 가요 형식과 1970년대 포크음악의 특징들은 이영미의 선구적인 논의를 많이 참조하였음을 미리 밝혀둔다.

선율은 차례로 진행되는 경우가 많으며, 넷째, 반음과 반음, 단3도와 반음을 자주 연결하는 선율을 많이 사용한다는 것이다. 이러한 특징들로 인하여 한국 가요 형식을 취하는 노래들의 애상성이 표출된다는 것이다(이영미, 1998: 152-161).

앞 절에서 살펴본 바와 같이, 이러한 선율과 화성상의 특징들은 주로 ABA의 틀에 입각하여 차분하면서도 절제된 애상성을 더욱 드러나게 한다. 그리고 선율 및 화성적으로 안정된 느낌을 만들어내는 것은 선율상의 도약이 그리 크지 않기 때문이지도 하지만(선율의 순차진행), 무엇보다도 선율을 구성하는 음이 대부분 화성음이기 때문이다. [악보 1]의 〈이별〉(1972)을 보면 이 점이 잘 나타난다. 이 곡은 장음계의 ABA형 구조를 지니고 있는데, 노래의 중심부라 할 수 있는 B부분에서는 선율상의 도약이 ('멀어졌지만'의 '어'→'졌'으로의 단7도 도약) 나타나지만, 전반적으로 같은 음이 연속되는 ♫♫♫형이 많이 나타난다. 그리고 선율을 이루고 있는 음들이 대부분 화음의 구성음들로 이루어져 있다. 한 예로 '잊을 수는 없을거'에 해당하는 화음은 F7로 '파라도미♭'로 구성된 화음인데, 선율부분은 '파파파파 미♭레도'(음이름)로서, 비화성음은 '레'에 불과하다. 그나마 이것은 다음의 '도'로 바로 연결되는 경과음(passing note)이다.

이처럼 화성음 위주의 선율구성, 선율의 차례 가기는 한국 가요 형식의 특징을 이루며, 이러한 특징들을 갖춘 노래들이 1970년대에도 계속 재생산되고 있음을 알 수 있다. 그러나 1970년대 포크음악은 이러한 분위기와는 다른 곡을 만든다. 이 시기 포크음악의 특징은, 첫째 장음계에 바탕을 두고 있으며, 둘째, 비교적 단순한 화성과 선율을 갖고 있다는 데 있다. 그러나 한편에서는 기타 반주에 바탕을 둔 다양한 화성이 펼쳐지는 곡들도 나타나고 있다(이영미, 1998: 195-203).

그러나 1970년대 중반까지는 오히려 선율과 화성에서 아주 단순한 노래들이 많다고 보아야 한다. 〈사랑해〉(1971, 라나에로스포), 〈모래 위를 맨발로〉(1972, 김세환), 〈짝사랑〉(1972,), 〈좋은걸 어떡해〉(1973, 김세환), 〈네 꿈을 펼쳐라〉(1976, 양희은), 〈저 별과 달을〉(1974), 〈미운사람〉(1973, 윤형주), 〈사랑을 노래해요〉(1974), 〈길가에 앉아서〉(1974, 김세환), 〈밤배〉(1975, 둘다섯), 〈긴머리 소녀〉(1975, 둘다섯), 〈토요일밤〉(1974, 김세환) 등은 모두 주요 3화음 위주로 화성이 전개된다. 이러한 곡들은 당시 주류음악이자 기성세대의 음악이 갖는 애상적인 느낌과는 매우 다른 분위기를 만들어낸다. 전반적으로 작고 소박하면서도 밝은 느낌을 주조해내기 때문이다.

물론 화성 중심적인 포크음악 역시 나타나는데, 〈친구〉(1971)와 같이 음고의 변화 없이 화음만이 계속 변화함으로써 화성적 통일성을 기한 노래나 〈꽃반지 끼고〉(1971, 은희), 〈이루어질 수 없는 사랑〉(1972, 양희은), 〈파도〉(1976, 이수만)와 같이 동일한 화음 패턴이 지속되는 곡들도 있다(이영미, 1998: 197-200).

어떻게 보면 모순적인 두 양상이 포크음악에서 동시에 나타나는데, 양자의 경향 모두는 포크음악이 당시의 주류음악인 트로트나 한국 가요 형식과는 달리 보다 서구적인 색채를 지니게 만든다. 이와 같은 포크음악의 출현은 기성세대보다 서양(특히 미국)의 문화와 가치에 보다 익숙했던 청년 세대의 감성이 음악적으로 반영된 것이자, 이것을 통하여 기성세대와는 다른 청년 세대의 정체성을 드러내려는 과정의 산물이라고 보아야 할 것이다. 더구나 당시의 미국 지향적인 사회 분위기는 청년 세대가 포크음악, 더 나아가 포크와 청바지로 대변되는 청년 문화를 통하여 문화적 우월감을 유지하는 배경이 되었다. 즉, 기성세대의 문화적 정서와는 확실히 구분되는 상징 지표가 되는 것이다.

특히, 당시 포크음악의 확산을 주도한 것은 학사가수로 지칭되는 대학 출신이나 재학 중의 가수였으며, 주요 수용자 역시 대학생들이었다. 따라서 포크음악의 창출과 확산에는 비단 세대적 가치와 정체성의 측면만이 아니라 계급의 문화적 실천 또한 내포되어 있다.[12] 당시의 대학은 고학력의 산

---

12) 이영미도 당시 청년 문화와 포크음악이 대학생의 문화였기 때문에 급속도로 확산된 것이라고 보고 있다. 즉, 대학생의 문화로서의 청년 문화가 하나의 모델이 되어 고등학생에게까지도 파급되고 결국은 그 세력이 청년 세대 전체로

실이자 사회의 상층에 진입할 수 있는 통로가 되었으며, 따라서 대학생의 사회적 지위 또한 상대적으로 높았다고 할 수 있다. 이러한 맥락에서 포크음악의 확산이 대학문화의 일환으로서 이루어진 것에는 당시 대학생들이 대부분 귀속되었던, 또는 앞으로 귀속될 상층 계층의 문화적 실천 또한 담겨 있다고 보아야 한다.

이 과정에서 포크음악이 대학생과 청년이라는 한정된 집단과 세대에서 점차 확산되어 가자 포크음악은 점차 주류음악에 포섭되면서 범세대적이고 대중적인 장르가 되었고, 기존의 주류음악의 특성들과 더욱 가깝게 결합되기 시작하였다. 포크음악의 변화는 사실상 포크의 확산과 함께 시작되었다고 보아야 하는데, 바로 포크의 대중적 확산과 변화를 주도한 것은 음악자본이라 할 수 있다.

그 변화의 과정은 음악상의 특징에서도 감지된다. 첫째는 화성 단음계에 바탕을 둔 곡이 점점 나타나기 시작하였다. 여기에는 〈작은 새〉(1973, 어니언스), 〈어제 내린 비〉(1975, 윤형주), 〈옛사랑〉(1974, 사월과 오월), 〈비〉(1973, 김세환), 〈비의 나그네〉(1973, 송창식), 〈파도〉(1976, 이수만), 〈한송이 꿈〉(1976, 이수만) 등이 있다.

둘째는 이미 대중화된 슬로우 록 리듬에다 ♫ 음형이 주가 되는 선율의 형태가 점차 많아지기 시작한 것이다. 원래 이것은 1960년대 후반부터 주류음악에서 이미 사용되었으며, 1970년대 역시 포크음악이 아닌 음악에서 빈번하게 사용되었던 것이다. 그 예로는 1960년대에 〈바닷가의 추억〉(1968, 키보이스), 〈안개〉(1968, 정훈희)를 비롯하여 1970년대에는 〈조약돌〉(1970, 박상규), 〈여고시절〉(1972, 이수미), 〈영아〉(1977, 김만수), 〈그쟈〉(1977, 최백호), 〈내 곁에 있어주〉, (1974, 이수미), 〈두마음〉(1971, 이석), 〈둘이서〉(1976, 박상규), 〈등불〉(1974, 영사운드), 〈별이 빛나는 밤에〉(1973, 윤항기), 〈새끼손가락〉(1976, 정종숙), 〈옛님〉(1972, 트리퍼스), 〈잊게 해주

까지 미치게 되었다는 것이다. 따라서 당시 청년 문화와 포크음악의 위상은 상업주의적 대중문화의 관행과 대학생들의 계층상승 욕망이 결합된 결과에서 찾아야 한다고 본다(이영미, 1998: 195).

오〉(1973, 템페스트), 〈파도〉(1976, 토끼소녀) 등을 들 수 있다. 이 예들에서 록그룹의 형태였던 ≪트리퍼스≫, ≪템페스트≫를 비롯하여 일반 가수들의 노래에서도 광범위하게 사용되고 있음을 알 수 있다. 이 ♫ 음형은 〈눈동자〉(1981, 이승재), 〈돌아오지 않는 강〉(1980, 조용필) 등에서와 같이 1980년대 초반까지도 지속적으로 주류음악에서 사용된다.

[악보 20] 바닷가의 추억(1968)   〈1~8마디〉

작사 김희갑 작곡 김희갑
노래 키보이스

[악보 21] 여고시절(1972)   〈1~8마디〉

작사 주영자 작곡 김영광
노래 이수미

[악보 22] 옛님(1972)   〈17~24마디〉

작사 지 웅 작곡 김희갑
노래 트리퍼스

꽃 피 어 향기롭 던   못 잊을 그- 밤 도

바 닷 가 그언덕 도   모 두모두다잊었노 라 고———

[악보 23] 내 곁에 있어주(1974)   〈7~14마디〉

작사 박건호 작곡 김영광
노래 이수미

내 마음은뛰어놀-았 지   내곁에 있어 주   내곁에 있어 주

할말은모두 이것뿐이 아   내 곁 에 있 어 주   내곁에 있어 주

[악보 24] 내 진정 당신을(1978)   〈1~8마디〉

작사 김미선 작곡 백순진
노래 이수만

징 당-신 을 사 랑 하 는 까— 닭-은— 당신걸

에 언제 나 철 수——— 있다는 것   이-렇

그런데 이 음형이 포크음악에서도 빈번하게 사용되었다는 것은 당시의 주류음악과의 친화성이 점차 높아져갔음을 의미한다고 할 수 있다. 이 음형을 주로 사용한 포크음악으로는 〈이루어질 수 없는 사랑〉(1972, 양희은), 〈옛친구〉(1972, 김세환), 〈이름 모를 소녀〉(1974, 김정호), 〈먼훗날〉(1975, 둘다섯), 〈밤배〉(1975, 둘다섯), 〈일기〉(1975, 둘다섯), 〈젊은 연인들〉(1977, 서울대트리오), 〈편지〉(1976, 어니언스), 〈그림자〉(1977, 서유석), 〈내 진정 당신을〉(1978, 이수만) 등이 있다. 특히 이 음형과 화성단음계가 결합한 경우 다른 주류음악과 매우 흡사한 분위기를 만들어 낸다. 그리고 이러한 변화는 초기의 포크음악이 지녔던 풋풋하고 소박한 특성을 상실하고 점차 애상적 정서가 강하게 만들었다.

지금까지 살펴본 것처럼, 포크음악의 형성에는 대학생이라는 당시 한국의 청년 집단의 사회적 위치가 중요하게 자리한다. 그리고 포크음악이 대중적으로 확산되고 변화하면서 더 이상 청년 세대를 대변하는 고유의 상징이 되기 어려워지자, 1970년대 후반 이후 그 역할은 록음악으로 넘어가게 된다. 하지만 포크음악의 형성에는 대학생들의 문화적 욕구와 자의식 충족이라는 의미만이 아니라 또 다른 의미도 내포되어 있다. 당시의 대학생은 문화적 향유 집단으로서만이 아니라 당대의 지식인층으로서 사회 현실을 인식하고 문제 제기를 할 수 있는 위치에 있었다. 그래서 포크음악은 이들에게 미국의 저항문화의 정신과 접목되어 당시 근대화 과정에서 불거져 나온 사회적 모순을 비판하는 매개체가 되기도 하였다. 즉, 포크음악은 소비적인 청년 문화였을 뿐 아니라 비판적인 청년 문화를 이루기도 한 것이다.

이러한 흐름의 중심을 이루는 포크음악은 김민기와 한대수가 주도하였으며, 이들의 음악은 1980년대에 시작된 노래운동의 기원을 형성하였다. 이들의 포크음악은 음악적 특성상 주류화된 포크와는 매우 다르며 초기의 소박하고 밝은 분위기에 가깝다고 할 수 있다. 선율과 화성에서는 〈물 좀 주소〉, 〈행복의 나라로〉처럼 비교적 단순한 것과 〈친구〉처럼 화성이 다양하게 전개되는 곡도 있다. 전반적으로 〈작은 연못〉(1973), 〈아름다운 사람〉(1974, 김민기), 〈아침이슬〉(1971, 김민기), 〈아하 누가 그렇게〉(1971, 김민기),

〈옥이의 슬픔〉(1974, 한대수), 〈행복의 나라로〉(1973, 한대수), 〈물 좀 주소〉(1978, 한대수) 등의 노래들은 당시 대중적인 포크음악에서 많이 쓰이는 ♬나 ♫의 음형은 거의 사용되지 않으며, ♩♪♩♩와 ♫음형이 많이 쓰임을 알 수 있다([악보 6], [악보 7] 참조).

이처럼 1970년대 포크음악은 중반을 기점으로 주류화와 비주류화의 상반된 지향점으로 나아가게 되었다. 전자는 기성세대의 주류음악과 결합하여 대중적인 양식으로 자리 잡으면서 1980년대 초반까지 주류음악으로서 재생산되었고, 후자는 1980년대의 노래운동과 연계되어 민중가요의 토대가 되었다. 그리고 이러한 포크음악의 형성과 분화는 당시 사회적 집단으로서의 청년 세대의 등장과 특히 청년 문화의 형성을 주도했던 대학생들의 모순적인 사회적 위치라는 맥락에서 기인하는 것이라고 보아야 한다.

다음으로 1970년대 후반 포크음악의 청년성이 상실되자 그것을 대체한 것은 캠퍼스 록이었다. 캠퍼스 록은 이전의 록음악보다 음악적 형식과 사운드의 구성에서 록음악에 가까웠다고 할 수 있다. 이 시기의 캠퍼스 록음악은 선율의 측면에서 크게 두 부류로 이루어진다. 하나는 록의 다른 하나는 오늘날의 록발라드와 유사한 분위기의 느린 템포의 곡이다. 전자의 경우 선율의 특성은 첫째, 많은 노래들이 앞부분의 선율과 뒷부분의 선율이 대비되는데, 후반부의 선율은 주로 고음의 영역과 도약이 심하게 이루어지는 이루어진다. 둘째, 도약 부분에서 다음의 음으로 바로 떨어지지 않고, 음가를 유지함으로써 감정의 고조를 유도하는데, 이러한 진행은 곡의 긴장감과 강렬함을 창출한다. 셋째, 한 마디 또는 두 마디의 선율을 부분적으로 반복함으로써 생동감을 더한다.

이러한 특성들은 〈불놀이야〉(1980, ≪옥슨 80≫), 〈해야〉(1980, ≪마그마≫), 〈탈춤〉(1979, ≪활주로≫), 〈구름과 나〉(1978, ≪블랙테트라≫), 〈나 어떡해〉(1977, ≪샌드페블즈≫), 〈그대로 그렇게〉(1979, ≪휘버스≫), 〈아니 벌써〉(1979, ≪산울림≫), 〈세상만사〉(1980, ≪송골매≫) 등에서 잘 나타난다. 〈악보 25〉의 경우에도 가창과 반주 부분이 한마디씩 교대로 주고받는 형태로 선율이 전개되는데, 이것은 곡의 생동감을 더해 준다.

이러한 특성은 위의 노래들을 이전의 록음악과는 달리 참신하면서도 호 방한 느낌을 갖게 해준다. 그리고 이러한 특성은 아마추어적인 참신함과 순수함을 견지하는 것으로서 당시의 주류음악과 대비되는 '건전함'으로 의 미화되었다. 그리고 방송사와 음반사들은 이러한 '건전함'을 적극적으로 이 용하여 정권의 정책 방향과 대립하지 않으면서 신인가수의 발굴이라는 효 과를 거둘 수 있었던 것이다(안성민, 1998: 39).

[악보 25] 불놀이야(1980) 〈1~6마디〉

작사 홍서범 작곡 홍서범
노래 옥슨 80

이처럼 캠퍼스 록음악의 형성에는 다양한 사회적 맥락이 자리 잡고 있 는데, 첫째 당시 정치적 상황과 그로 인해 빚어진 대중음악의 지형이라는 맥락이다. 둘째, 캠퍼스 록은 포크음악을 대신하여 청년 세대의 정서를 표 현할 수 있는 새로운 매개체로서, 청년 세대의 집단적 욕구의 분출이라는 맥락과도 연관된다. 따라서 직접 록음악을 했던 청년(거의가 남성)뿐 아니 라 수용자인 청년들도 자신들의 음악으로서 받아들일 수 있었던 것이다. 셋째, 세대 정체성의 표현이 록음악을 통하여 구현되었던 것은, 당시 록의 장르가 청년 세대에게 외국의 록음악을 통하여 청년 집단에게 광범위하게 수용되고 있었기 때문에 가능한 것이었다.

하지만, 후반기(80년대 초반)로 갈수록 처음의 의미가 퇴색되고 따라서 음악적으로도 점차 기성의 주류음악과 비슷해져갔다. 가요제를 통해 등단한 많은 록그룹들이 일부를 제외하곤 앨범의 발표가 일회적으로 그치는 경우가 많았으며, 따라서 전체적으로 록그룹들의 음악적 역량의 발전과 축적이 이루어지지 못했다. 그리고 처음부터 음악자본의 이해관계와 유착되었던 발생 맥락은 후반기로 갈수록 당시 주류음악의 선율과 유사한 노래들을 점차 많아지게 하였다고 볼 수 있다. 〈청춘〉, 〈내게 사랑은 너무 써〉(≪산울림≫), 〈처음 본 순간〉, 〈어쩌다 마주친 그대〉, 〈모두 다 사랑하리〉, 〈빗물〉(≪송골매≫) 등과 같이 캠퍼스 록그룹의 범주에 들어가는 후반기의 대표적 록그룹의 노래에서는 당시 대중화된 주류음악과 비슷한 선율과 화성을 갖춘 노래가 많이 등장한다([악보 9] 참조).

다음으로 1980년대 이후부터 중반 이전까지 청년 대중음악은 크게 보면 주류음악과 대립되거나 그것을 변화시키는 주도적인 위치에 있었다기보다는 그 틀 내에서 전개되었다고 할 수 있다.[13] 여전히 가요제가 젊은 신진 가수들의 등단의 무대가 되었으며, 그들의 노래는 대부분 대중적으로 익숙하고 기존의 음악적 관습에서도 크게 벗어나지 않는 특성을 지니고 있었다.

바로 〈잊혀진 계절〉(1982, 이용)과 〈J에게〉(1984, 이선희)가 대표적인 사례에 속한다.[14] 〈잊혀진 계절〉은 1970년대의 주류음악 선율 패턴에서 일반적이었던 ♫♫형이며, 조금 뒤에 나온 〈J에게〉는 좀 더 새로운 ♪♫형 위주로 전개된다. 두 곡 모두 장음계로서 앞부분과 뒷부분의 선율 전개가 명확히 대비되며, 후반부의 선율의 도약이 두드러지게 나타난다는 점에서, 1970년대의 주류음악과는 조금 다른 느낌을 준다. 그러나 두 곡 모두 화성음 위주로 선율이 펼쳐지고 있고, 화성 또한 주요 3화음 위주로 구성되어 있

---

13) 당시 주류음악의 중심인물은 조용필이었는데, 그의 음악은 트로트에서 록에 이르기까지 다양한 장르와 스타일에 걸쳐 있으며, 범세대적으로 수용되었다는 점에서 전적으로 청년 대중음악이라고 보기는 어렵다.
14) 이용의 〈잊혀진 계절〉은 '제1회 국풍가요제'(1981)에서 〈아, 바람이려오〉로 입상한 다음 가수로 등단하여 발표한 곡이고, 이선희의 〈J에게〉는 MBC 강변가요제(1984)에서 대상 수상곡이다.

다는 점에서 이전의 주류음악과 크게 다르지는 않다.

그리고 1980년대 중반을 기점으로 청년 대중음악은 다시 주류음악의 변화와 비주류음악의 형성을 주도하면서 한국 대중음악문화의 모습을 바꾸어 놓는 데 기여하게 된다.

[악보 26] 잊혀진 계절(1982)　〈7~18마디〉

[악보 27] J에게(1984)　〈1~8마디〉

2. 1980년대 중반 이후~1990년대 초반

이 시기의 청년 대중음악의 특징은 주류음악과 비주류음악의 분화가 보다 분명해졌다는 데 있다. 그리고 팝발라드와 댄스음악 장르가 확립되고 이것이 주류음악에서 새로운 지배적 위치를 차지하게 되면서 청년 대중음악은 다시 한국 대중음악문화를 주도하게 되었다. 이 팝발라드와 댄스음악은 새로운 시기의 청년 집단의 문화적 정체성을 담고 있다고 할 수 있다.

먼저, 팝발라드의 선율과 화성상의 특징을 살펴보면 다음과 같다.

첫째, ♫♫보다는 ♪♬의 음형이 지배적으로 나타나고 있다. 음형에 있어 ♪♬형의 빈번한 사용은 이전 시기에도 나타나고 있지만, 80년대 중반 이후 본격적으로 사용되었으며, 이후의 발라드에서 대부분 사용되고 있다([악보 29], [악보 31], [악보 32] 참조). 둘째, 비화성음이 많이 쓰인다. 원래 기존의 한국 가요 형식이나 그것의 영향을 받은 많은 노래들은 선율이 화성음 위주로 전개된다. 비화성음이 쓰일지라도 대부분 경과음이나 약박에 해당하는 부분에 주어진다. 그러나 팝발라드의 경우 화음 코드와 선율의 음이 일치하지 않는 비화성음이 빈번하게 쓰이고, 또 비화성음이 단순한 경과음이 아닌 강박이 주어지는 부분에 위치하는 경우가 많아진다. [악보 28]과 [악보 32]에 이것이 잘 나타나 있다. [악보 28]의 〈가리워진 길〉(1987, 유재하)에서 '무지개와 같은 길'의 '은'과 '힘이 되주오'의 '주'를 보면, '은'의 화음은 Am(라도미)인 데 반하여 선율은 '시'로 되어 있다. 또한 '찾을 수 없네'의 '없'의 부분도 화음은 D7(레파♯라도)이지만 음은 솔로 구성되어 있으며, '힘이 되주오'의 '주' 역시 화음 코드는 Em(미솔시)이지만 선율은 파로 되어 있다.

[악보 32]의 〈텅 빈 마음〉(1989, 이승환) 역시 중간부의 '그대 그 미소' 이후의 부분에서 비화성음이 빈번하게 사용되고 있다. 여기서는 ♪♬에서 강세가 주어지는 앞부분에 비화성음이 쓰이고 있으며, '날 부르네'의 '부' 역시 ♩로 음가의 길 이상 그 마디의 선율에서 중심이 되는 부분임에도 불구하고 CM7(도미솔시)의 화음 구성음이 아닌 '파'가 쓰이고 있다. 이것은

이전 시기의 [악보 29] 〈J에게〉와 비교하면 확실히 차이가 드러난다. 〈J에게〉의 경우 ♪♬형이 주도적이지만, 앞의 음이 모두 화성음이다.

셋째, 선율에서 미♭, 솔♭, 시♭시의 사용이 많아졌다. 미와 시의 반음을 내리는 것은 블루스 음계이다. 이 음을 떨어뜨림으로써 블루스의 고유한 느낌을 만들어내는데, 이것은 블루스뿐만 아니라 미국의 리듬 앤 블루스(R&B)나 팝발라드에서 빈번하게 사용하고 있는 것이다. 솔♭ 경우 블루스 음계의 구성음은 아니지만, 미♭, 시♭와 함께 사용되어 블루스의 느낌을 더 배가시키는 효과를 발휘한다. [악보 31]의 〈미소 속에 비친 그대〉(1990, 신승훈)가 바로 그와 같은 경우인데, '그보다 더 진한'의 '진' 부분과 '미소 속에 비친'의 '비'가 각각 미♭와 시♭로 이루어져 있다.

넷째, 선율의 전개에서 음의 도약이 한층 커졌으며, 장·단 7도나 옥타브(완전 8도) 도약이 빈번하게 일어난다. 특히 절정부의 선율은 음의 급격한 상승과 하강으로 이루어져 보다 극적인 전개와 감정 이입을 유도하고 있다([악보 29], [악보 30] 참조).

[악보 28] 가리워진 길(1987) 〈7~19마디〉

[악보 29] 비처럼 음악처럼(1986)   〈9~20마디〉

♩=63

작사 김현식 작곡 김현식
노래 김현식

F FM7 Dm Gm C7

난 오늘도 이 비를 맞으며 하루를 그냥 보내요 — 오 아름 다

Dm DmM7/C# Dm7/C G7 Gm/Bb C7

운 음악같은 우리의 사랑의이 야 기들은 흐르

Am D7 Gm Bbm C7

는 비처럼 너 무아 픈 비 때 문 이 죠

[악보 30] 오늘 같은 밤이면(1991)   〈29~36마디〉

♩=69

작사 박정운 작곡 박정운
노래 박정운

Eb Gm/D Cm Cm7/Bb Ab

— 오 늘같은 밤이면— — 그대를나 —의품에 가득 안고서

Bb7 Eb Gm/D Cm Cm7/Bb Ab Bb7

— 멈 춰진시간—속 에 그대와영 —원 토록 머물 고싶어

[악보 31] 미소 속에 비친 그대(1990) 〈15~24마디〉

작사 신승훈 작곡 신승훈
노래 신승훈

[악보 32] 〈텅 빈 마음〉(1989) 〈17~24마디〉

작사 류화지 작곡 류화지
노래 이승환

이와 같은 특징을 갖고 있는 곡들은 이외에도 〈내 마음 알겠니〉(1991,
강수지), 〈그 아픔까지 사랑한 거야〉(1989, 조정현), 〈안녕이라고 말하지
마〉(1989, 이승철), 〈너에게로 또 다시〉(1990, 변진섭), 〈이별여행〉(1990,
원미연), 〈사랑하기에〉(1987, 이정석), 〈사랑일 뿐야〉(1990, 김민우) 등 많

은 발라드에서 나타나고 있다.

이러한 특성을 갖고 있는 팝발라드 양식은 이전의 한국 가요 형식의 노래나 그것의 영향을 받은 기존의 노래와는 매우 다른 느낌을 창출하게 된다. 즉, 미국의 리듬 앤 블루스나 팝발라드와 아주 유사하며, 따라서 보다 서구적인(미국화된) 분위기를 담고 있다.

[악보 33] 빙글빙글(1985) 〈17~29마디〉

[악보 34] 삐에로는 우릴 보고 웃지(1990) 〈1~8마디〉

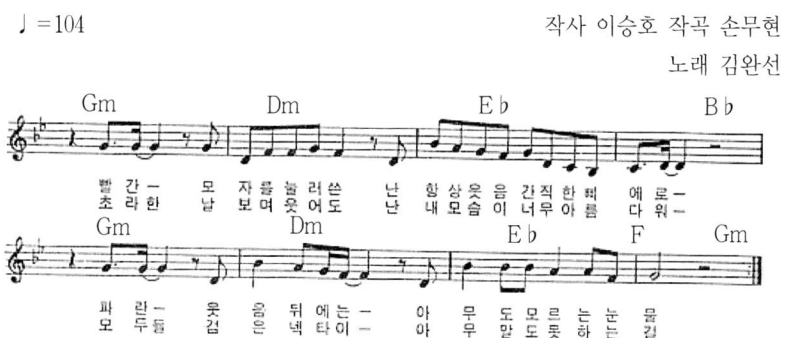

  댄스음악 역시 선율과 화성에서는 후반으로 갈수록 발라드와 유사한 특성을 보이고 있다. 〈빙글빙글〉(1985, 나미)과 〈삐에로는 우릴 보고 웃지〉(1990, 김완선)를 비교해 보면 전자에 비해 후자의 경우 비화성음의 사용과 ♪♫형의 사용 등에 있어 팝발라드와 유사하게 이루어져 있다. 즉, 팝발라드 양식이 새로운 청년 대중음악의 주류로서 확산되는 과정에서 댄스음악의 선율 역시 지배적 양식을 따르고 있음을 알 수 있다.

  이 시기의 또 하나의 특징은 비주류음악이라는 영역이 보다 확실하게 분화되었다는 데 있다. 비주류음악의 영역은 1970년대의 포크음악의 맥을 잇는 포크계열과 하드록을 지향하는 록음악으로 주로 구성되었는데, 이들은 주류음악에 대하여 차별화되어 있다는 음악적 정체성을 뚜렷이 지니고 있었으며, 자신들의 음악적 지향에 동조하는 소수의 수용자들을 기반으로 영역을 구축하였다. 여기서는 록음악을 중심으로 비주류음악의 음악적 특성을 살펴보고자 한다.

  우선 비주류 록음악은 앞 세대의 록음악과 여러 가지 점에서 차이를 지니고 있다. 캠퍼스 록음악이 형식면에서 록의 형식을 지니고 있었다 하더라도 선율상으로는 한국 가요의 형식의 영향이 많이 남아 있었던 데 반하여, 이 시기의 비주류 록음악의 경우 서구의 하드록(또는 헤비메탈)에 보다 가까워졌다는 것이다. 그 특징으로는 첫째, 비화성음의 사용이 많아졌으며, 둘째 선율상의 도약이 매우 급격하게 이루어지며, 특히 아주 고음이 연속되는 경우가 많으며, 셋째 멜리스마(melisma)와 같은 기법의 사용을 들 수 있다.15)

  [악보 35]의 〈깊은 밤의 서정곡〉(1989, ≪블랙홀≫)을 보면, '깊어가는'의 '어'와 '하늘 아래'의 '늘'이 각각 '도'와 '시'로서, Bm(시레파♯)과 A(라도♯미)의 화음 코드를 구성하지 않는 음들인데, 이 음들은 ♪인 약박 다음의 강박(♩)에 해당된다. 또한 이 곡의 '외면하여도'의 '도-'는 보통 한 음

---

15) 멜리스마는 단성부의 전례(典禮) 음악인 그레고리오 성가(Gregorian Chant)에서 대표적으로 쓰였던 것으로 하나의 가사에 여러 개의 음이 붙어 있는 경우를 말한다.

절에 한 음이 주어져 있는 선율의 형태가 아니라 한 음절에 여러 음이 주여진 멜리스마적인 구성을 보이고 있다. 이 멜리스마적 구성은 서구의 록음악과 리듬 앤 블루스에서 자주 사용되는 것이다.

　다음의 [악보 36] 〈크게 라디오를 켜고〉(1987, ≪시나위≫)에서도 역시 비화성음과 고음의 도약이 두드러지게 나타나고 있다. '라디오를'과 '노래해요'가 비화성음이며 '예 - '의 부분이나 후반부의 '크게 라디오를 켜고'의 음들은 남성의 음역으로는 매우 재현하기 어려운 고음들이다. 이와 같은 특징들은 록의 강한 에너지를 표출하려는 음악적 장치라 할 수 있는데, 그만큼 편안하고 부드러운 느낌보다는 격정적인 느낌을 유발한다.

[악보 35] 깊은 밤의 서정곡(1989)　　〈17~24마디〉

작사 주상균 작곡 주상균
노래 블랙홀

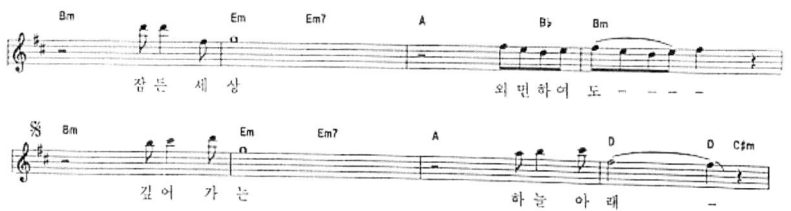

[악보 36] 크게 라디오를 켜고(1986)　　〈29~32마디〉

작사 신대철 작곡 신대철
노래 시나위

　지금까지 살펴본 바와 같이 이 시기에는 팝발라드 양식과 댄스음악이 새로운 스타일의 음악으로서 한국 대중음악문화에서 기존의 주류음악 스타일을 주변부로 밀어내고 새로운 주류 양식으로서 확립되었다. 그리고 주류음악과 스스로를 구분짓는 비주류음악의 영역이 형성되어 두 영역의 대립이 보다 가시화되었다. 따라서 전체적으로 한국 대중음악의 지형은 이전 시기와 매우 다르게 형성되었으며, 그러한 지형의 구성에서 청년 대중음악이 주도적인 역할을 하였다.

　그리고 그와 같은 청년 대중음악의 전개는 새로운 청년 세대의 부상과 그들의 사회적 위치에서 기인하는 것이며, 당시의 사회문화적 배경과 무관하지 않다. 첫째, 팝발라드 양식은 기존의 주류음악과 대비되어 매우 '세련된' 스타일로 의미가 부여되고, 그 '세련됨'이라는 우월적 의미화를 통하여 새로운 주류음악의 양식으로 자리 잡게 되었다. 여기서 '세련됨'이란 상대적으로 기존의 한국 가요 형식의 잔영이 덜 남아 있는 보다 서구화된 음악을 뜻하는 것이다. 따라서 팝발라드 양식의 출현과 확산은 첫째, 서구적 가치와 문화가 갖는 의미에서 바라볼 수 있다. 즉, 한국 대중음악문화는 고유의 장르가 형성된 것이 아니라 일본(트로트)이나 서양 대중음악의 장르를 받아들이는 형태로 전개되어 왔다. 그 과정에서 새로운 지배적 위치로 발돋움할 수 있는 계기는 이전보다 얼마나 더 원조 스타일에 가까운 것인가에 있었다. 1970년대의 포크음악과 캠퍼스 록음악 역시 그러한 상징 획득을 통하여 대중음악문화 내에서 헤게모니를 잡을 수 있었던 것이다.

　따라서 팝발라드 양식의 출현과 확산은 서구의 대중음악에 대한 음악적 감성이 축적된 토양 위에서 가능한 것이며, 무엇보다도 더욱 서구화된(미국화된) 음악적 특성은 보다 발전되고 세련된 노래라는 의미화와 연결되어 주류음악으로서의 헤게모니를 획득할 수 있었다.

　그런데, 이러한 상징 획득의 시도는 비주류 록음악에서도 나타난다. 이 시기의 비주류 록음악은 이전의 록음악에 비하여 서구적인 분위기가 물씬 풍기며, 스스로도 이것을 가시적으로 드러내려고 하였다. 음악적 특성만이 아니라 의상, 머리 스타일 등의 비음악적 재현에서도 원형인 록음악과 일체감을 획득하려고 하였다. 이처럼 원형에 보다 가까운 사운드를 구현한다는 음악적 정체성을 드러냄으로써 자신들을 이전의 록음악이나 주류음악과 차별화하려고 하였다.

둘째는 주류음악 / 비주류음악의 분화는 음악적 취향의 분화를 의미하는데, 이 비주류음악의 영역은 새로운 음악적 기호(taste)를 형성하고 소유할 새로운 집단의 출현을 기반으로 한다는 점이다. 즉, 다수의 취향 집단과는 구별되는 취향문화를 만들고, 그것에 문화적인 의미를 부여할 수 있는 집단이 존재해야 한다는 것이다. 그리고 그러한 집단은 여가의 향유와 문화적 실천이 비교적 용이한 사회적 조건을 지니고 있어야 한다. 바로 그러한 조건을 지니고 있는 중산층이 한국사회에서 1980년대 이후 형성되고 중반 이후부터 그 규모의 확대가 급속도로 이루어졌다는 점이다. 따라서 비주류 영역의 형성에는 한국사회의 중산층의 확대라는 사회적 맥락과 관련되어 있으며, 이 계층 출신의 청년 집단이 비주류음악의 주요 수용자였다.

비주류 영역의 형성에 내재한 계층적 맥락은 비주류음악의 활동 전략에서도 잘 드러난다. 비주류음악은 대부분 방송 출연, 특히 텔레비전 방송 출연을 거부하고 그 대신 음반 판매와 공연 활동으로 자신들의 음악적 정체성을 드러내었다. 이들에 의해 공연문화가 정착되고 이것은 점차 주류음악으로까지 확산되는데, 그래서 새로운 음반 발표 이후 전국 공연이 관행화되기 시작하였다. 그런데 공연문화는 단순히 선호의 정도나 열정만이 아니라 공연 관람이 가능한 경제적 여유와 문화적 이해가 전제되어야 하는 것이다. 그러므로 비주류음악의 그러한 활동은 비교적 고가의 공연 관람료와 음반 구매를 감당할 수 있는 사람들을 기반으로 하고 있었다고 볼 수 있다.[16]

셋째, 주류음악에서 팝발라드와 댄스음악 장르의 확산 역시 구매력이 있는 청년 집단의 등장과 무관하지 않다. 이들은 한국전쟁 이후 베이비 붐 세대의 2세대에 해당하는 세대로서 그 규모에 있어서 대중음악 시장의 판

---

16) 공연 관람료는 현재 일반석이 20000원~25000원으로 영화 관람료의 3배를 웃돌고 있다. 1980년대 중반 당시에도 5000원~7000원으로 당시의 다른 문화 이용료에 비하여 가격이 높았다.

도를 좌지우지할 수 있는 힘을 지니고 있었다. 그러므로 이들의 취향과 정서가 반영된 새로운 스타일의 노래들이 주류음악에서 지배적인 양식으로 부상할 수 있었던 것이다.

넷째, 1980년대 중반 이후 한국사회의 문화 개방으로 인하여 그동안 표면적으로는 억눌려져 있었던 서구 문화의 도입이 본격화되었다. 아시안게임과 올림픽 개최는 외국의 대중문화가 본격적으로 유입되는 계기가 되었으며, 그 과정에서 서구적 분위기에 보다 친화성을 갖는 청년 대중음악들이 확산될 수 있었던 것이다.

이처럼 이 시기에 형성된 청년 대중음악의 음악적 특성들은 새로운 특성을 지닌 청년 집단의 등장과 그것을 배태한 사회적 맥락 속에서 나타난 것이라 할 수 있다.

3. 1990년대 초반 이후~현재

이 시기의 청년 대중음악은 댄스음악 위주의 주류음악 재편과 비주류음악뿐 아니라 언더그라운드라는 새로운 영역이 형성되었다는 데 그 특징이 있다. 언더그라운드 영역은 변방에 위치해 있고, 대중적이지 않다는 의미를 넘어서 의도적으로 주류음악에 대한 거부나 대안의 추구를 지향한다. 따라서 청년 대중음악문화는 음악적으로는 다양한 장르와 스타일들이 펼쳐지는 양상을 보여준다.

먼저, 주류음악은 이전 시기와 마찬가지로 발라드와 댄스음악이 주를 이루고 있는 가운데, 이전 시기보다 댄스음악의 비중이 상대적으로 커졌다. 선율 및 화성의 측면에서 볼 때 발라드음악과 댄스음악은 이전 시기의 특징들과 크게 차이가 나지는 않는다. 발라드음악의 경우 여전히 선율이 ♪♫형 위주로 펼쳐지며, 비화성음의 사용이나 선율상의 도약이 크게 나타나고 있다.

[악보 37] 이 밤의 끝을 잡고(1995) 〈1~12마디〉

♩=64 작사 김혜선 작곡 김형석·정재윤
노래 솔리드

[악보 38] 그대는 모릅니다(1999) 〈45~52마디〉

♩=74 작사 이승환·이지은 작곡 이승환·유희열
노래 이승환

다만 기존의 팝발라드의 특징들이 보다 강화된 형태로 재생산되고 있다고 할 수 있는데, 예로 제시한 〈이 밤의 끝을 잡고〉(1995, ≪솔리드≫)와 〈그대는 모릅니다〉(1999, 이승환)에서 잘 나타나고 있다. [악보 40]의 〈그대는 모릅니다〉에서는 '내가 그대를'의 '내'와 '그리워하며'의 '하' 부분이 비화성음으로 이루어져 있다. 여기서 '내'의 비화성음은 겹점 4분음표로서(♩+♪+♪) 강박이 주어지는 부분이다. 그 뒤의 F코드(파라도)인 '하' 역시 ♩로서 뒤의 화성음인 '며'(♪)보다 비중이 더 크다고 할 수 있다.

그리고 '있을까요'의 부분에서는 옥타브 도약 또한 이루어지고 있다. 이처럼 1990년대 초반 이후의 발라드에서는 이전 시기의 특징들이 계속 재현되고 있음을 알 수 있다. 다만 전조의 빈번한 사용과 맬리스마적 음의 분절이 더욱 심화된 형태로 나타나고 있다. 〈그대는 모릅니다〉 역시 시작은 라장조(D Major)로 시작하다가 마지막 절정부에서는 단3도 위의 바장조(F Major)로 전조가 되는데, 이것은 그만큼 절정부인 선율의 고조감을 상승시키는 작용을 한다. 여기서 전조는 선율의 전개를 더욱 극적으로 만들어주는 장치로 기능을 한다.

또한 [악보 37]의 〈이 밤의 끝을 잡고〉는 선율의 맬리스마적 음의 분절이 더욱 심화되어 이전 시기의 팝발라드보다 미국의 R&B에 더욱 가깝게 느껴지게 한다. 이처럼 이전 시기에 출현하여 확립되었던 팝발라드 양식은 완전히 상투화되어 현재에 이르기까지 주류음악에서 주된 양식으로서 사용되고 있다.17)

다음으로 댄스음악의 선율과 화성은 팝발라드처럼 비화성음의 사용이나 ♪♫형이 이루어지는 경우도 있지만 대부분은 선율의 음형이 ♫♫나 ♫+♫ 위주로 전개되고, 그 부분의 선율 또한 화성음 위주로 구성되어 있는 것으로 나타난다. 먼저 [악보 39]의 〈그녀와의 이별〉(1998, 김현정)에서는 '사',

---

17) 이러한 선율 및 화성상의 특성은 이전 시기부터 활동해온 가수들뿐 아니라 1990년대 초반 이후의 신진 가수들의 많은 노래들 속에서도 나타나고 있다. 대표적으로 열거해보면, 김민종, 박정현, 박효신, 양파, 이수영, 임창정, 조성모 등이다.

'하' 모두가 각 화음의 구성음이 아니며, 그 마디의 선행음으로서 ♩의 음
가를 지니고 있는 관계로 선율의 구성에서 비중이 높다고 볼 수 있다. 그
러므로 바로 다음에 ♪♩의 형태로 화성음이 뒤따라 나오기는 하지만, 팝
발라드와 같은 느낌을 창출하게 된다. 하지만 이 곡과 [악보 40]의
〈너〉(2000, 이정현)에서도 나타나듯이 선율의 음형은 ♬♬가 위주라고 볼 수
있다. 이러한 음형의 사용과 선율 전개는 댄스음악의 특성상 규칙적인 비
트와 리듬감을 조성하기 위해서라고 생각된다. 이 시기의 주류 댄스음악의
경우 형식상으로는 랩을 차용하고 있는 노래들이 많지만 리듬은 힙합이 아
닌 하우스와 디스코 리듬이 혼합된 형태가 오히려 많기 때문이다. 하우스
와 디스코 리듬은 ♪♪♪♪처럼 매 박(beat)에 강세가 주어지거나 2와 4
박에 강세가 주어지는 ♪♪♪♪의 리듬형을 취한다.

특히 랩을 차용한 댄스음악의 경우 화성음 위주의 선율 전개는 랩으로
이루어진 부분을 제외하고 선율 부분이 보다 안정적이면서도 청취자로 하
여금 기억하기 쉽게 만든다. 실제로 랩의 부분이 전체 곡에서 이질적인 비
화성음과 같은 구실을 하기 때문에 화성음 위주의 안정적 형태로 전개되는
선율이 노래의 실질적인 중심을 차지한다.

이전 시기의 댄스음악이 주로 디스코 리듬에 기반했다면, 1990년대 초반
이후의 댄스음악은 디스코 리듬 또는 하우스 리듬에 기반하면서 비트가 더
욱 강하고 템포 역시 더욱 빠른 형태를 취하고 있다. 일부의 경우 힙합, 특
히 '갱스터 랩'(gangster rap)이라 불리우는 느린 템포의 힙합 리듬과 전
선율이 랩으로 채워진 곡들이 나타나기도 하지만 전반적으로는 전자의 형
태가 주종을 이루고 있다.

[악보 39] 그녀와의 이별(1998) 〈25~32마디〉

[악보 40] 너(2000) 〈33~40마디〉

전반적으로 이 시기의 주류음악에서는 댄스음악의 비중이 이전 시기보다 한층 높아졌다고 볼 수 있다. 이렇게 댄스음악의 양적 팽창이 이루어진 것은 1990년대 이후의 청년 세대의 사회적 특성과 연관되어 있다. 첫째, 오래 전부터 춤은 청년성을 발현하는 도구로서 청년 문화의 일부분으로 기능해왔으며, 특히 서구에서는 댄스음악, 파티, 댄스클럽 등의 형태로 다양한 청년 하위문화를 형성해왔는데, 최근 그러한 경향은 서구 이외의 사회에까

지 확산되어 광범위한 유행 문화를 이루고 있다는 것이다. 이러한 배경은 한국사회의 청년 세대에게도 춤을 손쉽게 받아들이고, 춤을 동반하는 댄스 음악을 선호하게 하는 것이다.

둘째, 1990년대 이후의 청년 세대는 흔히 영상세대로 지칭될 만큼 시각적 이미지와 감성이 발달하였다는 점이다. 이들은 비디오, 컴퓨터, 게임 등의 각종 영상매체의 범람 속에서 성장한 세대이며, 그러한 맥락 속에서 화려한 율동과 같은 시각적 자극이 결합된 댄스음악의 양적 팽창이 이루어질 수 있었던 것이다.

그리고 이러한 맥락들은 춤이 세대 정체성을 표출하고 형성하는 주요 기제가 되도록 만들어준다. 이것은 보고 즐기는 댄스음악의 증가만이 아니라 직접 춤의 실연에 참여하는 소집단들 또한 많이 형성되고 있다는 점에서 잘 나타난다.[18] 이처럼 춤과 연관된 청년 문화의 형성은 청년 대중음악에서 댄스음악의 확산을 가져오는 배경이 되고 있다고 하겠다.

이 시기 청년 대중음악문화의 특징 중의 하나는 언더그라운드음악이 출현하여 고유한 영역을 이루고 있다는 것이다. 음악적으로 이 시기의 비주류음악과 언더그라운드음악은 다양한 장르와 스타일을 포괄하고 있지만, 록음악이 중심을 이루고 있다고 볼 수 있다.

[악보 41]의 〈유쾌한씨의 껌씹는 방법〉(1996, ≪삐삐밴드≫)은 펑크에 가까운 록음악이라고 할 수 있는데, 전통적인 의미에서의 록음악과는 상당히 차이가 난다. 펑크록과 같이 아주 단순한 선율과 화음 코드로 이루어져 있지만, 쿵쿵짝짝 울리는 박수소리와 전자 음향은 노래의 분위기를 경박스럽고 가볍게 만들고 있다. 또한 선율은 거의 일정하게 파고가 없는 '파'음을 중심으로 계속 전개되며, 화음 역시 시종일관 E9로만 이루어져 있다. 악보상으로는 대부분의 선율이 랩처럼 구성되어 있지만, 실제로는 '파'음을 중심으로 단3도를 오르락내리락 하는 식으로 부름으로써 랩의 발성과 창법과는 전혀 다르다.

---

18) 이러한 춤 동아리들은 최근 청소년들을 중심으로 많이 확산되어 왔으며, 대부분 브레이크 댄스, 'B-boying'과 같은 힙합 문화가 주를 이루고 있다.

[악보 41] 유쾌한 씨의 껌씹는 방법(1996) 〈56~63마디〉

♩=130　　　　　　　　　　작사 달파란 작곡 달파란·박현준·이윤정

　　　　　　　　　　　　　　　　　　　　노래 이윤정

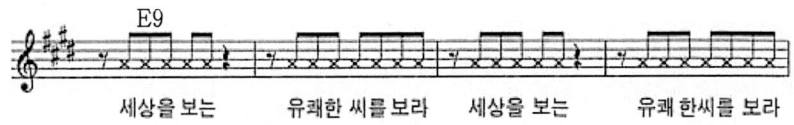

세상을 보는　　유쾌한 씨를 보라　세상을 보는　　유쾌한씨를 보라

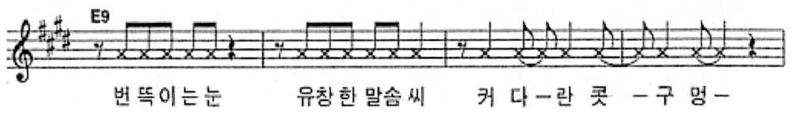

번 뜩이는 눈　　유창한 말솜씨　커 다 - 란 콧 - 구 멍 -

[악보 42] 고양이와 새에 관한 진실(2000) 〈1~12마디〉

♩=90　　　　　　　　　　작사 김민규 작곡 김민규

　　　　　　　　　　　　　　　　　　　노래 델리스파이스

또한 [악보 42]의 〈고양이와 새에 관한 진실〉(2000, ≪델리스파이스≫)
은 모던록 스타일의 곡인데, 하드록의 무겁고 강력한 느낌보다는 단아하고

가벼운 느낌을 주는데, 이는 선율상으로 큰 도약이나 절정부가 없기 때문이다. 또한 ♫나 ♫♫이 이음줄의 형태로 다음의 선율과 계속 연결되어 전체적으로 부드러운 느낌을 창출해낸다.

이러한 음악적 특성을 갖는 록음악들은 비주류 영역 외에도 언더그라운드음악에서도 많이 나타나고 있다. 다만, 언더그라운드음악은 독립음악의 형태로 정체성을 분명히 하거나 클럽의 장에 보다 강하게 연계해 있는 일군의 자발적인 그룹들을 중심으로 포진해 있다고 할 수 있다. 비주류 영역의 경우 언더그라운드에서 출발했다가 차츰 비주류 영역이나 주류음악과의 경계선에서 활동을 하는 그룹이나 가수들이 구성하는 경우와 애초에 주류음악이 포섭하기 어려운 스타일의 음악을 구사하는 사람들로 이루어져 있다. 따라서 언더그라운드 영역은 음악적인 측면에서 비주류 영역과 아주 이질적이지는 않다.

[악보 43]과 [악보 44]의 노래들은 대학 클럽가의 대표적인 록그룹들의 것인데, [악보 44]의 〈E-mail〉(2001, ≪내 귀에 도청장치≫)은 [악보 42]의 노래와 유사한 분위기를 담고 있다. 그리고 [악보 43]의 〈말달리자〉(1998, ≪크라잉넛≫)의 경우는 펑크록이라 할 수 있는데, 펑크록 특유의 단순한 선율과 화음코드가 잘 나타나 있다. 전체적으로 선율은 '레~솔'에 이르는 완전4도내에서 거의 음고의 변화가 없는 형태를 이루고 있는데, 화음 역시 라장조 조성의 주요 3화음으로 구성되어 있다. 그러나 단순한 선율적 특성에도 불구하고 [악보 42]와 [악보 44]의 모던록 스타일과는 달리 분명히 대비되는 선율 구조와 역동적인 리듬형을 보여주고 있다. 그렇다면, 이 시기 언더그라운드음악이 출현하게 된 사회적 의미는 무엇인가?19)

첫째는 언더그라운드 영역의 형성은 1990년대 초반 이후 당시 대중음악문화가 청년 대중음악이 주도하고 있음에도 불구하고 청년 집단의 문화적,

---

19) 이외에도 언더그라운드 영역을 구성하는 음악들은 다양한 스펙트럼을 이루고 있다. 즉, 다양한 장르와 스타일이 추구되고 있다. 그러나 그중에서도 록음악이 중심이 되고 있다는 점에서 위의 록음악에 대한 선율적 특성을 통하여 언더그라운드 영역의 음악적 특성을 추출하는 데는 큰 무리가 없을 것으로 생각된다.

사회적 욕구를 제대로 담고 있지 못하다는 것을 함축하고 있다. 다시 말하면 주류음악의 표면적 주체는 분명 청년 집단임에도 불구하고, 그 음악적 결과물들이 음악자본에 의해 조율되고 기획된 산물이며, 청년 집단은 실질적인 음악의 주체라기보다는 '소비자'로서 위치지워진다는 것이다.

[악보 43] 말달리자(1998)

[악보 44] 이메일(2001)   〈1~20마디〉

따라서 그러한 음악문화에서는 청년 집단의 다양한 욕구를 반영하기 어렵게 되며, 그러한 맥락에서 청년 집단의 문화적 실천으로서 언더그라운드 영역이 나타났다고 보아야 할 것이다.

둘째는 이전 시기와 마찬가지로 청년 대중음악 내에서도 음악적 취향과 실천적 지향이 더욱 분화되었다는 것이다. 이는 청년 집단의 정체성의 표현이나 욕구의 실현이 그만큼 다양한 채널을 필요로 한다는 것이며, 그러한 특성은 이 시기의 청년 세대가 다양한 문화적 산물의 소비에 익숙한 사회적 배경에서 성장했다는 데서 비롯되는 것이다.

셋째는 언더그라운드 영역의 중심을 이루는 음악은 록음악인데, 이 중에서도 특히 대학 클럽가의 자발적 록그룹들이 대부분 펑크록이나 모던록의 스타일을 추구하는 것은 바로 청년 집단의 문화적 욕구의 실현이라는 맥락에서 볼 수 있다. 펑크록이나 모던록은 고도의 연주 기술과 장기간의 음악적 수련을 거쳐야 하는 헤비메탈 계열의 록음악보다는 비교적 쉽게 접근할 수 있다. 그러므로 자발적인 형태의 록그룹들의 출현은 음악에 대한 수동적 소비자가 아닌 직접 참여하는 주체로서 설정하고자 청년 집단의 욕구가 게재되어 있는 것이다.

넷째는 결국 록음악을 중심으로 형성된 언더그라운드 영역은 점차 주류음악을 거부하거나 대안을 추구하는 음악적 실천과 결합되어 다양한 장르와 스타일의 음악으로 확대되어 왔다는 것이다. 따라서 음악적 수준에서도 단순하고 아마추어리즘에 기반한 음악에서 난해하고 전위적인 형태의 음악에 이르기까지 다양하게 포진되어 있다고 할 수 있다. 이렇게 다양하게 구성된 언더그라운드 영역은 점차 그 내부에서 또는 비주류 영역과 새로운 연대를 모색하고 가능성을 제공해주는 기반이 될 수 있다는 점이다.

다섯째, 이러한 과정들은 주류음악의 헤게모니를 위협하는 동시에 주류음악의 음악적 자원으로 활용될 수도 있다. 언더그라운드의 영역에 머물러 있던 랩코어(하드코어)의 장르나 힙합의 경우 1990년대 후반 이후 점점 주류음악 내에서도 많이 나타나고 있는 것이 그 예라 할 수 있다.

제4절 반주와 가창의 변화

1. 1970년대~1980년대 중반

1970년대의 대표적인 청년 대중음악이었던 포크음악은 반주와 가창에서도 기존의 주류음악과 차이를 보이고 있다. 전형적인 포크음악은 어쿠스틱 기타 위주로 반주가 이루어지는데, 기타가 선율의 화음 코드를 아르페지오로 반주를 하면, 가창의 형태로 노래의 선율이 그 위에 펼쳐지는 형태를 취한다. 그리고 이렇게 실연되는 포크음악은 매우 소박하고, 맑고, 순수한 느낌을 자아낸다.

1970년대 초반 포크음악이 청년 대중음악으로서 확산되기 시작한 초기에는 전적으로 어쿠스틱 기타에 의존하는 반주가 다수를 이루었다. 국내 창작곡이 본격적으로 이루어지기 이전의 번안곡인 〈웨딩케잌〉, 〈하얀 손수건〉(이상 1970, 《트윈폴리오》) 등의 노래들과 《윤형주 1집》(1972, 모두 번안곡임)은 거의 어쿠스틱 기타 반주로만 이루어져 있다. 국내 창작곡의 경우도 〈사랑해〉(1970), 〈아침이슬〉(1971), 〈이루어질 수 없는 사랑〉(1972), 〈친구〉(1971), 〈행복한 나라로〉(1973), 〈하룻밤〉, 〈토요일 밤〉(1973) 등이 어쿠스틱 기타 반주가 주를 이루고 있다.

이러한 포크음악의 색채는 가창에 의해서 더욱 빛을 발하게 된다. 이 당시 포크 가수들의 음색은 대부분 맑고 청아한 미성(美聲)이라고 볼 수 있다. 창법에서도 기존 주류음악에서처럼 풍부한 울림과 중량감이 있는 발성이 아니라 청명하기는 하지만 바이브레이션이 거의 없는 발성이 주를 이루고 있다.[20] 또한 이 시기 포크음악의 가창은 무성적(無性的)이라고 할 수 있다. 남녀 가수 모두가 맑고 깨끗한 음색을 바탕으로 가창을 하는 가운데,

---

20) 물론 양희은의 청아하면서도 중량감 있는 음색과 한대수의 탁성은 예외에 속한다고 할 수 있다.

양쪽 모두 음색과 창법에서 성적(性的) 차이가 거의 나타나지 않는다. 이와 같이 마치 변성기 이전의 소년의 음색과 같은 청명함은 포크음악의 '순수'한 이미지를 더욱 강화시킨다.

포크음악의 반주와 가창은 1960년대의 한국 가요 형식의 노래들과 많은 차이를 보인다. 〈이별〉, 〈초우〉, 〈하숙생〉, 〈9월의 노래〉 등의 노래들에서 반주는 현악 합주가 반주에서 큰 비중을 차지하며, 관악 파트가 악절 끝머리에서 부수적으로 울리던가 허밍의 형태로 남녀의 제창이 중간에 삽입되기도 한다. 드럼과 베이스가 사용되는 경우 느리면서도 약하게 박(拍)을 유지하는 정도로만 연주된다. 전반적으로 악기 편성과 사운드의 면에서 포크음악의 담백함과는 다른 화려하고 다채로운 느낌을 만들어낸다. 가창에서도 반주의 특성에 걸맞게 중후하고 유려(流麗)한 음색을 특징으로 한다.

그러나 1970년대 중반 이후부터 포크음악의 반주는 달라지고 있다. 즉, 단촐한 어쿠스틱 기타의 반주가 위주가 되는 경우보다는 반주 악기가 다양하게 편성되고 있으며, 다른 악기의 역할 또한 상대적으로 크게 나타난다. 〈긴머리 소녀〉(1975), 〈섬소년〉(1975) 등에서처럼 기타와 현악이 어우러져 기타가 큰 비중을 차지하는 노래들도 있지만, 많은 경우 반주에 드럼, 베이스, 전자 오르간, 어쿠스틱 기타, 일렉트릭 기타가 등장한다. 여기서는 드럼과 베이스가 기본 리듬의 박을 유지하고, 전자 오르간은 주로 화음의 베이스음을 연주하며, 때때로 악절의 중간과 끝 부분에 선율의 음형을 반복하거나 약간 변형하여 덧붙이면, 그 위에 어쿠스틱 기타나 일렉트릭 기타가 입혀지는 형태가 많이 나타나고 있다. 악기 편성으로만 본다면 록음악과 다를 것이 없지만, 록음악과는 달리 드럼 및 베이스의 역할은 미약하다. 따라서 반주가 가창의 뒷전에서 전적으로 주도적인 역할을 하는 가창을 보조해주는 기능을 담당하고 있다고 볼 수 있다. 이러한 반주 형태는 1970년대 중·후반의 포크음악에서 대부분 나타나고 있다고 해도 과언이 아니다. 〈섬소년〉(1975), 〈꿈의 대화〉(1977), 〈젊은 연인들〉(1977)과 같이 어쿠스틱 기타 위주인 노래를 제외하고, 〈끝이 없는 길〉(1975), 〈구름 나그네〉, 〈행복〉, 〈한 송이 꿈〉, 〈님이 오는 소리〉, 〈일기〉, 〈밤배〉, 〈기도〉, 〈사랑하는 마음〉, 〈약속〉, 〈어제 내린 비〉, 〈편지〉, 〈하얀 나비〉, 〈좋은 걸 어떡해〉, 〈촛불〉, 〈추억〉, 〈행복〉 등의 많은 노래들이 기타 중심의 반주 체제를 벗어나고 있다.

이러한 반주 형태는 초기 포크음악의 차별화된 사운드 특성이 퇴락하고 기존의 주류음악과 보다 가깝게 느껴지도록 만든다. 여기서도 나타나듯이 포크음악이 완전히 대중화되면서 사실상 포크음악의 사운드는 기존의 주류음악과 유사해져가고 있음을 알 수 있다. 이처럼 포크음악은 기존의 주류음악의 요소와 혼합되어 거의 구분하기 어려울 정도로 점차 주류음악의 틀 내로 흡수되고 있음을 보여주는 것이다.

그러나 포크음악의 가창은 당시 주류음악에서 통상적이지 않은 담담하고 소박한 형태를 계속 유지했다고 볼 수 있다. 조용히 읊조리는 독백과 같은 가창은 이 시기뿐만 아니라 이후의 포크음악에서도 재생산되고 있다. 특히 기본적으로 고운 목소리이나 유약하다고는 볼 수 없는 가창의 형태는 1980년대 노래운동의 민중가요의 창법에서도 나타나고 있는데, 이는 분명히 포크음악의 가창에서 영향을 받은 것이라고 할 수 있다.[21]

포크음악이 무성적 순수성을 견지함으로써 기성세대의 주류음악과의 차이를 드러내려고 하였다면, 록음악은 보다 강렬하고 역동적인 사운드를 통하여 젊음의 에너지를 발산하려고 했으며, 이를 통하여 기성세대와의 차이를 부각시키려 하였다. 캠퍼스 록그룹들은 대부분 드럼, 베이스, 일렉트릭 기타, 전자 오르간, 보컬의 형식인 5인조(보컬을 겸임할 때는 4인조)로 구성되었다. 여기서 기타 외에도 전자 오르간의 비중이 상대적으로 높게 나타나고 있다. 이는 1960년대 말과 70년대 초에 서구 록음악의 하위 장르로 형성된 사이키델릭 록(Psychedelic Rock)의 영향과 무관하지 않다고 생각된다.[22]

---

21) 이 시기 대표적인 여성 포크 가수인 양희은의 고우면서도 힘 있는 가창은 《노래를 찾는 사람들》 출신의 윤선애, 권진원 등의 계보로 이어지고 있다.

22) 사이키델릭 록은 약물 사용 후의 환각 체험과 감정 상태를 음악적으로 표출한 것으로 당시 히피문화와도 깊게 연관되어 있는데, 음악적으로는 코드 변화가 빨리 이루어지지 않고, 전자 오르간과 기타의 흐릿한 사운드의 조성으로 전체

이러한 사이키델릭 록의 분위기가 많이 풍기는 것은 〈내 마음에 주단을 깔고〉 등이 실려 있는 《산울림》 2집(1978)에서이다. 그러나 전반적으로 캠퍼스 록음악에서 전자 오르간은 의도적으로 사이키델릭 록 스타일을 지향했다기보다는 기타를 위시한 다른 악기 연주의 틈을 메워주는 보다 짜임새 있는 사운드의 구성을 위해서 비중 있게 사용된 것이라고 생각된다. 이들이 비교적 아마추어에 가까운 그룹들이었다는 점에서, 고도의 기술과 화려한 기타 연주를 펼치기에는 어려웠으며, 따라서 전자 오르간은 기타 연주를 보조하는 기능을 하는 데 적격이었다고 볼 수 있다.

이 당시 캠퍼스 록음악에서는 호쾌한 드럼 연주를 바탕으로 일렉트릭 기타에 의한 간주의 애드립(즉흥 솔로 연주)이 이루어지는 반주가 많이 나타난다. 그리고 일렉트릭 기타가 한 악절의 가창 뒤에 짧게 대응 연주를 하는 형태도 많다. 전자 오르간은 화음 코드의 베이스음을 연주하는 방식의 반주가 많이 나타난다. 〈구름과 나〉(《블랙테트라》), 〈탈춤〉(《활주로》), 〈불놀이야〉(《옥슨 80》), 〈세상만사〉(《송골매》), 〈세상모르고 살았노라〉(《송골매》), 〈해야〉(《마그마》, 〈나 어떡해〉(《샌드페블즈》) 등이 여기에 해당된다. 이 노래들 외에도 〈젊은 미소〉(《건아들》), 〈그대로 그렇게〉(《휘버스》), 〈아니 벌써〉(《산울림》) 등에서는 간주의 애드립과 가창에 대한 대응 연주를 전자 오르간이 담당하고 있다.

전체적으로 캠퍼스 록음악의 반주는 보컬이 주도적인 역할을 하지만 다른 장르의 음악에 비하여 반주 파트가 단순히 보컬을 뒷받침하는 종속적 관계를 넘어서서 보컬과 교호적(交互的)인 사운드를 구성하고 있다고 볼 수 있다. 이것은 간주의 역할 강화에서 잘 나타난다. 간주는 단순히 1절과 2절을 연결하는 기능에 머무르는 것이 아니라 기타나 오르간의 즉흥연주를 중심으로 펼쳐지는 반주 악기들의 연주는 거의 독립적인 부분을 이룬다.

한편, 가창에 있어서는 남성적 호쾌함과 부드러운 미성이 서로 혼합되어 있다. 발음을 짧게 끊고 힘껏 내지르는 창법을 구사하여 호방함을 배가시

적으로 몽롱하고 늘어지는 느낌을 만들어낸다.

제5장 악곡 분석을 통해 본 청년대중음악문화의 전개 267

키는 목소리들도 있지만, 《샌드페블즈》, 《휘버스》, 《산울림》의 보컬과 같이 편안하고 부드러운 미성인 경우도 있다. 따라서 이들의 보컬에서는 노래 뒷부분의 고음 부분을 힘껏 내지르지만 거슬리거나 날카로운 느낌을 주지는 않는다.

이러한 특성들은 아마추어적 순수성과 젊음의 패기가 적절히 결합된 캠퍼스 록의 성격과 의미를 잘 드러낸다고 볼 수 있다. 즉, 이들의 연주와 가창에는 젊음의 에너지를 발산하고 스스로를 기성세대와 구분하려는 청년세대의 집단적 욕구가 반영되어 있는 것이다.

2. 1980년대 중반 이후~1990년대 초반

발라드의 장르는 주로 사랑의 감정이 직접적인 소재가 된다는 점에서 가창과 반주가 감정 이입을 쉽게 이끌어내도록 펼쳐진다. 이전 시기의 발라드에서도 감정 이입적인 형태가 지배적으로 나타난다. 〈소녀〉, 〈애심〉(전영록), 〈옛 시인의 노래〉(한경애), 〈J에게〉(이선희), 〈잊혀진 계절〉(이용), 〈비련〉(조용필) 등에서 애상적이며 서정적인 정서가 노래의 반주와 가창을 통해서 재현되고 있다.

그러나 팝발라드에서는 이전 시기의 발라드보다 서정성이 한층 더 강화되어 나타난다. 물론 애상적 정서가 내포되어 있기는 하지만 그것이 내면적으로 절제된 형태의 비장미를 골간으로 하는 이전의 대중음악, 특히 한국 가요 형식의 노래들과는 차이가 난다. 팝발라드의 주된 정서는 감정의 응축과 폭발이 동시에 이루어지는 것이며, 반주와 가창은 바로 팝발라드의 서정성과 감정 표출을 더욱 돋보이게 만든다.

먼저 반주의 특성을 살펴보면, 팝발라드에서는 키보드(신디사이저)의 역할이 두드러지게 나타난다. 키보드는 다양한 음색의 음원이 내장되어 있는 건반 악기이다. 이것은 어쿠스틱 피아노와 거의 구분하기 힘든 소리를 지니고 있을 뿐 아니라, 현악 합주나 관악기, 퍼커션의 효과도 낼 수 있다.

팝발라드에서는 바로 이 키보드로 연주되는 여러 가지의 피아노 음색과 현악 합주가 반주에서 핵심적인 역할을 차지한다. 전주와 도입부의 가창은 주로 피아노(반드시 어쿠스틱이 아닐 수 있다)와 현악 합주가 동반되고 본격적으로 선율이 전개되는 전개부와 절정부에서는 드럼 사운드가 전면에 나서면서 곡의 분위기를 한껏 고조시킨다. 대체로 현악 합주는 간주의 선율을 펼치거나 반주에서 항상 은은하게 깔려 있음으로 인하여 전체 반주에서 빈 공간을 메워주고, 곡 전체의 서정적인 느낌을 강하게 연출하는 기능을 한다.

이러한 반주는 〈가로수 그늘아래 서면〉, 〈난 아직 모르잖아요〉, 〈사랑이 지나가면〉, 〈광화문 연가〉(이상, 이문세), 〈너에게로 또 다시〉, 〈숙녀에게〉, 〈홀로된다는 것〉(이상, 변진섭), 〈내 마음 알겠니〉(강수지), 〈사랑은 유리같은 것〉(원준희), 〈바람에 옷깃이 날리듯〉, 〈채워지지 않는 빈 자리〉, 〈슬픈 그림같은 사랑〉(이상, 이상우), 〈사랑일 뿐야〉, 〈친구에게〉(이상, 김민우), 〈지금 그대로의 모습으로〉, 〈이별의 끝은 어디인가요〉, 〈외면〉(이상, 양수경), 〈미소 속에 비친 그대〉, 〈보이지 않는 사랑〉, 〈널 사랑하니까〉(이상, 신승훈), 〈오늘 같은 밤이면〉(박정운), 〈이별의 그늘〉(윤상) 등 아주 많은 노래들에서 나타나고 있다.

그리고 가창에서는 대부분 부드럽고 깨끗한 미성인 음색을 바탕으로 감상적인 창법이 주를 이루고 있다. 이전의 발라드가 비교적 안정적인 발성으로 감정의 과잉이 절제된 측면이 있다면, 팝발라드에서는 목소리의 떨림과 불안정한 흔들림이 빈번하게 나타나고 가성(假聲)의 사용 또한 보편적으로 이루어지는데, 이는 팝발라드의 애절하면서도 감상적인(sentimental) 느낌을 더욱 배가시키고 있다.

그리고 가창에서 악보상의 음을 약간 굴절시켜 하나의 음을 두 개의 음으로 쪼개어 부르는 경우가 많다. 특히 악절의 끝 부분이나 노래의 종결부에서 그런 현상이 자주 나타난다. 이러한 방식의 가창은 미♭, 시♭의 블루스 음계의 음의 활용과 마찬가지로 이전 시기의 발라드와는 이질적인 느낌을 생성해낸다.

　이 시기 발라드음악의 가창에서 또 하나의 특징적인 것은 남녀 가창의 성적 분화가 일어나기 시작했다는 것이다. 발라드음악의 특성상 가창에 있어서 감미롭고 부드러운 음색과 창법이 일반적이지만, 여성 가수의 경우 특히 여리고 유약한 음성이 주류를 이루고 있다. 그리고 이렇게 가늘고 부드러운 가창은 청순함으로 표상되는 여성상을 극대화한다.

　한편, 댄스음악에서 반주는 드럼, 베이스, 기타, 신디사이저, 관악기, 타악기 등 다양한 악기를 사용하고 있다. 댄스음악에서 비트의 조성은 주로 리듬 악기가 담당하기 때문에 드럼, 베이스, 타악기의 역할이 중요하다. 특히 베이스와 드럼은 리듬감 있는 스윙을 형성하는 데 주축이 되며, 이것 위에 신디사이저를 통하여 연주되는 관악과 현악의 음색과 퍼커션이 입혀지면서 보다 율동적이고 흥겨운 느낌을 만들어낸다. 그러한 반주는 어쿠스틱 악기와 디지털 기기에 의해 이루어지는데, 1990년대 이후로 갈수록 디지털 기기의 사용이 증가하고 있다. 〈그녀에게 전해주오〉, 〈사랑하고 싶어〉, 〈연애편지〉(이상, ≪소방차≫), 〈빙글빙글〉(나미), 〈나만의 것〉(김완선)에서는 거의 악기 자체의 사운드로 반주를 구성하고 있지만, 1990년대 이후에 나온 〈비에 스친 날들〉, 〈사랑의 불시착〉(이상, 박남정), 〈삐에로는 우릴 보고 있지〉(김완선) 등에서는 디지털 기기의 사용이 역력히 드러나고 있다. 즉, 신디사이저에 내장된 각종 음원과 샘플러, 드럼 머신 등에서 추출한 드럼 패턴을 편집하는 시퀀싱 작업을 통하여 반주 사운드를 구성하고 있다는 것이다. 디지털 기기의 활용을 통해 구성된 반주 사운드는 어쿠스틱 악기에 비하여 좀 더 건조하고 꽉 짜여 있는 느낌을 발생시킨다. 이것은 댄스음악에서 반주의 역할이 다른 장르에 비하여 월등히 높도록 만든다. 꽉 맞물려 있는 사운드는 보컬을 주도적인 것으로 만드는 것이 아니라 반주 사운드 위주의 댄스음악에서 일부분에 지나지 않게 한다. 그리고 그러한 반주 사운드의 구성에서 디지털 기기의 비중이 높다는 것은 그것을 다루는 사람들의 중요성을 높이게 된다.

　이 시기 댄스음악의 가창에서는 팝발라드와 마찬가지로 성적 차이가 나타나고 있다. 남성의 가창은 큰 특징을 보이고 있지 않으나 여성 가창은 연약하면서도 관능적인 성격이 두드러지게 나타난다. 〈보고 싶은 얼굴〉(민해경), 〈유혹〉(이재영), 〈삐에로는 우릴 보고 웃지〉(김완선) 등에서처럼 이 시기 대표적인 여성 댄스 가수들의 가창은 비성(鼻聲)이 섞인 음색을 표출하거나, 창법에 있어서 음을 길게 늘어뜨리거나 발성시의 호흡 소리를 그대로 내는 식의 창법을 구사하고 있다.

이렇듯 이 시기의 주류음악에서는 장르에 따라 가창의 방식이 조금씩 달라지고, 특히 성적 차이가 보다 명시화되고 있음을 알 수 있다. 이는 청년 대중음악문화에서 집단별, 성별, 연령별 취향의 분화가 일어나고 있음을 시사하는 것이다. 또한 이것은 특정 이미지의 주조를 통하여 그것을 성별, 연령별 취향의 차이와 연결시켜 이윤 추구를 모색하는 음악자본이나 매니지먼트 산업의 기획이 본격적으로 시작되고 있음을 보여주는 것이다. 이 시기에 주류음악의 주요 수용자로 청소년층을 중심으로 하는 청년 세대가 등장하면서, 주류음악에서는 대거 등장한 또래의 젊은 가수들이 다수를 차지하게 되었는데, 무엇보다도 이들의 이미지는 수용자인 청년 집단의 욕망과 이상형 등이 버무려진 하나의 상(像)이라 할 수 있다. 이 시기에 청소년의 우상으로서 아이돌 스타가 등장하기 시작하는 것에는 바로 그러한 맥락이 내재해 있는 것이다. 음악자본에 의하여 조성된 이미지는 청년 집단의 욕망들을 조합한 것이기도 하지만, 무엇보다도 음악자본은 그것을 획일적으로 고착화시키기도 한다. 이러한 이미지들은 깔끔하고 깨끗한 외모, 청순가련함, 또는 성적 매력의 강조 등으로 나타난다. 여기서 가창은 그러한 이미지의 주조에 있어 중요한 역할을 담당한다. 즉, 가창은 청각적인 이미지로서 의상, 몸짓, 표정 등의 시각적 이미지와 함께 하나의 상(像)을 구성하는 재료로서 작용을 하는 것이다.

비주류음악에서는 포크 계열의 음악과 록음악으로 나누어 볼 수 있는데, 포크음악의 경우 1970년대 가창 방식이 어느 정도 계승되고 있다. 노래의 처음부터 끝까지 비교적 일관된 톤이 유지된다거나 독백조의 조용한 가창이 지배적이다. 그러나 포크록의 스타일에서는 노래가 선율상으로도 고음 부분의 굴곡이 있으며, 그에 따라 가창 역시 평탄하지 않고 폭발하듯이 내지르기도 한다.[23] 또한 풋풋하면서도 아주 깨끗한 미성이 주류였던 1970년 대와는 달리 음색에 있어서도 다양하다고 볼 수 있다. 청명하고 밝은 음색보다는 약간은 우울한 색조를 보다 강하게 띤다.

또한 반주에서는 기타 위주의 사운드가 펼쳐지지만, 전반적으로 다양한 악기들이 반주 사운드를 구성하고 있다. 어쿠스틱 기타만의 단순한 반주를 동반하는 노래들도 있지만, 대체로 신디사이저, 베이스, 드럼, 하모니카, 타악기 등의 다양한 악기들이 활용되고 있다. 기타 역시 어쿠스틱 외에도 스틸 기타, 나일론 기타, 일렉트릭 기타 등 다양한 종류가 사용된다. 반주 악기의 다양한 구성에도 불구하고 그러한 복합적 사운드가 발라드나 록과 같은 다른 장르와는 전혀 다른 색깔을 만들어낸다. 특히 기타의 아르페지오는 여전히 빈번하게 나타나고 있다. 이와 같은 특징들은 이 시기 포크 계열의 음악들이 포크의 성향을 강하게 띠고는 있지만 다양한 스타일을 흡수하여 결과적으로는 1970년대의 포크와는 매우 다른 느낌을 만들어내는 것에서 비롯되는 것이다.

또한 1970년대의 포크음악이 주로 아마추어에 가까웠던 대학생들이 주도하여 상대적으로 단순하고 소박했던 노래였다면, 이 시기의 포크음악은 포크의 색채를 강하게 견지하려는 음악인들에 의해 주도된다는 것이다. 그러므로 이 시기 포크음악 사운드의 특성은 주류음악 스타일과 의도적으로 차이를 두려는 음악적인 모색의 결과에서 비롯되는 것이라고 볼 수 있다.

비주류 록음악의 반주와 가창 역시 이전 시기의 록음악과는 많은 차이를 보이고 있다. 먼저 반주에서는 한층 둔하고 무겁다. 대부분 드럼, 베이스, 기타, 보컬(기타 겸임)의 4인조로 구성되어 있으며, 각 파트의 유기적 구성과 조화가 이전 시기의 록음악보다 한층 짜임새 있게 이루어져 있다. 신디사이저와 타악기 등이 때때로 사용되기는 하지만, 그다지 대체로 전주는 제시부의 보컬 부분의 화음에 입각하여 연주를 하며, 전체 곡에서 전주, 간주, 후주의 비중이 매우 높다. 간주는 보컬을 연결해주는 고리의 역할을

---

23) 전자에는 《어떤날》, 조동진, 장필순, 《시인과 촌장》이, 후자에는 김광석, 안치환이 해당된다고 볼 수 있다.

넘어서 하나의 독립적인 부분을 이룬다고 할 수 있다. 따라서 전체적으로 반주에서는 일렉트릭 기타가 제2의 보컬이라 할 만큼 곡의 선율을 주도하며, 간주나 후주에서 기타의 애드립 또한 매우 화려하고 선이 굵게 펼쳐진다. 특히 기타의 경우 디스토션 이펙터를 통하여 한층 무겁고 찌그러져 있는 소리를 만들어낸다. 드럼 연주 또한 매우 거침없고 박력 있게 이루어진다. 아마추어적인 속성을 어느 정도 지니고 있었던 캠퍼스 록과는 달리 각 구성원들의 높은 연주 기술과 숙련도를 바탕으로 연주가 이루어진다.

이 시기 록음악의 가창에서는 절규에 가까운 샤우팅 창법이 두드러지게 나타난다. 목소리 또한 아주 거칠고 새되며 둔중(鈍重)하다. 악을 쓰듯 내지르는 발성과 높고 날카로운 음색은 노래의 분위기를 더욱 강렬하게 이끈다. 보컬은 다른 반주 악기와 짜임새 있는 결합을 이루어내지만 경우에 따라서는 서로 대결을 펼치는 듯한 구도로 전개되기도 한다.

물론 비주류 록그룹들 중에서도 〈행진〉, 〈그것만이 내 세상〉(이상 ≪들국화≫)과 같은 그룹의 노래에서는 상대적으로 피아노의 역할이 크다든지 전체적인 반주 사운드가 캠퍼스 록과 헤비메탈 사운드의 중간에 해당된다고 볼 수 있지만, ≪시나위≫, ≪백두산≫, ≪블랙홀≫, ≪블랙신드롬≫과 같이 당시의 비주류 록음악의 중심을 이루었던 그룹들의 곡에서는 위에서 언급했던 특성들을 고스란히 나타나고 있다.

3. 1990년대 초반 이후~현재

이 시기의 청년 대중음악에서 가장 지배적인 유형은 댄스음악이다. 반주와 가창의 측면에서 볼 때 댄스음악은 이전 시기에서 나타났던 특성들이 보다 더욱 강화된 형태로 전개되고 있다. 댄스음악의 반주는 전적으로 컴퓨터 프로그래밍과 디지털 기기의 활용으로 이루어진다. 그 과정은 각종 신디사이저에 내장된 각종 음원이나 샘플 CD에 수록된 사운드들을 추출하여 시퀀싱 소프트웨어를 통하여 가공, 편집하여 이루어진다.[24] 특히 댄스음악에서 큰 비중을 차지하는 리듬 파트의 경우, 베이스 및 드럼 사운드의 루핑(looping) 작업을 통하여 쉴 새 없이 빠른 템포로 전개되는 사운드를 만들어낸다. 루핑 작업은 일정 부분을 계속해서 반복되도록 붙여놓는 것이다. 최근에는 드럼이나 베이스 사운드를 만들어 편집하는 프로그램들도 활용되고 있다. 드럼의 경우에도 드럼을 구성하고 있는 베이스 드럼, 스네어(snare) 드럼, 하이햇(hihat) 등의 각 부분을 따로 만들어 파일로 저장하고 편집할 수 있다.

이처럼 시퀀싱 작업과 컴퓨터 프로그래밍을 통하여 댄스음악의 반주 사운드는 한층 정교하게 구성된다. 댄스음악의 반주가 만들어지는 과정과 그음악적 특징은 몇 가지 의미를 함축하고 있다. 첫째는 댄스음악에서는 선율보다도 반주가 실질적으로 곡의 성격을 규정하게 된다. 따라서 선율을 포함하여 반주 사운드를 만드는 사람들의 역할이 그만큼 중요하게 된다. 작업 장비가 갖추어진 스튜디오에서 프로그래밍과 시퀀싱 작업에 능숙한 사람들의 영향력이 한국 대중음악문화에서 커졌다는 것이다.

둘째는 댄스음악 창작 과정의 디지털화는 비슷한 스타일의 곡들을 다량 생산할 수 있는 토대를 마련해주었다. 1990년대 이후 청년 대중음악문화에서 댄스음악이 양적 팽창을 하고 지배적인 주류음악으로 성장할 수 있었던 것은 바로 그러한 배경을 바탕으로 하고 있는 것이다.

댄스음악의 가창은 아이돌 스타로서 또래 청소년에게 흡입력 있는 이미지의 완성을 보조하는 장치로서 기능을 한다. 남성의 경우 강한 이미지가 지배적이다. 육체적 강인함을 나타내는 신체와 율동과 함께 가창 역시 그러한 남성적 이미지의 구현에 기여한다. 즉, 가창에서 의도적으로 거칠게 내뱉거나 소리를 찌그러뜨리기도 하며, 뚝뚝 부러뜨리는 창법을 구사하기도 한다. 특히 랩의 구사에서 그러한 특성들이 많이 나타나고 있다.[25]

---

24) 현재 많이 쓰이는 시퀀싱 프로그램으로는 케이크워크(Cakewalk), 로직(Logic) 등을 들 수 있다.

25) ≪클론≫, ≪H.O.T.≫, ≪지누션≫, ≪디제이 덕≫, ≪듀스≫, ≪터보≫ 등 많은 댄스 그룹들이 여기에 해당된다.

　반면에 여성 가수의 경우 귀여운, 청순한, 성숙한, 관능적인 것과 같이 전통적으로 여성적인 것으로 규정되는 속성들이 지배적으로 나타나고 있다. 따라서 갸날프고 연약한 음색이나 성적 관능성이 강조되는 가창이 주류를 이루고 있다. 관능성의 강조는 이 시기 댄스음악에서 구축하고 있는 주요한 여성의 이미지이다. 그런 점에서 앞선 시기와 유사한 방식의 가창이 이루어지고 있다. 그러나 한편에선 여과 되지 않은 거친 발성이나 유약하다고 보기는 어려운 음색도 일부이기는 하지만 나타나고 있다. 〈너〉, 〈바꿔〉(이상, 이정현)과 같은 노래에서 그러한 면들이 나타난다. 물론 그러한 가창이 여전히 관능적인 이미지와 연계되어 있다는 점에서 한계가 있기는 하지만, 이러한 현상은 당차고 자기주장이 강한 신세대의 일면을 반영한다고 볼 수 있다.

　발라드 음악 또한 이전 시기의 특성들이 그대로 유지되고 있다. 여기서는 여전히 현악, 피아노 등의 악기 음색이 중심을 차지하고 있는 가운데, 드럼, 베이스, 기타 등의 다른 악기들이 감정의 이완과 고조를 적절히 이끄는 데 사용되고 있다. 전반적으로 이전 시기의 발라드음악에서 나타났던 서정성이 이 시기의 발라드에서도 핵심적인 특성을 이룬다.

　가창의 방식 또한 애절함과 서정성이 혼합된 슬픔의 정취를 빚어내는 데 핵심적인 역할을 한다. 남녀 가수의 가창에서 모두 감상성이 두드러지게 나타나는데, 대체로 부드러운 미성을 바탕으로 고음과 저음을 아주 매끄럽고 부드럽게 연결한다. 또한 이전 시기와 마찬가지로 여성 가수의 목소리는 얇고 가냘픈 음색이 주류를 형성하고 있다.[26] 그리고 여성 가수와 대비되는 남성적 특성을 강화한 록발라드가 이 시기의 발라드에서 하나의 스타일로 굳어져 나타나고 있다. 록발라드는 이전 시기의 비주류였던 하드록 계열의 사운드를 차용한 것이다. 따라서 록음악의 특성이 나타나는데, 가창에 있어서 샤우팅 창법이 구사되고 미성의 음색이 아닌 탁성이나 보다

---

26) R&B 스타일의 발라드를 부르는 여성 가수들은 거의 대부분 가늘고 얇은 음색을 갖고 있으며, 여기에는 박정현, 박화요비, 양파, 이수영, ≪As One≫ 등이 해당된다.

날카로운 소리가 주류를 이룬다. 새된 음성이나 악절 끝의 음을 연속해서 떨면서 부르는 창법 등은 이전 시기의 하드록 계열의 음악에서 나타났던 특징들이다. 반주에서도 드럼과 일렉트릭 기타 사운드가 보다 강렬하게 펼쳐지며, 간주에서는 기타의 애드립이 펼쳐진다. 이러한 특징들은 〈너를 사랑해〉, 〈나를 슬프게 하는 사람들〉(이상, 김경호), 〈마지막 약속〉(김정민), 〈멀어져간 사람아〉, 〈애원〉, 〈비원〉(이상, 박상민), 〈남겨진 독백〉, 〈에필로그〉(이상 김종서) 등의 노래들에서 잘 나타나고 있다.

　비주류음악과 언더그라운드음악은 다양한 장르와 스타일이 집산되어 있다 보니 가창과 반주의 면에서도 어떤 단일한 특성을 지니고 있는 것이 아니다. 다만 관습화되고 상투화된 주류음악의 반주, 가창 방식과는 조금 차이를 보인다. 첫째, 일반적으로 주류음악에서와 같은 정형화된 남녀의 가창이 지배적이지는 않다. 특히 이것은 여성의 가창에 적용되는데, 수동적이고 연약한 방식의 여성 가창이 다수인 주류음악과는 상반된 양상을 보여준다. 〈딸기〉, 〈안녕하세요〉, 〈유쾌한 씨의 껍씹는 방법〉(이상, ≪삐삐밴드≫) 등에서 나타나는 가창은 전혀 조련되지 않고 절제되지 않은 목소리로 마치 고성방가를 하는 것처럼 이루어지고 있으며, 따라서 천방지축인 말괄량이에 가까운 이미지를 형성한다. 이외에도 〈외발 비둘기〉(황보령) 등과 같이 전형적인 여성적 음색과는 다소 거리가 먼 중성적인 음색에 가까운 보컬의 형태도 존재한다.

　둘째, 세련되지 않은 가창은 특히 펑크 록 스타일의 음악에서 주로 나타나는데, 이것은 심각하면서도 감정의 과잉이 일반적으로 나타나는 주류음악과는 차이를 보인다. 통념상으로 아름답고 편안한 음색과는 거리가 있으며, 악절 끝의 음들을 휘거나 길게 올려서 부르거나 쥐어짜는 듯한 발성과 같이 장난스럽게 부르기도 한다. 그리고 이러한 희화화된 가창 방식은 세상에 대한 풍자나 조롱의 의미를 보다 잘 드러내기 위한 방편으로서 활용된다고 볼 수 있다. 그러한 특징이 보이는 것들로는 〈밥중독〉, 〈짬뽕〉(이상, ≪황신혜 밴드≫), 〈꽃배달 위장 강도〉(≪삐삐롱 스타킹≫), 〈소방관 아저씨〉(≪스푸키바나나≫) 등이 있다.

셋째, 펑크 록 스타일의 반주는 이전 시기의 헤비메탈 록음악과도 차이를 보인다. 양자 모두 무겁고 힘 있는 사운드를 펼치지만, 후자의 경우 각 악기의 연주들이 서로 짜임새 있고 정교하게 구성되어 대비와 조화가 비교적 잘 이루어져 있다면, 전자의 경우는 봇물이 터지듯 한꺼번에 각 악기의 연주가 빠른 템포로 전개된다. 가창에 있어서도 절규에 가까운 목소리로 시종일관 거리낌 없이 포효하는 형태가 많이 나타나고 있다. 이러한 특징들은 〈나 오늘 땡잡았어〉(《레이지본》), 〈말달리자〉, 〈황야의 무법자〉, 〈다 죽자〉(이상, 《크라잉넛》), 〈우린 여기 서 있다〉(《18크럭》), 〈날이 저문다〉, 〈십대 정치〉(이상, 《노브레인》) 등의 노래들에서 잘 나타나고 있다.

넷째, 비주류와 언더그라운드음악에는 헤비메탈이나 스래쉬메탈, 하드코어 등과 같은 스타일 또한 일부를 차지하고 있는데, 이 음악들의 반주와 가창은 이전 시기의 하드록 계열의 음악보다 한층 과격하고 공격적인 사운드를 구사하고 있다. 반주는 더욱 둔중하며 찌그러지고 굉음에 가까운 소리로 가득 차 있다고 할 수 있다. 가창 역시 섬뜩할 정도의 거칠고 둔탁한 음색이 주류를 이루고 있으며, 때로는 흐느적거리거나 나른한 음색으로 목소리를 과도하게 떠는 형태의 창법도 나타나고 있다. 《크래쉬》, 《푸펑충》, 《삼청교육대》, 《쇠파이프》, 《바세린》, 《노이즈가든》, 《닥터코어 911》등의 그룹들의 음악들이 여기에 해당된다.

다섯째, 위와는 다른 서정적이고 소박한 형태의 음악들도 비주류와 언더그라운드의 일부를 이루고 있다. 주로 모던 록 계열의 음악이 여기에 해당되며 발라드와 같은 애처로운 분위기를 바탕으로 한 서정성이 아니라 비교적 밝은 색채를 띠는 서정성이 주를 이루고 있다. 그러므로 반주에 있어서도 어둡고 무겁거나 광포한 사운드를 지향하지 않으며, 때로는 매우 소박한 느낌을 지니고 있는 것도 있다.

가창에 있어서도 비교적 조용하고 부드러운 목소리를 바탕으로 담담하게 부르는 형태가 주를 이룬다. 아주 거칠거나 날카롭게 내지르는 샤우팅 창법이 여기서는 거의 나타나지 않는다. 이러한 스타일은 《델리스파이스》,

≪언니네 이발관≫, ≪미선이≫등의 음악에서 나타나고 있다.

　이처럼 비주류와 언더그라운드음악은 아주 다양한 성격을 지니고 있다. 반주와 가창의 형태에서 드러나는 정서는 비판적, 저항적인 것과 가볍고 장난스러운 것이 동시에 존재하며, 좌충우돌의 과격함과 풋풋하고 소박한 정서, 또한 때로는 냉소적이고 저항적인 정서가 베어 있다. 그리고 이러한 정서적 특성들은 바로 청년 세대의 다양한 정서와 의식을 표출하고 있는 것이라고 할 수 있다. 주류음악은 대중적이고 보편적인 가치와 정서를 지향하기 때문에 청년 세대의 직접적인 욕구와 세대 의식이 비교적 정제되고 순화된 형태로 나타난다고 볼 수 있다. 그러나 비주류음악, 언더그라운드음악으로 갈수록 그것이 여과 없이 도출되고 있는 것이다. 따라서 언더그라운드 영역은 주류음악이 제공하지 못하는 청년 세대의 정체성과 세대의식을 발산시킬 수 있는 공간이자 매개체가 된다고 말할 수 있다.

제6장 가사분석을 통해서 본 청년 대중음악문화의 전개

대중음악에서 가사는 완결된 하나의 내용을 이루면서 곡과 결합되어 '의미'(meaning)를 형성한다. 물론 이 의미가 고정되고 완결된 것으로서 모든 수용자에게 동일하게 전달되는 것은 아니다. 그러나 곡과 함께 가사는 청자(聽者)에게 감정적 반응을 일으키는 주요한 매개체가 됨에는 틀림없다고 할 수 있다.

또한 대중음악의 가사는 주어진 메시지로서 일방적으로 수용자에게 전달되는 것은 아니다. 대중음악의 가사에는 동시대를 살아가는 사람들의 생활과 의식이 어떠한 형태로든 반영되게 마련이다. 따라서 대중음악의 가사를 이루는 내용들은 대중들의 '집단적 삶'이 하나의 원천을 이룬다고 볼 수 있다. 이것은 청년 대중음악의 경우도 마찬가지이다. 청년 대중음악의 곡에서 형식 및 스타일 등의 변화가 당시 청년 세대의 사회·문화적 욕구와 의식이 일정 정도 반영되어 있듯이, 가사에서도 청년 세대의 생활과 의식이 담겨 있다고 할 수 있다. 특히 곡과 같은 추상적 형식이 아니라 언어적 형태로 전개되는 가사의 경우 다양한 내용들을 보다 직접적으로 표출한다는 점에서 청년 집단의 세계관과 그들의 문화를 보다 쉽게 읽을 수 있다.

그러므로 이 장에서는 주제의 변화와 가사 일부의 내용에 대한 고찰을 통하여 청년 대중음악 속에서 청년 세대의 집단적 특징이 어떻게 반영되어 왔으며, 그 표현방식이 어떻게 변화해왔는지를 검토해 보고자 한다. 아울러 청년 대중음악문화 내에서 주류음악과 비주류음악 간에 차이가 어떻게 나타나는지를 검토해볼 것이다.

제1절 주제의 변화

보통 대중음악의 가사분석에서는 주제에 관한 내용분석(content analysis) 방법이 많이 이용된다. 주제는 가사의 중심 내용을 집약해 놓은 것으로서, 가사가 나타내고자 하는 메시지를 일차적으로 드러내는 지표가 된다. 우리는 주제를 통해서 가사 속에서 표출하고자 하는 중심 내용과 관심사를 알수 있게 된다. 하지만 그러한 장점에도 불구하고 내용분석은 근본적인 한계들을 지니고 있다는 지적을 받고 있다. 아주 다양한 내용의 가사들을 몇개의 고정된 범주로 유목화(categorization)함으로써 표현의 미묘한 차이와 맥락이 간과되기 쉽다는 것이다(Longhurst, 1995: 169-172).

일반적으로 주제의 내용분석이 단순화되고 세밀하지 못한(crude) 단점은 있으나 비교적 장기간에 걸쳐 나타나는 가사의 변화들을 큰 틀에서 파악하는 데는 유용하다고 생각된다. 특히 청년 대중음악문화 내에서 서로 갈등하고 있는 음악 영역들, 즉 주류음악과 비주류음악, 언더그라운 음악의 음악적 지향과 관심사의 차이들이 구체적으로 주제 속에서 어떻게 나타나는지를 살펴보는 데 적합하다고 할 수 있다.

대중음악의 주제는 시대와 사회를 초월하여 인간의 보편적 경험과 감정을 주로 다루어왔다. 즉, 연령, 성별, 계층, 지역 등의 차이를 넘어서서 보다 많은 사람들에게 수용될 수 있는 공통분모를 다루려는 경향이 있다고 할 수 있다. 그래서 사랑이나 이것과 관련한 희비(喜悲)의 감정이 가장 많이 다루어지고 있다.[1]

---

1) 먼저 국외의 사례를 보면, Laing(1985)은 1977년도의 〈Top 50〉의 노래 주

그럼에도 불구하고 빈도에서 훨씬 뒤쳐지지만 30~40%를 이루고 있는 다른 주제들이 항상 나타나고 있음을 주지할 필요가 있다. 즉, 사랑과 관련된 주제 외에도 일상적 경험에서 발생하는 다양한 감정과 상황 묘사, 때에 따라서는 사회적·정치적인 메시지도 다루어지기도 한다. 그러므로 청년 대중음악의 경우 주제의 빈도에 있어 통상적으로 나타나고 있는 대중음악 주제의 경향과 차이가 있는지, 또 시계열상으로 주제의 빈도에서 가시적인 차이가 나타나는지를 살펴볼 필요가 있을 것이다.

이와 같은 맥락에서 청년 대중음악의 주제는 다음과 같이 크게 4가지로 범주화하여 분류할 수 있을 것이다.

Ⅰ. 사랑
Ⅱ. 개인적 발화(發話)
Ⅲ. 사회·정치적 발화(發話)
Ⅳ. 제3자에 대한 애정이나 묘사

다음으로, 각 범주들을 이루는 세부적인 항목들과 그것들의 내용을 정의해보면 다음과 같다.

Ⅰ. 사랑
1. 사랑: 상대방에 대한 사랑의 느낌이나 사랑을 하고 있는 상황을 다루고 있는 것
2. 이별: 헤어짐이나 실연의 아픔을 다룬 것

제를 분석한 결과 '사랑'과 관련된 내용(romantic and sexual relation-ship)이 전체의 60%(31곡)를 차지하고 있음을 밝혀내었다(Longhurst, 1995: 169에서 재인용). 또한 Christenson & Roberts는 1980~1990년 동안 미국 빌보드 차트의 〈Top 40〉의 곡들을 분석한 결과, 사랑과 관련된 주제가 전체 240곡 중 73%를 차지하고 있음을 밝혀내고 있다(Christenson & Roberts, 1998: 121). 한국의 대중음악 또한 예외가 아닌데, 김미경(1990)은 한국 대중음악의 70% 이상이 사랑과 이별에 관련된 주제를 다루고 있음을 보여주고 있다.

3. 감정: 두 사람의 사랑이나 이별에서 비롯되는 여러 가지 감정들을 주로 다루고 있는 노래. 즉, 그리움, 원망, 애원, 체념, 후회, 미련, 외로움, 슬픔 등과 같이 사랑과 관련하여 빚어지는 여러 감정을 담은 노래

4. 관계: 연인 사이에서 사랑을 둘러싸고 일어나는 일상적 에피소드나 상황을 다루고 있는 노래

Ⅱ. 개인적 발화

1. 삶의 회상: 자신이 살아왔던 과정이나 어린 시절 등을 회상하는 노래

2. 현상 및 사물의 묘사: 개인의 관점에서 사물이나 현상을 그리고 있는 노래. 여기에는 물건과 같이 구체적인 것에서 자신의 하루 일과와 같은 추상적인 것까지 다양하게 포함된다.

3. 생각 및 감정의 서술: 개인의 일상적 경험이나 상황에서 비롯되는 여러 가지 느낌과 견해 등을 다룬 것

4. 의지 표현 및 권고: 자신에게 강하게 다짐을 하거나 타인에게 행위나 의식 등의 측면에서 지향하는 바를 분명하게 밝히고 있거나 요구하는 것

Ⅲ. 사회·정치적 발화

1. 현실 인식 및 비판: 사회 현실이나 공적 특성을 지니고 있는 특정 집단 및 사람을 비판하거나 부정적으로 인식하고 있는 노래

2. 현실 풍자 및 조롱: 당시의 세태나 공적 특성을 지니고 있는 특정 집단 및 사람에 대한 풍자와 조롱, 또는 욕설을 담고 있는 노래

Ⅳ. 제3자

부모, 친구, 그 외의 타인들에 대한 애정이나 그들의 행적, 모습 등을 다룬 것

선별된 총 1687곡의 주제에 관한 내용분석을 실시한 결과는 다음과 같다. 〈표 6-1〉에서 보면 시기에 따라 다르기는 하지만, 크게 보면 주류음악과

비주류음악 및 언더그라운드음악 간에 많은 차이가 나타남을 알 수 있다. 대체로 주류음악은 '사랑'과 관련된 내용이 가장 큰 비중을 차지하고 있는 반면에, 비주류음악이나 언더그라운드음악은 '개인적 발화'의 범주가 오히려 더 많이 나타나고 있다. 이러한 차이는 주류음악과 비주류음악 간의 음악적 지향 및 관심사의 차이에서 비롯된다고 할 수 있다. 즉, 주류음악은 시대를 초월하여 대중들이 보편적으로 공유할 수 있는 정서에 초점을 맞추며 그에 따라 사랑과 관련한 소재가 압도적으로 많다고 볼 수 있다. 반면에 비주류음악의 경우 주류음악에 비하여 통속적 소재와 내용을 탈피하여 상대적으로 다양한 내용을 다루고 있다고 할 수 있다.

그리고 주류음악으로 한정하여 볼 때, 시기별로 '사랑'의 범주에서도 비율의 편차가 상당히 크게 나타나고 있다. 이것은 한국 대중음악문화에서 청년 대중음악이 차지하는 비중과 위상의 변화와도 관련이 있다고 생각된다. I시기의 경우 분석 대상이 되는 곡들은 포크음악과 캠퍼스 록그룹의 노래이며 청년 음악으로서의 상징성이 강하다. 이 시기에는 한국 대중음악이 청년 대중음악 외에도 기성세대의 음악이라고 할 수 있는 장르와 스타일의 노래들이 다수 양산되었다. 다시 말하면 대중음악의 지형이 기성세대의 음악과 청년 세대의 음악이 비교적 균형을 이루고 있었다고 말할 수 있다. 그래서 이 시기의 청년 대중음악은 다른 주류음악에 비하여 청년 세대의 관심사와 정서들을 '개인적 발화'의 범주 속에 포함되는 노래들을 통하여 반영하고 있으며, 그것이 다른 시기에 비하여 주류음악에서 '사랑'의 비율이 낮게 나타난 것으로 유추해볼 수 있다.

〈표 6-1〉 청년 대중음악의 시기별·영역별 주제 변화(대분류)

단위: %

시기 / 주제	Ⅰ시기 (1970~1984)		Ⅱ시기 (1985~1993)		Ⅲ시기 (1994~현재)		
	주류	비주류	주류	비주류	주류	비주류	언더 그라운드
사 랑	59.1 (130)	-	79.8 (320)	30.1 (41)	84.9 (452)	17.0 (27)	23.0 (49)
제3자	1.4(3)	3.9(1)	0.8(3)	-	0.9(5)	1.3(2)	1.4(3)
사회적 발화	-	-	0.2(1)	-	1.9(10)	5.0(8)	16.4 (35)
개인적 발화	39.5 (87)	96.1 (25)	19.2 (77)	69.9 (95)	12.3 (65)	76.7 (122)	59.2 (126)
총 계	100.0 (220)	100.0 (26)	100.0 (401)	100.0 (136)	100.0 (532)	100.0 (159)	100.0 (213)

그러나 Ⅱ시기 이후 한국 대중음악문화는 청년 대중음악 중심으로 재편되면서 기성세대의 음악이 상대적으로 축소되고 청년 주류음악으로 편입되는 양상을 보여주는데, 그러한 지형의 변화는 결과적으로 Ⅱ시기의 주류음악이 청년 세대의 고유한 가치를 전적으로 담아내기보다는 전체 한국 대중음악문화의 지배적 중심으로서 확장되어 일반적이고 통속적 내용을 담고 있는 사랑의 소재가 다수를 차지하게 하였다.

그리고 그와 같은 경향은 Ⅲ시기에 이르러 더욱 강화되는 추세를 보여주고 있다. 즉, 주제에 있어 주류 대중음악이 '사랑'과 관련된 내용 일변도의 양상을 보여주는데, 이러한 주제의 편중 현상은 주류음악의 성격이 천편일률적이고 다양성이 축소되었다는 일반적 비판과 무관하지 않다. 다시 말하면 실제 주류음악이 장르나 스타일과 같은 형식적 측면에서뿐만 아니라 소재와 내용의 측면에서도 매우 한정된 범위만을 다루고 있음이 여실히 나타나고 있는 것이다. 따라서 실제 이러한 음악의 창작자와 수용자가 대부분 청년 세대임에도 불구하고, 주류음악의 협소한 소재 채택은 이들의 다양한 가치와 정서를 담아내지 못하고 결과적으로 비주류음악이나 언더그라운드음악과 같은 다른 경로를 통하여 표출하고 있는 것이다.

〈표 6-2〉 청년 대중음악의 시기별·영역별 주제 변화(중분류)

단위: %

주제		I 시기		II 시기		III 시기		
	시기	주류	비주류	주류	비주류	주류	비주류	언더그라운드
사랑	사랑	20.4 (45)	-	26.2 (105)	16.2 (41)	38.9 (207)	5.7 (9)	10.3 (22)
	이별	4.1(9)	-	11.2 (45)	1.5(2)	16.9 (90)	1.3 (2)	-
	감정	30.9 (68)	-	40.1 (161)	11.0 (15)	37.3 (197)	10.1 (16)	12.2 (26)
	관계	3.6(8)	-	2.2 (9)	1.5(2)	7.1 (38)	-	0.5(1)
제3자		1.4(3)	3.9(1)	0.8 (3)	-	0.9(5)	1.3 (2)	1.4(3)
사회적 발화	인식 / 비판	-	-	0.2 (1)	-	1.3(7)	4.4 (7)	5.2 (11)
	풍자 / 조롱	-	-	-	-	0.6(3)	0.6 (1)	11.3 (24)
개인적 발화	회상	4.1(9)	-	1.5 (6)	0.7(1)	0.9(5)	2.5 (4)	0.5(1)
	서술 / 묘사	14.5 (32)	53.9 (14)	3.0 (12)	13.2 (18)	0.4(2)	12.6 (20)	3.3(7)
	감정 / 생각	14.1 (31)	26.9 (7)	10.0 (40)	41.2 (56)	3.0 (16)	46.5 (74)	39.9 (85)
	의지 / 권고	6.8 (15)	15.4 (4)	4.7 (19)	14.7 (20)	7.9 (42)	15.1 (24)	14.5 (31)
총 계		100.0 (220)	100.0 (26)	100.0 (401)	100.0 (136)	100.0 (532)	100.0 (159)	100.0 (213)

그러므로 '사랑'과 '개인적 발화'의 범주 간에 보이고 있는 역관계는 주류음악과 비주류음악의 분화와도 상통하는 측면이 있다. 엄밀히 말하면, I 시기에는 주류음악과 비주류음악의 영역이 명확하게 구분되지 않았다고 할

수도 있다. 다만 주류음악이 청년 음악으로서의 기능과 상징을 다른 시기에 비하여 강하게 지니고 있었다면, 점차 그러한 역할이 비주류와 언더그라운드음악으로 이전된 것이다. 즉, 한국 대중음악문화에서 청년 대중음악이 주류음악으로서 성장하는 한편, 반대급부로 비주류음악과 언더그라운드음악의 성장 또한 조금씩 이루어져왔다는 것이다.

다음으로 '사회·정치적 발화' 범주를 살펴보면, 영역을 막론하고 Ⅰ, Ⅱ 시기에는 전혀 없거나 거의 없는 것으로 나타나고 있는데, 이는 당시의 정치적 상황과 무관하지 않다고 본다. 특히 Ⅰ시기에는 현실 사회에 대한 비판적 언급과 직접 연관이 없는 소재나 내용조차도 혹독한 검열과 심의로 등으로 공식적으로 통용되기가 어려웠다. 그러므로 사회 현실에 대한 부정적 시각을 간접적인 형태에서라도 표출하기가 매우 어려웠다고 할 수 있으며, 그러한 상황이 사회·정치적 내용을 표면적으로 다룬 노래의 출현을 억제한 요인이 되었다고 볼 수 있다.

그러나 1970년대 비주류 포크음악의 경우 표면적 주제에서는 개인의 소망이나 자연 현상, 일상적 사건을 다루고 있지만 그것들이 당시의 사회적 상황을 의식적으로 반영하고 있는 노래들이 있는데, 그러한 '잠재적'인 형태의 사회적 발화는 주류음악과는 다른 정서적 느낌을 낳고 있다.2)

이러한 '사회·정치적 발화'는 Ⅲ시기에 와서 수적으로 보다 많이 창작되고 있음을 보여준다. 영역별로는 언더그라운드음악이 16.4%로 가장 높게 나타나고 있으며, 비주류음악의 5.0%나 주류음악의 1.9%와 상당한 편차를 보이고 있다. 이는 첫째, 한국사회의 문화적 상황의 변화, 즉 사전심의제의 철폐, 문화 개방과 민주주의의 확산으로 표현의 범위와 정도가 확대되었으며, 둘째, 그러한 상황 속에서 주류음악이 표현하지 않는 소재와 내용을 다루려는 욕구와 시도가 증가한 것이라고 볼 수 있다.

따라서 전반적으로 주류음악의 주제가 지나친 편중 현상을 보이는 가운데에서도 아주 적은 비율이기는 하지만, 이전 시기에 비하여 사회적인 내

---

2) 〈물좀주소〉, 〈가뭄〉, 〈작은 연못〉, 〈서울 가는 길〉 등이 여기에 해당된다. 이 노래들에서 직접적인 정치적 메시지는 드러나지 않는다.

용이 출현한 것도 바로 그와 같은 상황과 무관하지 않은 것이다.

다음으로 청년 대중음악의 노래 주제를 좀 더 세분하여 범주별로 살펴본 결과 〈표 6-2〉와 같이 나타나고 있다. 하위 범주로 분류해본 〈표 5-2〉에서 주목할 만한 변화는 크게 세 가지로 정리해볼 수 있다. 첫째는 '사랑'의 범주에서 '관계'의 하위 범주가 보여주고 있는 변화이고, 둘째는 '사회적 발화'에서 '인식 / 비판'과 '풍자 / 조롱'이 영역별로 조금 차이가 나타나며, 셋째는 '의지 / 권고'에서도 영역별로 가시적인 차이가 나타난다는 점이다.

우선 '사랑'의 범주에서는 '사랑', '이별', '감정'의 하위 범주가 시기별, 영역별로 어떤 큰 변화를 보이지는 않는다. 즉, '사랑'과 '감정'의 비중은 전체 '사랑'의 범주에서 가장 많은 비중을 차지하고 있으면서, 그 비율의 구성은 시기별, 영역별로 거의 비슷하게 나타나고 있다. 그러나 '관계'의 하위 범주의 경우 Ⅲ시기 주류음악에서 다른 시기에 비하여 높게 나타나고 있다. 이 노래들은 대체로 남녀간의 일상적 갈등이나 에피소드, 그리고 새로운 제3자의 출현과 그로 인한 갈등 등을 묘사하고 있는 것들이 대다수를 차지하고 있다. 이러한 노래들의 증가는 1990년대 이후 청년 세대, 즉 '신세대'로 불리는 이들의 애정관과 인간관계가 반영된 것으로 생각된다. 즉, 친구와 같은 제3자의 개입과 그로 인하여 빚어지는 새로운 갈등 관계의 전개, 상대방에 대한 쟁취 등의 상황 등 대상과 상황의 설정에 있어 적극적인 사고 방식이 깔려 있는 것이다.

다음으로 '개인적 발화'의 범주에서는 대체로 모든 부문에서 '감정 / 생각'의 비중이 높게 나타나고 있다. 단, 예외적으로 I시기의 비주류음악에서만 '서술 / 묘사' 부분이 압도적으로 높게 나타난다. 이는 앞에서도 언급했듯이, 당시의 사회적 맥락이 직접적인 정치적 내용이나 비판적 언급을 피하면서 노래 화자나 제3자의 관점에서 특정 현상을 객관적으로 묘사하거나 서술하도록 하였기 때문이라고 풀이된다.

또한 '사회·정치적 발화'의 범주에서 Ⅲ시기의 경우 주류와 비주류가 '비판 / 인식'이 더 많이 나타나고 있는 반면에, 언더그라운드음악의 경우는 반대로 '풍자 / 조롱'의 범주가 더욱 많음을 보여주고 있다. 이는 언더그라운드 영역이 보다 직설적이고 여과되지 않은 표현법을 선호하며, 이를 통하여 자신의 비판적, 또는 저항적 이미지를 선명하게 드러내는 의식적 노력에서 비롯하는 것이라고 생각된다.

그리고 '의지 / 권고' 범주 또한 시기를 막론하고 주류음악보다는 비주류와 언더그라운드음악에서 더 많은 비중을 차지하고 있다. 이 범주는 수용자에게 어떤 행동을 취할 것을 강력하게 권고하거나, 자신의 의지를 표명하는 형태를 취한다. 따라서 노래 화자의 생각과 시각들이 강력하게 강조된다. 즉, 주관적 입장에서 노래의 청자에게 특정한 가치와 행위들을 지향하도록 간접적으로 개입을 하는 것이다. 그런데 비주류→언더그라운드 음악으로 갈수록 이 범주의 비중이 높아지는 것은 비주류음악일수록 자신의 입장을 천명하는 태도를 지향하는 것이며, 그만큼 이 영역이 음악의 형식을 통하여 자신의 목소리를 강하게 내는 창구의 역할을 하고 있음을 시사하는 것이다.

이처럼 청년 대중음악 주제의 변화는 한국 대중음악 지형의 변화라는 큰 틀에서 청년 대중음악이 그 속에서 차지하는 위치의 변화와 밀접하게 연관되어 있음을 알 수 있다. 또한 소재와 내용이 표면화된 주제를 통하여 주류음악과 비주류 및 언더그라운드음악의 차이를 확인해 볼 수 있었는데, 이러한 차이는 영역별로 관심사의 차이와 역할의 분리에서 기인하는 것이다. 다시 말하면, 청년 집단의 전체 대중음악문화에서 청년 주류음악이 성장하면 할수록 반대급부로 청년 비주류와 언더그라운드라는 새로운 영역 또한 창출되고 커져왔다는 것이다.

이는 청년 대중음악이 한국 대중음악의 주류로서 완전히 지배적 위치로 부상하는 과정에서 청년 세대의 다양한 문화적 욕구와 가치는 오히려 축소되어 반영되고, 이는 그러한 부분을 충족시키는 비주류와 언더그라운드 영역이 형성되는 하나의 기반을 제공해 준 것이라 할 수 있다.

그러나 주제의 분석으로는 구체적으로 청년 대중음악이 청년 세대의 의식과 가치관 등을 어떻게 반영하고, 이것이 시기와 영역에 따라 어떻게 다르게 전개되어 왔는지는 잘 드러나지 않는 한계가 있다. 따라서 다음의 절들에서 그와 같은 문제들을 좀 더 자세히 검토하고자 한다.

제2절 세대의식의 표출과 변화

1. 1970년대~1980년대 중반

세대는 비슷한 시기에 출생함으로써 역사적·문화적 경험을 공유하고 그에 따라서 다른 연령층에 비하여 상대적으로 유사한 정서, 의식구조, 행위유형, 생활양식을 갖는 사람들의 집합이다(박재홍, 1995: 654). 그러므로 세대 간에는 행위, 생활양식, 문화의 차원에서 차이가 형성되며 이는 가치관, 의식 등의 차원에서의 세대 차이 또한 형성하게 되는 기반이 된다.

세대의식은 다른 세대와는 구분되는 자기 세대의 독특한 가치관과 정서가 응집된 의식으로서 자기 세대의 동질성을 인식하는 것이다. 특히 새로운 세대는 기성세대와는 다른 자신들의 고유한 특성들을 세대 정체성으로서 형성하게 된다. 대중음악은 이러한 청년 세대의 세대 정체성을 확립하는 중요한 매개가 되는 동시에 청년 세대의 문화와 의식을 반영하는 산물이다. 청년 세대는 청년 대중음악을 통하여 자신의 시각과 욕망을 투사하며 집단적 정체성을 형성하고 확인하게 된다.

이런 맥락에서 볼 때, 1970년대의 청년 세대는 청년 문화를 형성하면서 기성세대와는 구분되는 세대 의식을 발전시켜 나갔다. 청년 문화는 통기타, 청바지, 장발 등으로 대변되는 사물들과 대학 캠퍼스, 고고장, 극장, 생맥주집 등과 같은 공간을 중심으로 펼쳐졌는데, 이 시기의 포크음악은 청년 문화를 이루는 매개물인 동시에 청년 세대의 문화를 읽을 수 있는 은유적 장치이기도 하다. 따라서 이 시기 포크음악에서는 청년 문화의 중심을 이루었던 당시 대학생들의 문화와 관심사들이 잘 나타나고 있다. 주류 포크음악에서는 중·고등학교 시절에는 공개적으로 표출할 수 없었던 이성에 대한 관심이나 교제가 대학 캠퍼스와 여행의 공간 속에서 전개되는 내용들이 많다.

[예 1] 축제의 밤

황금빛 물결 속에 춤을 추며 노래하는 밤 희미한 달빛 아래
피어나는 축제의 밤 연인들의 손을 잡고 춤을 추는 캠퍼스에
마음으로 악수하는 축제의 밤 깊어가네
밤하늘에 수를 놓던 불꽃들이 사라져갈 때 아쉬움에 안타까이
바라보는 눈길들이여. 오늘밤은 너희들의 밤 오늘밤은 우리들의 밤
잊지 못할 축제의 밤 우리들의 이 밤 이 밤
잊지 못할 축제의 밤 우리들의 이 밤 이 밤

[예 2] 모래 위를 맨발로

하얀 모래 위를 맨발로 가며 하얀 달을 보면 아련한 마음
파란 하늘아래 걸어서 가며 파란 별을 보면 또렷한 사랑
하나둘 발자국 더듬어 저 멀리 그대 있는 곳까지
한없이 모래 위를 맨발로 가며 한없이 물을 따라 흐르고 흘러

[예 3] 라라라

…… 조개껍질 묶어 그녀의 목에 걸고 물가에 마주앉아 밤새 속삭이네
저 멀리 달그림자 시원한 파도소리 여름밤은 깊어만 가고 잠은 오지 않네

위에서 예시된 노래들에서 보면 대학의 축제나 산과 바다와 같은 장소가 당시 젊은이들의 주요 놀이 공간이자 교제의 장소였음을 알 수 있다. 이러한 여가와 놀이문화는 노동의 업무에서 벗어나 있었던 대학생이라는

집단에 한정되어 있었다. 당시 청년 세대를 이루고 있는 많은 청년들이 도시의 산업이나 비공식 부문에 취업하고 있었지만, 이들 대부분은 저임금의 장시간 노동에 종사하고 있었기 때문에 일상적으로 문화적 여가를 누릴 수 있는 시간적·경제적 여유를 지니고 있지 못했다. 따라서 당장의 절박한 생계의 문제에서는 비껴나 있었던 대학생들이 당시 청년 문화가 발생할 수 있었던 토대를 이루고 있었으며, 청년 문화의 형성과 확산에 있어 중심층을 이룰 수밖에 없었다. 이와 같은 맥락에서 볼 때 주류 포크음악은 당시 청년 문화의 중심이었던 대학생들의 여가 생활을 주로 반영하고 있다고 말할 수 있다.

다음으로 주류 포크음악에서 묘사되고 있는 사랑의 형태는 매우 낭만적이고 순수한 성격을 띠고 있다. 이러한 사랑의 묘사는 포크음악의 순수성이라는 이미지를 더욱 강조한다.

[예 4] 빗속을 둘이서

너의 맘 깊은 곳에 하고 싶은 말 있으면 고개 들어 나를 보고
살며시 얘기하렴 정녕 말을 못하리라 마음깊이 새겼다면
오고가는 눈빛으로 나에게 전해주렴
이 빗속을 걸어갈까요 둘이서 말없이 갈까요 아무도 없는 여기서
저 돌담 끝까지 다정스런 너와 내가 손잡고 ……

[예 5] 사랑을 노래해요

눈과 눈을 마주보며 우리 사랑을 속삭여요 맘과 마음 함께 모아
오-우리 사랑을 노래해요 어둠이 내리면 내 눈을 보세요
내 눈 속에 당신이 얼마나 예쁜지 예예예 손에 손을 마주잡고
우리 사랑을 약속해요 밤하늘에 별을 세며 오-우리 사랑을 노래해요

여기에서 묘사되고 있는 사랑은 사랑으로 인한 고통, 좌절 등의 감정이 아니라 상대에 대하여 싹트는 사랑의 기쁨이나 희망의 감정에 가깝다고 볼 수 있다. 그리고 위 노래들에서 표현되고 있는 사랑은 성적 관계와는 직접 연관되지 않은 형태의 정서적 친밀성을 띠고 있다.

특히 정서적 친밀감에 바탕을 둔 사랑은 자연이라는 공간적 배경 속에서 펼쳐짐으로써 그 순수함의 성격을 더욱 강화시키고 있다. 희미한 달빛([예 1]), 하얀 모래, 하얀 달, 파란 하늘, 파란 별([예 2]), 달그림자, 파도 소리([예 3]), 밤하늘의 별([예 5])과 같이 동화의 세계가 연상되는 자연물들이 아름답고 순수한 이미지를 증폭시켜 주는 장치로 사용되고 있다. 흔히 자연은 복잡한 현실 세계와는 대비되는 정결함, 아름다움, 순수함, 깨끗함, 단순함을 간직한 세계이다. 또한 사람들의 집합과 그로 인한 여러 갈등 관계로 이루어진 현실 세계와는 동떨어진 이상적인 세계라 할 수 있다.

다른 한편, 이 시기 포크음악에서는 비단 사랑의 묘사뿐만 아니라 전반적으로 순수하고 아름다운 관념적 세계를 지향한다는 특징을 지니고 있다. 이는 이 시기 청년 문화가 현실 세계와는 유리된 절대적이고 이상적 세계를 추구하고 있었음을 의미하는 것이다. 따라서 포크음악에는 '꽃', '별', '소녀', '하늘', '바람' 등 순수한 자연과 연관된 단어가 많이 나타나고 있다(김창남, 1998).

[예 6] 저 별과 달을

어두운 밤 구름 위에 저 달이 뜨면 괜시리 날 찾아와 울리고 가네
그 누가 만들었나 저 별과 달을 고요한 밤이 되면 살며시 찾아와
님 그리워하는 밤 알아나 주는 듯이 하늘나라 저 멀리서
나를 오라 반짝이네

[예 7] 이름 모를 소녀

버들잎 따다가 연못위에 띄워 놓고 쓸쓸히 바라보는 이름 모를 소녀

밤은 깊어가고 산새들은 잠들어 아무도 찾지 않는 조금만 연못 속에
달빛 젖은 금빛 물결 바람에 이누나 출렁이는 물결 속에 마음을 달래려고
말없이 바라보다 쓸쓸히 돌아서서 안개 속에 사라져간 이름 모를 소녀

[예 8] 두 개의 작은 별

저 별은 나의 별 저 별은 너의 별 별빛에 물들은 밤같이 까만 눈동자
저 별은 나의 별 저 별은 너의 별 아침이슬 내릴 때까지
별이 지면 꿈도 지고 슬픔만 남아요 창가에 지는 별들의 미소
잊을 수가 없어요 …… 지난겨울 눈 내리던 창가에 앉아서
단둘이 나눈 영원한 약속 잊을 수가 없어요 ……

위에서 예시된 노래들은 모두 이 시기 포크음악이 추구하고 있는 세계
관이 잘 드러난다. 별과 달은 어두운 밤하늘에서 유일하게 밝게 빛나는 자
연물이다. 여기에는 답답하고 암울한 세상 속에서 고고하게 청명함을 유지하
고자 하는 청년 세대의 이상주의적인 바램이 내포되어 있다고 볼 수 있다.

또한 이 시기 포크음악의 특징은 사랑의 대상이나 노래의 화자가 '소녀'
와 '소년'인 경우가 많이 나타나고 있다. 이 '소녀', '소년'은 이름이 부여되
지 않았을 뿐더러 '너', '당신'과 같이 보다 구체적인 관계를 띠지도 않는다.
약간은 실체가 불분명한 존재로서 직접 다가갈 수 없는 이상적 대상을 상
징하는 것이다. 그리고 '소녀'와 '소년'은 아직 성인의 세계를 경험하지 않
은 때 묻지 않은 순수함의 이미지와도 연결된다. 이렇게 자연물과 소녀, 소
년과 같은 단어들은 위에서 예시된 노래 외에도 〈긴 머리 소녀〉, 〈꽃반지
끼고〉, 〈섬소년〉, 〈마음〉, 〈옛친구〉 등의 많은 노래에서 등장하고 있다.

이와 같이 포크음악에서 나타나는 세계관과 자연친화적 정서는 크게 두
가지 측면에서 이해할 수 있다. 첫째는 이 시기 포크음악에서는 기성세대
에 대한 직접적인 반발이나 부정적인 태도가 나타나지는 않지만, 순수와
이상의 세계를 추구함으로써 기성세대와는 구분지으려고 했다는 것이다.
즉, 기성세대가 주도하는 현실 세계와는 대립되며 가치의 면에서 보다 상

위인 세계에 대한 선망을 통하여 기성세대에 대한 도덕적 우월함을 확보하려는 세대 의식이 담겨 있는 것이다.

둘째는 청년 세대가 지향하고 있는 관조적이고 관념적 세계가 안고 있는 계층적 특성이다. 주류 포크음악에서 추구하는 아름답고 순수한 세계에는 추하고 복잡한 현실 세계는 전혀 반영되어 있지 않다. 현실에 대한 정서적 반감이 현실에 대한 적극적 저항과 연결되는 것이 아니라 현실 도피적인 성격을 띠고 있다는 것이다. 이 시기 포크음악에서 '나그네', '방랑자'와 같은 단어가 종종 등장하는 것도 이와 무관하지 않다고 생각된다. 나그네나 방랑자는 일상적 세상살이를 거부한 존재로서 고정된 소속이 없는 이방인이다. 이처럼 관념적 수준에서의 현실 극복은 당시 직접 생존과 연관된 현실적 문제에 부딪치지 않았던 대학생들의 계층적 위치에 기반하고 있는 것이라 말할 수 있다.

그러나 주류 포크음악이 매우 소극적인 형태로 세대 의식을 표출하고 있는 반면에 비주류 포크음악은 보다 적극적인 의식과 지향을 나타내고 있다.

[예 9] 아침이슬

긴 밤 지새우고 풀잎마다 맺힌 진주보다 더 고운 아침이슬처럼
내 맘에 설움이 알알이 맺힐 때 아침 동산에 올라 작은 미소를 배운다
태양은 묘지위에 붉게 떠오르고 한낮에 찌는 더위는 나의 시련일지라
나 이제 가노라 저 거친 광야에 서러움 모두 버리고 나 이제 가노라

[예 10] 행복의 나라로

장막을 걷어라 너의 좁은 눈으로 이 세상을 떠보자
창문을 열어라 춤추는 산들 바람을 한 번 또 느껴 보자
가벼운 풀밭위로 나를 걷게 해주세 봄과 새들의 소리 듣고 싶소
울고 웃고 싶소 내 마음을 만져주 나는 행복의 나라로 갈테야(1절)

고개 숙인 그대여 눈을 떠봐요 귀도 또 기울이세
아침에 일어나면 자신 찾을 수 없이 밤과 낮 구별 없이
고개 들고서 오세 손에 손을 잡고서 청춘과 유혹의 뒷장 넘기며
광야는 넓어요 하늘은 또 푸르러요 다들 행복의 나라로 갑시다(3절)

위의 노래들에서도 주류 포크음악과 마찬가지로 '풀잎', '아침이슬', '태양', '산들 바람', '풀밭', '새', '바람', '하늘'과 같이 자연물이 배경을 이루고 있다. 그러나 주류 포크음악과는 달리 극복의 대상과 지향하는 세계가 좀 더 구체적으로 묘사되고 있다. 즉, [예 9]에서는 한낮의 찌는 더위로 상징되는 현재의 '시련'을 극복하며 '거친 광야'로 가겠다는 의지가 분명히 표명되어 있으며, [예 10]에서는 장막과 창문을 걷어버리고 '행복의 나라'로 가겠다는 바램이 묘사되고 있다. 물론 여기서 지향하는 세계가 실체가 분명하지는 않지만, 현실 순응이나 현실 도피와는 다른 목적의식을 나름대로 표출하고 있다. 또한 [예 10]의 3절에서는 그러한 목적의 행로를 나를 포함한 다른 사람들과 함께 하자는 공동체 의식 또한 엿보인다. 이 시기 포크음악이 주로 개인주의적 내면과 자의식의 표출에 치중해 있었지만, 이 노래에서는 개인 중심의 사고를 벗어나 있다.

이와 같이 자신의 행동과 생각 속에서 다른 사람들을 의식하는 것은 다른 비주류 포크음악에서도 나타나는데, 여기에서는 이들의 삶과 현실을 보다 비판적으로 바라보고 있다.

[예 11] 서울로 가는 길

우리 부모 병들어 누우신지 삼년에 뒷산의 약초 뿌리 모두 캐어드렸지
나 떠나면 누가 할까 병드신 부모 모실까 서울로 가는 길이 왜 이리 멀으냐

[예 12] 옥이의 슬픔

저 넓은 정원 뒤를 잇는 장미꽃밭 높고 긴 벽돌담이 저택을 두르고

앞문에는 대리석과 금빛 찬란도 하지만 거대함과 위대함을 자랑하는
그 집의 이층방 한 구석엔 홀로 앉은 소녀 아하 아하 슬픈 옥이여

위에서 예시된 노래들은 낭만적인 추억이나 편안하고 아름다운 세계와
는 거리가 멀다. [예 11]은 당시 피폐해진 농촌을 떠나 대거 도시로 몰려
드는 이농의 현실을 묘사하고 있으며, [예 12]에서는 물질적 풍요 속에서
고독함을 느끼는 소녀를 묘사함으로써 물질적 부의 공허함을 암시하고 있
다. 여기서 '옥이'가 대저택의 자녀인지 아니면 그냥 기거하는 이방인인지
는 분명하지 않다. 후자의 경우라면, 이 소녀는 물질적 부와 풍요에서 소외
된 사람들이나 빈부격차의 현실을 상징한다고 볼 수도 있다.

1970년대 이후 본격적인 경제 개발과 수출지향 정책이 추진되면서 대규
모의 이농 현상이 나타났는데, 특히 이 시기에는 젊은 세대의 단신 이농이
주류를 이루었다. 따라서 많은 청년들이 도시의 공장, 상가, 건설 현장 등
에서 고달픈 생활을 하였으며, 그러한 삶의 단편이 위의 노래들에서 반영
되어 있는 것이다.

비주류 포크음악에서 보여주고 있는 이러한 현실 인식은 당시 청년 문
화의 중심 세력이었던 대학생들의 모순적인 사회적 위치와 관련된다. 앞에
서도 살펴보았지만 소수의 고학력자로서의 위치가 앞으로의 계층 상승을
보장해주는 한편 당시의 사회적 모순을 간파할 수 있는 능력 또한 갖추게
하였다. 그리고 그러한 점들은 이들로 하여금 현실 세계와는 유리된 관념
적 세계의 지향과 현실 세계에 대한 비판적 인식을 동시에 공유하게 하였
다고 볼 수 있으며, 그러한 맥락이 주류 포크음악과 비주류 포크음악의 차
이를 낳은 것이라고 말할 수 있다.

다음으로 이 시기의 또 다른 청년 대중음악인 캠퍼스 록음악의 가사를
살펴보도록 하겠다. 1970년대의 청년 문화의 중심이자 상징이었던 포크음
악이 쇠퇴하면서 1970년대 후반 대학가를 중심으로 록음악이 청년 세대를
대변하는 음악으로 새롭게 부상하였다. 캠퍼스 록음악은 이전의 포크음악
과는 달리 보다 적극적이고 낙관적인 의식을 표출하고 있다.

[예 13] 구름과 나

바람에 흩어지는 한올의 실구름아 갈래갈래 내 나래는
토담골로 하늘거린다 바람에 일렁이는 철부지 먹구름아
설레이는 가슴안고 동구 밖으로 뛰어간다
구름아 너는 어디로 가느냐 나는 달린다 하얀 고향으로 처음 외쳤던 그곳
그곳에 내가 있단다 젊음이여 푸르름이여 젊음이여 뜨거움이여 달려간다

[예 14] 세상만사

세상 모든 일들이 되다가도 안되고 슬퍼하고 웃다가 하늘보면 둥근 해
이 한 세상 산다는거 생각하기 달렸는데 무얼그리 안타깝게
고개숙여 앉아 있소 세상만사 모든 일이 뜻대로야 되겠소만
그런대로 한 세상 이력으로 살아가오

[예 15] 불놀이야

저녁 노을 지고 달빛 흐를 때 작은 불꽃으로 내 마음을 날려봐
저 들판 사이로 가며 내 마음의 창을 열고 두 팔을 벌려서 돌면
야 불이 춤춘다 불놀이야

　여기서 세 노래들은 모두 세상을 향해 긍정적이면서도 능동적인 행동을
지향하고 있다. [예 13]과 [예 15]는 바람, 구름, 달빛 등과 같이 포크음악
에서 익숙했던 자연물들이 등장하며, 이것들이 노래 화자의 정서적 느낌들
을 전달하는 매개물로 사용된다는 점에서 이전의 포크음악이 추구하였던
자연친화적 정서가 여전히 남아 있음을 보여주고 있다. 그러나 이전의 포
크음악이 자연 세계에 대한 동경과 회귀를 현실 세계를 극복하는 대안으로
지향했다면, 위의 노래들에서는 자신을 현재와는 다른 모습이나 세상을 향
해 나아가는 주체로서 설정하고 있다.
　이러한 주체는 자신의 '젊음'에 대한 자각과 자신감을 바탕으로 이루어

진 주체이다. 이렇듯 캠퍼스 록음악에서는 기성세대가 갖지 못한 특성인 '젊음'을 통하여 기성세대와 스스로 구분짓고, 그것에 적극적으로 의미를 부여하고자 하였음을 알 수 있다.

캠퍼스 록음악은 이전의 포크음악이 소극적인 형태로나마 세대 의식을 표출하였던 출구의 기능이 쇠퇴하면서 세대 의식을 표현하는 새로운 출구로서 출현한 것이다. 그리고 캠퍼스 록음악은 그러한 기능을 보다 강렬한 형태로 노래 속에서 드러내고 있음을 보여준다. 하지만 캠퍼스 록음악도 1980년대 초반을 넘어서면서 가사에서 특유의 패기가 점차 상실되고 다른 주류음악과의 차별성이 약화되는 모습을 보여주고 있다.

[예 16] 청춘

언젠가 가겠지 푸르른 이 청춘 지고 또 피는 꽃잎처럼
달밝은 밤이면 창가에 흐르는 내 젊은 영가가 구슬퍼
가고 없는 날들을 잡으려 잡으려 빈 손짓에 슬퍼지면
차라리 보내야지 돌아서야지 그렇게 세월은 가는거야 언젠가
날 두고 간 님은 용서하겠지만 날 버리고 가는 세월이야
정들곳 없어라 허전한 마음은 정답던 옛 동산 찾는다

여기서 청춘은 희망과 찬양의 대상이라기보다는 애처롭고 구슬픈 시절로 묘사되고 있다. 이 가사에서는 활력에 넘치는 젊음이나 거기에서 비롯되는 생동감이 전혀 감지되지 않는다. 오히려 청춘의 허망함과 미래에 대한 비관적인 정서가 지배적이다. 이러한 정서는 초기에 젊음의 에너지를 분출하는 패기로 신선한 바람을 일으켰던 캠퍼스 록음악이 애초의 특성들을 점차 잃어가고 청년 세대의 정서를 표명하는 청년 음악으로서의 고유성을 상실해가는 쇠락의 과정을 상징적으로 보여주고 있는 것이다.

이후 청년 세대의 세대 의식은 다른 형태의 음악으로 전이되어 나타나게 되며, 1970년대의 청년 세대와는 다른 시대적 상황에서 성장한 새로운 청년 세대의 의식을 담아내게 된다.

2. 1980년대 중반 이후~1990년대 초반

이 시기의 청년 대중음악인 팝발라드와 댄스음악은 이전 시기의 주류음악과 마찬가지로 주로 사랑에 관한 내용을 많이 다루고 있다.

[예 17] 사랑일 뿐야

나를 어떻게 생각 하냐고 너는 네게 묻지만 대답하기는 힘들어
너에게 이런 얘길 한다면 너는 어떤 표정 지을까
언젠가 너의 집 앞을 비추던 골목길 외등 바라보며
길었던 나의 외로움의 끝을 비로소 느꼈던 거야
그대를 만나기 위해 많은 이별을 했는지 몰라
그대는 나의 온몸으로 부딪쳐 느끼는 사랑일 뿐야

[예 18] 텅빈 거리에서

내곁에 머물러 줘요 말을 했지만 수많은 아픔만을 남긴 채
떠나간 그대를 잊을 수는 없어요 기나긴 세월이 흘러도
싸늘한 밤바람 속에 그대 그리워 수화기를 들어보지만
또다시 끊어버리는 여린 가슴을 그댄 이제 알 수 있나
유리창 사이로 비치는 초라한 모습은 오늘도 변함없지만
오늘은 꼭 듣고만 싶어 그대의 목소리 나에게 다짐을 하며
떨리는 수화기를 들고 너를 사랑해 눈물을 흘리며 말해도
아무도 대답하지 않고 야윈 두 손에 외로운 동전 두개뿐

위의 노래들을 보면 상대에 대한 구애나 헌신적 감정의 묘사가 주조를 이루고 있다. 하지만 이전 주류음악과 달리 사랑의 대상과 표현에 있어 좀 더 구체적이고 직접적인 형태를 띠고 있음을 보여준다. 사랑에서 비롯되는 여러 감정들이 전개되는 상황의 묘사가 구체적으로 나타난다. 이전의 주류

음악은 사랑의 감정 상태나 느낌을 추상적으로, 또는 다른 사물이나 자연 현상 등에 빗대어 은유적으로 표현하는 형태가 지배적이다. 물론 여전히 팝발라드와 같은 음악에서는 사랑의 대상에 대한 간절하고 소박한 바램, 자신에 대한 연민 등을 구구절절이 늘어놓음으로써 애절하고 슬픈 정서를 주로 간접적이고 은유적인 표현으로 더욱 배가시키는 표현이 많이 나타나고 있지만, 직접적인 표현 또한 조금씩 등장하고 있다.

[예 19] 안녕

선물가게의 포장지처럼 예쁘게 꾸민 미소만으로
모두 반할거라 생각해도 그건 단지 착각일 뿐이야
부드러운 손길 달콤한 속삭임 내가 원한 것은 그것만은 아니었지
내가 원한 건 당신이 아니야 내 환상일 뿐
난 이제 더 이상 당신을 원하지 않아 난 이제 더 이상 눈물 흘리긴 싫어
난 이제 더 이상 당신을 원하지 않아 난 이제 더 이상 거짓을
말할 수 없어

이 시기의 청년 대중음악에서는 가사에서 사랑의 대상에 대한 호오(好惡)의 감정이 추상적, 은유적 표현 형태에서 점차 구체적, 직접적 표현 형태로 전환되고 있음을 알 수 있는데, 그러한 특성은 특히 댄스음악에서 두드러지게 나타나고 있다.

[예 20] 야한 여자

아득히 보이는 황홀한 저 불빛 불빛 아래 저 여인 너무나 예뻐요
짙게 바른 립스틱에 멍든 것 같은 그대는
짧게 올린 그 치마는 나를 어지럽게 만들었죠
그대 나를 본척만척 외면하면 나는 어떡해
그대 내게 눈길 줘요 나와 함께 사랑하며 춤을 춰요 ……

[예 21] 유혹

사랑은 잠시 내게 다가왔다 아픔만 남겨두고 떠났네
내 맘속의 슬픈 음악처럼 영원히 남아 있는 그대와의 댄싱
그대를 바라보던 그 순간 사랑에 빠져버린 내 마음 달콤한 입술의 속삭임
그대를 내 맘속에 유혹하고 싶어 외로운 밤이면 나홀로
이렇게 춤추는 내 모습 사랑은 그리움만 남긴 채
영원히 내 곁에서 꿈처럼 사라져갔네

위의 노래들은 이전 시기의 포크음악과 비교해보면 사랑의 대상과 표현이 파격적이면서도 직설적으로 이루어지고 있음을 알 수 있다. 즉, 정서적 친밀감의 표시를 벗어나 성적 의미가 가미된 표현이 서서히 나타나고 있는 것이다. 1970년대의 포크음악이 가사에서 낭만적이고 청순한 사랑의 이미지를 그려냄으로써 청년 세대의 '순수함'을 드러내려고 했다면, 그러한 차별성이 이 시기의 주류음악에서는 두드러지게 나타나지는 않는다. 비록 '사랑'이라는 주제에 국한된 것이기는 하지만, 이를 통하여 1980년대 중반 이후의 청년 세대가 좀 더 개방적이고 적극적인 의식을 지니고 있다고 유추해 볼 수 있다.

다시 말하면, 과거의 청년 세대는 당시의 기성세대에 비하여서는 서구적 가치와 문화에 보다 익숙하고 쉽게 수용하였다고 하더라도 한국사회의 지배적인 유교 문화가 배태한 도덕적 가치나 특히 성적 표현의 금기와 같은 문화적 가치를 그대로 가지고 있다고 볼 수 있다.[3] 이에 반하여 1980년대 중반 이후의 청년 세대는 기성세대에게서 강하게 나타나는 그러한 가치와 문화에서 어느 정도 벗어나 있다고 볼 수 있다. 이러한 차이는 이 시기 청

---

3) 특히 1970년대 박정희 정권은 정권의 안정적 유지와 정당성 확보를 위하여 강력한 가부장적 통치를 민족문화 수호와 전통의 계승을 표방하면서 수행하였다. 그에 따라 표면상으로는 매우 엄격한 도덕적 가치를 대중문화에 적용하였는데, 그러한 사회적 분위기는 1970년대 포크음악에서 남녀간의 정서적 밀착을 표출하는 것을 더욱 어렵게 한 것이라 볼 수 있다.

년 세대가 경험하는 생활 여건의 변화와 밀접하게 관련되어 있다고 생각된
다. 해방 이후 한국사회는 서구의 문화와 가치를 지속으로 수용해왔지만,
그 수용의 폭과 깊이, 그리고 속도는 특히 1980년대 중반 이후 더욱 심화
되었다고 말할 수 있다. 이 당시는 세계 자본주의의 전 지구화가 점차 확
산되어 가고 선진 자본주의의 문화의 위력이 보다 강해진 역사적 배경 속
에서 한국사회 역시 올림픽 개최, 북방 외교, 경제·문화적 개방 압력 등의
새로운 사회문화적 상황을 경험하게 된다. 이러한 사회적 배경 속에서 청
년 세대는 기성세대에 비하여 서구적 가치와 문화를 보다 민감하게 수용하
였고, 그 결과 기성세대와의 의식적 차이가 청년 대중음악의 가사 속에 일
정 부분 반영된 것이라고 볼 수 있다.

이외에도 이 시기 주류 청년 대중음악에서는 청년 세대만이 공유할 수
있는 일상 문화나 수용자의 특성이 보다 분명하게 나타나는 특징을 보이고
있다.

[예 22] 연애편지

구름에 달빛 가린 캄캄한 밤에 남몰래 사연을 적네
어느별 하늘아래 마음씨 고운 그대를 그려본다네
별빛 속에 가물거리며 그대 모습 떠오르는데
사랑한단 단 한마디가 편지에 홀로 앉았네 어떻게 내마음 전할까
나만이 간직한 사랑을 띄워보네

[예 23] 일급비밀

눈을 감아도 소용없어 귀를 막아도 소용없어 지금 그녀가 내 앞에서
무슨 말을 해줄 것만 같은데 슬픈 눈길을 떠올리며 낯선 거리를 걸어봐도
그대 맘을 잘 모르겠어 나를 자꾸 외면하면 어떡해
그대 진정하는 사람은 누구 나즈막히 속삭이는 사람은 누구
우리 중에 좋아하는 사람은 누구 어떻게든 알고 싶어

모르는게 너무 몰라 일급비밀을 알고 싶어 나는 모든 게 탄로 났고
그대 비밀이 너무 많아 일급비밀을 알고 싶어 그대 누굴 사랑하고 있는지

[예 24] 별걸 다 기억하는 남자

…… 어릴적 동화 보물섬 해적 선장 애꾸는 잭은
안대가 오른쪽인지 왼쪽인지 만화주인공 영심이를 좋아하는 남학생이
안경을 썼는지 안 썼는지 고기집에서 쌈을 먹을 때 쌈장을 바르고
고기 얹는지 아니면 고기부터 얹고 쌈장을 바르는지 기억할 수 있을까
나도 모르는 날 일깨워 주듯이 볼 때마다 새로움을 주는 사람이면
그 어떤 능력보다 소중하지요 별걸 다 기억하는 남자 ……

[예 22]와 [예 23]에서 묘사되고 있는 사랑의 감정 표현과 상황은 성숙한 성인들의 정서보다는 청소년층의 일상과 의식에 가깝다고 생각된다. 좋아하는 상대에게 연애편지를 어떻게 쓸까 고민하는 모습이나 '우리 중에 좋아하는'이라는 구절에서는 학교 안에서 좋아하는 상대를 놓고 또래들 간에 은연중에 서로 경쟁을 하는 10대들의 행동과 문화가 연상된다.

이러한 변화는 이전 시기의 포크음악과 비교해 볼 때 청년 대중음악문화의 새로운 변화를 시사해준다. 1970년대의 포크음악의 가사는 좀 더 지적이고 세련된 형태를 띠고 있었는데, 이는 그 음악의 중심 주체가 대학생이었기 때문이었다. 가사의 표현방식에서의 이러한 차이는 이 시기의 청년대중음악문화에 있어 10대 청소년들이 새로운 중심 세력으로 부상하고 있음을 보여주는 것이다. 바로 그러한 변화가 그들의 일상적 문화와 의식 수준을 반영하는 노래들을 출현시키는 배경으로 작용하고 있다.

전반적으로 볼 때 주류 청년 대중음악에서는 기성세대에 관한 반발이나 부정적 언급이 거의 묘사되고 있지는 않다. 그러나 주류 대중음악에서 청년 세대는 자신들만이 공통적으로 알 수 있는 일상적 문화를 표현함으로써 자연스럽게 청년 세대의 공유 코드를 형성하고 있으며, 이를 기반으로 기성세대와의 차이를 드러내며 구분하고 있다.

[예 24]에서 보면 '만화 주인공 영심이'와 '해적 선장 애꾸눈 잭'이 상대를 평가하고 가늠하는 척도로 등장하고 있는데, 이것들은 모두 청년 세대가 자신들의 성장 과정에서 공유했던 텍스트들이다. 즉, 그들이 공통으로 경험한 문화를 나타내는 것이다. 이러한 내용은 이 시기의 주류 청년 대중음악이 기성세대와는 구분되는 청년 세대의 정체성을 드러내는 역할을 하고 있음을 보여주고 있는 것이며, 또한 이 시기에 들어와서 청년 세대와 기성세대 간의 음악적 분리가 좀 더 분명하게 이루어지고 있음을 시사한다.

이것은 비주류음악에서도 마찬가지로 적용할 수 있는데, 비주류음악에서도 청년 세대의 세대 의식이 나타나고 있으며, 다만 그 내용과 표현방식에 있어서 주류음악에 비하여 좀 더 직접적으로 표출되고 있다.

[예 25] 고교백서

똑같은 시간 똑같은 거리 똑같은 얼굴을 마주치며 나는
무거운 가방을 어깨에 메고 눈감고도 갈 수 있는 이길을 가
다가올 그날에 자유를 기다리며 피곤을 마다않고
걸어가는 내게 다른 것은 오직 늘어가는 책과 날씨뿐
피곤한 하루 짜증나는 오후 무료함이 몸을 감싸도 나는
외로운 전사로 아침마다 거듭나며 새로운 마음으로 내 길을 가
지나치면 모두 순간인 것을 왜 그렇게 지루하고 힘들었을까
어쨌거나 내게 필요한 건 바로 약간의 잠과 음악뿐
세월이 가면 나도 어른 되어 하고 싶은 일을 해야지
생각으론 뭐든 할 수 있어 안타까움마저 없을걸
대학가면 뭐가 달라지나 사는 것은 모두 똑같애
내세울 수 있는 것은 우리 젊다는 것 하나뿐이야

[예 26] 크게 라디오를 켜고

피곤이 몰아치는 기나긴 오후지나 집으로 달려가는 마음은 어떠한가
지하철 기다리며 들리는 음악은 지루한 하루건너 내일을 생각하네

대문을 활짝 열고 노래를 불러보니 어느새 피곤마저 사라져 버렸네
크게 라디오를 켜고 함께 따라해요 크게 라디오를 켜고 함께 노래해요

[예 25]에서는 고교생의 관점에서 현재의 학교생활과 현실에 대한 불만 족스러운 느낌들을 비교적 직접적으로 표출하고 있다. '무거운 가방'과 '늘 어만 가는 책'은 피곤한 일상의 원인이 되며, 현재는 자유가 없는 그래서 하고 싶은 일을 하지 못하는 상황이라는 의식을 분명히 내보이고 있다. 그 러한 상황 인식은 '대학가면 뭐가 달라지나'라는 구절에서 드러나듯이 대학 진학을 위하여 현재의 자유를 유예시켜야 하는 학교 제도에 대한 다소 부 정적인 언급으로까지 연결되고 있다. 그러나 기성세대가 만들어 놓은 현실 인 학교 제도와 현재의 상황이 불만족스럽고 또 여기에 저항할 수는 없지 만, 그래도 '내세울 수 있는 것이 젊음'이라는 긍정적인 자기 인식과 낙관 적 기대를 보여주고 있다.

그리고 [예 26]의 내용은 일상의 지겨움과 피곤을 음악의 청취라는 행위를 통해서 풀어버릴 것을 권고하고 있다. 음악의 청취는 청년 세대의 일상 문화 이기도 하다. 버스, 지하철 등에서 이어폰을 귀에 끼고 자신만의 음악 세계에 빠져 있는 모습이라든지, 자기의 방에서 시끄럽게 음악을 틀어놓고 듣는 모습 은 이 시기 청년 세대들에게는 일상적이자 매우 낯익은 풍경이다. 볼륨을 한 껏 높여서 음악을 듣고 부르는 행위는 청년 세대가 일상의 스트레스를 푸는 주요 수단이며 특히 청소년의 경우 부모에 대한 무언의 불만을 표출하는 통 로로 이용된다. 이처럼 위의 노래들은 청소년층을 포함하는 청년 세대가 경험 하는 현실의 상황과 이것에서 비롯되는 그들의 의식이 반영되어 있다.

또한 비주류음악은 주류음악보다 자의식의 표출이 보다 두드러지게 나 타난다.

[예 27] 그것만이 내 세상

세상을 너무나 모른다고 나보고 그대는 얘기하지
조금은 걱정된 눈빛으로 조금은 미안한 웃음으로

그래 아마 난 세상을 모르나봐 혼자 이렇게 먼길을 떠났나봐
하지만 후회 없지 울며 웃던 모든 꿈 그것만이 내 세상
하지만 후회 없어 찾아 헤맨 모든 꿈 그것만이 내 세상
그것만이 내 세상

[예 28] 내 마음속의 여행

저마다의 그 삶 속에는 회상의 시간들이 있겠지
나는 지금 어디 있는가 또 어디로 가고 있는가
인생이란 숱한 의문의 미로 수많은 혼란 속에 나만의 여행을 떠나보자
좁게 뻗은 길 양옆에는 부시게 화사한 잎새들
바쁘게 거릴 걷는 사람들 그들의 누울 곳은 어딜까
감당하기조차 어려운 삶의 무게 숱한 질문 진정한 나의 삶은 무얼까

[예 27]에서는 주위의 기대나 바램과는 상관없이 자신이 꿈꾸는 것이
진정한 자신의 세상이라고 인식하고 있으며, [예 28]에서는 자신의 현재의
삶에 대하여 반추하고 있는 모습을 보여주고 있다. 위의 노래들에서는 현
재의 세상과는 다른 세상을 다른 사람들이 인정하지 않더라도 후회 없이
꿈꾸고 추구하겠다는 적극적인 의지가 담겨져 있는 한편, 자신의 삶에 대
한 진지한 의문을 던지고 있는 것이다. 이처럼 이 시기 비주류음악에서는
기성세대의 세계에 대한 의구심이나 자기자신에 대한 의식적 성찰을 담고
있으며, 청년 세대의 고민과 현실 인식을 담아내는 매개체가 되고 있음을
알 수 있다.

3. 1990년대 초반 이후~현재

1990년대 초반 이후 청년 대중음악은 기성세대와 완전히 단절되어 청년
세대의 의식적 특성을 전적으로 반영하고 있는 것으로 나타나고 있는데,

무엇보다도 신세대의 의식과 일상 문화가 가사의 내용과 전개 방식에서 드러나고 있다.

[예 29] 갈등

너를 이해할 수가 없어 오늘도 난 당했어 너에게 삐삐가 오면
언제나 다 남자뿐 화가나 얘길했지 도대체 난 뭐냐고 너는 정말 깨는구나
방금 시작한 나의 그녀는 너무너무 귀여워 특별히 이쁜데는 없이
그저 평범하지만 그러나 어디서 그렇게도 많은 남잘 아는지
너만을 사랑했다간 내 마음 다 타버릴거야 어쩔땐 니 친구가 너보다
훨씬 이뻐 보여 도대체 나의 사랑은 누구가 될건지 좋아할까 너를 아니
쟤를 내겐 너무 어려워 순수함에 가득 차 있는 니 친구가 더 어울릴 듯 해

[예 30] 내 남자 친구에게

이것봐 나를 한 번 쳐다봐 나 지금 이쁘다고 말해봐 솔직히 너를 반하게
할 생각에 난생 처음 치마도 입었어 날 봐 언제나 너의 눈 속에 아직은 어린
내모습 사랑한다 말하기엔 어색한 건 사실야 하지만 나 너의 마음속에서 어
느샌가 숙녀가 되어 버린걸 내 사랑 이제 눈뜬 거야 call me call me give a
call 내 모든 걸 원한다면 너에게 줄께 …… 지금 이대로 너의 품속에 나를
데려가줘 난 니꺼야

[예 31] 사이버 러버

그녀의 말투에 나는 빠졌어 그랬어 지난 사랑 얘기에 나도 모를 질투 오
늘 아침 니가 보내온 향기 가득한 메일이 나의 하루를 행복하게 만들어 주
겠지 어떤 모습 어떤 눈빛일까 너무 보고 싶지만 왠지 난 이대로가 그냥 좋
은 걸 속상했던 일이 생겨도 또 마음이 서글퍼질 때도 너와의 얘기 속에 어
느샌가 사라져 왜 내 마음이 설렐까 한 번도 만나지 않았는데 어떻게 내게
이런 느낌 생길수가 있을까 널 사랑하는지 몰라 …… 니가 너무 보고 싶어
너에게 어울리는 선물도 하고 싶어 비록 얼굴도 이름도 모르지만 니 속에 모

든 걸 알고 싶어 넘보면 실망하고 허무하고 슬퍼질지도 I don't know 하지만 넌 이미 이 세상 최고의 나만의 Cyber lover

[예 32] 하늘땅 별땅

니가 마른 여잘 좋아한다 해서 힘든 다이어트 참아왔는데 니가 긴 생머리를 좋아한다고 해서 여태껏 길러왔는데 니가 남자 많은 여잔 싫다 해서 누가 말붙여도 외면했는데 니가 잘 노는 여잔 싫어한다고 해서 그 좋은 나이트도 안가 헌데 그러면 뭘 해 아무 소용없잖아 그러는 동안 니게 애인이 생겨버린 걸 난 울고 있지만 이대로 너를 단념할 수가 없어 ……

위의 노래들에서는 이전 시기와 비교하여 볼 때 가사의 표현방식에서 신세대라 지칭되는 청년 세대의 어투와 용어가 그대로 드러난다. 상대에 대한 '니'라는 지칭이나 '이쁘다'라는 표현은 표준 어법에서 벗어났지만 젊은 세대에게서는 일상적으로 사용되는 말들이다. 또한 [예 29]의 '깨는구나'라는 단어도 '황당하다', '좀 웃긴다', '이상하다'와 같은 의미를 지닌 일종의 은어로 기성세대에게는 매우 낯선 말이다.

또 가사에서 청년 세대의 일상적 어투는 줄임말의 형태로 전개되는 경우가 빈번하게 나타난다. [예 29]의 '쟤', '어쩔땐'이나 [예 32]의 '여잔', '여잘' 등과 같은 표현이 전형적인 예이다. 그리고 이 시기의 청년 대중음악 가사는 표현방식뿐만 아니라 그 내용에서도 기성세대의 문화와는 변별되는 특성들을 담고 있다. 즉, 이들이 공유하고 있는 일상 문화가 가사 내용의 배경을 이루고 있는 것이다. 위의 노래들에서 보면 90년대 후반까지 청소년들의 일상 용품이었던 '삐삐'와 그 이후 확산되었던 전자우편이 등장한다. 이것들은 모두 90년대 신세대들의 중요한 의사소통 수단이자 문화이다. 삐삐(최근에는 핸드폰), 인터넷 채팅, 전자 우편으로 사람을 만나고 관계를 형성하며, 여가를 '나이트'에서 보내는 이들의 일상 문화가 대중음악의 가사에 고스란히 담겨 있다.

주류 음악의 경우 사랑에 관한 내용이 압도적으로 많은데, 그 내용에서도 새로운 청년 세대의 사랑의 방식이나 의식들을 유추해 볼 수 있다. 먼저, 이전 시기에 비하여 이 시기의 주류음악에서는 성에 대하여 더욱 노골적이고 직접적인 묘사가 나타나고 있다. 상대에 대한 성적 욕망을 숨김없이 표출하는 가사는 신세대의 개방적인 성의식과 성문화를 반영하는 것으로 생각해볼 수 있다.

[예 33] 미녀와 야수

오늘밤 너와 난 단둘이서 party party 행복을 예감하는 행복한 party 사랑을 느끼면서 party party 아침이 올 때까지 너를 처음 봤을 때 섹시함에 난 쓰러졌지 너무나도 눈부신 너의 모습 괜찮은 모습 아 예 내 모든 걸 너에게 주고 싶어 남자들은 여자의 섹시함을 알아야 한다 오늘밤엔 너와 단둘이 파티를 하고 싶어 어면 방해도 받고 싶지는 않아 난 널 느끼고 싶어 널 갖고 싶어 너만 OK 해준다면 이성은 행위 앞에 노예 관념은 이유 없는 참견 금지된 사랑이라 해도 난 너를 놓칠 수가 없어 ……

[예 34] 성인식

그대여 뭘 망설이나요 그대 원하고 있죠 눈앞에 있는 날 알아요 그대 뭘 원하는지 뭘 기다리는지 그대여 이리와요 나도 언제까지 그대가 생각하는 소녀가 아니에요 이제 나 여자로 태어났죠 기다려준 그대가 고마울 뿐이죠 나 이제 그대 입맞춤에 여자가 되요 난 이제 더 이상 소녀가 아니에요 그대 더 이상 망설이지 말아요 그대가 기다렸던 만큼 나도 오늘을 기다렸어요 장미 스무송일 내게 줘요 그대 사랑을 느낄 수 있게 그댈 기다리며 나 이제 눈을 감아요

[예 33]은 남성의 시각에서 성적 쾌락을 바라는 내용이며, [예 34]는 스무 살을 맞이하는 여성의 시각에서 역시 성적 관계에 대한 기대를 묘사하고 있다. 이성과 관념은 육체적 쾌락과 배치되는 것으로서 이를 위해서는 버려야 할 것이라는 선언적 묘사는 '이성적'이고 '관념적'인 사랑을 지향했

던 1970년대의 포크음악과는 너무나 대조적이다. 이처럼 이 시기 주류음악에서는 청년 세대의 개방적이고 쾌락 지향적인 성 의식을 보여주고 있다.

그러나 사랑의 방식이나 남녀관계에 있어서 주류음악은 모순적인 시각을 드러내고 있다. 즉, 한편으로는 매우 적극적이고 개방적인 의식이 표출되기도 하지만 또 다른 한편에서는 여전히 전통적인 관계가 지배적으로 나타나고 있다는 것이다.

[예 35] 이브의 경고

오늘도 난 너를 피해 딴 생각을 하지만 난 알고 있어 나의 예감은 한 번도 틀린 적이 없어 걱정스런 맘 이런 내 마음 알고 있다면 나에게 더 이상 실수 하지마 내게도 너 아닌 멋진 남자가 가끔 날 유혹해 흔들릴 때도 있어 너에게만 있는 능력처럼 그렇게 날 속이려 한다면 나에게는 더 이상 순애보는 없어 난 널 그냥 떠나버릴 꺼야

[예 36] 이해할게

…… 우리 지난 날 잊는다 해도 이제는 너의 곁에서 돌봐 줄 수 가 없잖아 걱정이 되도 이젠 부모님에게 소개하고픈 사람 있는지 슬퍼도 이해해줄게 ……

[예 37] 마지막 사랑

…… 나는 아무 욕심 없어요 오직 사랑하는 그대 품에 안겨 살수 있다면 그 뿐이에요 세상이 허락하는 날까지 기다릴 거에요 내게 돌아올 그대를 믿어요

[예 35]에서는 여성의 자기주장이 비교적 강하게 드러나고 있다. 주로 수동적 기다림과 희생, 인내가 여성에게 요구되는 전통적인 남녀 관계에서 벗어나 '순애보'를 거부하고 '떠나 버리겠다'는 당당함이 나타난다.

하지만 그럼에도 불구하고 이 시기 주류음악에서는 고전적인 남녀 관계와 사랑 방식이 계속 재현된다. 특히 발라드에서는 여전히 헌신적이고, 희생적인 사랑을 강조하고 있지만, 그 사랑의 형태가 전통적인 남녀의 성역할 및 관계의 틀 안에서 전개되고 있는 경우가 많이 나타난다. 즉, 남성은 사랑에 있어서 능동적이고 보호자의 역할을, 여성은 수동적이고 보호 받는 대상으로 설정되어 있는 것이다. 위에서 예시한 노래 외에도 많은 발라드에서는 노래화자인 남성이 여성을 향해 '지켜준다'라는 말이 등장한다.

위의 [예 36]과 [예 37]에서는 그러한 전형적인 남녀 관계가 잘 나타나고 있으며, [예 30]과 [예 32]에서도 그러한 일면을 엿볼 수 있다. 이 노래들을 보면 여성의 성적 욕망을 직접 표출하고 있기는 하지만 지극히 수동적인 태도를 견지하고 있으며([예 30]), 상대 남성의 취향에 자신의 외모와 생활을 모두 맞추는 모습을 보여주고 있다([예 32]). 또한 [예 33]에서는 사랑의 대상인 여성을 쟁취나 획득의 대상으로서 바라보고 있음이 여실히 나타나고 있다.

이러한 예들은 과연 신세대라 불리우는 청년 세대의 의식과 행동이 기성세대의 그것과 전적으로 다르다고 말할 수 있는지 의구심을 느끼게 한다. 실제 이 노래들은 표현방식만 다를 뿐, 기성세대의 트로트 음악에서 묘사되고 있는 남녀의 이미지와 별반 다르지 않다. 이러한 모순적인 의식은 두 가지 차원에서 이해할 수 있다고 생각된다. 첫째는 신세대의 의식이 기성세대의 의식과 항상 대립되는 것이 아니라 공유하고 있는 부분 또한 존재하고 있다는 것이다. 즉, 한국사회의 지배문화와 가치들이 세대를 이어 계승되고 있으며 결과적으로 공통의 가치 체계와 의식을 이루고 있다.

둘째는 주류음악이 한국사회의 세대 의식으로서 재생산하는 측면이다. 이는 주류음악이 한 사회의 지배적 가치를 더욱 공고히 하는 이데올로기로서 기능하고 있다고 볼 수 있다. 이전과는 다른 변화된 의식 세계가 표출되고 있음에도 불구하고, 많은 노래 가사들은 청년 세대를 기존의 관행과 관계로 계속 묶어 두는 역할을 하고 있는 것이다.

한편, 이 시기의 주류 청년 대중음악에서 특징적인 것은 내용상 사랑에 관한 것이 압도적으로 많음에도 불구하고 기성세대에 대한 비판적인 시각을 보다 직접적으로 담은 노래 또한 등장하고 있다.

[예 38] DOC와 춤을

젓가락질 잘해야만 밥을 먹나요 잘못해도 서툴러도 밥 잘먹어요 그러나 주위 사람 내가 밥을 때 한마디씩 하죠 너 밥상에 불만 있냐 옆집 아저씨와 밥을 먹었지 그 아저씨 내 젓가락질 보고 뭐라 그래 하지만 난 이게 좋아 편해 밥만 잘 먹지 나는 나예요 상관 말아요 요요 청바지 입고서 회사에 가도 깔끔하기만 하면 괜찮을 텐데 여름 교복이 반바지라면 깔끔하고 시원해 괜찮을 텐데 사람들 눈 의식하지 말아요 즐기면서 살아갈 수 있어요 내 개성에 사는 이 세상이에요 자신을 만들어봐요 ……

[예 39] 교실이데아

됐어 됐어 이제 그런 가르침은 됐어 그걸로 족해 족해 족해 매일 아침 일곱 시 삼십분까지 우릴 조그만 교실로 몰아넣고 전국 구백만의 아이들의 머리속에 전부 똑같은 걸 집어넣고 있어 막힌 꽉 막힌 사방이 막힌 널 그리곤 덥썩 모두를 먹어 삼킨 이 시커먼 교실에서만 내 젊음을 보내기는 너무 아까워 좀 더 비싼 너로 만들어주겠어 네 옆에 앉아있는 그 애보다 더 하나씩 머리를 밟고 올라서도록 해 좀 더 잘난 네가 될 수가 있어 왜 바꾸진 않고 마음을 조이며 젊은 날을 헤맬까 바꾸진 않고 남이 바꾸길 바라고만 있을까 …… 국민학교에서 중학교로 들어가며 고등학교 지나 우릴 포장센타로 넘겨 겉보기 좋은 날 만들기 위해 우릴 대학이란 포장지로 멋지게 싸버리지 이젠 생각해봐 대학 본 얼굴은 가린 채 근엄한 척 할 시대가 지나버린 건 좀 더 솔직해봐 넌 알 수 있어

[예 40] We are the Future

이제는 모든 소리를 바꿔 버릴 거야 내가 이제 주인이 된 거야 어른들의 세상은 이미 갔다 낡아 빠진 것 말도 안 되는 소린 집어치워 the future is mine 1 and 2 and 3 and 4 and go! 아직까진 우린 어른들의 그늘 아래 있어 자유롭지 않은데 이런저런 간섭들로 하루 지새우니 피곤할 수밖에 언제까지 우릴 자신들의 틀에 맞춰야 직성이 풀리는지 하루 이틀 날이 갈수록 우린 지쳐 쓰러질 것 같아 난 내 세상은 내가 스스로 만들 거야 똑같은 삶을 강요하지마 내 안에서 꿈틀대는 새로운 세계 난 키워가겠어 집어쳐 난 지금부터 내 인생의 주인은 나라 말하겠어 또 믿겠어 잘해 나갈거라 나는 믿겠어 hey hey 이제 다시 내 인생에 참견하지 말아줘요 I don't need you I don't wan-na help you we want it …… 난 내 세상은 내가 스스로 만들 거야 똑같은 삶을 강요하지마 내안에서 꿈틀대는 새로운 세계 난 키워 가겠어

비중으로는 기성세대에 대한 부정적이고 비판적인 내용이 매우 적지만, 그 내용의 수위를 놓고 볼 때, 다른 어느 시기보다도 매우 직접적이면서도 부정적인 시각이 깔려 있음을 보여주고 있다. 위의 노래들에서 보면 노래 화자는 모두 청소년층에 해당하는 학생이며, 비판의 대상은 '옆집 아저씨'와 부모로 대변되는 기성세대이다. 여기서 기성세대는 청소년인 '우리'의 삶을 강요하는 억압과 간섭의 존재일 뿐이다. [예 38]에서는 '젓가락질'과 같은 사사로운 일상적 상황에서 벌어지는 세대 간의 갈등 상황을 묘사하고 있으며, [예 39]와 [예 40]에서는 교육 및 인생행로와 같은 좀 더 거시적인 부분에서의 갈등을 담고 있다. 기성세대가 만들어 놓은 틀 안에서 '젊음'을 소진시키고 지쳐 쓰러져 간다는 자기 인식은 기성세대에 대한 감정적 반발과 거부로까지 이어지고 있다.

기성세대의 세계는 이들의 눈에서 볼 때 '낡아 빠지고', '말도 안 되는' 것이며, 체면과 위선으로 가린 거짓의 세계이다. 이처럼 기성세대의 세상에 대하여 전혀 신뢰하지 않고 거부를 하며, '내 개성에 사는' 세상과 '내 안에서 꿈틀대는 새로운 세계'를 만들어 가겠다는 발화는 이 시기 청년 세대의 세대 의식을 분명하게 드러내고 있는 것이다. 다시 말하면, 대중음악의 가사를 통해서 기성세대인 그들과는 다르다는 것, 다른 모습으로 살아가고 또 살아가고 싶은 존재라는 분명한 세대 정체성을 형성하고 있는 것이다.

이러한 변화는 표면적, 잠재적 세대 갈등과 괴리가 더욱 심화되었음을 의미한다. 세대 갈등의 양상이 일상 문화와 의식적 차원에서 폭넓게 벌어지고 있는 것이다. 동시대를 살아가고 있음에도 불구하고 각 세대 간에는 그 세대가 성장해온 사회적 환경에 따라 서로 다른 생활 유형, 의식, 문화, 가치관 등을 형성하게 되고, 이것은 일상생활과 의식의 측면에서 세대 간의 대립과 충돌을 가져오게 된다. 세대 갈등과 괴리가 심화되었다는 것은 각 세대의 생활과 의식을 규정하는 사회적 환경에 있어 이질성이 더욱 커졌다고 말할 수 있다. 또한 이것은 한국사회의 변화가 그만큼 크고 급격하게 이루어져 왔음을 반증하는 것이다.

1990년대 이후 신세대의 세대 경험은 경제적 풍요, 문화적 범지구화와 정보화, 대중 소비문화의 발달, 정치적 안정, 억압과 자율이 교차하는 교육 풍토 등의 변화를 배경으로 한다(박재홍, 1996: 32). 이러한 사회적, 문화적, 이데올로기적 변화는 신세대의 삶의 형태와 관계들을 기성세대와 다르게 형성하는 기반이 된 것이다.

주류 음악에서 나타나는 세대 정체성, 특히 기성세대에 대한 반발은 주로 교육 현장, 양육 방식을 둘러싼 부모와의 갈등에 초점이 맞추어져 있다. 즉, 이 시기 주류 청년 대중음악의 실질적인 중심 집단인 중·고등학생들의 시각을 반영하고 있는 것이다.

이러한 세대 의식은 주류음악뿐만 아니라 비주류음악과 언더그라운드음악에서 더욱 선명하게 드러난다. 특히 이 영역들에서는 기성세대에 대한 막연한 정서적 반발보다는 비판 또는 조롱의 대상이 보다 분명하게 설정되어 있다는 특징이 있다.

[예 41] 포효하는 표범들처럼

포효하는 표범들처럼 사냥하는 사자들처럼 독살맞게 너희들에게 덤벼 작은 눈에 가시 같은 우리들의 행동들 난 널 도울 수가 없어 힘들어하는 모습 니가 그런 일에 쩔쩔매는 너를 보면 역겨워 돌아가는 지구를 따라 같이 도는 씨빠빠들에게 비열하게 아부를 떠는 너를 보면 역겨워 내 심장을 찔러 피를 빨아도 먹어봐라 니가 원하는 것이 나와 춤을 추며 기다리나 노력 없는 싸움에 기대를 거는 너 빙글빙글 돌아라 물레방아야 돈으로 밥말아 먹고 권력으로 힘자랑하는 닭대가리 같은 인간들에게 저항하라 또 이겨내라 또 힘없이 살아가는 없는 자들에 멋진 모습 힘 합쳐 보여주고 느끼게 하라

[예 42] City of Soul

집을 나서 버스를 타도 버스에서 내려 택시를 타도
어디든 막히는 도시의 대로변과 심지어는 인도까지도
멍청이 같은 놈들이 만들어 놓은 똥차들로 가득 차 있어
진정 인간들이 발 디딜 틈도 없어 그래서 그렇게 해서 너희들은
얼마나 많은 돈을 벌었니 왜 그렇게 이기적인 거야
이젠 돌이킬 수 없어 이렇게 될 줄 몰랐다는 말은 하지마
너무나도 당연한 자연의 섭리를 거스르지마
감당할 수 없는 재앙 피눈물이 흐르네(3절)

또 그리고 또 반복되는 우리의 삶 조금씩 바꿔봐야 하는
사회에 박혀있는 상식 서로 서로 잘 낫다고 빼기는 몰상식한 지식
더 이상 비참해질 수 없는 삶의 터 그러나 이곳은 my home, hate
it or appreciate it so I go on 질식할 정도로 오염되어있는
이기적인 사회 너나 나나 할 필요 없이 가끔가다 TV에 비춰지는
양심 냉장고 때문에 착한 척 하며 도전하는 정신 썩어도 얼마나 썩었나
미디어가 말해주고 있어 보이고 싶지 않아도 보이는 한심한 도시의 모습
한숨쉬며 거리를 걸어가는 차가운 도시 거짓을 진실로 만들어 버리는
허무했던 시간들은 더 이상 보내고 싶지 않아(4절)

[예 43] 세 번째 예언

(기계) 우리가 만든 컴퓨터가 (지배) 우릴 지배 한다 지금
(노예) 우리모습을 봐라 컴퓨터 없인 단 하루도 살 수 없다

모두가 똑같은 모습 시계추처럼 왔다갔다하는 그런 세상
…… 사이보그 같은 모습이 될 수 없는 우리 진정 원한 것은 자유
…… 역사는 돌고 돌아 구석기 신석기 시대를 정말 무섭게
발전에 발전을 거듭해 왔었던 이 시대에는 인간이 기계에 천대
받으며 펼쳐나가는 21세기 …… 모습을 드러내는 3번째 예언
…… 가치의 척도를 잃어버린 인간의 무한한 욕망이 만들어내는
편리만을 쫓는 문화 속엔 벌써 퍼져 번질 때로 번져버린
은빛색깔의 피가 생활의 필수 조건 신의 존재를 상실한 인류의
과거 속에서 묻혀있던 신에 도전 했던 자연의 이치를 거슬러
올라갔던 공든 바벨탑의 재현 (기계 지배)에서 인간아 (기계 지배) 에서
벗어나 (기계 지배)에서 일어나 기계에 노예가 될 수 없다

[예 44] 철문을 열어

굳게 닫힌 철문을 열고 내 남편 내 아들이 나오기를
기다리고 또 기다려도 나오는 건 썩어빠진 권력자들 뿐
듣기 좋은 거짓말들을 이제는 더 이상 참을 수 없어
철문을 열어 철문을 열어 그들에게 자유를 줘
철문을 열어 철문을 열어 그들의 삶을 되돌려 줘 ……

여기에서 제시한 노래들을 포함하여 비주류와 언더그라운드음악에서는
기성세대 전부를 지칭하기보다는 정치인, 국회위원, 돈 있는 자, 지식인 등
한국사회에서 권력을 쥐고 있는 사람들을 향해 있는 경우가 많다. 또한 비
판적 인식의 대상과 폭이 인간미를 상실한 과학 기술 사회, 미디어 지배,
이기적이고 경쟁적인 도시의 삶 등과 같이 보다 확대되어 있음을 보여주고
있다.

이는 주류음악과 달리 비주류와 언더그라운드음악의 중심층이 청소년이
아닌 고연령의 청년 세대인 것과 연관된다고 말할 수 있다. 언더그라운드
음악의 창작 주체의 상당수가 대학생이라는 점이 주류음악과는 다른 현실
인식의 수준과 관심사를 드러내는 것과 무관하지 않다고 생각된다.

다른 한편, 비주류와 언더그라운드의 음악의 가사에서도 청년세대만의 독특한 어휘와 표현방식이 나타나고 있다. '니'와 같은 호칭이나 줄임말이 빈번하게 사용되며, 특히 특정 신체 부위와 연관된 은어 및 속어와 욕설 등이 일상적 어휘와 같이 사용되고 있다. 물론 이와 같은 표현방식은 조롱과 풍자의 대상에 대한 보다 강도 높은 효과를 위하여 의도적으로 사용되고 있다고 보이지만, 여기에서도 청년 세대의 주위를 의식하지 않는 거침 없는 태도나 의식이 담겨 있다고 볼 수 있다.

다음으로 이 시기 언더그라운드음악에서는 젊음에 대한 긍정적이고 자신감 넘치는 묘사와 자신들의 음악에 대한 긍정적 의미 부여를 통하여 주류음악에 대한 우월함을 표출하고 있는 노래 또한 많이 나타나고 있다.

[예 45] 청춘을 불꽃이어라

너를 둘러싼 그 모든 굴레를 걷어치우고 들풀처럼 일어서라
주어진 시간이 그리 많지 않노라 청춘은 불꽃이어라
칠흙 같은 어둠 속을 허우적대며 무엇을 찾기 위해 발버둥치는가
후회란건 정말 쓸모없는 것 되찾을 수 있는 건 하나도 없지
젊은 영혼에 불을 당겨라 청춘은 불꽃이어라
모진 풍파에 몸을 맡겨라 청춘을 불꽃이어라
짓뭉려진 대지를 보라 과연 무얼 위한 세상인가
불꽃은 어둠을 집어삼킨다 청춘을 불꽃이어라

[예 46] 우리들의 일그러진 스타

언제부터인가 누구부터인가 춤으로 가수가 될 수가 있단
생각을 하게 됐나 하나마나 보나마나 반짝 하고 사라지는 것들뿐
닭대가리에 똥만 꽉 찬 것들뿐 ……
도대체들 왜 그렇게 지랄해 쟤나 걔나 쇼나 누구나 힙합이라 지랄들야
랩좀 한다면서 영어로 꿍시렁 이젠 정말 싫어 그런 실없는 짓거리는
더는 싫어 허나 그러나 재대로 하면 누가 뭐래 판따라 새끼들

딴나라 가서 놀으라고 해 ……
모두가 힙합바지 입고 귀여운 척 설쳐대고 나도 하고 너도 하고
모두 두리둥실 춤을 추고 너도 속고 나도 속고 서로서로 속고 속이고
나중에는 결국에는 모두 병신되고 힙합 히어로 힙합전사 지랄하네……

[예 47] UZI

…… 성의 없는 랩에 깔려진 구린 너의 반주
들어줄 수 없는 네놈의 랩에 네놈은 안주
지네끼리 자화자찬 그때부터 벌어진 격차
CB-MASS가 말하는 바로 그것
　'실력의 격 차차'

[예 48] 초반 러쉬

힙합한다고 랩을 한다고 꼴깝떠는 너희들 ……
매일 하는 얘길 오늘도 반복하거라 또 너만이 최고라고 쫑알대거라
자기만이 최고라니 오라버니 아직까지 너 정신을 못차리고 헤매고 있니
자만하지마 갖지마 실력 없는 자만이 가질 수 있는 자만이란 것을 안 난
얼굴 반반한 놈들 모두 가수한단 소릴 너무 간단하게 말하는 그게 바로
자만이니 자만은 갖다 버려야하지 맘에 문을 열어라 그때서야
세상이 제대로 보이는데 ……

　[예 45]는 청춘을 어두운 세상에 대적할 수 있는 '불꽃'으로 비유하면서 젊음에 대한 긍정적 의미 부여를 하고 있으며, [예 46]~[예 48]까지는 언더그라운드 힙합 그룹의 노래들로서 주류음악, 특히 힙합을 표방하는 랩댄스음악에 대한 적대감과 거부감을 노골적으로 표출하고 있다. 주류음악의 가수와 주류음악 시스템에 대한 비판을 통하여 자신들의 음악이 '진짜'임을 주장하고 있는 것이다.
　[예 45]에서는 왜곡된 세상을 젊음의 힘으로 헤쳐 나갈 수 있다는 믿음

을 자각하고 있음으로 해서 스스로를 젊은이로서 규정하고 있음을 보여주고 있다. 이는 언더그라운드음악 역시 기성세대와의 차이를 드러내고 구분짓는 청년 세대의 정체성을 표출하는 매개체가 되고 있음을 보여주는 것이다.

그리고 이 시기의 언더그라운드음악은 개인의 개별적 자각이나 시각에서뿐만 아니라 자신의 음악적 정체성을 집단적으로 규정하고 형성하고 있음을 보여주고 있다.

즉, 기성세대를 비판하고 차이를 나타냄으로써 청년 세대 스스로의 의식적 정체성을 규정하고 형성한다면, 언더그라운드음악이라는 집단적 수준에서도 마찬가지로 주류음악에 비판과 차이를 의도적으로 드러냄으로써 자신의 존재의 정당성을 확보함으로써 결과적으로 주류음악에 대한 헤게모니에 도전하고 있는 것이다.

제3절 가치관의 변화

1. 1970년대~1980년대 초반

앞 절에서 살펴보았듯이 1970년대 포크음악에서는 자연과 동심의 세계를 추구함으로써 기성세대와는 구분되는 밝고 순수한 이미지를 구축하고자 하였으며, 그러한 청년 세대의 의식들이 가사에 담겨 있었다. 스스로를 현실 세계 속의 기성세대와는 다른 모습으로 규정하면서 형성한 상(像)은 당시 청년 세대의 집단 정체성이 상징적으로 표출된 것이라 할 수 있다.

이러한 세대 의식은 청년 세대의 가치관에서도 분명하게 나타난다. 가치관은 자신과 자신을 둘러싸고 있는 세계에 대하여 어떻게 생각하고 평가를 내리고 있는가를 말해주는 것이다. 따라서 가치관은 현실 인식의 기준이자 사회적 행위와 관계에 있어 방향을 제시하는 역할을 한다. 이러한 가치관은 당대의 청년 세대와 기성세대 간에 서로 차이를 보일 수도 있지만, 시대가 바뀜에 따라 청년 세대들 간에도 서로 차이가 있을 수 있다. 그 차이는 서로 상이한 시대를 살아가는 청년 세대들의 특성을 규정하는 사회적 맥락의 변화에서 비롯된다. 가치관의 차이는 단순히 생각의 차이에 머무르지 않는다. 이것의 차이는 일상생활에서의 행위, 인간관계나 취향 및 스타일과 같은 문화적 차이와도 관련된다. 그러므로 기성세대와 청년 세대 간의 가치관의 차이뿐만 아니라 각 시기별 청년 세대 간의 가치관의 변화를 살펴봄으로써 궁극적으로 그러한 변화를 가지고 온 한국사회의 변화와 특성을 유추해 볼 수도 있다.

그러한 맥락에서 볼 때 이 시기 포크음악에서 지배적으로 나타나고 있는 가치들은 두 가지로 집약할 수 있다. 첫째 작고 소박한 것에 대한 추구이다. 순수하고 약하고 소박하고 작은 것에 대한 포크의 긍정적 가치 부여는 뒤집어 보자면 오염되고 강하고 화려하고 큰 것에 대한 부정적 가치 평가와 통한다. 그리고 후자는 이 세상을 지배하고 유지해 온 가치들이며 기성세대의 속성과 가치일 수 있다(이영미, 1998: 208).

[예 49] 들길 따라서

들길 따라서 나 홀로 걷고 싶어 작은 가슴에 고운 꿈 새기며 나는 한 마리 파랑새 되어 저 푸른 하늘로 날아가고파 사랑한 것은 너의 그림자 지금은 사라진 사랑의 그림자 물결 따라서 나 홀로 가고 싶어 **작은 가슴**에 고운 꿈 안으며 나는 한 조각 **작은 배**되어 저 넓은 바다로 노저어 가고파

[예 50] 구름 들꽃 돌 연인

새파란 잔디위에 누워 드높은 하늘을 보면 두둥실 떠가는 구름 한점은 내 **작은 마음**이어라 아무도 찾아오지 않는 산기슭 외딴 그늘에 이름도 없이 피어있는 꽃 내 **작은 기쁨**이어라 솔나무 언덕길을 따라 오솔길 찾아

걸으면 발끝에 채이는 **작은 돌들**은 내 **작은 사랑**이어라
노래하는 어린이처럼 언제나 즐거운 모습 그 마음
항상 내 곁에 있어 내 **작은 행복**이어라

위의 노래들을 보면 '작은 가슴'에 고운 꿈을 실고 '작은 배'가 되어 가고 싶다는 소박한 소망([예 49])과 주위의 자연을 보며 '작은 행복'을 느끼는 감정을 묘사하고 있다([예 50]). 자신을 자연 속에서 작은 존재로서 자각하는 한편 자연과의 동화 속에서 행복을 느낀다는 생각에서 소박함과 탈속적인 가치를 엿볼 수 있다.

둘째 포크음악에서는 비물질적 가치를 추구하고 있다.

[예 51] 욕심 없는 마음

내가 살고 싶은 집은 작은 초가집 내가 먹고 싶은 것은 구운 옥수수
욕심 없는 나의 마음 탓하지 마라 사람들아 사람들아
내가 입고 싶은 옷은 하얀 저고리 내가 갖고 싶은 것은 작은 성경책
욕심 없는 나의 마음 탓하지 마라 사람들아 사람들아

[예 52] 다락방

우리집에서 제일 높은 곳 조그만 다락방 넓고 큰 방도 있지만
난 그곳이 좋아요 높푸른 하늘품에 안겨져 있는 뾰족지붕 나의 다락방
나의 보금자리 달무리진 여름밤 고깔씌운 등불켜고 턱괴고 하늘 보면
......

비물질적 가치는 크고 화려한 가시적인 성과를 중요시하지 않는다는 점에서 작고 소박함의 가치와도 연관된다. 즉, 물질적 소유를 중요시하기보다는 마음의 행복이나 만족감을 더 중요시한다는 것이다. 포크음악에서 나타나는 이러한 가치들은 현세적이 아닌 이상적 가치의 성격을 띤다고 할 수

있다. 외형적이고 물질적인 것들은 속물적인 것으로서 거부하는 것이다.

이처럼 포크음악에서 나타나고 있는 가치들은 청년 세대의 현실 세계에 대한 환멸을 나타내고 있다. 그런데 현실 세계는 기성세대의 가치가 지배적인 세계라는 점에서 현실에 대한 부정적 의식은 기성세대에 대한 환멸이자 불만이라고 해석할 수도 있다. 하지만 포크음악에서 대안적 가치들이 직접적으로 제시되지는 않고 매우 소극적인 형태로 표출되고 있다.

비주류 포크음악에서도 이러한 가치들은 공통적으로 나타난다. 그러나 주류 포크음악과 조금 다른 것은, 포크음악이 원래 노래 화자의 개인적 시선과 생각이 많이 반영되는 개인 중심적인 양식임에도 불구하고 '우리'를 염두에 둔 집단적 가치 또한 내포하고 있다는 것이다. [예 10]은 가사에서 타인들과의 공동 연대와 행위를 분명하게 드러내고 있으며, [예 11]의 경우에는 포크음악의 실제 주체와 노래 화자가 일치하지 않는다. 다시 말하면, 자신이 속해 있지 않은 사회 집단의 시선에서 현상을 바라보고 있다는 것이다. 이는 객관적으로 자신의 위치와 다른 집단의 현실을 생각하는 안목이 존재함을 보여준다. 결국 비주류 포크음악에서 나타나는 공동체 지향이나 탈개인적 가치들은 이후 1980년대의 민중가요 속에서 보다 직접적이고 지배적인 가치로서 발전되는 밑거름으로 작용한다.

다음으로 1970년대 후반에 형성된 캠퍼스 록음악에서 나타나는 가치들을 보면 포크음악과 크게 다르지 않다.

[예 53] 내 단 하나의 소원

내 단 하나의 소원 저녁녘 고요 속 바닷가로 돌아가고파
숲 가까이서 조용히 잠들고 싶어 가없는 바다위엔
맑디맑은 하늘 난 화려한 깃발도 소용없어 훌륭한 집도 소용없어
다만 젊은 나무 가지로 내 잠자릴 엮어다오
내 베개 밑에서 슬퍼할 자는 아무도 없고 마른잎 위를 스쳐가는 바람소리뿐

[예 54] 일곱 색깔 무지개

비가 개면 나타나는 일곱 색깔 무지개
해가 지면 사라지는 일곱 색깔 무지개
하늘나라 다리일까 구름나라 다리일까
모두모두 따라가네 햇님에게 물어보세

[예 55] 하늘색 꿈

아침 햇살에 놀란 아이 눈을 보아요 파란 가을 하늘이
그 눈 속에 있어요 애처로운 듯 푸른 아이들의 눈에선
거짓을 새긴 눈물은 아마 흐르지 않을 꺼야
세상사에 시달려가며 자꾸 흐려지는 내 눈을 보면
이미 지나버린 나의 어린 시절 꿈이 생각나
난 어른이 되어도 하늘빛 고운 눈망울 간직 하리라던
나의 꿈 어린 꿈이 생각나네

위의 노래들을 보면 포크음악과 거의 유사한 가치들이 노래 속에서 표출되고 있음을 알 수 있다. 여기에서도 화려하고 훌륭한 것들을 거부한다던가 조용한 곳으로 돌아가겠다는 의사 표현은 소박함과 비물질적인 것의 지향을 분명히 보여주고 있는 것이다. [예 53]과 [예 54]에서는 그러한 가치들을 자연 속으로 동화되고자 하는 소망을 통하여 표출하고 있으며, [예 55]에서는 아이의 순수함을 현재의 자신의 모습과 대비시키면서 어린 시절의 꿈을 이상적인 가치로서 설정하고 있다.

이처럼 캠퍼스 록음악에서 나타나는 가치들 역시 포크음악과 크게 다르지 않으며, 전반적으로 이 시기 청년 세대는 청년 대중음악을 통하여 불완전하고 극복해야 할 모습들을 갖고 있는 기성세대와는 구분되는 이상적 인간형을 상징적으로 추구하고 있는 것이다. 그러나 가치의 내용면에서 볼 때 상당 부분을 공유하고 있음에도 불구하고 차이가 나타난다. 포크음악이 그러한 가치들을 매우 소극적이면서도 현실 도피적인 태도를 지향하고 있는 반면에, 캠퍼스 록음악은 보다 낙관적이고 적극적인 형태를 취하면서 전개하고 있다([예 13]~[예 15] 참고)는 것이다. 양자의 차이는 음악 장르의 특성의 차이, 즉 록음악이 외향적으로 분출하는 스타일이고 포크음악이 내향적으로 차분히 풀어가는 스타일이라는 차이도 크게 작용을 한다.

2. 1980년대 중반 이후~1990년대 초반

이 시기의 주류음악에서는 거의 사랑과 이별의 정한을 다루는 '발라드'와 '댄스'음악이 주종을 이루고 있다. 이 주제는 대중음악에서 가장 보편적인 내용이기는 하지만, 특히 1980년대 중반부터 사랑과 이별은 보다 개인 사적 사건이면서 불완전한 관계로 묘사된다. 발라드의 애절한 정서와 과잉 감상주의적 색채는 개인들의 사랑에 관한 상황과 감정을 보다 구체적으로 표현하는 가운데에서 더욱 빛을 발한다.

이 시기의 많은 주류음악이 사랑의 기쁨보다는 슬픔과 고통을 묘사하고 있다. 특히 이별 후의 상대에 대한 그리움이나 회한의 감정을 담고 있는 것이 주류를 이루고 있다. 이 노래들에서는 순수하고 헌신적인 사랑의 감정이 표면적으로 주조를 이루지만, 그 이면에는 언제든지 헤어짐이 전제되는 만남의 상황이 깔려 있다. 즉, 불완전한 사랑의 관계가 전제되어 있는 것이다.

[예 56] 스잔

…… 스잔 보고 싶은 이 마음 스잔 너는 알고 있잖니
그날의 오해는 버리고 내 곁에 돌아와 주렴 스잔 난 너를 사랑해
후회 없이 난 너를 사랑해 스잔 잊을 수 없는 스잔
이 생명보다 더 소중한 스잔 ……

[예 57] 그대에게

…… 내가 사랑한 그 모든 것을 다 잃는다 해도 그대를 포기할 수 없어요
이 세상 어느 곳에서도 나는 그대 숨결을 느낄 수 있어요 내 삶이 끝나는
날까지 나는 언제나 그대 곁에 있겠어요

[예 58] 너무 늦었잖아요

부드러운 그 입술로 내게 다가와 나를 사랑한다고 말한다 해도
이미 멀어져 버린 그대 차가운 마음 나는 느껴왔어요
차가워진 밤거리를 홀로 걸으며 맑은 별빛 바라보다
한줄기 흐르는 이 내 눈물은 무얼 의미하나요 그대여 그대여
다시 사랑하고 싶지만 너무 늦었잖아요 우리 사랑하기엔

[예 59] 수필과 자동차

영화를 보곤 가난한 연인 얘기에 눈물 흘리고 순정만화의 주인공처럼
되고파 할 때도 있었지 이젠 그 사람의 자동차가 무엇인지 더 궁금하고
어느 곳에 사는지 더 중요하게 여기네 …… (1절)
정류장 그 아이의 한 번 눈길에 잠을 설치고 여류작가의 수필 한편에
설레어 할 때도 있었지 이제 그 사람의 아버지가 누구인지 더 궁금하고
해외여행 가봤는지 중요하게 여기네 …… (2절)

[예 57]과 [예 58]에서는 상대에 대한 사랑의 감정을 자신의 생명보다
소중하고, 삶의 전부를 다 바치겠다는 표현으로 나타내고 있는데, 앞의 노
래의 경우에는 이별 이후의 상황을 묘사하고 있다. '그날의 오해'라는 구절
속에서 노래 속의 두 사람만이 공유하고 있는 상황을 언급하고 있는데, 이
처럼 이 시기 주류음악에서 사랑의 묘사는 더욱 개인화되고 구체화된 모습
을 띠고 있다.
  이렇게 떠난 상대에 대한 애절한 정서의 발생은 쉽게 만나고 헤어지는

상황을 전제로 한다. [예 58]에서는 맹목적인 사랑이 아니라 현재의 관계를 청산할 수밖에 없는 냉정한 현실 인식을 보여주고 있다. 주류음악에서 표현되고 있는 사랑의 감정은 영원한 사랑 혹은 이상적 사랑을 꿈꾸는 것이다. 즉, 결코 이루어질 수 없는 이상적이고 영원한 사랑을 향한 청년 세대의 염원을 반영하는 것이라고 볼 수 있다. 또한 이것은 실제로는 쉽고 자유롭게 사랑의 관계가 맺어졌다 깨어지는 청년 세대의 현실과 가치관이 지배적이지만, 오히려 대중음악 속에서는 영원불변의 사랑의 감정을 추구함으로써 그들의 모습을 나타내고 있다고 생각된다.

사랑, 인간관계 등에서 쉽게 행동하고 생각한다는 것은 물질적 가치의 중시와도 연관된다. 물질적 가치의 중시라는 청년 세대의 특징은 1990년대 초반 이후 신세대에게서 특히 일반적인 특성으로 자리 잡지만, 이 시기에서도 1990년대에 들어서면서 사실상 나타나고 있다고 볼 수 있다. 즉, 신세대는 일반적으로 가난을 모르고, 소비문화에 물들어 있으며, 지적이기보다는 감각적이며, 문자적이기보다는 이미지적이며, 억제적이기보다는 표현적이고, 권위주의적이기보다는 자유주의적이며, 집단주의적이기보다는 개인주의적이고, 탈정치적이며, 전통적인 가치관에 저항하며, 육체적·성적 쾌락에 대해 적극적이고 개방적이며, 개성이 강하고 자기성취욕이 강한 경향이 있다고 얘기된다(정태석, 1996: 7). 한국사회에서 1980년대 후반에는 이미 상당수의 청년 세대들이 절대적 빈곤과 물질적 결핍을 경험하지 않게 되었으며, 그 대신 소비문화가 확산되면서 일상생활과 의식이 점차 소비 지향적으로 변화한 것이다. 1970년대의 청년 세대들이 물질적 가치를 속물적인 것으로서 기성세대의 가치로서 극복의 대상으로 여겼다면, 1980년대 후반 이후의 청년 세대들은 오히려 소비지향적이고 물질적인 가치를 중시하는 것이다.

[예 59]는 청년 세대의 사랑 방식을 풍자한 것인데, 점차 상대에 대한 외적 조건을 고려하고 계산에 넣는 세태를 꼬집고 있다. '자동차', '집', '아버지의 지위'와 같이 물질적 소유 정도와 상대 집안의 계층적 지위를 우선시 하는 현실을 묘사한 것이다. 이러한 풍자의 내용은 순수한 사랑과 같은

이상적 가치보다는 물질적 가치에 따라 연애 상대를 고르는 청년 세대의
의식과 가치관을 우회적으로 드러내고 있다.

다음으로 비주류음악에서는 주류음악에서 나타나는 새로운 청년 세대의
가치관들이 드러나지만, 또 그것과는 모순되는 반대의 가치관 역시 드러나
고 있다.

[예 60] 단순하게

쉽게 얘길할테니 쉽게 생각해
내가 어지러워 보이는 건 너를 사랑하기 때문인데
쉽게 생각할테니 쉽게 대답해 내가 심각해 보인다면 어려워 하지마
단순하게 그냥 단순하구 싶어서 잠시 생각하는 것뿐인데
어떻게 말을 할까 어떤 표정으로 어떻게 어떻게 어떻게
쉽게 단순하게 단순하게 쉽게 쉽게 쉽게 쉽게 쉽게 쉽게 ……

[예 61] 오늘 나는

오늘 오늘은 내일 내일은 어제가 문제야 어젠 어제는 분명히 세수를 했어
그런데 왜 매일 얼굴이 더럽나 어차피 또 더러워질거 세수를 뭘해
아냐 젊은 피부를 유지할 필요는 있어 이 세상 제일가는 나는야 멋쟁이
여자들은 날보고 잠 못잔다네 오늘도 커피나 콜라로 보낼 수 있을까?
돈도 없는데 만약에 놀러 가자고 그러면 어쩌지
그건 참 귀찮은 현실이야 ……

여기에서 예시된 노래들은 주류음악에서도 확인할 수 있었던 가치관이
드러난다. 즉, 복잡하게 사고하고 행동하기보다는 즉각적이고 편의적인 현
실 인식과 행동 방식을 선호하는 것이다. 여기에서는 매사를 쉽고 단순하
게 처리하려는 것, 또는 주어진 하루를 그냥 되는대로 지내는 듯한 분위기
가 강하게 나타나고 있다. 이러한 모습에서 보다 가볍고 즉각적인 것을 추
구하는 청년 세대의 가치관을 엿볼 수 있다.

　　그러나 비주류음악에서는 주류음악과는 달리 탈개인주의적 혹은 공동체 지향의 의식이나 비물질적 가치를 중시하는 경향도 보이고 있다. 이는 특히 포크음악의 계열에서 나타나고 있는데, 이 시기의 포크음악은 1970년대의 포크음악이 추구했던 가치들의 일부를 계승하고 있으며, 특히 민중가요권과의 관련성은 이 시기의 비주류음악에서 비물질적 가치와 공동체지향의 가치가 여전히 담고 있도록 만들고 있다.

　　[예 62] 또 하나의 내일

　　끊임없이 돌고 도는 저 바다는 우리 모습
　　또 하나의 내일 위해 온몸으로 부딪치자(3절)
　　외로움이 가난함이 오늘 우릴 괴롭혀도
　　진실한 그 마음으로 아름다운 내일 위해 가자(4절)

　　[예 63] 좋은 나라

　　당신과 내가 좋은 나라에서 그곳에서 만난다면
　　슬프던 지난 서로의 모습들은 까맣게 잊고 다시 인사할지도 몰라요 ……
　　그 고운 무지개 속 물방울들처럼 행복한 거기로 들어가
　　아무 눈물 없이 슬픈 헤아림도 없이 그렇게 만날 수 있다면 ……

　　이 노래들에서 지향하고 있는 세계는 '우리'와 '나와 당신'이 함께 공존하고자 하는 곳이다. [예 62]와 [예 63]에서 지향하고 있는 세계는 1970년대의 포크음악이 동경하였던 이상적 세계와 유사하다. '행복한 곳'이자 '아름다운 내일'인 좋은 세상인 것이다. 그리고 여기에서 추구되고 있는 아름다운 내일이나 세상이 물질적 풍요는 아닌 듯하다. 마음의 평안과 행복을 얻을 수 있는 세계라는 점에서 물질적인 측면은 그다지 중요하게 고려되지 않는다. 더구나 외로움과 가난함이 존재하지 않는, 또는 지난 슬픈 모습을 생각할 수 없는 그러한 세계로의 행로에 있어 다른 사람들을 동반자로서 설정하고 있다. 이러한 점들을 비추어 볼 때 이 노래들에서는 나와 타인들을 운명공동체로서 인식하는 공동체적 가치를 지향하고 있음을 보여주고 있다.

이와 같이 이 시기 청년 대중음악에서는 이전 시기의 특성을 일부 공유하고 있으면서도 새로운 가치들이 담겨 있음을 알 수 있다. 점차 소박하고 비물질적 가치의 추구에서 편하고 가볍고 물질적인 가치를 중시하기 시작하는 변화를 보여주는 것이다. 이 시기의 청년 대중음악을 통해서 청년 세대들의 가치가 이전의 가치와 새로운 가치가 혼재되어 있음을 알 수 있다. 주류음악에서는 그러한 가치의 변화가 서서히 나타나고 있음을 감지할 수 있다. 그러나 비주류음악의 일부에서는 여전히 이전의 가치들이 강하게 남아 있다.

이러한 서로 모순된 가치들의 혼재는 이 시기의 사회적·문화적 상황과 관련되어 있다고 생각된다. 한편으로는 달라진 환경의 변화가 새로운 가치의 형성에 영향을 미쳤으며, 특히 청년 세대들이 새로운 가치관을 지니게끔 하는 요인으로 작용하였다. 다른 한편으로는 그러한 환경적 변화의 특성과 관련된다. 즉, 한국사회의 발전은 불균형적이고 불평등한 과정이었으며, 그 과정에는 여러 사회적 모순과 갈등이 함께 누적되어왔다는 것이다. 따라서 이 시기에는 그러한 갈등과 모순들이 여러 분야에서 사회 운동으로 분출되었으며, 사회운동의 활성화는 사회 전체적으로 집단적이고 공동체적 가치를 보다 우월하고 도덕적인 가치로서 여기게 하는 분위기를 조성하였다고 말할 수 있다. 결국 이러한 사회적 맥락들이 이 시기 청년 세대들로 하여금 일종의 과도기적이고 서로 모순적인 가치관을 지니도록 하는 데 영향을 끼쳤다고 볼 수 있다.

3. 1990년대 초반 이후~현재

이 시기 청년 대중음악에서는 이전 시기와는 매우 다른 청년 세대의 모습이 나타나고 있다. 이들은 매우 자유분방하고, 합리적이며 자기중심적이고, 탈권위적인 면을 보인다. 주류음악에서 나타나는 사랑의 형태에서도 이러한 특성들이 잘 나타나고 있는데, 일방적 희생이나 양보보다는 계산적이고 경쟁적인 사랑의 방식이나 인간관계가 두드러지게 나타난다.

[예 64] 현명한 선택

······ 이젠 필요 없어 모두 잊어줄게 천사표 이별은 없잖아
너만을 기다리는 인형은 아니야 어차피 넌 나를 사랑하지 않아
차라리 잘 된거야 이별은 현명한 선택이었어

[예 65] 멍

너 나를 쉽게 봤어 그렇지 않니 ······ 안돼 니 맘대로 나를 떠날 수 없어
끝낸다면 내가 끝내 기억해 ······ 다 돌려놔 너를 만나기 전의 내 모습으로
추억으로 돌리기엔 내 상처가 너무 커 바랄게 다음번에 너 누굴
사랑한다면 너 같은 사람 꼭 만나기를

[예 66] 잘못된 만남

난 너를 믿었던 만큼 내 친구도 믿었기에 난 아무런 부담 없이 내 친구에게 소개시켜줬고 그런 만남이 있은 후부터 우리는 자주 함께 만나며 즐거운 시간을 보내며 함께 어울렸던 것뿐인데 그런 만남이 어디부터 잘못됐는지 난 알 수 없는 예감에 조금씩 빠져들고 있을 때 쯤 넌 나보다 내 친구에게 관심을 더 보이며 날 조금씩 멀리하던 그 어느 날 너와 내가 심하게 다툰 그날 이후로 너와 내 친구는 연락도 없고 날 피하는 것 같아 그제서야 난 느낀거야 모든 것이 잘못돼 있는 걸 너와 내 친구는 어느새 다정한 연인이 돼 있었던 거야 ······

[예 67] 삼자대면

입이 열 개라도 할말 없을꺼야 니가 뭔데 나를 이꼴로 만들어
내게 전화 왔어 너의 다른 여자 참 황당하고 어이없었어
뭐가 그리 잘났다고 이러는 거야 여자들을 저울질 할 만큼 잘났니 ……
그 여자를 보러 나간 곳에는 뻔뻔하게 너도 앉아 있던 거야
너를 양보하고 이젠 떠나라는 참 기가막힌 그녀의 얘기 ……

[예 64]와 [예 65]는 모두 이별의 상황을 다루고 있는데, 사랑의 상실을 단순히 슬픔으로 연결짓기보다는 상대에 대한 원망의 정서가 더 깊게 베어 있다. 내가 받은 고통이나 상처만큼 상대도 똑같이 받기를 바란다는 생각은 '나만 손해보지 않겠다'는 계산적이고 자기중심적인 태도와 연관되는 것이다. 즉, 애정을 기반으로 하는 연애 관계의 이면에 상대에 대한 배려와 헌신만이 아니라 상대로 인하여 자존심이 상실되거나 더 이상의 애정을 확신할 수 없을 때는 매우 냉정하고 과감하게 현재의 관계를 청산할 수 있다는 것이다.

이처럼 이 시기 청년 세대는 가장 감정적인 영역이라 할 수 있는 애정 관계에서도 합리적이고 때로는 계산적인 가치를 중시하고 있음을 알 수 있다. 개인주의적 가치의 중시는 인간관계에서 경쟁적 가치를 보다 중시하게 만든다. 즉, 서로에 대하여 뺏고 뺏길 수 있는 일시적인 관계이자 어떤 대상의 쟁취를 위하여 서로 경쟁하는 관계가 주종을 이루고 있는 것이다. 이처럼 3자 관계에서 경쟁적 가치의 중시는 애정 관계에서도 예외가 아니며, 실제 이 시기 주류음악에서 그러한 형태의 사랑을 다루고 있는 노래들이 많이 나타나고 있다. [예 66]과 [예 67]이 바로 그러한 내용을 담고 있는데, 경쟁적인 가치가 사랑의 방식뿐만 아니라 우정을 기반으로 하고 있는 친구 관계에도 상당 부분 작용하고 있음을 보여주고 있다.

이 시기 주류 청년 대중음악에서 유추해볼 수 있는 청년 세대의 가치관들은 신세대에 관한 기존의 연구들에서도 기성세대와는 구분되는 세대적

특성으로서 인식되고 있다(한국사회학회, 1990: 박재홍, 1995). 실제 경험
적 연구들을 통하여 나타나는 신세대의 특성은 첫째, 소비주의, 물질주의,
낭비 성향, 일보다 여가를 중시하는 '소비 지향적' 특성, 둘째, 개인주의(혹
은 이기주의), 다양성, 개방성, 자율성 추구 등의 탈획일주의, 자유분방함과
개성을 중시하는 '개인지향적' 특성, 셋째, 권위주의적 인간관계, 전통적 예
절이나 격식, 권위주의적 통제에 대한 저항과 거부와 같은 '탈권위주의적'
특성으로 요약할 수 있다(박재홍, 1995).

신세대의 개인지향적 특성은 남을 별로 의식하지 않고, 자신의 생각과
행동에 자신감을 가지며 따라서 기성세대의 사고방식이나 격식 등을 별로
중요시하지 않는다. 이것은 기성세대의 가치관이나 그들의 권위를 자연스
럽게 거부하는 것으로 이어진다.

[예 68] 개성

…… 같은 생각하며 살기엔 내 인생이 너무 아깝다고 생각했어
누가 뭐라해도 어떻게 보면 내가 문제아로 생각되겠지만
그렇대도 난 많은 생각이 필요한거야 나를 이해할 수 없다 해도
그런것쯤 신경 안 쓸꺼야 변하고 있는 지금 세상에는
나같은 사람도 필요해 소중한 건 나 자신야 남이 중요한 게
아니야 탓한다고 다가 아냐 잘못된 건 생각인걸

[예 38]과 [예 68]은 이러한 신세대의 자유분방하고 개인지향적 특성이
잘 나타난다. 기성세대가 충실히 지켜 온 '젓가락질'이 '밥을 잘 먹는 것'이
라는 목적과는 상관이 없으며, 따라서 자신의 방식을 고수하겠다는 생각을
펼치고 있다. 〈개성〉이란 노래에서도 주위의 이해나 인정을 얻는 것 자체
는 별로 중요하지 않다고 말하고 있다. 이 두 곡 모두 중요한 것은 '나 자
신'임을 강조하는데, 여기에서 '나'는 다른 사람의 생각과 행동에 구애받지
않는 자율적인 주체이다. 이렇게 개성을 중시하는 가치와 그에 따른 자유

분방한 행동은 기성세대의 질서와 충돌하게 마련이다.

　이러한 청년 세대의 가치관은 비주류와 언더그라운드음악에서도 나타나고 있다. 여기에서도 자유분방한 신세대의 특성이 잘 나타나고 있다. 그러나 비주류와 언더그라운드음악에서 보이는 청년 세대의 가치관은 모순적인 성격을 띤다. 즉, 한편으로는 세상사를 냉소적으로 바라보기도 하고, 다른 한편으로는 기존의 가치를 완전히 거부하는 도전적인 가치를 펼치기도 한다.

　　[예 69] 딸기

　　…… 좋아 좋아 좋아 좋아 좋아 좋아 좋아 좋아 좋아 좋아
　　딸기를 사달라고 졸랐어 딸기를 먹지 않고 웃기만 했어
　　나는 왜 이렇게 너를 좋아하는 걸까 나는 왜 니가 좋은지 몰라
　　그건 정말 몰라 나도 몰라 새빨간 딸기는 너무 아름다워
　　포도 아저씨는 꿈꾸는 사람 좋아 좋아 좋아 딸기가 좋아 ……

　　[예 70] 다 죽자

　　우린 지금 눈을 감고 추락하고 있다 소년 소녀들아 모두 함께 모여라
　　갈 곳 없는 외로운 천사 수많은 이야기들 내 사람아 너도 함께 같이 가자
　　시원한 바람이 솔솔 불어 나무 날개 시원하네 이런 젠장할 8m뿐이로구나
　　외로운 기러기 갈매기 모기 토끼 소년 소녀들아 모두 추락해서
　　지구를 박살내자 나는 거짓말쟁이 너도 거짓말쟁이 우린 지금 여기 모두
　　다 죽자

　　[예 71] 돈지랄

　　돈 놈들이 돈이란 놈을 싸그리 깔고 앉아 있네
　　돈 놈들이 나라를 뒤흔들고 있네 돈에 뭐든지 돈으로 해결하려는
　　돈밖에 모르는 돈 놈들 불쌍한 사람들 도와줄려고 생각도 안하는 돈놈들
　　이제는 우리도 악으로 깡으로 뒤엎을 때가 왔어 너희들이 힘없는 사람들

가슴 깊이 새겨놓은 상처 이젠 지쳐 그만 닥쳐 까불다가 한대만 맞아도
너희들 모두 다쳐 ……

[예 72] 822-588-1818

거짓말 잘하는 너나, 국회의원 패밀리, 뇌물 받아 단란주점 가는
금뱃지단 나으리 선생님, 정치하는 아저씨 ……
아저씨 너 진짜 대박 이지 밀어붙여 안 되면 돈 붙여
Yo!! 때려 부셔 말 안 들으면 큰 코 다쳐 너 금뱃지 있어
나 빽있어, 없으면 닥쳐 …… 혼란스러운 세계 그들의 머릿속에
썩은 그들의 숨겨진 절대 파괴 파괴 되버린 거리 하! 늙은 고깃덩어리 하!
그들이 내뱉는 말 그 속에 담겨진 LIE 언제나 틀리기만 했던
말과 행동의 차이 절대로 바꾸지 못하는 그들의 삶 ……

위의 노래들은 현실에 대한 〈딸기〉에서는 계속 딸기가 좋다는 내용만
반복되고 있는데, 왜 좋은지에 대한 이유나 설명이 전혀 제시되어 있지 않
으며, 엉뚱하게도 중간에 '포도 아저씨는 꿈꾸는 사람'이라는 구절이 끼어
있다. 가사의 문맥이나 논리적 연결에 있어 이 노래는 일반적인 대중음악
과는 매우 다르게 이루어져 있다. 이 노래를 통해서는 상식적 수준에서 구
체적으로 어떤 내용을 의미하는지를 이해하기가 어렵다. '무의미'한 '딸기'
와 '좋아'라는 단어만 계속 나열할 뿐이다. 왜 딸기가 좋은지 이유가 필요
없으며, 그저 자신만 좋으면 될 뿐 그것에 대한 설명은 귀찮게 여겨진다.
이처럼 이 노래에서는 세상을 자기중심적이고 냉소적으로 바라보는 청년
세대의 가치관을 엿볼 수 있다.

다음의 〈다 죽자〉라는 노래에는 자포자기의 정서가 깊게 깔려 있다. 우
리 모두가 너나 할 것 없이 거짓말쟁이일 뿐이며, '추락해서 죽자'라고 하는
약간은 비관적이고 체념적인 정서를 읽을 수 있다.

[예 71]과 [예 72]에서는 기성 사회에 대한 조롱과 비판을 담은 노래이
며, 특히 사회적으로 권력과 권위를 소유하고 있는 사람들을 비판하고 있

다는 점에서 탈권위적 특성을 분명히 보여주고 있다. 그러나 언더그라운드 음악에서 기존의 현실에 대한 반응은 논리적 비판보다는 감정적 비난에 가까운 것으로 생각된다. 즉, 자유롭고 직설적으로 주류의 지배 질서에 대해 문제제기를 하지만, 그것이 극도의 반감이나 짜증에 바탕을 둔 감정적 반응에 보다 가깝다고 볼 수 있다. 따라서 이러한 표현들을 현재의 지배적 가치에 저항하고 전복을 꾀하는 것으로 보기는 어렵다. 오히려 이러한 정서적 반감은 현실 세계에 대한 허무주의적 인식과 연관된다고 생각된다. 그리고 이러한 허무주의적 태도는 '하고 싶은 대로'의 자유를 주장하는 개성지향적 가치에 보다 가깝다고 볼 수 있다.

이처럼 이 시기 청년 대중음악에서 나타나는 가치들은 분명 탈권위적이고 개인의 개성과 자유를 중시하는 것임을 알 수 있다. 하지만 이러한 가치들의 이면에는 청년 세대의 모순적인 가치관, 즉 냉소적인 현실 인식과 감정적 과잉 비판이 서로 혼재하고 있음을 말해주는 것이다. 이렇게 논리성보다는 흥분에 가까운 감정적 정서가 보다 강하게 나타나는 것은 젊은 세대 특유의 패기와 자유분방함을 반영하는 것이기도 하지만, 이 시기 청년 세대가 갖고 있는 논리성의 결여와 상대적으로 감성적 성향이 풍부한 세대적 특성에서 기인하는 것으로 보인다. 이 시기 청년 세대가 경험하는 일상들은 이전 세대와는 매우 다른 사회적, 문화적 조건들에 의해 규정되고 있는데, 그것은 다름 아닌 다양한 영상매체들이다. 청년 세대는 이러한 다양한 영상매체들을 통하여 일상적 삶과 사회적 관계들을 형성해 나간다. 이러한 환경의 변화는 이 시기의 신세대를 영상세대로 일컬을 만큼 엄밀한 논리성보다는 예민한 감수성을 키웠으며, 그러한 세대적 특성들이 바로 청년 대중음악에서도 반영되고 있는 것이다.

제7장 결 론

제1절 연구 결과의 요약

본 연구는 청년 대중음악문화의 전개 과정을 고찰하는 것을 목적으로 하고 있으며, 그 과정상의 특징들이 청년 대중음악의 음악적 흐름과 변화에도 내포되어 있다는 전제하에 대중음악의 곡과 가사분석을 통하여 청년 대중음악문화의 전개 양상과 그 특성들을 도출하고자 하였다.

대중음악의 변화는 표면적으로는 음악 양식의 변천이나 대중의 선호도의 변화로 나타나지만, 그 이면에는 그러한 음악적 변화를 이끄는 다양한 사회적 맥락들이 개입되어 있다. 따라서 본 연구에서는 바로 대중음악의 변화에 관여하는 여러 요소들이 유기적으로 결합되어 있는 대중음악문화라는 차원에서 음악적 변화의 궁극적인 원인을 탐색하고자 한 것이다. 청년 대중음악문화는 대중음악의 생산 환경, 즉 음반산업 및 매체산업과 같은 대중음악 산업의 구조, 생산자, 대중음악 관련 정책들, 국외 대중음악 조류나 문화적 환경 등의 요인들과 청년 집단의 인구학적 특성이나 그들의 음악적 실천방식 등의 수용 환경으로 둘러싸여 있다. 이러한 환경적 요인들이 특정 시기의 대중음악문화를 독특하게 틀 지울 뿐 아니라 이 안에서 생산되는 대중음악의 스타일에도 영향을 끼치는 것이다.

본 연구 결과를 요약해보면 다음과 같다.

첫째, 청년 대중음악문화는 한국사회에서 1970년 이후 형성되면서 전개되기 시작하였다. 청년 대중음악문화가 형성될 수 있었던 것은 베이비 붐세대의 성장이라는 인구학적 변화, 근대적 교육의 확산이 이루어지면서 청년 집단이 서구적 가치와 서구 대중문화의 수용에 있어 중심 주체로 등장하였기 때문이다. 그리고 이 시기에 청년들은 도시에서 대학생과 같은 학생층과 청년 노동자라는 집합적 존재로 결집되었는데, 도시적 생활양식과 대중매체의 확산 속에서 청년 대중음악문화는 기성세대와는 다른 생활 경험과 의식을 표출하는 문화로서 청년들에게 확산될 수 있었다.

청년 대중음악문화의 형성은 청년 세대와 기성세대 간의 문화적 감수성의 차이가 표면적으로 나타나기 시작했다는 것을 의미한다. 세대 간의 문화적 환경과 경험의 차이가 문화적 감수성의 차이를 만들어내며, 결국 그것은 세대 간에 서로 공유하지 못하는 배타적 성격을 일정 정도 갖는 세대 문화를 형성하는 것이다.

청년 대중음악문화가 이 시기에 청년 세대의 문화로서 형성되었던 것은 한국사회의 문화적 변동 과정과 밀접하게 연관되어 있다. 1960년대부터 추진된 근대화와 경제 개발 정책은 한국사회를 세계 자본주의 체제에 본격적으로 편입시키는 계기가 되었으며, 그 과정은 문화적으로 전통적인 것과의 단절과 서구적 가치와 문화의 전면적 수용을 수반하는 것이었다. 이 과정에서 서구 문화에 보다 친화력을 갖는 청년 세대와 그렇지 않은 기성세대 간의 문화적 차이가 심화되고 이는 결과적으로 세대 간의 문화적 감수성의 차이를 빚어내게 된 것이다.

둘째, 1970년대에 형성된 청년 대중음악문화는 대학생 집단이 주도하였다. 이 당시 청년 대중음악문화는 구미 청년 문화의 영향을 강하게 받으면서 형성되었다. 구미 청년 문화에서 기성세대의 권위와 기존 사회의 보수적 가치에 반기를 표방하는 구심점 역할을 한 것이 바로 포크와 록음악이었으며, 1970년대 한국의 청년 대중음악문화는 포크음악의 장르를 새로 태동시키며 펼쳐졌다. 그러나 구미 청년 문화의 영향은 단순히 음악 장르와 스타일에만 머무는 것이 아니라 그 저변에 있는 정서와 가치도 포함되는 것이었다고 할 수 있다. 따라서 구미 청년 문화가 '학생 세력'(student power)을 이루며 각 부문의 사회운동과도 결합되어 펼쳐지는 양상을 보였는데, 한국사회에서도 이들의 정서와 가치에 비교적 친화성을 갖는 대학생들이 청년 대중음악문화의 실질적인 주도층이었다고 볼 수 있다. 이것은 현실과는 약간 유리된 순수하고 이상적인 세계관을 드러내었던 포크음악의 악곡과 가사에서도 확인해볼 수 있었다. 이처럼 이 당시 청년 대중음악문화는 학생층과 도시 청년 노동자라는 집합적 존재를 기반으로 하고 있었지만, 실제 문화의 생산과 수용의 주도층이었던 대학생들의 의식 세계와 가치를 보다 강하게 반영하였다고 할 수 있다.

셋째, 2시기에 해당하는 1980년대 중반 이후부터 1990년대 초반까지의 청년 대중음악문화의 전개는 이 당시 한국사회의 심대한 사회문화적 변화를 기반으로 이루어졌다. 경제 발전과 그로 인한 국민 소득 수준의 향상은 여가 문화를 창출하였으며, 대중들의 문화적 소비와 욕구를 증대시켰다. 이 과정에서 특히 자른 집단보다도 학생층을 중심으로 하는 청년 집단이 대중문화의 주요 소비 주체로서 등장하게 된다.

따라서 이들의 음악적 감성을 반영하는 팝발라드와 댄스음악이라는 새로운 스타일의 대중음악이 청년 대중음악문화에 전면적으로 등장하였으며, 이러한 상황에서 음악자본은 청년들의 음악적 감성과 기호를 적극적으로 결합하여 이 새로운 스타일의 음악들을 지속적으로 재생산하였다. 이것은 청년 세대에 속하는 가수, 작곡가 등과 같은 새로운 생산자들이 대중음악계에 진입하면서 이루어졌는데, 이 과정에서 이들이 생산한 대중음악들은 주류음악으로서 이 시기 청년 대중음악문화의 중심을 이루게 된다.

그러나 문화 소비와 욕구의 다양성은 다양한 취향문화를 낳는다. 이 시기의 사회문화적 환경의 변화는 청년 대중음악문화에서 새로운 스타일의 주류음악을 양산하는 원동력이 되었을 뿐 아니라 취향문화의 차이를 가져왔으며, 그 차이에 기반한 새로운 형태의 음악문화를 낳게 하였다.

넷째, 따라서 이 시기 청년 대중음악문화의 주요한 특성은 록과 포크의 장르를 중심으로 비주류음악문화가 형성되었다는 점이다. 비주류음악은 음악자본의 기획과 이윤 논리가 주류음악에 비하여 상대적으로 적게 투영되는 반면에, 음악 생산자의 음악적 지향과 독립성이 주류음악보다는 더 발휘된다. 이러한 비주류음악문화의 형성은 생산자 개인들이 자신의 음악적 지향을 표출할 수 있고, 또 그것을 수용할 수 있는 환경이 조성되어야 가능한 것이다. 즉, 다양한 취향 집단의 존재를 전제로 하는 것이다.

이처럼 청년 대중음악문화가 내부적으로 분화되었다는 것은 청년 세대의 문화적 감수성에 있어 동일함을 공유하고 있으면서도 정서, 감성, 취향 등에서 균열이 나타났음을 의미한다. 그리고 이러한 균열은 음악적 감성과 취향을 규정하는 데 있어 세대적 요인 외에도 계층, 성별 등과 같은 다른 요인들이 작용하고 있음을 의미한다. 즉, 청년 세대 안에서도 사회문화적 경험과 현실이 달라지고 이것이 문화적 욕구의 다양화를 가져오고 결과적으로 취향문화의 분화를 낳는 것이다.

이 시기의 비주류음악은 가사에는 개인의 내면세계와 자의식의 표출이 주류음악에 비하여 높게 나타나고 있다. 그러나 전반적으로 악곡에서는 청년 대중음악이 더욱 서구화된 모습을 보여준다. 악곡의 형식과 선율 및 가창의 형태에서 서구 대중음악의 음악 문법과 분위기를 더욱 깊게 구현하고 있다. 이러한 특징들은 이 시기 청년 세대의 음악적 감수성의 서구화가 완전히 내재화되었으며, 청년 대중음악문화가 서구 대중음악문화와 더욱더 밀접한 연관 속에 전개되었음을 보여주는 것이다. 그리고 이러한 특징은 이후의 청년 대중음악문화의 전개에 있어 서구 대중음악의 수용이 보다 즉각적이고 직접적으로 이루어지게 하는 바탕을 이루고 있다고 볼 수 있다.

결과적으로 청년 대중음악이 보다 서구적인 스타일로 탈바꿈하게 되면서, 청년 대중음악문화는 일본적인 특성과 연관된 트로트 음악이 중심을 이루는 기성세대의 음악문화와 더욱 단절된다. 즉, 대중음악이 세대 차이를 투영하는 지표가 되었을 뿐 아니라 문화적 영역에서 세대 간의 차이를 확대시키는 역할을 하게 된 것이다.

다섯째, 이러한 경향들은 1990년대 초반 이후의 청년 대중음악문화에서도 계속 나타나고 있다. 다만, 이 시기에는 언더그라운드라는 새로운 영역이 형성되면서 청년 대중음악문화의 지형이 한층 복잡한 양상을 보이고 있다. 이전 시기에 형성되었던 비주류음악문화는 대중성보다는 독자적인 음악 세계를 구축하여 예술적 명성을 획득하는 영역으로 자리 잡게 되었다. 이 비주류음악문화는 생산자와 수용자 모두에게 문화적 욕구를 키우고 그것을 표출할 수 있는 역할을 담당하는 것으로 볼 수 있다.

그러나 무엇보다도 이 시기의 청년 대중음악문화에서 특징적인 것은 자발적 성격이 강한 언더그라운드음악문화가 형성되었다는 점이다. 1993-4년경부터 그 존재가 가시적으로 드러나기 시작한 언더그라운드음악문화는 아마추어적 성향이 강한 특징을 지니고 있다. 따라서 언더그라운드음악은 악곡과 가사에서도 매우 직설적이고, 다듬어지지 않은 특성을 강하게 지니고 있다. 이러한 언더그라운드음악문화는 청년 세대의 다양한 정서, 욕구 등을 흡입하고 배출하는 통로로서 기능을 한다. 또한 언더그라운드음악문화는 자발성이 비교적 강하다는 점에서 한국사회에서 청년 하위문화로서의 성격도 어느 정도 지니고 있다고 생각된다.

이러한 언더그라운드음악문화의 생성 또한 외국 청년 하위문화의 영향을 받았다고 볼 수 있다. 이들이 주로 구사하는 음악들은 펑크, 얼터너티브, 메탈, 하드코어 등과 같이 서구 청년 하위문화의 씬을 이루는 장르와 스타일의 음악이다. 따라서 한국 언더그라운드음악문화는 서구 문화의 밀접한 영향 아래 특히 적극적이고 자기표현 욕구가 강한 신세대의 특성이 결합되어 생성된 것으로 보인다.

그렇다면 비주류음악이나 언더그라운드 영역의 형성의 사회적 의미는 무엇인가?

첫째, 청년 대중음악문화가 양적으로 성장하여 외면적으로는 청년 대중음악이 주도를 하는 양상을 보이고 있음에도 불구하고, 실제 이들이 청년 집단의 문화적, 사회적 욕구를 제대로 담고 있지 못하고 있음을 시사한다.

둘째, 청년 대중음악 내에서의 음악적 취향과 실천적 지향이 더욱 분화되었음을 의미한다. 이는 청년 세대가 다양한 문화적 산물의 소비에 익숙한 사회적 배경에서 성장하여 욕구의 실현, 정체성의 표현에 있어 다양한 채널을 필요로 한다는 것이다.

셋째, 언더그라운드음악에는 다수의 자발적인 음악 그룹들이 포함되어 있는데, 이는 음악에 대한 직접적인 참여하는 주체가 되고자 하는 청년 집단의 욕구를 반영하는 것이다. 비주류음악, 언더그라운드음악은 청년 세대의 다양한 정서와 의식을 주류음악보다는 보다 다양하게 담고 있으며, 또 비주류음악에서 언더그라운드음악으로 갈수록 그것들이 여과 없이 도출되고 있음을 보여준다. 따라서 이 영역들은 청년 세대의 다양한 정서를 발산하는 공간으로 기능하고 있다고 볼 수 있다.

넷째, 특히 언더그라운드 영역은 점차 주류음악을 거부하고 대안을 모색하는 음악적 실천과 결합되어 다양한 장르와 스타일의 음악으로 확대되어 왔는데, 앞으로 그러한 움직임은 그 내부에서 또는 다른 비주류 영역과 새로운 연대를 모색하고 가능성을 제공하는 기반이 될 수 있다.

다섯째, 비주류음악문화와 언더그라운드음악문화의 존재는 결과적으로 청년 대중음악문화를 더욱 다양하고 풍요롭게 만드는 촉매의 역할을 한다. 여기서 이루어지는 음악적 실천들과 새로운 음악 스타일들은 주류음악에 대해서도 새로운 자극과 자원으로서 제공될 수 있으며, 결과적으로 청년 대중음악문화의 질적 변화를 이끌어 낼 수 있는 것이다.

제2절 전망 및 연구의 함의

다음으로 청년 대중음악문화의 전개에 대한 앞으로의 전망과 함께 본 연구의 연구 결과가 지닌 함의에 대하여 살펴보도록 하겠다.

첫째, 청년 대중음악문화는 기성세대의 음악문화를 위축시키면서 성장해 왔다. 그리고 그 양적 성장 과정은 비주류와 언더그라운드음악문화의 성장 보다는 주류음악 중심의 성장으로 특징지울 수 있다. 이는 청년 대중음악문화의 성장에 있어 음악산업이 실질적인 주도 세력이었음을 말해주는 것이다. 음악산업은 새로운 유행과 경향에 민감하게 반응하고 구매로 연결시킬 수 있는 청년 세대를 주요 소비자로서 규정해왔다.

특히 이러한 특성은 청소년층이 주요 수용자로 등장한 1980년대 중반 이후부터 심화되기 시작하였다고 볼 수 있다. 이 과정에서 주류음악은 음악 스타일의 측면에서 편향성이 심화되어 왔으며, 기성세대의 음악문화는 점차 위축되는 양상을 보여왔다. 따라서 현재 한국사회의 대중음악문화는 세대 간에 지극히 불균형을 이룬 구도를 나타내고 있으며, 기성세대는 자신의 문화적 욕구의 창출과 개발에서 소외되어 있고, 기존의 음악적 실천에 안주하거나 소극적인 재생산에 그치고 있는 실정이다.

이렇게 볼 때, 앞으로 청년 대중음악문화는 다양한 사회 구성원들의 문화적 역량이 발휘될 수 있는 시스템의 확립이라는 대중음악 '환경'을 어떻게 만들어갈 것인가의 맥락에서 그 방향을 모색해야 할 것이다. 세대별로 자신들의 현실과 경험이 베인 정서적 산물로서 다양한 음악들이 소통될 때, 대중음악문화 내에서의 문화적 민주화가 보다 진전될 수 있다. 그리고 이러한 환경 속에서만이 청년 대중음악문화가 청년 집단의 진정한 세대문화로서의 의미를 지닐 수 있을 것이다.

둘째, 그러한 환경 조성과 관련하여, 청년 대중음악문화의 창조적 발전을 이루기 위해서는 다양한 음악문화를 발전시키는 것이며, 이것은 지나치게 비대하게 커져 있는 주류음악문화를 견제할 수 있는 비주류음악문화와 언더그라운드음악문화를 육성시킴으로써 가능할 것이다. 사실상 주류음악의 비대화는 기획사와 방송사가 유착되어 독과점 구조를 형성함으로써 나타난 결과이다. 최근, 이 구조를 깨뜨림으로써 주류음악문화의 성격을 변화시키려고 하는 개혁적 움직임들이 나타나고 있는데, 이는 청년 대중음악문화뿐만 아니라 전체 한국 대중음악문화의 창조적 발전을 위해서 매우 고무적인 현상이라 할 수 있다.

이러한 실천적 개혁 운동이 보다 활성화되어 대중음악 개혁에 대한 대중들의 공감대가 확산될 때, 음악자본의 논리에 휘둘려 있는 현재의 주류음악문화의 성격을 많이 완화시키고 다양한 음악문화의 형성과 발전을 이룰 수 있을 것이다.

셋째, 청년 대중음악문화에 대한 정책적 지원과 그 방향에 관한 것이다. 전반적으로 청년 대중음악문화가 전개되어 오는 과정에서 검열과 심의와 같은 각종 억압책과 규제들이 점차 약화되어왔다고 볼 수 있다. 검열과 규제와 같은 억압적 정책들은 대중음악의 창조성 및 표현력과 직접적으로 연관된다. 비록 많은 억압적 정책들이 사라졌음에도 불구하고 현재까지 대중음악의 가사, 가수의 외모, 실연 등에 대한 제재와 심의는 계속되고 있으며, 이것은 결과적으로 표현의 자유를 제한하고 창조적이고 민주적인 문화 환경의 조성에 걸림돌로 작용하고 있다고 할 수 있다. 그러므로 이러한 심의와 제재들을 더욱 완화시키거나 일소시킬 때 청년 대중음악문화의 다양성이 확보될 수 있을 것이다.

다음으로 최근 대중음악과 같은 대중문화가 경제적 가치를 지닌 분야로서 새롭게 인식되면서 문화산업에 대한 정책적 지원이 증가하고 있는 추세이다. 이는 국내 대중음악이 경쟁력 있는 분야로서 인식되기 시작하면서 정부에 의해 주류 대중음악을 중심으로 각종 지원책들이 이루어지고 있다. 그러나 국내 대중음악의 경쟁력은 단순히 산업 규모의 수준이나 특정 스타일에 있는 것이 아니라 다양한 음악문화의 공존과 그 속에서의 다양한 음악이 생산될 수 있는 창조적 환경이 뒷받침될 때 지속될 수 있는 것이다. 이런 맥락에서 볼 때 비주류음악이나 언더그라운드음악과 같은 다양한 음악문화에 대한 정책적 지원과 이 음악문화를 활성화할 수 있는 제도적 정비 또한 절실히 필요하다 하겠다. 다양한 스타일의 음악들이 생산되고 소통될 수 있는 기반의 형성이 병행되어야 한다는 것이다.

넷째, 그동안 청년 대중음악이 지향해 온 스타일과 관련된 문제이다. 그동안 청년 대중음악은 기존의 기성세대의 음악보다 더 서구화된 음악 스타일을 확립하면서 기성세대의 음악문화와 구분 짓고 세대 정체성을 일종의 문화적 우월성과 결합하여 형성해왔다. 그러므로 청년 대중음악의 변화에 있어 서구의 대중음악은 일종의 준거틀로서 작용해왔다.

 따라서 이러한 과정들은 전체적으로 한국 대중음악문화의 종속성을 심화시켜 온 측면도 있다고 할 수 있다. 대중문화산업의 전 지구화가 가속화되는 가운데, 서구 대중음악과의 교류나 영향력을 거부해야 한다고 주장하는 것은 아니지만, 토착화와 내면화의 과정을 거치지 않는 모방이나 추종은 자생적이고 창조적인 음악문화로의 기반을 잠식할 가능성이 높다고 하겠다.

 다음으로 본 연구의 결과가 갖는 이론적 함의와 의의에 대하여 살펴보겠다.

 첫째, 본 연구는 청년 대중음악문화의 전개 과정을 악곡과 가사분석을 중심으로 하여 고찰하였다. 청년 대중음악문화가 형성된 1970년 이후부터 현재에 이르기까지 비교적 장기간을 대상으로 하였다는 점에서 청년 대중음악문화의 얼개와 그 변화의 특성을 전반적으로 밝혀내는 데 의의가 있다고 생각된다. 청년 대중음악 텍스트에 대한 직접적인 분석 외에도 그 음악적 변화에 영향을 끼치는 제 요소들을 함께 고려하여 포괄적으로 고찰하였기 때문에, 음악 텍스트, 생산, 수용 부분 등과 같은 다양한 부분들에 대한 앞으로의 후속 연구에 대하여 기초 자료로서의 역할을 할 수 있으리라 여긴다.

 둘째, 청년 대중음악문화가 전개되어 오면서 기성세대의 음악문화는 축소되었고, 그 속에서 대중음악에 관한 세대 간의 격차와 이질성은 더욱 심화되어왔다. 그 과정에서 대중음악은 세대를 가르는 중요한 징표가 되었으며, 청년 세대가 자신들의 정체성과 정서를 발산하고 표출하는 공간이자 기성세대와는 다른 자신들만의 세계를 구축하는 공간으로서의 성격을 지니게 되었다. 따라서 청년 대중음악문화는 청년 세대의 세대 정치가 구현되는 중요한 영역이 되며, 한국사회에서 세대를 둘러싼 문화적 지형을 읽을 수 있는 키워드가 될 수 있다. 이런 점에서 청년 대중음악문화는 한국사회의 문화적 지형의 변화를 가늠할 수 있는 중요한 영역이며 앞으로도 지속적으로 연구가 이루어져야 할 것이다. 여기서 본 연구는 청년 대중음악문화의 중요성에 대한 인식을 제고시키는 데 기여하고, 앞으로의 연구에 있어 선행 연구로서 의의를 지닐 수 있다고 생각된다.

셋째, 청년 대중음악문화의 전개 과정에 관한 연구를 통하여, 그 과정상의 특성을 감지하고 청년 대중음악문화가 앞으로 보다 바람직한 방향으로 전개되는 데 있어서 필요한 정책적 대안들을 창출하는 데 기여할 수 있을 것이다. 본 연구 결과 그동안 청년 대중음악문화가 양적으로 팽창해왔고, 청년 세대들의 세대문화로서 일정 부분 그 역할을 하고 있음에도 불구하고, 실제 음악적 실천 주체들의 창조성이 발휘되는 개방적이고 민주적인 문화로서의 특성을 완전히 갖추지 못한 것으로 여겨진다.

청년 대중음악문화의 생산과 수용에 있어 청년 주체들의 문화적 힘의 행사가 다양하게 이루어질 때, 이른바 창조적인 음악문화로의 발전이 가능하다. 또한 이러한 방향으로의 모색은 청년 대중음악문화를 넘어서 한국 대중음악문화와 더 나아가 한국사회의 문화를 보다 민주적이고 생산적인 것으로 창출할 수 있을 것이다.

마지막으로 본 연구의 한계에 대하여 제기하고자 한다. 본 연구는 청년 대중음악문화의 전개 과정을 고찰하는 것을 목적으로 하여 실제 대중음악 텍스트를 분석하였다. 그러나 악곡과 가사 외에 대중음악 텍스트를 구성하고 있는 또 다른 부분인 실연의 분석이 제외된 한계를 지니고 있다. 실연은 문서화되거나 기록된 형태가 아니라는 점에서, 과거에서 현재까지의 수많은 유형화되지 않은 실연들을 실제로 다루기가 매우 어렵기는 하지만, 청년 대중음악 텍스트에 관한 앞으로의 연구에서 다루어져야 할 부분이라고 생각한다.

다음으로 청년 대중음악의 실천 주체인 생산자와 수용자에 대한 고찰에 있어 주로 기존의 연구 성과물들을 활용하는 데 그쳤다는 점에서, 이들의 집단적 행태와 실천방식들을 구체적으로 다루지 못한 한계를 지니고 있다. 생산자와 수용자와 같은 실천 주체들이 대중음악 텍스트의 변화에 끼치는 영향이 막대하다는 점에서, 보다 심도 깊은 연구를 위해서는 이 부분에 대한 인터뷰, 참여 관찰, 조사 등의 다양한 현장 연구 및 경험적 연구들이 필요하다고 생각된다.

　그리고 본 연구는 청년 집단의 세대적 특성을 중심으로 청년 대중음악
문화의 전개 과정을 다루었기 때문에, 청년 집단 내에서 나타날 수 있는
내적 차이를 세밀하게 다루지 못한 한계를 지닌다. 분명히 청년 집단 내에
서 성별, 계층 등과 같은 범주에 따라 대중음악의 생산과 수용에서 일정
정도의 차이가 나타날 것으로 생각되나 본 연구의 주된 초점이 음악적 변
화를 생산과 수용이라는 맥락과 연관지어 고찰하는 데 있었기 때문에 청년
집단 내의 다양한 범주에 따른 차이들을 다루지는 못하였다. 따라서 역사
적으로 변화하는 청년 세대의 특성뿐만 아니라 동시대 청년 세대 내에서의
집단별 차이에 대한 구체적인 고찰 또한 필요하다고 보며, 이는 후속 연구
를 위한 과제로 남겨 두고자 한다.

　앞으로 청년 대중음악문화가 보다 다양하고 창조적인 문화 실천이 가능
한 공간으로서 발전하기 위해서는 대중음악문화에 대한 정책적, 제도적 지
원과 개선뿐만 아니라 청년 대중음악문화에 대한 보다 내실 있는 다양한
연구들이 이루어져야 한다고 생각되며, 본 연구가 그러한 부분에 조금이나
마 기여할 수 있기를 기대한다.

참고문헌

Ⅰ. 단행본 및 논문

1. 국내문헌

강헌, 1997a, "한국 음악방송의 위기 그리고 극복에 대한 희망", 한국방송
　　개발원, ≪방송개발≫, 가을·겨울호.

강헌, 1997b, "한국대중음악론", 민족음악연구회, ≪민족음악의 이해≫ 제6권.

구문모 외, 『문화산업의 발전방안』, 을유문화사.

김미경, 1990, 『커뮤니케이션 양식으로서의 대중가요에 관한 연구』, 고려대
　　학교 신문방송학과 석사학위논문.

김선건, 1992, 『1970년대 이후 노동소설에 나타난 계급의식에 관한 연구』,
　　연세 대학교 사회학과 박사학위논문.

김승월, 1989, 『청소년의 대중가요 청취에 관한 연구』, 연세대학교 행정대
　　학원 석사학위논문.

김영준, 1994, 『한국 가요사 이야기』, 아름출판사.

김인경·곽금주, 1998, 『대중음악에 심취한 청소년들의 심리적 특성』, 집문당.

김정란, 2000, 『대중음악 선호도와 청소년자아존중감의 관계에 대한 연구』,
　　전북대학교 교육대학원 석사학위논문.

김종휘 외, 2000, 『날아라 밴드 뛰어라 인디』, 해냄.

김지평, 2000, 『한국 가요 정신사』, 아름출판사.

김창남, 1986, "미국의 대중음악과 한국의 문화현실", 임재경 외, 『한국과
　　미국』, 실천문학사.

김창남, 1994, 『하위문화집단의 대중문화 실천에 관한 일연구』, 서울대학교 신문학과 박사학위논문.

김창남, 1998, "한국 대중음악 장르의 형성과 변화", ≪성공회대학 논총≫ 제12호.

김태용, 1997, 『90년대 대중가요 분석을 통한 청소년의 음악 여가활동 개발』, 명지대학교 교육대학원 석사학위논문.

김형곤, 1992, 『뮤직비디오 수용자들의 포스트모던 청소년문화에 대한 현장 기술지』, 서울대학교 신문학과 석사학위논문.

김휴종, 1997, ≪한국 음반산업 연구≫, 삼성경제연구소.

남수, 1998, 『청소년의 대중음악 수용 행태에 관한 연구』, 성균관대학교 언론매체학과 석사학위논문.

노동은, 1993, "근대 한국음악의 전개", 한국정신문화연구원, 『한국사상사대계』.

노동은, 1995, 『한국 근대 음악사』, 한길사.

류청, 1998, 『한국 대중음악의 문화통제 양상에 관한 연구』, 중앙대학교 예술대학원 석사학위논문.

박재흥, 1996, "한국 신세대의 세대경험과 의식구조", ≪현대사회≫제43호.

박재흥, 1995, "신세대의 일상적 의식과 하위문화에 관한 질적 연구", ≪한국사회학≫제29집 가을호.

백욱인, 1996, "소비사회와 변화하는 삶의 모습", 한완상 외, 『한국사회학: 한국사회에 대한 이해와 전망』, 민음사.

문동욱, 1995, "ROCK WILL NEVER DIE", ≪리뷰≫ 제4호.

문화관광부, 1999, 『문화산업통계 실태 조사연구』.

박웅진, 1998, "방송 3사 FM 방송의 주요 시간대별 내용분석", 한국방송개발원, ≪방송개발≫ 제10호.

박찬호, 1987, 『한국 가요사』, 현암사.

박창모, 1983, 『대학생의 음악선호성향과 보수-진보성향의 관계에 관한 조사 연구』, 연세대학교 신문방송학과 석사학위논문.

서우석, 1987, "한국 대중가요의 가사분석", 강현두 편, 『한국의 대중문화』,

나남.

신성원, 1993, 『8군쇼에서 랩까지』, 아름출판사.

안성민, 1998, 『캠퍼스 그룹사운드 붐』, 서강대학교 신문방송학과 석사학위 논문.

안춘옥, 1975, 『Poopular Music의 일반적인 성격과 한국적인 현상에 대한 연구』, 서울대학교 신문대학원 석사학위논문.

양재영, 1994, 『청소년 집단의 대중문화 수용과정에 관한 연구』, 서울대학교 인류학과 석사학위논문.

여성매스컴연구회, 1997, "TV 음악 프로그램에 대한 분석", 한국방송개발원, ≪방송개발≫, 가을·겨울호.

오명환, 1995, "방송 프로그램 편성 50년 변천사", 방송위원회, ≪방송연구≫ 겨울호.

윤양석, 1989, 『음악형식론』, 세광음악출판사.

이민희, 1999, 『청소년 대중문화 수용실태와 대책』, 한국청소년개발원.

이범경, 1994, 『한국방송사』, 범우사.

이 빈, 1999, 『ONE』, 도서출판 대원.

이상회, 1984, "한국 대중음악의 예술사회학적 연구", ≪정신문화연구≫ 겨울호.

이영미, 1991, 『민족예술운동의 역사와 이론』, 한길사.

이영미, 1998, 『한국 대중가요사』, 시공사.

이의주, 1992, 『한국 음반산업의 경제적 특성에 관한 연구』, 서강대학교 신문 방송학과 석사학위논문.

이해성, 1986, "외국가요의 방송현황과 개선방향", 방송위원회, ≪방송연구≫ 여름호.

이호경, 1995, 『청소년이 선호하는 대중음악의 음악적 경향 및 노랫말 연구』, 이화여자대학교 교육대학원 석사학위논문.

장호연 외, 1999, 『오프 더 레코드, 인디 록 파일』, 문학과 지성사.

전현, 1997, 『청소년의 대중음악 선호에 대한 교육학적 연구』, 건국대학교 교육대학원 석사학위논문.

전혜주, 1996,『한국 언더그라운드음악의 위상과 의의』, 숙명여자대학교 교육대학원 석사학위논문.

정태석, 1996, "한국의 신세대: 신시대의 자기표현", ≪현대사회≫제43호.

정종화, 1995, "한국 록음악의 어제 오늘 그리고 ……", ≪리뷰≫ 제4호.

정호승, 1986, "대중가요산업의 내막", ≪월간조선≫ 10월호.

한국문화정책개발원, 1999,『국내 음반산업 유통구조 개선 및 인력양성 방안 연구』.

한국사회학회, 1990,『한국사회의 세대문제』.

한국영상음반협회, 1998,『한국 음반·비디오 연감』.

한국현대사편찬위원회, 1980,『신생활 100년』, 신구문화사.

한소희, 2000,『대중음악 소비와 정체성 형성에 관한 시론적 연구』, 고려대학교 신문방송학과 석사학위논문.

현지영, 1999,『팬클럽 활동을 통한 청소년의 자기정체성』, 연세대학교 사회학과 석사학위논문.

홍석경, 1988, "한국 음악속의 미국 대중문화", ≪예술과 비평≫ 겨울호.

황완덕, 2000,『중·고생의 연예인 팬클럽 활동에 관한 연구』, 성균관대학교 교육대학원 석사학위논문.

2. 국외문헌

Adorno, Theodor W., 1938, "On the fetish character in music and the regression of listing", Bernstein, J. M., 1991, *The Culture Industry: selected essays on mass culture*, Routldege.

Adorno, Theodor W., 1941, "On Popular Music", Frith, Simon & Goodwin, Andrew(ed.), 1990, *On Record*, Routledge.

Bennett, Andy, 2000, *Popular Music and Youth Culture*, St. Martin's Press, Inc. Best, Steven and Kellner, Douglas, 1999, "Rap, Black

Rage, and Racial Difference", *Enculturation*, 2, 2.

Bourdieu, Pierre, 1979, *La Distinction: Critique sociale du jugement*, 최종철 역, 1995, 『구별짓기: 문화와 취향의 사회학 상·하』, 새물결.

Brake, Michael, 1985, *Comparative Youth Culture: The Sociology of Youth Cultures and Youth Subcultures in America, Britain and Canada*, Routledge & Kegan Paul, Ltd.

Chambers Iain, 1986, "Sounds of Youth", *Popular Culture*, Routledge.

Christenson, Peter G & Roberts, Donald F, 1998, "The Messages in the Music", *It's not only Rock & Roll*, Hampton Press, Inc.

Cohen, Sara, 1991, "Popular Music and Urban regeneration: the music industries of Merseyside", *Cultural Studies*, 5, 3.

Cohen, Sara, 1997, "Men making a Scene", Whiteley, Sheila(ed.), *Sexing the Groove: popualr music and gender*, Routledge.

de Certeau, Michel, 1984, "The Practice of Everyday Life", Storey, John, 1998, *Cultural Theory and Popular Culture*, the Univ. of Georgia Press.

Epstein, Jonathon S.(ed.), 1994, *Adolescents and Their Music*, Garland Publishing, Inc.

Fiske, John, 1987, "The Popular Economy", Storey, John, 1998, *Cultural Theory and Popular Culture*, the Univ. of Georgia Press.

Fiske, John, 1992, "The Cultural Economy of Fandom", *The Adoring Audience-Fan Culture and Popualr Media*, 손병우 역, 1996, 『문화, 일상, 대중』, 한나래.

Friesen, Bruce K. & Helfrich, Warren, "Social Justice and Sexism for Adolescents: a Content Analysis of Lyrical Themes and Gender Presentations in Canadian Heavy Metal Music, 1985-1991", Epstein, Jonathon S.(ed.), *Youth Culture*, Blackwell Publishers, Ltd.

Frith, Simon, 1983, *Sound Effects: Youth, Leisure, and the Politics of*

354

Rock 'n' Roll, New York: Pantheon., 권영성·김공수 역, 1995, 『사운드의 힘』, 한나래.

Frith, Simon, 1998, *Performing Rites: On the Value of Popular Music*, Harvard University Press.

Frith, Simon and McRobbie, Angela, 1978, "Rock and Sexuality", Frith, Simon & Goodwin, Andrew(ed.), 1990, *On Record*, Routledge.

Gramsci, Antonio, 1975, *Selections from Prison Notebooks*, Hoare, Q. and Nowell-Smith, G., trans., Lawrence & Wishart.

Grossberg, Lawrence, 1992, "Rock and Youth", *We gotta get out of this place: popular conservatism and postmodern culture*, Routledge.

Hall, Stuart and Whannel, Paddy, 1964, "The Young Audience", Frith, Simon & Goodwin, Andrew(ed.), 1990, *On Record*, Routledge.

Hebdige, Dick, 1979, *Subculture: the meaning of style*, Routledge, 이동연 역, 1998, 『하위문화』, 현실문화연구.

Horner, Bruce & Swiss, Thomas, 1999, *Key Terms in Popular Music and Culture*, Blackwell Publishers, Ltd.

Kellner, Douglas, 1995, *Media Culture*, Routlegde, 김수정·정종희 역, 1997, 『미디어 문화』, 새물결.

Lipsitz, George, 1994, *Dangerous Crossroads: Popular Music, Postmodernism and the Poetics of Place*, Verso.

Longhurst, Brian, 1995, *Popular Music and Society*, Polity Press.

McGuigan, Jim, 1992, *Cultural Populism*, Routldge.

McRobbie, Angela, 1993, "Shut up and Dance: youth culture and changing modes of femininity", *Cultural Studies*, 7.

McRobbie, Angela, 1994, *Postmodernism and Popular Culture*, Routledge.

McRobbie, Angela and Garber, Jenny, 1975, "Girls and subcultures", Gelder, Ken & Thornton, Sarah(ed.), 1997, *The Subcultures Reader*, Routledge.

Negus, Keith, 1996, *Produing Pop: culture and conflict in the popoualr music industry*, Arnold.

Negus, Keith, 1997, *Popular Music in Theory*, Wesleyan University Press.

O'Sullivan, Tim & Hartley, John, 1994, *Key Concepts in Communication and Cultural Studies*, Routledge.

Riesman David, 1950, "Listening to Popular Music", Frith, Simon & Goodwin, Andrew(ed.), 1990, *On Record*, Routledge.

Roe, Keith, 1993, "Academic capital and music tastes among Swedish adolescents", *Young*, 1, 3.

Roe, Keith, 1995, "Adolescents' Use of Socially Disvalued Media", *Jo. of Youth and Adolescence*, 24, 5.

Rose, Tricia, 1994, "A Style Nobody can Deal with", Ross, Andrew & Rose, Tricia(ed.), *Microphone Fiends*, Routledge.

Schouten, Kick, 1997, "Popular Music and Conservatism", (http://home.wxs.nl/~kick/hegemony/helpcontents1.htm).

Shuker, Roy, 1994, *Understanding Popular Music*, Routledge.

Shuker, Roy, 1998, *Key Concepts in Popular Music*, Routledge.

Storey, John, 1993, *Cultural Theory and the Study of Popular Culture*, Simon & Schuster., 박모 역, 1994, 『문화연구와 문화이론』, 현실문화연구.

Straw, Will, 1991, "Systems of Articulation, Logics of Change: Communities and Scenes in Popular Music", *Cultural Studies*, 5, 3.

Theberge, Paul, 1999, "Technology", Horner, Bruce & Swiss, Thomas, *Key Terms in Popular Music and Culture*, Blackwell Publishers, Ltd.

Thoronton, Sarah, 1995, *Club Cultures: Music, Media and Subcultural Capital*, Polity Press.

Tomlinson, Lori, 1998, "This Ain't No Disco ······ or Is It?: Youth

Culture and the Rave Phenomenon", Epstein, Jonathon S.(ed.), *Youth Culture*, Blackwell Publishers, Ltd.

Weber, Max, 1921, Die rationalen und soziologischen Grundlagen der Musik, 이건용 역, 1993, 『음악사회학』, 민음사.

Wells, Alan, 1998, "the Genre Preferences of Western Popualr Music by Japanese Adolescents", *Popluar Music and Society*, Spring.

Willis, Paul, 1990, *Common Culture*, Westview Press.

Ⅱ. 참고 자료

1. 자료

경제기획원·통계청, 『광공업통계조사보고서』, 1966~1999년도.

공연윤리위원회, 1993, 『심의백서』.

대중음악개혁을 위한 연대모임, 2001, 『가요 순위프로그램 폐지 운동백서』.

문화개혁을 위한 시민연대, 2001, 『한국 가요 시스템의 문제와 대안』(제3회 대중음악 개혁 정기 정책 포럼 자료집).

문화관광부, 2000, 『문화산업 백서』.

문화방송, 『청소년 백서』, 1991, 2000년도.

문화부·한국문화예술진흥원, 1991, 『문화향수 실태조사』.

문화체육부·한국문화정책개발원, 1997, 『문화향수 실태조사』.

통계청, 『인구주택 총조사 보고서』, 1970~1995년도.

통계청, 1994, 『지난 30년간 고용 사정의 변화 1963~1993』.

통계청, 1995, 『통계로 본 광복 이후 한국인의 문화생활 변천』.

통계청, 2000, 『통계로 보는 한국의 모습』.

한국문화예술진흥원, 『문예연감』, 1976~1981년도.

한국방송공사 · 한국갤럽조사연구소, 『국민 음악감상 지수조사』, 1989, 1991
년도.

2. 노래집(악보)

가. 선곡 자료

『가요명곡 특선집』, 1997, 삼호출판사.

『당신의 노래방』, 1993, 세광음악출판사.

『대중가요 대백과』, 1992, 세광음악출판사.

『대중가요 대백과』, 2000, 아름출판사.

『대중가요 대백과』, 2000, 세광음악출판사.

『대중가요 1100』, 1999, 세광음악출판사.

『새 포크송 대백과』, 1991, 세광음악출판사.

『새 포크송 대백과』, 1992, 세광음악출판사.

『신바람 애창가요』, 2001, 세광음악출판사.

『신 포크송』, 1993, 그레이스.

『인기가요 대백과』, 1992, 세광음악출판사.

『최신가요 대백과』, 1999, 삼호출판사.

『최신가요 대백과』, 2000, 삼호출판사.

『파워 뮤직 512』, 2000, 세광음악출판사.

『포크송 대전집』, 2000, 삼호출판사.

『한국가요 대전집』, 1999, 아름출판사.

『흘러간 포크송 대백과』, 1990, 세광음악출판사.

『히트송 대백과』, 1998, 삼호출판사.

『히트송 대백과』, 2001, 삼호뮤직.

나. 참고 자료

『대중가요』, 1994, 세광음악출판사(no.187).

『대중가요』, 2001, 세광음악출판사(no.227).

『빅 댄스 히트 대백과』, 1997, 삼호출판사.

『최신가요』, 1999, 세광음악출판사(no.98).

『최신가요 톱 10』, 1991, 세광음악출판사(no.19).

『최신가요 톱 10』, 1993, 세광음악출판사(no.37).

『최신가요 톱 10』, 2000, 세광음악출판사(no.88).

『한국 록사운드 베스트 3』, 1998, 아름출판사.

『한국 록사운드 베스트 4』, 1999, 아름출판사.

『N세대 뮤직』, 2000, 세광음악출판사.

3. 음반 자료(CD)

김민기, 《김민기》 1~3, 1993, 서울음반.

권진원, 《권진원 2집》, 1994, LG미디어.

권진원, 《권진원 3집》, 1996, 서울음반사.

내귀에 도청장치, 《내귀에 도청장치 1집》, 2001, 워너뮤직.

노브레인, 《청년 폭도 맹진가》, 2000, 문화사기단 / 포니캐넌 코리아.

노이즈가든, 1집, 《but not least》, 포니캐넌 코리아.

델리스파이스, 《델리스파이스 1집》, 1997, 도레미 레코드사.

델리스파이스, 2집, 《Welcome to DeliHouse》, 1999, 뮤직디자인.

델리스파이스, 3집, 《슬프지만 진실》, 2000, 뮤직디자인.

들국화, 《들국화 2집》, 1986, 서라벌 레코드사.

들국화, 《들국화 3집》, 1987, 서라벌 레코드사.

들국화, 《들국화 베스트》, 동아기획.

락 라이브 클럽 밴드 콜렉션, 《ROCK 닭의 울음소리》, 인디레이블 제머스.

레이니선, 《포르노바이러스》, 2001, 크림레코드.

부활, 3집 《기억상실》, 1993, 도레미 레코드사.

블랙신드롬, 4집 《사랑한다면》, 1993, 서일.

블랙홀, 2집 ≪Survive≫, 1991, EMI.

삐삐밴드, 2집 ≪불가능한 작전≫, 1996.

산울림, ≪산울림 1집≫, 1977, 지구레코드.

산울림, ≪산울림 2집≫, 1978, 지구레코드.

산울림, ≪산울림 3집≫, 1978, 지구레코드.

서태지와 아이들, ≪서태지와 아이들 1집≫, 1992, 반도.

서태지와 아이들, ≪서태지와 아이들 2집≫, 1993, 반도.

서태지와 아이들, ≪서태지와 아이들 3집≫, 1994, 반도.

서태지와 아이들, ≪서태지와 아이들 4집≫, 1995, 반도.

손현숙, 1집, ≪아름다운 약속≫, 푸른섬 / DMR.

송골매, ≪송골매 1집≫, 1979, 지구레코드.

송골매, ≪송골매 2집≫, 1981, 지구레코드.

송골매, ≪송골매 3집≫, 1983, 지구레코드.

시나위, 2집 ≪Down and up≫, 1987, 오아시스 레코드사.

시나위, 4집, ≪1990≫, 1990, 오아시스 레코드사.

시나위, ≪시나위 8집≫, 도레미 레코드사.

시나위, ≪베스트 콜렉션≫, 1988, 서라벌 레코드사.

시인과 촌장, 1집, ≪숲≫, 1988, 서라벌 레코드사.

안치환, ≪안치환 3집≫, 1993, 킹레코드.

안치환, ≪안치환 4집≫, 1995, 킹레코드.

안치환, ≪안치환 6집≫, 1999, 신나라뮤직.

어니언스, ≪어니언스 16≫, 서울음반.

어떤날, ≪어떤날 1집≫, 1986, 킹레코드.

어떤날, ≪어떤날 2집≫, 1989, 킹레코드.

언니네 이발관, 1집, ≪비둘기는 하늘의 쥐≫, 1996, 신나라뮤직.

언니네 이발관, 2집, ≪후일담≫, 신나라뮤직.

양희은, ≪양희은 베트스 15≫, 1987, 킹레코드.

양희은, ≪양희은 베스트 18≫, 1990, 킹레코드.

윤도현, ≪윤도현 2집≫, 1997, 서울음반.

윤도현 밴드, ≪윤도현 밴드 3집≫, 1998, 서울음반.

윤형주, ≪윤형주 1집≫, 지구레코드.

장필순, ≪장필순 3집≫, 1992, 동아기획.

장필순, ≪장필순 4집≫, 1995, 킹레코드.

장필순, ≪장필순 5집≫, 1997, 킹레코드.

조용필, ≪조용필 30주년 기념 베스트 1~4≫, 1998~1999, 필레코드.

조pd, ≪in Stardom≫, 1999, 크림레코드.

크라잉넛, 3집, ≪下水戀歌≫, 2001, 드럭.

코코어, ≪Boyish≫, 2000, 더부뮤직 / 록레코드

크래쉬, 2집, ≪To Be or Not To Be≫, 1995, 메탈포스.

크래쉬, 4집, ≪Terminal Dream Flow≫, 2000, 매직스톤 / 록레코드.

CB MASS, ≪CB MASS 1집≫, 2000, 크림레코드.

DR. CORE 911, 1집, ≪非正산조≫, 2000, 록레코드.

≪도시락특공대≫, 동아기획.

≪조선펑크≫, 드럭.

≪대학가요제 골든 베스트≫, 신촌뮤직.

≪명작≫ 1~7, 1997~1999, 록레코드.

≪명작 옛이야기≫ 1~3, 2000, 록레코드.

≪클럽 하드코어 아싸오방≫, 인디.

≪포크 30 / 30≫, 록레코드.

≪플래티넘 댄스≫ Ⅰ~Ⅴ, 예당음향.

≪플래티넘 락≫ Ⅰ, 예당음향.

≪플래티넘 발라드≫ Ⅰ~Ⅳ, 예당음향.

≪플래티넘 발라드 60-70≫, 예당음향.

≪플래티넘 발라드 70-75≫ Ⅰ, Ⅱ, 예당음향.

≪플래티넘 발라드 75-80≫ Ⅰ, Ⅱ, 예당음향.

≪플래티넘 발라드 80-85≫, Ⅰ, Ⅱ, 예당음향.

≪플래티넘 발라드 85-90≫, Ⅰ, Ⅱ, 예당음향.

≪플래티넘 발라드 90-95≫, Ⅰ, Ⅱ, 예당음향.

≪플래티넘 발라드 95-99≫, 예당음향.

≪'70 골든 통기타 모음집≫ 1~3, 신세계음향공업주식회사.

≪2000 대한민국≫, 2000, 신나라뮤직.

≪2001 대한민국≫, 2001, 서울음반.

≪Our Nation 1≫, 드럭.

≪SM 베스트 앨범 2≫, 2001, IK POP.

· 저자 ·

김영주　　· 약 력 ·
(金榮珠)　충남대학교 사회과학대학 사회학과 졸업
　　　　　충남대학교 대학원 사회학과 석사과정 졸업
　　　　　충남대학교 대학원 사회학과 박사과정 졸업

　　　　　충남여성정책개발원 정책개발실 연구원
　　　　　충남대학교 여성정책연구소 객원연구원
　　　　　충남대학교, 배재대학교, 서원대학교, 공주교육대학교 강사
　　　　　현　충남여성정책개발원 연구위원

　　　　　· 주요논저 ·
　　　　　「문화의 관점에서 본 지역불균형」
　　　　　「여성결혼이민자 문화예술교육 프로그램 운영방안 연구」
　　　　　「농업인력육성정책의 성별영향평가분석」
　　　　　「충남 여성농업인의 생활양식 연구」
　　　　　「대전문화예술중장기발전계획」
　　　　　『한국사회와 여성』(공저)
　　　　　『양방향 쌍방향의 문화: 디지털문화의 속성』(공저)
　　　　　『대중음악과 노래운동, 그리고 청년문화』(편저)
　　　　　외 다수

한국의 청년대중음악 문화

· 초판 인쇄　2006년 7월 20일
· 초판 발행　2006년 7월 20일

· 지 은 이　김영주
· 펴 낸 이　채종준
· 펴 낸 곳　한국학술정보㈜
　　　　　　경기도 파주시 교하읍 문발리 526-2
　　　　　　파주출판문화정보산업단지
　　　　　　전화　031) 908-3181(대표) · 팩스　031) 908-3189
　　　　　　홈페이지　http://www.kstudy.com
　　　　　　e-mail(출판사업부)　publish@kstudy.com
· 등　　록　제일산-115호(2000. 6. 19)
· 가　　격　34,000원

ISBN　89-534-5414-X 93330 (Paper Book)
　　　　89-534-5415-8 98330 (e-Book)